독학사 2단계
심리학과

사회심리학

INTRO

머리말

학위를 얻는 데 시간과 장소는 더 이상 제약이 되지 않습니다. 대입 전형을 거치지 않아도 '학점은행제'를 통해 학사학위를 취득할 수 있기 때문입니다. 그중 독학학위제도는 고등학교 졸업자이거나 이와 동등 이상의 학력을 가지고 있는 사람들에게 효율적인 학점 인정 및 학사학위 취득의 기회를 줍니다.

학습을 통한 개인의 자아실현 도구이자 자신의 실력을 인정받을 수 있는 스펙으로서의 독학사는 짧은 기간 안에 학사학위를 취득할 수 있는 가장 빠른 지름길로 많은 수험생들의 선택을 받고 있습니다.

독학학위취득시험은 1단계 교양과정 인정시험, 2단계 전공기초과정 인정시험, 3단계 전공심화과정 인정시험, 4단계 학위취득 종합시험의 1~4단계 시험으로 이루어집니다. 4단계까지의 과정을 통과한 자에 한해 학사학위 취득이 가능하고, 이는 대학에서 취득한 학위와 동등한 지위를 갖습니다.

이 책은 독학사 시험에 응시하는 수험생들이 단기간에 효과적인 학습을 할 수 있도록 다음과 같이 구성하였습니다.

01 빨리보는 간단한 키워드
핵심적인 이론만을 꼼꼼하게 정리하여 수록한 '빨리보는 간단한 키워드'로 전반적인 내용을 한눈에 파악할 수 있습니다.
→ '빨리보는 간단한 키워드' 무료 동영상 강의 제공

02 기출복원문제
'기출복원문제'를 수록하여 최근 시험 경향을 파악하고 이에 맞춰 공부할 수 있도록 하였습니다.
→ 기출복원문제 해설 무료 동영상 강의 제공

03 핵심이론
시험에 출제될 수 있는 내용을 '핵심이론'으로 수록하였으며, 이론 안의 '더 알아두기' 등을 통해 내용 이해에 부족함이 없도록 하였습니다. (2022년 시험부터 적용되는 평가영역 반영)

04 실전예상문제
앞서 공부한 이론이 머릿속에 잘 정리되었는지 확인해 볼 수 있도록 해당 출제 영역에 맞는 핵심포인트를 분석하여 '실전예상문제'를 수록하였습니다.

05 최종모의고사
최신 출제 유형을 반영한 '최종모의고사(2회분)'로 자신의 실력을 점검해 볼 수 있으며, 실제 시험에 임하듯이 시간을 재고 풀어 본다면 시험장에서의 실수를 줄일 수 있을 것입니다.

시간 대비 학습의 효율성을 높이기 위해 이론 부분을 최대한 압축하려고 노력하였습니다. 문제들이 실제 기출 유형에 맞지 않아 시험 대비에 만족하지 못하는 수험생들이 많은데, 이 책은 그러한 문제점을 보완하여 수험생들에게 시험에 대한 확신을 주고, 단기간에 고득점을 획득할 수 있도록 노력하였습니다. 끝으로 이 책으로 독학학위취득의 꿈을 이루고자 하는 수험생들이 반드시 합격하기를 바랍니다.

편저자 드림

BDES

독학학위제 소개

독학학위제란?

「독학에 의한 학위취득에 관한 법률」에 의거하여 국가에서 시행하는 시험에 합격한 사람에게 학사학위를 수여하는 제도

- 고등학교 졸업 이상의 학력을 가진 사람이면 누구나 응시 가능
- 대학교를 다니지 않아도 스스로 공부해서 학위취득 가능
- 일과 학습의 병행이 가능하여 시간과 비용 최소화
- 언제, 어디서나 학습이 가능한 평생학습시대의 자아실현을 위한 제도
- 학위취득시험은 4개의 과정(교양, 전공기초, 전공심화, 학위취득 종합시험)으로 이루어져 있으며 각 과정별 시험을 모두 거쳐 학위취득 종합시험에 합격하면 학사학위 취득

독학학위제 전공 분야 (11개 전공)

※ 유아교육학 및 정보통신학 전공 : 3, 4과정만 개설
(정보통신학의 경우 3과정은 2025년까지, 4과정은 2026년까지만 응시 가능하며, 이후 폐지)
※ 간호학 전공 : 4과정만 개설
※ 중어중문학, 수학, 농학 전공 : 폐지 전공으로 기존에 해당 전공 학적 보유자에 한하여 응시 가능

※ SD에듀는 현재 4개 학과(심리학과, 경영학과, 컴퓨터공학과, 간호학과) 개설 완료
※ 2개 학과(국어국문학과, 영어영문학과) 개설 진행 중

INFORMATION

독학학위제 시험안내

과정별 응시자격

단계	과정	응시자격	과정(과목) 시험 면제 요건
1	교양	고등학교 졸업 이상 학력 소지자	• 대학(교)에서 각 학년 수료 및 일정 학점 취득 • 학점은행제 일정 학점 인정 • 국가기술자격법에 따른 자격 취득 • 교육부령에 따른 각종 시험 합격 • 면제지정기관 이수 등
2	전공기초		
3	전공심화		
4	학위취득	• 1~3과정 합격 및 면제 • 대학에서 동일 전공으로 3년 이상 수료 (3년제의 경우 졸업) 또는 105학점 이상 취득 • 학점은행제 동일 전공 105학점 이상 인정 (전공 28학점 포함) ➞ 22.1.1. 시행 • 외국에서 15년 이상의 학교교육과정 수료	없음(반드시 응시)

응시방법 및 응시료

- 접수방법 : 온라인으로만 가능
- 제출서류 : 응시자격 증빙서류 등 자세한 내용은 홈페이지 참조
- 응시료 : 20,400원

독학학위제 시험 범위

- 시험 과목별 평가영역 범위에서 대학 전공자에게 요구되는 수준으로 출제
- 시험 범위 및 예시문항은 독학학위제 홈페이지(bdes.nile.or.kr) ➞ 학습정보 ➞ 과목별 평가영역에서 확인

문항 수 및 배점

과정	일반 과목			예외 과목		
	객관식	주관식	합계	객관식	주관식	합계
교양, 전공기초 (1~2과정)	40문항×2.5점 =100점	–	40문항 100점	25문항×4점 =100점	–	25문항 100점
전공심화, 학위취득 (3~4과정)	24문항×2.5점 =60점	4문항×10점 =40점	28문항 100점	15문항×4점 =60점	5문항×8점 =40점	20문항 100점

※ 2017년도부터 교양과정 인정시험 및 전공기초과정 인정시험은 객관식 문항으로만 출제

합격 기준

■ 1~3과정(교양, 전공기초, 전공심화) 시험

단계	과정	합격 기준	유의 사항
1	교양	매 과목 60점 이상 득점을 합격으로 하고, 과목 합격 인정(합격 여부만 결정)	5과목 합격
2	전공기초		6과목 이상 합격
3	전공심화		

■ 4과정(학위취득) 시험 : 총점 합격제 또는 과목별 합격제 선택

구분	합격 기준	유의 사항
총점 합격제	• 총점(600점)의 60% 이상 득점(360점) • 과목 낙제 없음	• 6과목 모두 신규 응시 • 기존 합격 과목 불인정
과목별 합격제	• 매 과목 100점 만점으로 하여 전 과목 (교양 2, 전공 4) 60점 이상 득점	• 기존 합격 과목 재응시 불가 • 1과목이라도 60점 미만 득점하면 불합격

시험 일정

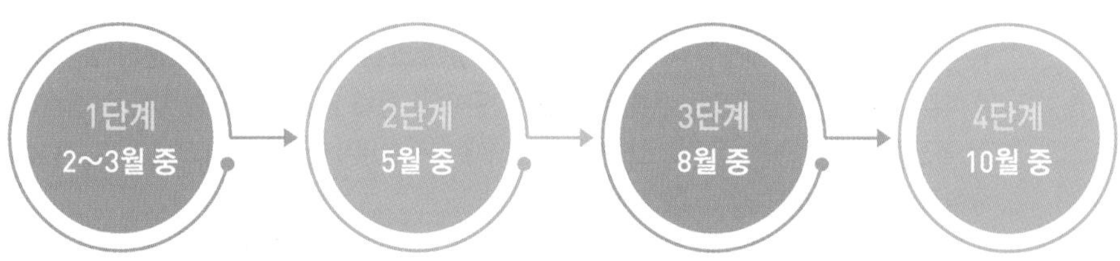

■ 심리학과 2단계 시험 과목 및 시간표

구분(교시별)	시간	시험 과목명
1교시	09:00~10:40(100분)	이상심리학, 감각 및 지각심리학
2교시	11:10~12:50(100분)	사회심리학, 생물심리학
중식 12:50~13:40(50분)		
3교시	14:00~15:40(100분)	발달심리학, 성격심리학
4교시	16:10~17:50(100분)	동기와 정서, 심리통계

※ 시험 일정 및 세부사항은 반드시 독학학위제 홈페이지(bdes.nile.or.kr)를 통해 확인하시기 바랍니다.
※ SD에듀에서 개설되었거나 개설 예정인 과목은 빨간색으로 표시하였습니다.

STUDY PLAN

독학학위제 단계별 학습법

1 단계

평가영역에 기반을 둔 이론 공부!

독학학위제에서 발표한 평가영역에 기반을 두어 효율적으로 이론을 공부해야 합니다. 각 장별로 정리된 '핵심이론'을 통해 핵심적인 개념을 파악합니다. 모든 내용을 다 암기하는 것이 아니라, 포괄적으로 이해한 후 핵심내용을 파악하여 이 부분을 확실히 알고 넘어가야 합니다.

2 단계

시험 경향 및 문제 유형 파악!

독학사 시험 문제는 지금까지 출제된 유형에서 크게 벗어나지 않는 범위에서 비슷한 유형으로 줄곧 출제되고 있습니다. 본서에 수록된 이론을 충실히 학습한 후 '실전예상문제'를 풀어 보면서 문제의 유형과 출제의도를 파악하는 데 집중하도록 합니다. 교재에 수록된 문제는 시험 유형의 가장 핵심적인 부분이 반영된 문항들이므로 실제 시험에서 어떠한 유형이 출제되는지에 대한 감을 잡을 수 있을 것입니다.

3 단계

'실전예상문제'를 통한 효과적인 대비!

독학사 시험 문제는 비슷한 유형들이 반복되어 출제되므로, 다양한 문제를 풀어 보는 것이 필수적입니다. 각 단원의 끝에 수록된 '실전예상문제'를 통해 단원별 내용을 제대로 학습하였는지 꼼꼼하게 확인하고, 실력을 점검합니다. 이때 부족한 부분은 따로 체크해 두고, 복습할 때 중점적으로 공부하는 것도 좋은 학습 전략입니다.

4 단계

복습을 통한 학습 마무리!

이론 공부를 하면서, 혹은 문제를 풀어 보면서 헷갈리고 이해하기 어려운 부분은 따로 체크해 두는 것이 좋습니다. 중요 개념은 반복학습을 통해 놓치지 않고 확실하게 익히고 넘어가야 합니다. 마무리 단계에서는 '최종모의고사'와 '빨리보는 간단한 키워드'를 통해 핵심개념을 다시 한 번 더 정리하고 마무리할 수 있도록 합니다.

COMMENT

합격수기

"저는 학사편입 제도를 이용하기 위해 2~4단계를 순차로 응시했고 한 번에 합격했습니다. 아슬아슬한 점수라서 부끄럽지만 독학사는 자료가 부족해서 부족하나마 후기를 쓰는 것이 도움이 될까 하여 제 합격전략을 정리하여 알려드립니다.

#1. 교재와 전공서적을 가까이에!

학사학위 취득은 본래 4년을 기본으로 합니다. 독학사는 이를 1년으로 단축하는 것을 목표로 하는 시험이라 실제 시험도 변별력을 높이는 몇 문제를 제외한다면 기본이 되는 중요한 이론 위주로 출제됩니다. SD에듀의 독학사 시리즈 역시 이에 맞추어 중요한 내용이 일목요연하게 압축 · 정리되어 있습니다. 빠르게 훑어보기 좋지만 내가 목표로 한 전공에 대해 자세히 알고 싶다면 전공서적과 함께 공부하는 것이 좋습니다. 교재와 전공서적을 함께 보면서 교재에 전공서적 내용을 정리하여 단권화하면 시험이 임박했을 때 교재 한 권으로도 자신 있게 시험을 치를 수 있습니다.

#2. 시간확인은 필수!

쉬운 문제는 금방 넘어가지만 지문이 길거나 어렵고 헷갈리는 문제도 있고, OMR 카드에 마킹까지 해야 하니 실제로 주어진 시간은 더 짧습니다. 1번에 어려운 문제가 있다고 해서 시간을 많이 허비하면 쉽게 풀 수 있는 마지막 문제들을 놓칠 수 있습니다. 문제 푸는 속도도 느려지니 집중력도 떨어집니다. 그래서 어차피 배점은 같으니 아는 문제를 최대한 많이 맞히는 것을 목표로 했습니다.

① 어려운 문제는 빠르게 넘기면서 문제를 끝까지 다 풀고 ② 확실한 답부터 우선 마킹한 후 ③ 다시 시험지로 돌아가 건너뛴 문제들을 다시 풀었습니다. 확실히 시간을 재고 문제를 많이 풀어 봐야 실전에 도움이 되는 것 같습니다.

#3. 문제풀이의 반복!

여느 시험과 마찬가지로 문제는 많이 풀어 볼수록 좋습니다. 이론을 공부한 후 실전예상문제를 풀다 보니 부족한 부분이 어딘지 확인할 수 있었고, 공부한 이론이 시험에 어떤 식으로 출제될지 예상할 수 있었습니다. 그렇게 부족한 부분을 보충해가며 문제 유형을 파악하면 이론을 복습할 때도 어떤 부분을 중점적으로 암기해야 할지 알 수 있습니다. 이론 공부가 어느 정도 마무리되었을 때 시계를 준비하고 최종모의고사를 풀었습니다. 실제 시험시간을 생각하면서 예행연습을 하니 시험 당일에는 덜 긴장할 수 있었습니다.

학위취득을 위해 오늘도 열심히 학습하시는 동지 여러분에게도 합격의 영광이 있으시길 기원하면서 이만 줄입니다."

PREVIEW

이 책의 구성과 특징

01 기출복원문제

'기출복원문제'를 풀어 보면서 독학사 심리학과 2단계 시험의 기출 유형과 경향을 파악해 보세요.

기출복원문제

▶ 온라인(www.sdedu.co.kr)을 통해 기출문제 무료 동영상 강의를 만나 보세요.

※ 본 문제는 다년간 독학사 심리학과 2단계 시험에서 출제된 기출문제를 복원한 것입니다. 문제의 난이도와 수험경향 파악용으로 사용하시길 권고드립니다. 본 기출복원문제에 대한 무단복제 및 전재를 금하며 저작권은 SD에듀에 있음을 알려드립니다.

01 **다음 설명에 해당하는 학문 영역은?**

> 인간의 실제 행동을 심리학 · 사회학 · 생리학적 견지에서 바라보고 그로 인한 결과를 규명하려는 분야로, '합리적인 인간'을 부정하는 것에서 시작하였다. 이에 해당하는 주요 용어들로는 '전망이론, 보유효과, 손실회피성, 닻내림효과, 프레이밍효과' 등을 들 수 있다.

① 행동경제학
② 자동사회과학
③ 사회신경과학
④ 정신분석적 사회심리학

»»

행동경제학의 주요 용어	의미
전망이론	일반적으로 경제학에서 가정하던 것처럼 소득 및 수입에서만 효용을 얻는 것이 아니라 현재 자신이 가진 수준도 고려하여 효용이 결정된다는 것이다.
보유효과	어떤 대상을 소유하거나 소유할 수 있다고 생각하는 순간 그 대상에 대한 애착이 생겨 객관적인 가치 이상을 부여하는 심리현상으로, 소유효과라고도 한다.
손실회피성	같은 금액이라면 이익보다 손실을 훨씬 더 크게 느끼는 현상이다.
닻내림효과	처음에 인상적이었던 숫자나 사물이 기준점이 되어 그 후의 판단에 왜곡 또는 편파적인 영향을 미치는 현상이다.

01 행동경제학자 중 대니얼 카너먼(Daniel Kahneman)을 비롯한 여러 학자가 노벨경제학상을 받은 바 있다. 이 외에도 행동경제학자로는 아모스 트버스키, 댄 애리얼리, 리처드 세일러 등을 들 수 있다.
[문제 하단의 표 참고]

02 핵심이론

평가영역을 바탕으로 꼼꼼하게 정리된 '핵심이론'을 통해 꼭 알아야 하는 내용을 명확히 파악해 보세요.

제 1 장 사회심리학 개관

[학습목표]
사회심리학은 사람들의 생각, 느낌, 행동이 실제로 존재하거나 상상되거나 암시되는 다른 사람들의 존재에 의해 어떻게 영향 받는지를 과학적으로 연구하는 학문이다. 이번 장에서는 사회심리학이 어떤 학문인지 이해하고 사회심리학이 관심을 가지는 주제들에 대해 알아보겠다. 또한 사회심리학이 어떻게 성립되었는지, 사람들의 행동을 이해하기 위해 사회심리학이 어떤 연구를 하며 탐구하는 주제들을 어떤 방법으로 연구하고 그런 연구를 하는 데 지켜야 하는 연구자의 윤리 등에 대해 공부해 볼 것이다.

제1절 사회심리학의 특성

1 사회심리학이란

우리는 다른 사람들과 함께 상호작용하며 살아가는 사회적 동물이다. 이러한 사회적 상황이나 타인 및 집단에서 사람들이 서로 영향을 주고받는 것을 사회활동이라고 한다. 사회활동은 사람마다 다르고 그 사람이 속한 환경에 따라서 매우 다양하게 나타날 수 있다. 또한 사회활동 과정을 통해 우리의 사고와 행동은 영향을 받게 되고 우리의 신념과 태도, 성향이 형성된다. 따라서 같은 상황이라 하더라도 사람마다 다르게 행동하기도 하고 비슷한 행동을 하기도 한다. 이렇게 상황과 행동이라는 두 가지 초점에서 상황에 관심을 가지고 연구하는 분야가 사회심리학이다.
우리는 개인이 속한 집단의 제도나 시스템 속에서 환경적, 사회적 관계를 맺고 살아간다. '사회'라는 말 속에는 다양한 의미가 있는데 그중 '사람들 간의 관계'라는 의미의 사회심리학에 관심을 두고 있다. 즉, 인간집단 자체나 그 제도, 시스템보다는 그러한 환경적 요인과 사회적 관계가 한 개인에게 미치는 영향을 탐구한다. 사회심리학은 사람들이 다른 사람들과의 관계 속에서 경험하고 나타내는 사고, 감정, 태도가 타인에 의해 어떤 영향을 받는지에 대해 연구한다. 이러한 관심은 사회심리학만이 아니라 사회학에서도 관심을 갖고 있다. 두 학문의 차이점은 분석대상의 단위이다. 사회학은 개인보다는 사회단위, 조직, 계층, 집단, 국가와 같이 집단을 연구대상으로 하며, 사회심리학은 사회구성원 개개인의 내적 과정에 더 큰 관심을 두고 있다.
인간의 사회적 행위는 학습이나 동기, 성격 같은 개인의 심리적 과정에서 비롯되기도 하지만 개인이 처한

제 **1** 장 | **실전예상문제**

01 다음 중 사회심리학에 대한 설명으로 틀린 것은?

① 사회심리학은 대부분 미국에서 연구된 것이다.
② 레빈은 인간의 이해를 위해서 개인적인 요소뿐 아니라 사회적 영향요인을 연구해야 한다고 주장하였다.
③ 사회심리학이론은 모든 문화에서 보편적인 이론이므로 현재까지 우리나라에서 적극 활용되고 있다.
④ 인지부조화이론은 현대 사회심리학의 중요한 연구 분야 중 하나이다.

01 최근에는 문화가 지니는 관계를 이해하고 해당 문화권에 적합한 주제를 선정하고 연구해야 한다는 주장의 당위성이 높고 있다. 사람들이 태어나서 죽을 때까지 그들의 생활에 나타나는 사건들(진학, 취업, 결혼, 양육 등)이 어느 문화에서나 보편적으로 나타나는 공통성을 가지고 있다고 해서 그들의 내면에 있는 심리적 정서와 과정이 같다고 보기는 어렵다. 따라서 기존의 사회심리학이 미국인의 토착 심리학이라는 것을 염두에 두고 이 연구들을 통해 한국 사람들을 이해하고 적용시키는 데 무조건적 활용하는 것은 고려해 보아야 할 것이다.

03 실전예상문제

'핵심이론'에서 공부한 내용을 바탕으로 '실전예상문제'를 풀어 보면서 문제를 해결하는 능력을 길러 보세요.

제1회 최종모의고사 | 사회심리학

제한시간 : 50분 | 시작 ___시 ___분 - 종료 ___시 ___분

정답 및 해설 281p

01 현대 사회심리학의 특징에 대한 설명으로 틀린 것은?

① 환경문제가 사회적 행동에 미치는 영향 등에 관심이 증가하였다.
② 레빈은 인간의 이해를 위해서 개인적인 요소뿐 아니라 사회적 영향요인을 연구해야 한다고 주장하였다.
③ 법이나 환경 등 실제 문제에 사회심리학 지식의 응용이 증가하였다.
④ 인지과정에 초점을 맞춘 정보의 습득, 분

03 다음 중 용어의 설명이 옳지 않은 것은?

① 실험에서 나온 결과를 일상에 적용시킬 수 있는 정도를 외적 타당도라고 한다.
② 변인들 간의 관계를 밝혀내 서로 다른 유형의 사회행동을 예측하는 방법을 상관연구라고 한다.
③ 참가자에게 연구의 방법과 목적을 다르게 제공함으로써 발생하는 연구의 효과를 기만이라고 한다.
④ 연구의 어떤 개념이 가진 의미를 정의하

04 최종모의고사

'최종모의고사'를 실제 시험처럼 시간을 정해 놓고 풀어 보면서 최종점검을 해 보세요.

+P/L/U/S+

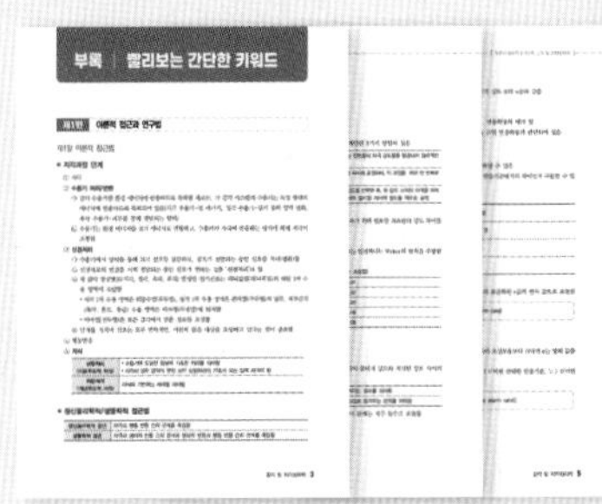

시험 직전의 완벽한 마무리!

빨리보는 간단한 키워드

'빨리보는 간단한 키워드'는 핵심요약집으로 시험 직전까지 해당 과목의 중요 핵심이론을 체크할 수 있도록 합니다.
또한, SD에듀 홈페이지(www.sdedu.co.kr)에 접속하시면 해당 과목에 대한 핵심요약집 무료 강의도 제공하고 있으니 꼭 활용하시길 바랍니다!

CONTENTS

목차

당신이 저지를 수 있는 가장 큰 실수는 실수를 할까 두려워하는 것이다.

– 앨버트 하버드 –

부록

빨리보는 간단한 키워드

시/ 험/ 전/ 에/ 보/ 는/ 핵/ 심/ 요/ 약/ 키/ 워/ 드/

훌륭한 가정만한 학교가 없고, 덕이 있는 부모만한 스승은 없다.

– 마하트마 간디 –

부록 | 빨리보는 간단한 키워드

제1장 사회심리학 개관

제1절 사회심리학의 특성

■ 사회심리학이란

① 다른 사람이 있고 없고에 따라 사람들의 생각과 느낌과 행동이 바뀌는 모습을 과학적으로 탐구하는 심리학의 한 분야임(Allport, 1985)

② 상황과 행동이라는 두 가지 초점에서 상황에 관심을 가지고 연구함

③ 사회심리학자들은 다른 사람들의 말이나 행동 또는 단순한 출현이 우리의 사고, 느낌, 태도, 또는 행동에 영향을 미친다고 생각함

④ **사회적 영향력** : 다른 사람들의 말이나 행동 또는 단순한 출현이 우리의 사고, 느낌, 태도, 또는 행동에 영향을 미치는 효과를 의미함

■ 사회심리학의 관심주제들

사회적 상황요인	개인이 처한 생활 장면에서 작용하는 개인 외적 요인 ㉰타인의 존재 여부, 타인의 행동, 타인의 숫자, 타인에 대한 호감, 인상 등
환경적 요인	• 사람들은 언제나 환경의 영향을 받음 • 물리적, 구조적, 문화적 환경으로 구분됨 • 환경의 용이성은 사회적 행위에 큰 영향을 미침

■ 사회심리학의 이론적 접근

동기접근	인간의 사회행동을 인간의 본능적 동기인 생물학적 욕구나 사회적 동기로 말함
사회적 동기	• 사회화 과정에서 후천적으로 습득한 동기를 말함 • 성취동기, 친화동기, 세력동기 등으로 설명함
인지접근	• 환경을 인식하는 사람의 지각에 달려있다고 말함 • 귀인과 사회인지가 연구의 주를 이룸 * 귀인 : '원인의 귀착'의 줄임말로, 한 개인이 타인의 행동이나 사건의 원인을 어떻게 설명하느냐와 관련이 있음
의사결정접근	• 사람의 의사결정이 합리적 추론을 거쳐 이루어진다고 봄 • 인간의 추론과정이 비합리적인 경우가 많다는 후속연구에 의해 타당성의 제한을 받고 있음
상호의존접근	개인이 얻는 보상이나 이익은 타인과 연결되어 있다고 봄
사회문화접근	• 문화에 따라 사람의 행동이 다르게 나타난다고 봄 • '집단주의-개인주의 차원'이 가장 대표적임 * 집단주의-개인주의 : 개인행동의 준거가 개인에게 있는지 개인이 속한 집단에 있는지에 의해 구분됨

■ 사회심리학의 네 가지 핵심가정

① 행동은 인간과 상황의 합동적 영향에 의해 결정됨
② 인간의 모든 사고, 감정, 행동은 타인과 연결되어 있으며, 본질적으로 사회적인 것임
③ 행동을 이해하기 위하여 우리는 사람이 자기 자신과 자신의 사회적 세계에 대해 어떻게 생각하는지를 알아야 함
④ 과학적 방법은 사회 행동을 정확하게 이해하는 데 있어 가장 좋은 방법임

제2절 사회심리학의 역사

■ 사회심리학의 발전

1940년대~ 1960년대	• 레빈(Lewin)의 장(Field)이론 : 인간의 이해를 위해서 개인적인 요소뿐 아니라 사회적 영향요인도 함께 연구하는 이론 • 페스팅거(Festinger)의 인지부조화이론 : 행동과 신념이 불일치할 때 행동이나 신념을 바꿔 일치시키는 평행상태를 유지한다는 이론
1960년대~	사회적 지각, 대인매력, 친사회적 행동, 집단의사결정
1970년대	• 심리학계의 성장과 더불어 심리학적 사회심리학의 성장 • 귀인이론 등장
1980년대~ 1990년대	• 성차에 따른 행동의 차이, 환경문제가 사회적 행동에 미치는 영향에 관심 증가 • 광범위한 사회적 과정에 인지적 관점 적용 • 실제 문제에 사회심리학의 응용이 증가 • 인지과정에 초점을 맞춘 정보 습득·분석이 꾸준히 증가

■ 사회심리학의 근원과 현대 사회심리학의 관점

근원	• 1880년대 중반 스펜서(Spencer)는 다윈(Darwin)의 진화론을 확장하여 인간의 사회행동 역시 동일한 진화과정의 산물이라고 주장 • 프로이트(Freud)는 인간의 행동이 공격 추동과 성적 추동에 의해 형성되는데 이 추동의 대부분은 우리의 의식적 경험에서는 숨겨져 있다고 주장 • 행동주의자들은 외현적 행동만이 관찰되고 측정될 수 있다고 주장하고 감정, 희망, 의식 등에 대한 연구는 격하 • 현대 사회심리학의 무대는 듀이(Dewey), 올포트(Allport), 머피(Murphy) 등의 노력으로 마련
현대 사회심리학의 관점	• 사회인지적 관점은 우리가 사건과 사람을 어떻게 지각하고 기억하며 해석하는가에 초점 • 진화적 관점은 인간을 동물의 한 종으로 보며 사회행동을 진화적 적응의 결과로 보는 역동적 관점 • 문화적 관점은 사고와 행동에 미치는 문화의 영향을 강조 • 실존적 관점은 죽음의 불가피성, 의미, 타인들의 연결성과 같은 인간의 본질적인 관심에 초점 • 신경과학적 관점은 생물학적 체계가 사회적 과정에 어떻게 영향을 주고 또 어떻게 영향을 받는가를 이해하는 데 초점

■ 국내의 사회심리학

1962년	서울대학교 고영복 교수에 의해 최초의 사회심리학 교재가 출판
1970년대	미국심리학이 서울대학교 차재호 교수에 의해 소개되면서 한국의 사회심리학이 정착
1980년대	미국에서 연구되고 있던 가치관, 대인지각, 공격행위, 귀인 등의 주제에 관심을 갖고 활발히 연구
1990년대	한국의 문화현상에 관심이 증가
2000년대	• 사회심리학적 연구를 하는 학자들이 증가 • 사회적 연결망, 공동체의 작동, 다문화사회, 사회계층, 서열경쟁의 영향 등 연구

제3절 사회심리학 연구방법

■ 과학적 연구방법

① 신뢰할 수 있는 관찰물을 대상으로 함

② 검증하고자 하는 이론의 적용영역과 한계 및 적용되지 못하는 경우를 분명하게 함

③ 다른 연구자들이 연구를 재검하고 수정할 수 있도록 연구절차를 명시함

■ 사회심리학의 연구방법들

관찰연구	연구자가 특정 집단의 사람 또는 특정 행동을 관찰하고 관찰된 행동의 측정치나 인상을 기록으로 남기는 방법
상관연구	변인들 간 관계를 밝혀냄으로써 상이한 유형의 사회행동이 발생할 것인지 예측하는 방법
실험연구	상관관계가 아닌 인과관계를 알아보는 방법
반복연구	• 연구결과의 일반화 가능성을 알아보기 위한 연구 • 선행연구와는 다른 상황에서 다른 사람들을 대상으로 실시
온라인 매체연구	사회관계망(SNS)의 엄청난 자료를 분석하는 연구

■ 사회심리학의 연구 장소

실험실연구	실험통제가 쉬운 반면, 실험상황과 실제상황이 다를 가능성이 높음
현장연구	실제상황을 살릴 수 있다는 장점이 있지만, 연구하고자 하는 변인 이외의 변인을 통제하기 어려움

■ 실험용어 정리

조작적 정의	주어진 연구에서 그 개념이 무엇을 의미하는지 정의하는 것
독립변인	결과(종속변인)에 영향력을 행사하는 변인으로, 연구가설을 검증하기 위해 구성되는 변인
종속변인	독립변인에 의해 영향을 받아 변하는 변인으로, 독립변인의 조작효과가 종속변인에 얼마나 반영되는지 알아보는 것이 연구의 목적
실험조건과 통제조건	연구자 자신이 알고자 하는 것이 직접 반영되도록 처치하여 실험조건을 설정하며, 모두 동일과정이지만 처치하지 않는 통제조건을 설정하여 두 결과를 비교·관찰
무선배정	실험의 특정 조건에 배정될 확률이 동일하도록 하는 작업
내적 타당도	실험의 종속변인에 영향을 미친 것이 독립변인뿐이라고 확신할 수 있는 정도
외적 타당도	실험의 결과를 다룬 상황을 일반화시킬 수 있는 정도

제2장 개인, 대인지각 그리고 사회인지

제1절 자기

■ 자기의 개념

① 우리들은 누구나 "나는 누구인가?"라는 의문을 가지고 있음

② 자신을 움직이는 내부의 '진짜 나'가 있다는 생각을 하는데 이러한 개념을 자기 개념이라고 함

■ 자기의 의미

물적 자기	신체, 의상, 가족, 집, 소유물 등 개인이 지니고 있는 것으로 구성
사회적 자기	우리와 접촉하는 타인들로부터 받게 되는 인상, 평가 등
영적 자기	개인이 지닌 내면의 주관적인 것으로 성격, 취향, 정서 등의 심리적 속성
복합적 자기	현대인들은 과거에 비해 복잡해진 세상에서 다양한 사회적 역할을 수행하며 복합적 자신의 모습을 가짐

■ 자기의 기능

정보처리자	과거의 경험을 통한 일반화로 자신과 관련된 정보를 효율적으로 처리하는 도식의 특성
행위의 평가자	자신의 특성, 자기평가, 자기향상, 자기고양동기로 자신을 평가
지각된 자기통제	• 자기효능감 : 자신이 능력 있고 효과적이라는 느낌으로 자신의 능력과 기술에 대한 믿음. 자신이 가치 있다고 느끼는 자존감(자긍심)과는 구별되므로 자기효능감이 높아도 자존감은 낮을 수 있음 • 자기결정이론 : 개인들이 어떤 활동을 내재적인 이유와 외재적인 이유에 의해 참여하게 되었을 때 발생하는 결과는 전혀 다른 결과가 나타남을 바탕으로 수립한 이론
자기지식	• 행동예측 : 계획오류 • 감정예측 : 충격편향 • 자신의 정서이해 : 감정과 각성 두 가지 요인에 의해 결정

■ 히긴스(Higgins)의 자기차이이론

현실자기	현실의 모습이라고 여기는 자기 모습
이상자기	스스로가 되고 싶은 이상적 자기의 모습
의무자기	자신 및 주위 사람들이 부과하는 의무, 기대 등에 맞춰가겠다고 여기는 자기 모습. 부정적 결과에 민감해지며 그에 부응하지 못하는 불안감이나 죄책감을 경험하기 쉬움

제2절 태도

■ 태도의 개념

① 태도는 우리가 행동하는 것을 결정하는 중요한 심리변인임

② 학습에 의해 형성됨(고전적 조건형성, 조작적 조건형성, 모방에 의한 사회학습)

③ 서스톤(Thurstone)이 개발한 태도측정방법으로 측정이 가능하게 되었음

④ 태도는 유전과 사회적 경험에 의해 형성됨

⑤ 태도는 때때로 변함

■ 정교화 가능성 모델

동기	• 메시지를 주의 깊게 생각해 보려고 동기화되어 있을 때 사람들은 중심경로를 취하며, 이때 그들의 태도는 논거강도에 근거함 • 사람들이 덜 동기화되어 있다면 그들은 주변경로를 취하며, 이때 그들의 태도는 주변단서에 근거함
능력	• 메시지를 주의 깊게 사고할 수 있는 정신적 자원을 갖고 있을 때 사람들은 중심경로를 취함 • 사람들이 인지적으로 바쁘다면 그들은 주변경로를 취함
지속성	중심경로의 처리과정을 통한 태도변화는 주변경로 처리과정을 통한 변화보다 더 오래 지속되며 다른 요인의 영향에 더 저항적임

제3절 대인지각과 귀인

■ 대인지각의 두 차원

주체성	상대방이 주체적으로 일을 도모하고 수행할 수 있는 역량을 알려주는 특징 예 활동성, 주장성, 창의성, 논리성, 자신감, 자율성, 지혜 등
어울림성	상대방이 타인을 배려하고 포용하며 좋은 관계를 맺어갈 수 있는지를 알려주는 특징 예 돌봄, 자기희생, 겸양, 공감, 충성심, 신뢰감, 포용력, 감수성 등

■ 귀인이론

① 행동이나 사건의 원인에 대한 질문에 답하는 방식을 설명하는 이론임

② 우리가 어떤 사람에 대해 어떤 귀인을 짓느냐에 따라 그 사람에 대한 인상이 크게 달라짐

③ 귀인은 우리의 미래행동에 영향을 미침

④ **귀인과정의 공변모형**

㉠ 사람들이 행동원인에 대한 귀인을 형성할 때 가능한 요인의 존재유무와 그 행동의 발생유무 간의 관계양상을 체계적으로 따지는 이론

㉡ 인간을 지나치게 합리적인 존재로 가정하고 있어 실제의 귀인과정과 거리가 있다는 한계가 있음

■ 귀인의 차원

내귀인	성향귀인라고 하며 사건을 행위자의 성격, 의도, 동기 등 내적 요인 탓으로 설명
외귀인	상황귀인이라고 하며 상황, 과제, 운, 역할 등 행위자가 처한 상황에 작용하는 요인 탓으로 설명

■ 최종귀인(final attribution)모형

성공 또는 실패 등의 결과 → 결과에 따른 감정(결과의존감정)이 나타남 → 귀인유발 과정인 인과선행요인을 통해 귀인 형성 → 형성된 각 귀인은 3개의 인과차원(인과소재, 안정성, 통제성)으로 구분 → 심리적 결과(자부심, 기대감, 수치심 등)에 영향을 미침 → 행동 결과 설명

■ 귀인의 주요편향

기본 귀인 오류	상황적 요인은 과소평가하며 성향적 요인은 과대평가하는 경향성
행위자 관찰자 편향	어떤 행위에서 그 행위를 한 당사자는 상황(외적)귀인하고 그 행위를 본 관찰자는 성향(내적)귀인한다는 것
이중관점모형	행위자와 관찰자는 각자에게 이득이 되는 방향에서 사건을 해석하는 경향을 보임
자기본위적 편향	자기가 한 일이 잘되었을 경우 내적 귀인을 하고 결과가 나쁠 때는 외적 귀인을 하는 경향이 있음
방어귀인	행동설명 시 취약성이나 죄책감을 느끼지 않는 방향으로 몰고 가는 방식
편파맹점	자신보다 다른 사람들이 귀인에 편파에 빠질 가능성이 더 크다고 생각하는 경향성

제4절 사회인지

■ 사회적 추론과 판단

자동적 사고	• 무의식적으로, 의도하지 않아도 노력 없이 빠르게 전개되는 사고 • 직관적 사고라고도 함
통제된 사고	• 의식적이고 의도적이며 자발적이고 노력을 요구 • 논리적 사고라고도 함

■ 정보의 수집과 취합

① **신념과 선입견** : 사람들은 자신이 가지고 있는 사전 기대감에 의해 같은 장면에 대한 해석이 크게 다름

② 우리는 사전 기대감이 있을 때 치우친 정보를 모색하는 경향이 있음

③ 자료의 취합과정에서도 사전 기대감에 영향을 받음

■ 도식을 활용한 사고

① 도식이란 사회적 세계에 관한 우리의 지각경험을 조직하는 정신적 구조임

② 우리가 살아가는 사회는 우리의 해석이 필요한 상황들로 가득하며, 이때 우리는 여러 도식 중 어떤 도식으로 상황 혹은 사람을 판단할지 결정하게 됨

■ 휴리스틱(어림법) : 사람들이 판단을 신속하고 효율적으로 내리기 위해 이용하는 마음속 지름길

종류	정의	예	결과
대표성 휴리스틱	사람이나 사물이 범주에 부합하는지에 대한 즉각적인 판단	수지가 사서의 이미지를 더 많이 가지기 때문에 수지를 운전사보다는 사서로 판단	다른 중요한 정보들은 무시
가용성 휴리스틱	사건의 가능성에 대한 빠른 판단(우리의 기억에 근거하여 판단)	학교 총기사건 이후 십대 폭력을 추정	생생한 예들에 지나치게 무게를 두어, 통계보다는 그럴듯한 이야기에 비중 ㉠비행기 테러가 교통사고보다 더 많이 발생하는 것처럼 여김

제5절 긍정심리학 : 행복

■ 긍정심리학

① 긍정심리학이 추구하는 목표는 인간의 행복과 안녕임
② 인간의 강점과 심리적 유능성을 세우는 데 관심을 가짐
③ 셀리그만은 즐겁고 몰입하며 의미 있는 삶을 행복이라고 간주함
④ 미하이 칙센트미하이(Mihaly Csikszentmihalyi)는 최적 경험을 의미하는 몰입(flow)을 주장하였음

■ 행복

① 행복은 정신적 안녕감을 의미하며, '주관적 웰빙(안녕감)'이라고도 함
② 물질적 부와 행복감의 상관관계는 낮음
③ 주관적 안녕감은 결과가 아닌 과정 속에 존재함

■ 의미 추구적 안녕

① 몰입, 의미, 자기실현 등과 밀접한 관계를 맺음
② 개인적 목표와 관계성을 높이는 목표는 의미 추구적 안녕의 예측요인임

■ 낙관주의

① 낙관적인 사람들은 자신의 행동이 긍정적 결과를 만들 것이라고 믿음
② 낙관적인 사람들이 그렇지 않은 사람들보다 좀 더 보람 있는 삶을 살아감

■ 의미

① 의미란 발견하고 성취하려는 욕구를 의미함
② 자신의 삶 속에서 겪은 사건을 해석함으로써 삶의 의미를 창조할 수 있음

■ 긍정성

① 긍정성은 즐거움, 흥미, 감사, 희망, 평온, 사랑, 자긍심 등과 같은 긍정적 정서를 대표함
② 긍정정서는 생각을 확장시키고 개방적이 되게 하며, 인지적 유연함과 폭넓은 사고를 지니게 함
③ 정서적 침체감이 정서적 번영감으로 전환되는 티핑 포인트(tipping point)는 '긍정정서:부정정서(3:1)의 비율'과 관련이 있음

제3장 대인관계

제1절 대인매력과 관계의 발전

■ 매력의 유발요인

근접성	누군가와 더 많이 만나고 상호작용할수록 친구가 될 가능성이 높음
유사성	나와 상대가 얼마나 유사한 생활태도를 지니고 있는지에 영향을 받음
상호 호감	유사성이 없음에도 매력을 느낄 수 있는 강력한 요인은 호감임

제2절 친밀한 관계: 사랑과 결혼

■ 사랑의 정의

동반자적 사랑	열정이나 생리적 각성이 동반되지 않은 누군가에 대해 친밀감과 애정을 가짐
열정적 사랑	다른 사람에 대한 강렬한 갈망을 가지고 있으며, 누군가의 존재에 숨이 가쁘고 심장이 뛰는 생리적 각성을 나타냄

■ 스턴버그의 사랑의 삼각형 이론

친밀감	• 가깝고 연결되어 있으며 결합되어 있다는 느낌 • 사랑의 정서적 혹은 따뜻한 측면 • 함께 보낸 절대적 시간이 어느 정도 되어야 하고 깊은 대화를 많이 나누어야 가능함
열정	• 사랑의 동기적 혹은 뜨거운 측면(성적 욕망)을 의미 • '첫 눈에 사랑에 빠졌다.'
헌신 · 결심	• 어떤 사람을 사랑하기로 결심하는 것, 그리고 그 사랑을 지속하겠다는 헌신을 의미하는 것 • 사랑의 선택적, 혹은 행동적 측면

■ 애착의 양식

안정애착	부모가 아이의 신체적 · 감정적 불편함과 스트레스를 민감하게 반응하고 적절하게 반응하며 양육했을 때 보이는 애착유형
회피형 불안정애착	아이의 감정표현에 부정적 반응을 보이고, 신체적 접촉과 위안을 원할 때 받아주기보다 불편해하고 회피하며 양육했을 때 보이는 애착유형
양가형 불안정애착	아이의 신체적 · 감정적 요구와 필요에 일관되지 않게 반응하거나 필요한 자극과 정서적 지지보다 더 많은 것을 주는 등 아이의 자율성을 침범하고 아이의 독립심을 좌절시키는 방식으로 양육했을 때 보이는 애착유형
혼란형 불안정애착	회피형과 양가형의 특성을 같이 나타내는 모순을 보이는 애착유형

■ 러스벌트의 좋지 않은 관계에서 발생하는 네 가지 유형의 행동

파괴적인 행동	적극적으로 관계를 해치는 행동 → 상대를 학대하고, 헤어지겠다고 위협하고, 실제로 떠나는 것
	수동적으로 관계가 악화되도록 허용하는 것 → 문제를 다루는 것을 거부하고, 파트너를 무시하고, 함께 시간을 보내지 않고 관계에 헌신하지 않는 것
긍정적 · 건설적인 행동	관계를 개선하기 위해 적극적으로 시도하는 것 → 문제에 대해 논의하고 변화를 시도하고, 치료자를 찾아가는 것
	수동적으로 관계에 대한 충성심을 유지하는 것 → 상황이 나아지기를 바라면서 기다리고, 싸우기보다 지지적이며, 낙관성을 유지하는 것

■ 가트만이 분석한 결별을 가져오는 4개의 강력한 요인

① 비판

② 방어적 태도

③ 모르쇠 태도

④ 경멸적 감정

제3절 인간의 공격성

■ 공격성의 유발요인

성격적 요인	좌절과 공격성, 흥분과 폭력, 섹스와 폭력
상황적 요인	기온과 공격, 알코올과 폭력, 고통, 영양결핍, 생물학과 행동의 상호작용
사회적 요인	공격적 행동의 학습, 텔레비전과 인터넷, 비디오 게임, 음란물 시청

■ 공격행동의 학습과 감소

강화와 처벌	행위자에게 보상을 가져오는 행위는 반복적이 되기 쉬움
분노의 표출과 공격성	프로이트(Freud)의 카타르시스이론에 따르면 분노를 분출함으로써 미래에 공격적인 행동을 할 가능성이 적어진다는 것

■ 공격성을 감소시키는 방법

자기지각	나와 상대의 상황에 대한 인식 차이와 서로의 의도, 도식이 다르다는 것을 알면 상호이해와 우호의 강도가 커지게 됨
사과를 통한 분노해소	타인의 분노가 나의 잘못이라면 진지한 사과를 하고 책임을 감수하는 것이 공격성을 줄이는 데 효과적임
의사소통문제 해결기술 훈련	사회적 기술을 훈련하여 다른 사람들과의 관계성 문제를 해결할 수 있음
비인간화 대응하기	타인을 비인간화하는 것은 공격행동의 정당화를 부름
미디어 폭력사건 보도의 통제	• 미디어 속의 폭력에 대한 무관심은 성장하는 아동에게 폭력의 사용을 정당화시킴 • 이러한 모방행위를 줄이기 위한 방법이지만, 완전한 통제는 실현 불가능한 일임
방범적 사회환경 조성	• 생활환경의 조성은 일반범죄의 발생에 큰 방지효과를 가져옴 • 거리의 조명을 설치하는 것으로도 범죄율을 많이 줄일 수 있음

■ 테러리즘의 요인

증오	상대에 대한 극심한 미움의 상태로 상대를 없애거나 해치고 싶은 정서 상태
도덕적 면책	자기(혹은 집단)의 이익을 위한 행위에 대해서는 도덕적, 정서적으로 초연한 자세를 가짐
비인간화 심리	상대를 비인간화시킴으로 파괴적 행동을 정당화
책임의 전가와 분산	자신의 행위가 신의 섭리가 작용한 것이라는 식으로 책임을 전가

■ 스턴버그의 증오의 삼각형 이론

혐오감	상대와 거리를 두고자 하는 마음
분노	• 타오르는 화와 상대에 대한 두려움이 결합된 정서 • 위협하는 존재에 대한 강한 반발과 보복의 심리
맹세	상대방에 대한 비하와 경멸로 상대를 처치하겠다는 의지를 갖고 내외적인 맹세를 하는 것

제4장 집단 속의 개인

제1절 사회적 영향

■ 사회적 영향

① **동조현상** : 집단의 압력이 있을 때 집단이 기대하는 바대로 개인의 생각이나 행동을 바꾸는 것
② 극단적인 사례로 종교집단의 집단자살 등
③ 사회적 영향 하에서 사람들은 자신의 행동을 바꾸고 타인의 기대에 따라 행동하는데 사회심리학자들은 이것을 동조의 핵심으로 봄

■ 정보적 영향

① 사람은 다른 사람의 행동을 정보의 원천으로 삼아 자기행동을 결정하는 경향이 있음
② **사회적 영향의 원인**

개인적 수긍	다른 사람들이 옳다고 순진하게 믿기 때문에 실제로 그에 동조하는 것
공적인 순응	겉으로만 동조하는 것으로 튀어 보이고 싶지 않기 때문에 이런 모습을 보임

■ 복종과 순종

① **복종** : 자신의 의사와는 상관없이 남의 명령에 따르는 것
② **순종** : 일단 어떤 행동을 하고 나면 그 행동과 일관된 태도를 받아들이는 경향
㉑ 문간에 발 들여놓기 효과, 낮은 공 기법

■ 밀그램(Milgram)실험

① 다른 사람에게 고통을 가해야 하는 상황에서 사람들이 어떤 행동을 보일지 알아본 실험
② 대부분의 피험자들은 권위자에게 명령을 받았을 때 그 권위를 거부하지 못함

■ 집단

3명 이상의 사람들로 이루어져 있고 공통의 필요나 목표가 있어 서로 영향을 미치는 상호의존적인 사람들

■ 짐바르도(Zimbardo)의 감옥실험

① 사회적 역할이 개인의 정체성을 뛰어넘을 것인지 알아본 실험
② 간수와 죄수 두 그룹의 학생들은 빠르게 자신의 역할에 몰입하였고 금세 지나칠 정도까지 되어 실험은 6일 만에 종료

제2절 집단수행

■ 집단에서의 개인행동

사회적 촉진	타인의 존재가 개인의 수행력을 더 향상시키는 현상
사회적 태만	타인의 존재가 동기를 위축시켜 개인의 수행이 떨어지는 현상
몰개성화	집단으로 행동하는 상황에서 구성원 개개인의 정체성과 책임감이 약화되는 현상
규범부상이론	개인이 무리 속에서 어떻게 행동하느냐는 당시 상황이 촉발하는 규범에 의해 더 잘 설명된다고 보는 이론

제3절 집단의사결정

■ 집단극화

개인이 결정할 때보다 집단적으로 결정할 때 더 극단적으로 결정하는 경향

■ 집단사고

집단의사결정 과정 중 동조압력으로 인해 충분한 논의가 이루어지지 못한 상태에서 합의에 도달하는 현상

■ 집단사고의 예방을 위한 방지책

① 공평해야 함
② 비판을 장려함
③ 집단을 나누고 분위기 차이를 재결합함
④ 외부 전문가의 비판을 수용함
⑤ 계획이행 전 다시 한 번 확인하는 2차 회의를 가짐

■ 사회집단에서의 위계질서와 관련된 이론들

사회적 지배이론	인류사회의 성장으로 인해 사회의 문화적 가치에 따라 위계질서가 만들어졌고 사람들은 이를 정당화하는 신념을 가진다는 것
체제정당화이론	체제의 일을 정당화하기 위해 고정관념을 가져다 붙여 설명한다는 것
상보적 고정관념	모든 집단은 긍정적인 특성과 부정적인 특성을 모두 가지고 있다는 것으로, 하위계층의 지지를 얻는 한 가지 방법
상대적 박탈감	• 개인은 비교가 되는 다른 집단의 상황과 자기 자신과의 조건을 비교함으로써 자신이 박탈되고 있다고 여김 • 또한 자신이 더 유리하면, 이에 따라 상대적 만족을 갖게 되는 것으로 보임

제4절 친사회적 행동

■ 도움행동의 기본동기

진화심리학	진화론에 입각하여, 새로운 특성이나 행동경향이 세대 전파에 유익할 때 종이 그런 특성을 진화시킨다는 설명
사회교환	사회교환이론은 우리 행동의 많은 것들이 보상을 극대화하고 비용을 최소화하고자 하는 바람에서 비롯된다는 것
사회규범	단순한 이득계산을 뛰어넘어 미묘한 형태의 자기이해관계로 인한 도움
공감과 이타주의	다른 사람의 입장에서 공감을 느낄 때 순전히 이타적인 이유에서 타인을 도우려고 한다는 것

■ 친사회적 행동

개인특성	성격, 성차, 종교적 신앙, 문화적 차이, 기분 등
상황요인	환경, 주거이동성, 방관자 효과, 시간적 압박, 유사성, 공동체 관계, 미디어효과 등

■ 친사회적 행동의 증진

도움의 방해요소 제거	애매성의 감소와 책임 증가, 개인화된 호소, 죄책감과 자아상의 염려 등
이타성의 사회화	도덕적 교육, 이타성 모델화, 행위를 통한 학습, 도움행동을 이타성에 귀인, 이타성 학습 등

제5장 집단 간 역동

제1절 집단 간 갈등과 그 원인

■ 사회정체성

① 사회적 집단에 소속되어 있다는 지각에 기반한 자기개념의 일부

② 사람들은 편이 갈리면 우리 편에는 우호적이고 상대에게는 차별적인 양상을 보임

③ 자신이 속한 집단에 더 유리하게 하는 내집단 편향이 나타남

④ 집단이 개인이 필요로 하는 자존심을 제공하지 못하면 성원은 집단을 떠나거나 회피, 우월한 비교준거를 모색하는 등의 대안행동을 보임

■ 사회적 딜레마

게임이론	• 인간의 선택행위를 예측하기 위해 개발된 이론 • 두 사람 사이의 관계는 상호의존적이므로 각자에게 유익한 행위는 쌍방의 선택에 의해 결정
죄수의 딜레마	두 죄수가 각자의 이익을 위해 결국은 서로를 배반하게 된다는 실험
공유지의 비극	공유된 자원은 비용이 분산된다는 이유로 할당된 것보다 더 많이 소비하고, 결국 공공자원의 붕괴를 초래한다는 것

■ 경쟁

경쟁	• 이익을 놓고 경쟁할 때 적개심이 발생 • 집단의 양극화는 갈등을 악화시킴
불공정 지각	'정의'에 대해 서로 생각하는 바가 다름으로 갈등이 발생
오해	많은 갈등에는 서로 다르게 생각하는 목표로 인한 오해가 자리하고 있음

■ 갈등을 심화시키는 인지요소

비양립성 오류	자신에게 중요하다고 생각하는 갈등의 측면은 상대방에게도 중요한 것이라고 생각하는 것
투명성 과장오류	자신의 목표와 동기를 상대방이 잘 알고 있으리라는 생각
소박한 현실론	자신의 견해는 객관적이고 현실을 직시하지만 상대는 그렇지 않다고 여김
사회적 자아중심성	상대방이 보이는 행위는 그 개인의 특성에서 비롯된 것이라고 생각

제2절 고정관념, 편견, 차별

■ 고정관념, 편견, 차별

고정관념	• 특정 집단원들이 가진 것으로 여겨지는 속성에 대한 신념 • 때로 과장되거나 부정확하고 새로운 정보에 저항을 일으키기도 함 • 모두 부정적인 것만은 아니지만 전반적으로 외집단에 대한 고정관념은 부정적
편견	어떤 사람이 소속되어 있다고 생각되는 집단에만 오로지 근거하여 그 사람에 대해 갖는 부정적인 태도
차별	특정 집단이나 그 집단원들에 대한 불공정한 부정적인 행동

제3절 집단 간 갈등의 해소

■ 집단 간 갈등의 해소

쌍방향 관심모형	자신에게 돌아오는 결과에 대한 관심과 상대방에게 돌아가는 결과에 대한 관심, 양쪽의 관심에 대한 갈등해소모형
접촉	일반적으로 접촉은 관용적 태도를 부름
협력	극단적 위기상황 같은 외부의 위협에서 사람들은 협력의 모습을 보임
의사소통	서로 대화를 통해 타인의 관점을 가져보고 공감을 유도하며 협조를 향상시킴

합격의 공식 SD에듀 www.sdedu.co.kr

사회심리학

기출복원문제

출/ 제/ 유/ 형/ 완/ 벽/ 파/ 악/

교육은 우리 자신의 무지를 점차 발견해 가는 과정이다.

– 윌 듀란트 –

기출복원문제

▶ 온라인(www.sdedu.co.kr)을 통해 **기출문제** 무료 동영상 강의를 만나 보세요.

01 다음 설명에 해당하는 학문 영역은?

> 인간의 실제 행동을 심리학 · 사회학 · 생리학적 견지에서 바라보고 그로 인한 결과를 규명하려는 분야로, '합리적인 인간'을 부정하는 것에서 시작하였다. 이에 해당하는 주요 용어들로는 '전망이론, 보유효과, 손실회피성, 닻내림효과, 프레이밍효과' 등을 들 수 있다.

① 행동경제학
② 자동사회과학
③ 사회신경과학
④ 정신분석적 사회심리학

»»

행동경제학의 주요 용어	의미
전망이론	일반적으로 경제학에서 가정하던 것처럼 소득 및 수입에서만 효용을 얻는 것이 아니라 현재 자신이 가진 수준도 고려하여 효용이 결정된다는 것이다.
보유효과	어떤 대상을 소유하거나 소유할 수 있다고 생각하는 순간 그 대상에 대한 애착이 생겨 객관적인 가치 이상을 부여하는 심리현상으로, 소유효과라고도 한다.
손실회피성	같은 금액이라면 이익보다 손실을 훨씬 더 크게 느끼는 현상이다.
닻내림효과	처음에 인상적이었던 숫자나 사물이 기준점이 되어 그 후의 판단에 왜곡 또는 편파적인 영향을 미치는 현상이다.
프레이밍효과	질문이나 문제 제시 방법(틀)에 따라 사람들의 선택이나 판단이 달라지는 것으로, 특정 사안을 어떤 시각으로 바라보는가에 따라 해석이 달라지는 현상이다.

01 행동경제학자 중 대니얼 카너먼(Daniel Kahneman)을 비롯한 여러 학자가 노벨경제학상을 받은 바 있다. 이 외에도 행동경제학자로는 아모스 트버스키, 댄 애리얼리, 리처드 세일러 등을 들 수 있다.
[문제 하단의 표 참고]

정답 01 ①

02 다음 설명에서 괄호 안에 들어갈 관점으로 가장 적절한 것은?

> 사회적 상황에서의 학습은 환경, 개인 변인과 행동 간의 삼원적 상호작용에 의해 이루어진다. (　　)에서 중요한 것은 사회적 상황에서 발생하는 모델링과 조금만 노력하면 성공할 수 있다는 학습자의 신념, 즉 지각된 자기효능감이다.

① 진화론적 관점
② 사회인지적 관점
③ 생태학적 관점
④ 사회문화적 관점

02 사회인지이론은 반두라(Bandura)에 의해 제안된 이론으로, 사회학습이론과 인지심리학에 근거를 두고 있다.
① 진화론적 관점에서의 심리학은 다윈의 자연선택의 원리를 사용하여 인간의 행동과 마음의 진화를 연구하는 분야이다.
③ 생태학적 관점은 인간의 발달과정을 개인과 환경 간의 상호작용 속에서 이해하고자 하는 접근 방식으로, 개인과 환경 모두 인간 발달에 영향을 미친다는 관점이다. 대표적 이론가인 브론펜브레너(U. Bronfenbrenner)는 '생태학적 체계 이론'(ecological system theory)에서 아동의 발달을 위해 다수준체계의 환경적 조화를 강조하였다.
④ 사회문화적 관점은 사람의 행동과 원인에 대한 문화적 차이를 비교・연구한다. 한 국가 내의 다른 두 집단 비교, 문화가 발달에 미치는 영향, 문화가 정서에 미치는 영향, 문화적 경험에 따른 심리구성의 차이 등을 연구한다.

03 실험연구방법에 대한 설명으로 가장 적절한 것은?

① 실험연구방법은 주로 문헌 조사를 통해 데이터를 수집하는 방법이다.
② 실험연구방법에서는 변수 간의 상관관계를 관찰하는 데 초점을 맞춘다.
③ 실험연구방법은 변수를 조작하고 통제하여 원인과 결과의 관계를 검증하는 방법이다.
④ 실험연구방법은 대규모 인구 집단에서 일어나는 자연스러운 변화를 주로 연구한다.

03 실험연구방법은 연구자가 비교적 소수의 실험자를 대상으로 특정변수(독립변수)를 의도적으로 조작하고, 이 조작이 다른 변수(종속변수)에 미치는 영향을 관찰하고 측정하는 방법이다. 이러한 방법은 원인과 결과의 관계를 명확하게 파악하는 데 유용하며, 과학적 연구에서 널리 사용된다.

정답 02 ② 03 ③

04 다음 설명에서 괄호 안에 들어갈 적절한 용어는?

> 실험연구에서 강조되며 독립변인 또는 처치변인의 종속변인에 대한 효과 또는 영향에 따른 다른 변인의 개입 가능성을 적절히 통제하였는가가 중요하다. 실험의 결과가 실험처치로 인해 나타나야 한다. (　　)를 확보하기 위해서는 독립변인 이외의 다른 조건이나 요인이 종속변인에 영향을 미치지 못하게 철저하게 통제해야 한다.

① 신뢰도
② 질적 타당도
③ 내적 타당도
④ 외적 타당도

04 ① 신뢰도는 측정하고자 하는 것을 얼마나 오차 없이 정확하게 측정하고 있는가의 정도를 의미하며, 시간이 지나 다시 측정하여도 같은 결과가 나타난다면 신뢰도가 높은 것이다.
④ 외적 타당도는 실험의 결과를 다른 대상, 다른 시기, 다른 상황에 일반화할 수 있는 정도를 의미한다.

05 다음 설명과 가장 관련 깊은 개념은?

> 로젠탈 효과라고도 하며, 긍정적인 기대나 관심이 사람에게 좋은 영향을 미치는 경우를 말한다. 일이 잘 풀릴 것으로 기대하면 잘 풀리고, 안 풀릴 것으로 생각하면 안 풀리는 경우를 모두 포괄하는 자기충족적 예언이라고도 할 수 있다.

① 상향비교
② 피그말리온 효과
③ 하향비교
④ 거울 속에 비친 자기

05 ①·③ 상향비교는 사람들이 타인과 자신을 비교할 때, 자신보다 더 우위에 있는 사람들과 스스로를 비교하는 것이며, 상향비교가 이루어질 경우 이 자체만으로도 스스로를 향상시키려는 동기가 발생할 수 있다. 하향비교는 이와 반대의 경우이다. 하향비교를 하는 사람들은 자신의 긍정적인 자아상에 손상이 갈 수 있는 경우 자기보다 더 열위에 있는 사람들과 비교함으로써 주관적 안녕감을 증진시켜 자기 고양을 성취하고, 손상된 자아상을 회복하려는 노력을 한다.

정답 04 ③ 05 ②

06 다음 설명과 가장 관련 깊은 개념은?

> 타인과의 상호작용 상황에서 자신의 사고, 감정, 행동을 표출하는 데 자신을 주의 깊게 관찰하면서 조정하고 통제해 나가는 것이다. 이것은 개인의 내적 성장과 자기개발에 중요한 역할을 할 수 있도록 하며 자아인식과 자기조절 측면에서도 중요하다.

① 위험 회피
② 거짓 겸손
③ 자기 감찰
④ 자기 불구화

06 ④ 자기 불구화는 실패의 상황을 대비해 자존감을 해치지 않게 하려는 바람에서 노력을 하지 않는 인지적 전략이다. 실패 시 "내가 노력을 하지 않았기 때문에 실패한 것이다."라고 변명을 할 수 있도록 구실 만들기 전략을 사용하는 것이다.

07 다음 설명에서 괄호 안에 들어갈 용어가 적절하게 짝지어진 것은?

> 자기는 외부상황이나 감정에 영향을 받지 않으면서 일관되고 지속적으로 자신의 행동에 영향을 미치는 나를 의미한다. (㉠)는 개인이 이상적으로 신뢰하는 자신의 상태를 유지하는 개념이다. 사람은 꿈, 목표, 희망하고 있는 모습에 대한 상상을 추구하는데 이러한 것이 반영된 자신이 되고 싶어 하는 모습을 의미한다. (㉡)는 책임과 당위성에 초점을 맞춘 개념으로 다른 사람들이 자신에게 바란다고 느끼는 모습을 나타낸다. 이러한 (㉡)는 (㉠)와 동일할 수도 있고 그렇지 않을 수도 있다.

	㉠	㉡
①	사적 자기	공적 자기
②	성향 자기	상황 자기
③	이상적 자기	의무적 자기
④	독립적 자기	상호의존적 자기

07 히긴스의 자기불일치이론(자기차이이론)에 따르면 실제 자기가 이상적 자기와 얼마나 가깝게 살아가고 있는지에 따라 서로 다른 정서가 초래된다고 하였다. 자기의 모습을 '현실적 자기, 이상적 자기, 의무적(당위적) 자기'로 구분하였다. 현실적 자기는 현재 자신이 가지고 있는 모습을 의미한다.

① 사적 자기는 개인의 주관적인 정서, 감정, 사고, 동기, 가치 등과 같은 자신의 내적 측면에 주목하는 경향이고, 공적 자기는 다른 사람에게 인식되는 사회적 객체로서의 자기, 즉 신체적 외모, 외현적인 행동, 정서 표현 등과 같이 자기표현과 관련된 측면에 주의를 기울이는 경향을 의미한다.

정답 06 ③ 07 ③

08 다음 설명과 가장 관련 깊은 이론은?

> 사람은 자신에 대해 일관된 생각과 느낌, 태도를 가지기를 원한다. 개인이 가지고 있는 신념, 생각, 태도와 행동이 불일치하는 경우 사람은 심리적 불편감이 발생하며 이를 해소하기 위해 태도나 행동의 변화를 일으켜 일치시킨다는 이론이다.

① 균형이론
② 사회비교이론
③ 사회학습이론
④ 인지부조화이론

08 ① 프리츠 하이더(Fritz Heider)가 주장한 균형이론(Balance theory)은 인간은 대체로 사고와 느낌, 행동 간 일관성을 유지하는 균형 상태를 추구하며, 이러한 상태가 이뤄졌을 때 편안함을 느낀다는 것이다.
② 사회비교이론은 레온 페스팅거(Leon Festinger)가 1954년에 최초로 제시한 이론으로, 사람은 객관적인 기준이 부재한 상황에서 의사결정을 해야 할 때, 자신의 능력이나 의견을 정확하게 평가하기 위해서 유사한 능력이나 의견을 가지고 있는 사람들과 스스로를 비교한다는 것이다. 사회비교이론은 상향비교와 하향비교로 나뉜다.

09 정교화 가능성 모형(ELM)에 대한 설명으로 가장 적절한 것은?

① ELM은 모든 설득 메시지가 수신자에게 동일한 영향을 미친다고 가정한다.
② ELM은 사람들이 설득 메시지를 처리할 때 항상 높은 수준의 주의를 기울인다고 주장한다.
③ ELM은 설득의 과정을 중앙경로와 주변경로의 두 가지 경로로 구분한다.
④ ELM에 따르면, 메시지의 내용보다 발신자의 신뢰성이 설득 과정에서 더 중요하다.

09 정교화 가능성 모형(ELM)은 설득 과정을 이해하기 위한 심리학 이론으로, 설득의 과정을 중앙경로(중심경로)와 주변경로의 두 가지 경로로 구분한다. 사람들이 설득 메시지를 어떻게 처리하고, 어떤 요소들이 그 과정에 영향을 미치는지 설명한다. 중앙경로는 논리적 사고와 깊은 처리를 포함하는데 제시된 설득 메시지가 수용자에게 중요한 문제인 경우, 중앙경로를 이용한 메시지 처리가 발생하게 된다. 반면, 주변경로는 표면적 처리와 관련이 있다. 메시지가 수용자에게 중요하지 않은 문제일 경우, 주변경로를 통해 메시지가 처리된다.

정답 08 ④ 09 ③

10 태도에 대한 설명으로 옳지 않은 것은?

① 태도는 개인이 특정 대상이나 상황에 대해 가지는 긍정적이거나 부정적인 평가반응이다.
② 태도는 오로지 경험적 학습을 통해서만 형성되며, 타고난 요소는 영향을 미치지 않는다.
③ 태도는 개인의 생각, 감정, 행동 경향에 영향을 미칠 수 있다.
④ 태도는 시간이 지나면서 변화할 수 있으며, 다양한 경험을 통해 재평가될 수 있다.

10 태도는 개인이 특정 대상이나 상황에 대해 가지는 긍정적이거나 부정적인 평가반응으로, '생각, 감정, 행동 경향' 등에 영향을 미칠 수 있다. 이러한 태도는 경험, 사회적 영향, 문화적 배경, 일부 타고난 성향에 의해서 형성될 수 있다. 태도는 시간에 따라 변할 수 있으며, 새로운 정보나 경험을 통해 재평가되고 수정될 수 있다.

11 다음 중 켈리의 공변모형에 따라 내부귀인을 하는 경우는?

① 낮은 합의성, 낮은 특이성, 높은 일관성
② 낮은 합의성, 낮은 특이성, 낮은 일관성
③ 높은 합의성, 높은 특이성, 높은 일관성
④ 높은 합의성, 높은 특이성, 낮은 일관성

11 공변모형에서 귀인의 판단을 내리기 위해서 '합의성(일치성), 특이성, 일관성'이라는 세 가지 정보가 필요하다. 먼저, 합의성(consensus)은 행위자의 행동이 여러 사람들의 행동과 일치하는지 여부이다. 많은 사람들이 동일한 행동을 할 경우 합의성이 높다고 볼 수 있다. 다음으로, 특이성(distinctiveness)은 행위자가 다른 자극에 대해서도 동일한 행동을 하는지 여부이다. 행위자가 다른 상황에서도(즉, 다른 자극에 대해서도) 동일한 행동을 한다면 특이성이 낮다고 볼 수 있다. 마지막으로, 일관성(consistency)은 행위자가 비슷한 상황에서도 동일한 행동을 하는지 여부이다. 행위자가 항상 동일한 행동을 한다면 일관성이 높다고 볼 수 있다. 공변모형에서 내부귀인을 하는 경우는 '낮은 합의성, 낮은 특이성, 높은 일관성'일 경우이다. 공변모형에서 외부귀인을 하는 경우는 '높은 합의성, 높은 특이성, 높은 일관성'일 경우이다.

정답 10 ② 11 ①

12 다음 설명과 가장 관련 깊은 개념은?

자신의 신념과 일치하는 정보는 받아들이고 신념과 일치하지 않는 정보는 무시하는 경향이다. 신념과 객관적 사실이나 상황이 배치되어 내적인 갈등이 일어나는 경우, 기존의 관념을 유지한 채 정보를 취사선택하는 태도를 보인다.

① 확증편향
② 대상자 효과
③ 지각자 효과
④ 동원최소화 가설

12 ②·③ Kenny(1984)의 사회적 관계 모형(Social Relations Model)에 따르면 A라는 사람이 B라는 사람에 대해 인식할 때, 대상자 효과는 다른 사람들과 비교해서 B가 가진 특성에 기반한 효과이며, 지각자 효과는 A가 사람들을 지각하는 전반적 특성에 기반한 효과이다. 또한 관계 효과는 A와 B 두 사람 간의 독특한 관계에 따른 효과를 말한다.
④ 동원최소화 가설은 대인지각에 있어서 부정적 사건은 강하고 빠른 생리적·인지적·정서적 반응 및 행동을 유발한다는 이론이다.

13 다음 사례와 가장 관련 깊은 개념은?

해병대는 혹독한 훈련으로 유명하다. 지호는 해병대에 지원해 힘든 훈련을 받고 전역하였다. 지호는 자신은 다른 군인들과 다른 진정한 엘리트 군인이었다고 자부하며, 전역 후에도 해병대 모임에 열심히 참석한다.

① 맞불 효과
② 노력 정당화
③ 프레이밍
④ 불충분한 정당화

13 노력 정당화는 많은 노력이나 시간, 자원을 투자한 일에 대해 더 높은 가치를 부여하는 심리적 현상을 말한다. 이 현상은 특히 결과가 기대에 못 미치거나 실망스러울 때 눈에 띄게 커지는 현상이다. 사람들은 자신이 고생을 했거나 엄청난 노력을 쏟아부은 일을 더 가치 있는 것으로 평가 위해 그 활동이나 결과를 더 긍정적으로 평가하는 경향이 있다.
① 맞불 효과는 긍정적 태도와 반대되는 부정적 행동을 했을 때 행동을 바꾸지 못한다면 태도를 부정적으로 변화시키는 현상을 말한다. 예컨대, 부정행위를 하고 난 후 "사실 그렇게 큰일도 아니잖아. 나만 하는 것도 아니고."라는 식으로 태도를 바꾸는 것이다.
④ 불충분한 정당화는 인지부조화를 통한 태도 변화가 일어나기 위한 조건 중 한 가지에 해당하는데, 인지 요소들이 불일치하는 것에 대해 정당화할 수 있는 수단이 불충분할 경우, 태도를 바꿔서 인지부조화를 해소한다.

정답 12 ① 13 ②

14 다음 사례와 가장 관련 깊은 개념은?

> 영희는 얼마 전 TV에서 비행기 사고 소식을 들었다. 그 이후로 비행기를 타는 것은 위험하다고 생각하며, 자동차를 타고 가는 것이 더 안전하다고 생각하여 여행을 갈 때 비행기 타는 것을 꺼린다.

① 착각적 상관
② 가용성 휴리스틱
③ 도박사의 오류
④ 평균으로의 회귀

14 가용성 휴리스틱은 어떤 사건이 발생한 빈도를 판단할 때 그 사건에 대한 객관적인 정보를 활용하기보다는 사건에 관한 구체적인 예를 얼마나 떠올리기 쉬우냐에 따라 그 발생의 빈도를 판단하는 것이다. 변인들(대개 사람들, 사건들, 행동들) 간에 실제로 관계가 존재하지 않음에도 관계가 있는 것처럼 지각하는 현상을 의미한다.

③ 어떤 사건에서 이기고 지는 확률은 늘 50:50이다. 앞 사건의 결과와 뒤 사건의 결과가 서로 독립적이기 때문에 앞 사건이 뒤 사건에 영향을 주지 않는데, 당첨 확률이 극히 낮은 복권을 계속 사는 것, 내리 딸을 낳았으니 이번엔 아들을 낳을 것이라고 생각하는 것 등이 도박사의 오류가 작용한 예이다.

④ 평균으로의 회귀는 많은 자료를 토대로 결과를 예측할 때 그 결과값이 평균에 가까워지려는 경향성으로, 첫 해에 뛰어난 성적을 거둔 운동선수나 연예인 등이 그 다음 해에는 기대에 미치지 못하는 저조한 성적이나 성과를 보이는 현상이 이에 해당한다.

15 특정 사건을 전형적 사례와 비슷한 정도에 따라 빈도와 발생 확률을 추론하는 것은?

① 대표성 휴리스틱
② 닻내림 휴리스틱
③ 가용성 휴리스틱
④ 시뮬레이션 휴리스틱

15 휴리스틱은 시간이나 정보가 불충분하여 합리적인 판단을 할 수 없을 때 사람들이 신속하게 사용하는 어림짐작 방법을 말한다. 대표성 휴리스틱과 가용성 휴리스틱이 있다. 이 중 대표성 휴리스틱은 어떤 대상이나 사람이 특정 범주의 전형적인 특성을 얼마나 많이 나타내는지, 즉 대표성이 있는지에 근거하여 특정 범주에 속할 확률을 판단하는 인지적 책략이다.

정답 14 ② 15 ①

16 다음 사례와 가장 관련 깊은 개념은?

> 2022년 월드컵 결승은 아르헨티나와 프랑스의 경기였다. 두 팀 중 누가 이길지 예상하기 힘든 박빙의 경기였다. 우승은 메시가 속한 아르헨티나에게로 돌아갔다. 이 경기를 본 민기가 "프랑스에 아무리 음바페가 있어도 메시를 꺾을 수 없지."라며 자신은 아르헨티나가 이길 것을 이미 예상했었다고 말한다.

① 착각적 상관
② 자기충족적 예언
③ 사후확증편향
④ 행위자–관찰자 효과

16 사후확증편향은 어떤 사건이나 일에 대해 결과를 먼저 확인하고, 마치 사전에 결과를 예측할 수 있었던 것처럼 생각하고 말하는 것을 뜻한다.
④ 행위자–관찰자 효과는 행위자가 자신의 행동을 귀인할 때는 환경에 원인을 두는 상황귀인(외적 귀인)을 하고, 행동을 관찰한 사람(관찰자)이 귀인할 때는 행위자의 성향에 귀인하는 성향귀인(내적 귀인)을 한다는 것이다. 행위자–관찰자 편향이라고도 한다.

17 친밀한 대인관계 형성 과정에 대한 설명으로 가장 적절한 것은?

① 친밀한 관계는 대개 상대방에 대한 초기 평가가 부정적일 때 더 빠르게 발전한다.
② 친밀한 관계 형성은 개인의 개성보다는 상황적 요인에 훨씬 더 크게 의존한다.
③ 친밀한 관계는 자주 소통하고 개인적인 정보를 공유할 때 점진적으로 발전한다.
④ 친밀한 관계 형성은 주로 대인관계에서의 물리적인 매력도에 의해 결정된다.

17 친밀한 대인관계는 자주 소통하고 개인적인 정보를 공유함으로써 점진적으로 발전한다. 이러한 과정에서 신뢰와 이해가 증가하며, 상호작용하는 개인들 사이에 강한 정서적 연결이 형성된다.
①·②·④ 초기 평가의 부정성, 상황적 요인의 중요성, 물리적 매력도 등은 관계 형성의 초기 단계에서 일부 영향을 미칠 수 있지만, 친밀한 관계 형성의 핵심 요소는 아니다.

정답 16 ③ 17 ③

18 다음 사례와 가장 관련 깊은 이론은?

> 건강이 안 좋아져 금연을 결심한 성균이는 점심 식사 후 담배를 피우는 동료들과 관계가 깨질까봐 금연에 성공할 자신이 없었다. 그러나 성균이는 상담을 통해 자신이 자율성과 독립성에 큰 가치를 두고 있는 사람이라는 것을 깨닫고 난 후 금연을 잘 실행하고 있다.

① 돌봄・친화이론
② 사회적 친화모형
③ 욕구위계이론
④ 자기가치확인이론

18 자기가치확인이론은 사람들이 자신의 가치들을 되돌아보는 것으로, 자신들이 가장 중요시하는 삶의 부분들을 생각해 본 후 사람들은 비판, 거절 등 개인적인 위협 뒤에 불안하거나 방어적인 반응을 덜 보이게 된다는 이론이다.
③ 매슬로우는 인간의 욕구를 설명한 5단계의 욕구위계이론을 주장하였는데, 크게 '생리적 욕구, 안전욕구, 소속감 및 애정욕구, 존중욕구, 자아실현욕구'로 구분하였다.

19 다음 사례에 해당하는 것은?

> 정민이 반에 아라가 전학을 왔다. 아라는 예쁜 외모를 가지고 있어서 학생들에게 호감을 주었다. 정민이는 옆 반 친구에게 전학생 아라에 대해 이야기해 주었다. 옆 반 친구는 아라가 예쁘게 생겨서 성격도 좋을 것 같아 친하게 지내고 싶다고 하였다.

① 후광 효과
② 단순노출 효과
③ 신념보존 효과
④ 스포트라이트 효과

19 ② 단순노출 효과는 사람들이 설득 대상물에 단순히 반복적으로 노출되는 것만으로도 긍정적인 태도가 형성될 수 있다는 것으로, 이를 친숙성 원리라고도 한다.
③ 신념보존 효과는 일단 무언가를 믿게 되면 그 생각을 바꾸기 위해서는 훨씬 더 많은 증거를 필요로 하게 된다는 것으로, 신념보존 편향이라고도 한다.
④ 스포트라이트 효과는 자신을 무대 위에서 스포트라이트를 받는 배우나 연예인처럼 불특정 다수에 의해 평가받고 있다고 여기는 경향으로, 이러한 생각은 자신의 뇌가 만들어 낸 과장된 것이다.

정답 18 ④ 19 ①

20 다음 내용과 가장 관련 깊은 사랑 유형은?

> 정수와 수경이는 오래된 연인 사이이다. 두 사람은 취미가 비슷하고 좋아하는 음식도 비슷해서 서로 잘 맞는다고 생각하며 즐겁게 지낸다. 그러나 두 사람은 똑같은 문제로 자주 다툼이 있다. 배려를 해야 하는 상황에서는 서로 배려가 없다고 생각하며 항상 상대방이 양보를 해야 한다고 주장한다.

① 공허한 사랑
② 성숙한 사랑
③ 얼빠진 사랑
④ 낭만적 사랑

20 미국의 심리학자 로버트 스턴버그(Robert Sternberg)가 사랑의 3가지 요소로 친밀감 · 열정 · 헌신을 제시한 이론에 관한 문제이다.

- 낭만적 사랑 : 친밀감과 열정은 있는데, 헌신이 없는 사랑이다.
- 공허한 사랑 : 헌신만 있고, 친밀감과 열정이 없는 사랑이다.
- 성숙한 사랑 : 가장 이상적인 형태의 사랑으로, 친밀감 · 열정 · 헌신을 모두 갖춘 사랑이다.
- 얼빠진(허구적) 사랑 : 열정과 헌신은 있고, 친밀감이 없는 사랑이다.
- 우애적 사랑 : 상대에 대한 열정은 식었으나, 친밀감과 헌신이 있는 사랑이다.
- 도취성 사랑 : 열정만 있는 사랑이다.
- 좋아함 : 친밀감만 있는 사랑이다.

→ 세 가지가 모두 부재하면 사랑이 아니다.

21 다음 사례와 가장 관련 깊은 공격적 행동의 유형은?

> 유진이는 학교에서 인기가 많은 학생이다. 그런데 예쁘고, 성격도 좋고 공부도 잘하는 성희가 전학 온 이후로 유진이에 대한 관심이 성희에게 가고 있었다. 유진이는 성희에 대한 아이들의 관심을 없애고 싶어서 성희에 대한 나쁜 소문을 만들어서 퍼뜨리기 시작했다.

① 감정적이고 직접적인 공격
② 도구적이고 직접적인 공격
③ 감정적이고 간접적인 공격
④ 도구적이고 간접적인 공격

21 도구적 공격성은 자신의 목적을 달성하기 위해 다른 사람에게 해를 가하는 것이고, 간접적 공격성은 직접적인 대면을 하지 않고 상대에게 공격을 하는 것이다.

정답 20 ④ 21 ④

22 다음 사례와 가장 관련 깊은 이론은?

종국이는 악당을 물리치는 영웅이 나오는 영화를 보고 있다. 처음에 영웅은 악당이 놓은 덫에 걸리고 오히려 나쁜 놈으로 몰린다. 종국이는 이것을 보고 화가 난다. 그러나 영화가 진행되면서 영웅은 점점 악당을 물리치게 된다. 마지막에 악당이 결국 벌을 받는 장면을 보면서 종국이는 더 큰 쾌감을 느끼게 된다.

① 정화이론
② 흥분전이이론
③ 사회학습이론
④ 상대적 박탈감

22 흥분전이이론은 어떤 사건으로 인해 각성수준이 높아지면 높아진 각성상태는 바로 줄어들지 않기 때문에 다음 사건에 영향을 미친다는 것이다.
① 정화가설(정화이론)에 따르면 대리적 공격(스포츠, 전쟁영화 감상) 등을 통해 공격욕구의 출구를 확보해 주는 것이 공격성을 줄일 수 있다고 한다.
④ 상대적 박탈감은 비교가 되는 다른 사람(또는 집단)과 자신의 조건을 비교함으로써 개인이 실제로 잃은 것은 없지만 다른 사람과 비교하여 상대적으로 자신이 부족하다고 느끼거나 무엇을 빼앗긴 듯한 기분을 느끼는 것이다.

23 다음 설명에 해당하는 것은?

대뇌학자들에 따르면 뇌세포의 98%는 언어의 지배를 받는다. 어떤 말을 하면 대뇌가 그 말을 수용하여 척추에 전달하고 척추에 전달된 말은 행동을 지배한다. 따라서 불안한 상황에서 '천천히 심호흡을 하면서 긴장을 풀고 침착하자.'와 같은 연습으로 불안을 극복할 수 있다는 것이다.

① 자의식이론
② 사회비교이론
③ 자아고갈이론
④ 자기지시훈련

23 ② 사회비교이론은 자신의 신념이나 능력, 태도 등을 타인과 비교하여 이를 토대로 자신을 평가한다는 것이다.
③ 자아고갈이론은 자기조절력은 한정되어 있다는 것이다. 마치 근육과 같아서 근육 운동을 과도하게 해 에너지를 모두 소모해 버리면 다른 운동 능력에 지장을 초래하게 되는 것처럼, 어떤 쪽으로 자기조절력을 과다 사용해 버리면 다른 곳에 사용할 자기조절력이 줄어든다는 것이다.

정답 22 ② 23 ④

24 다음 중 밀그램의 복종실험에서 복종이 가장 쉽게 일어나는 조건은?

① 실험 참가자가 명령을 내리는 권위자와 물리적으로 멀리 떨어져 있을 때
② 실험 참가자가 피험자의 고통을 직접 보거나 들을 수 있을 때
③ 실험 참가자가 명령을 내리는 권위자가 직접 곁에 있고, 이 권위자가 책임을 지겠다고 할 때
④ 실험 참가자에게 복종하지 않을 경우 벌금이 부과된다고 할 때

24 밀그램의 복종실험은 사람들이 권위 있는 지시에 어떻게 반응하는지를 탐구하기 위해 실시되었다. 실험 결과, 참가자들은 권위 있는 인물이 곁에 있고, 그 인물이 실험에 대한 책임을 지겠다고 할 때 가장 쉽게 복종하는 경향이 있었다. 실험 참가자가 피험자의 고통을 직접 목격하거나, 권위자와 물리적으로 멀어질수록 복종률은 감소했다. 실험에서는 벌금과 같은 물리적 처벌이 복종률에 영향을 미치는 요소로 사용되지 않았다.

25 다음 설명과 가장 관련 깊은 요인은?

> 불확실하거나 모호한 상황에서 판단이 필요할 때 자신이 가진 지식이 없을 경우 다른 사람들의 행동을 올바른 반응이나 적절한 행동으로 인식해 동조가 일어난다.

① 정보적 영향
② 규범적 영향
③ 통제의 욕구
④ 개인의 독특성

25 ② 규범적 영향에 따른 동조는 자신이 속한 사회집단의 기준과 기대에 따르기 위해 집단의 행동, 태도, 편견에 의해 동조되는 것이다. 이러한 동조는 주로 사회적으로 힘을 얻기 위해 노력하려는 목적 측면에서 발생한다.

정답 24 ③ 25 ①

26 다음 사례와 가장 관련 깊은 기법은?

엄마는 딸 수지를 목욕탕에 데리고 갔다. 뜨거운 탕 속에 수지를 데리고 들어가기는 매우 어려운 일이다. 엄마는 수지에게 발만 담그고 있으라고 한다. 수지는 엄마 말대로 발만 담근다. 그러다 점점 탕 속에 온몸을 넣게 된다.

① 낮은 공 기법
② 면전에서 문 닫기 기법
③ 문간에 발 들여놓기 기법
④ 그것이 전부가 아닙니다 기법

26 문간에 발 들여놓기 기법은 상대에게 처음엔 부담감이 적은 부탁을 해 허락을 받으면 그 다음에는 점차 큰 부탁도 들어주기 쉽게 된다는 것이다.

① 낮은 공 기법은 매력적이지만 불완전한 정보를 제시하여 동의를 얻은 후 완전한 정보를 알려주는 기법으로, 상대의 동의를 유도하는 데 효과적이지만 일종의 속임수에 해당한다.
② 면전에서 문 닫기 기법은 상대에게 수락하기 어려운 부탁을 먼저 요청하고 상대가 그 요청을 거절하면 처음에 요청한 부탁보다 더 작은 요청을 하여 상대방이 수락하도록 하는 설득 기법이다.
④ 그것이 전부가 아닙니다 기법은 제품을 비싼 가격으로 제시하여 고객이 가격에 대해서 생각하도록 한 후, 다른 제품을 덤으로 제공하거나 가격을 낮추어 호의적인 조건을 제시하는 방법이다.

27 다음 설명과 가장 관련 깊은 개념은?

'안 되면 조상 탓, 잘 되면 내 탓'이라는 우리나라 속담이 있다. 이것은 자신에게 유리하게 사고하는 방식인데, 이러한 사고방식의 가장 큰 이점은 자신의 자존감을 높일 수 있다는 것이다.

① 평가우려
② 주의분산
③ 자기고양
④ 상황적합이론

27 자기고양 편향은 성공했을 때는 자신의 성향 탓으로, 실패했을 때는 외부 요인의 탓으로 돌리는 현상이다.

① 평가우려 가설은 단순히 타인의 존재만으로는 수행을 촉진하는 충분조건이 되지 못하며, 타인이 자신의 수행을 관찰하고 평가한다는 것에 대해 개인이 가지는 우려가 각성의 직접적인 선행요인이 된다는 것이다.
② 주의분산 효과(distraction effect)는 행동경제학자 댄 애리얼리(Dan Ariely)의 이론으로, 일에 대한 순수한 동기인 즐거움이나 의미를 가지고 있던 사람이 돈이 개입되는 순간 순수한 동기를 잃게 된다는 것이다.
④ 상황적합이론은 리더십의 결정 요인이 리더의 특성에 있는 것이 아니라 리더가 처해 있는 조직적 상황에 있다는 것으로, 상황에 따라 성과가 다르게 나타난다는 피들러(F. E. Fiedler)의 리더십이론이다.

정답 26 ③ 27 ③

28 사회적 태만에 대한 설명으로 옳은 것은?

① 사회적 태만은 개인이 그룹 내에서 더 많은 책임을 느낄수록 강화된다.
② 사회적 태만은 개인이 독립적으로 작업할 때보다 그룹 환경에서 더 열심히 작업하는 현상이다.
③ 사회적 태만은 그룹 구성원이 자신의 기여가 다른 사람에게 인식되지 않을 때 발생하는 경향이다.
④ 사회적 태만은 그룹 내에서 개인의 역할이 명확하고 구별될 때 주로 발생한다.

28 사회적 태만은 그룹 활동 중 개인의 기여가 눈에 띄지 않거나 개인적인 성과가 그룹 성과에 합쳐지는 경우, 개인의 노력이 감소하는 현상을 말한다. 이는 개인이 그룹 환경에서 책임을 분산시키는 경향이 있을 때 발생하며, 자신의 노력이 구별되지 않을 것이라고 느낄 때 더욱 강해질 수 있다. 반면, 개인의 역할이 명확하고 구별될 때, 또는 개인이 그룹 내에서 더 많은 책임을 느끼는 경우에는 사회적 태만이 감소할 수 있다.

29 집단사고가 발생할 수 있는 선행조건에 대한 설명으로 옳지 <u>않은</u> 것은?

① 집단이 고립되어 외부 의견이나 정보에 접근하지 못할 때 집단사고가 발생할 가능성이 높다.
② 집단 내에 강력한 지도자가 존재하고, 그 지도자의 의견에 도전하기 어려울 때 집단사고가 발생할 가능성이 높다.
③ 집단 구성원들 사이에 갈등이 빈번하게 발생하고 의견 불일치가 장려될 때 집단사고가 자주 발생한다.
④ 집단이 위기 상황에 처해 있거나 결정의 압박을 받을 때 집단사고가 발생할 수 있다.

29 집단사고는 주로 의사결정 과정에서 집단 구성원들이 일치된 의견에 도달하기 위해 비판적 사고를 억제하고 대안을 제시하지 않는 현상이다. 집단이 고립되거나 강력한 지도자의 의견에 도전하기 어려울 때, 그리고 집단이 위기 상황에 처해 있을 때 집단사고가 발생할 가능성이 높아진다. 반면, 갈등이 빈번하게 발생하고 의견 불일치가 장려될 때는 집단사고의 가능성이 줄어들며, 이는 오히려 다양한 의견과 비판적 사고를 촉진할 수 있다.

30 다음 사례에 해당하는 개념은?

> 인터넷은 많은 사람들이 참여할 수 있기 때문에 생각이 비슷한 사람이 모여 집단이 형성되기 쉽다. 따라서 소수의 의견도 많은 사람이 모이게 되면 강한 의견이 된다. 이러한 소수의 의견이 점점 과격한 의견으로 바뀌어, 결국 누군가를 공격하는 일이 일어나게 되기도 한다.

① 몰개성화
② 집단극화
③ 악마효과
④ 사회적 태만

30 구성원들이 개인적으로 결정할 때보다 집단 내의 토론 과정에서 더 극단적 주장을 지지하게 되는 사회심리학 현상을 집단극화라고 한다.
① 몰개성화는 집단으로 행동하는 상황에서 구성원 개개인의 정체성과 책임감이 약화되어 집단행위에 민감해지는 현상이다.
③ 악마효과는 외모가 호감적이지 못하면 다른 모든 부분에서도 나쁘게 평가하는 것이다.

정답 28 ③ 29 ③ 30 ②

31 2인 3각 경기가 해당하는 게임은?

① 제로섬 게임
② 협조적 게임
③ 딜레마 게임
④ 최후통첩 게임

31 경기자들이 공동으로 추구할 전략과 관련해 피차의 행동을 규제할 (공식적) 계약에 대해 협상하는 게임이다. 행위자들이 사전에 협상함으로써 전략들이 구속력 있는 합의에 따라 결정된다.

① 게임 참가자 한쪽이 이익을 얻은 만큼 다른 쪽 참가자는 손해를 얻으며, 그 이익과 손해의 합이 제로(0)가 되는 게임이다.
③ 두 죄수가 각자의 이익을 위해 결국 서로를 배반하게 된다는 죄수의 딜레마를 예로 들 수 있으며, 이는 서로에게 더 좋은 결과가 있음에도 불구하고, 불신의 결과는 모두에게 나쁜 결과를 양산한다는 것이다.
④ 참여자 A와 B는 주어진 돈을 둘로 나누어 가진다. 이때 A가 돈을 어떻게 나눌지 제안하면, B는 A의 제안을 수락하거나 거절한다. B가 수락하면 A와 B는 A의 제안대로 돈을 받고, B가 거절하면 A와 B는 둘 다 아무런 돈을 받을 수 없다. A가 어떤 비율로 제안하든 위 규칙은 무조건 적용된다. 제안은 한 번만 할 수 있으며 철회하거나 번복할 수 없다. → 사람이 공정하지 못한 상황에 처하면 최악의 조건 속에서도 한 올의 합리적인 이익조차 놓치게 되어 버린다는 것이다.

32 친사회적 행동 촉진 상황과 거리가 먼 것은?

① 개인이 사회적 책임을 느끼고 타인의 복지에 관심을 가질 때
② 사람들이 상호 연결되어 있다고 느끼고 공동체 의식을 가질 때
③ 환경적으로 스트레스가 많고 경쟁적이며 타인에 대한 배려가 부족할 때
④ 도덕적 기준과 가치관이 강조되고 타인을 도울 기회가 주어질 때

32 친사회적 행동은 타인을 돕거나 사회적 복지에 기여하는 행동을 말한다. 이러한 행동은 개인이 사회적 책임감을 느끼고, 공동체 의식을 가질 때, 그리고 도덕적 기준이 강조될 때 촉진된다. 반면, 환경적으로 스트레스가 많고 경쟁적이며 타인에 대한 배려가 부족한 상황은 친사회적 행동을 억제하는 요소로 작용할 수 있다. 이러한 상황에서는 개인이 자기중심적이 되거나 타인에 대한 관심을 감소시킬 수 있기 때문에 이런 환경은 친사회적 행동과는 거리가 멀다고 볼 수 있다.

정답 31 ② 32 ③

33 외집단과 비교하여 내집단의 구성원, 특성, 생산성을 더 좋게 평가하는 경향성은?

① 탈개인화
② 대집단 행위
③ 내집단 편애
④ 외집단 동질성

33 내집단 편애(편향)는 자기와 같은 집단에 속한 사람의 긍정적인 행동은 그 사람이 긍정적인 자질을 갖고 있다는 것을 암시하는 방식으로 생각하려는 경향이 있고, 반면에 다른 집단에 속한 사람이 똑같은 행동을 할 경우에는 그것을 수행한 사람과 무관하게 단지 그 행동만을 언급하는 경향으로, 자신의 집단을 우호적으로 판단하려는 것이다.

② 사회적 행위는 대인 행위와 대집단 행위로 구분할 수 있다. 대인 행위는 개인이 자신의 이름, 성격, 태도 등을 바탕으로 상대와 교류하는 행위이고, 대집단 행위는 자기가 속한 집단의 인종, 대학, 출신지, 직업 등을 바탕으로 상대와 교류하는 행위이다.

34 다음 설명에서 괄호 안에 공통으로 들어갈 용어는?

> 사회적 집단에 소속되었다는 지각에 기반한 자기개념의 일부인 (   )에 따르면 사회적 행동은 개인 간 행동과 집단 간 행동 사이의 연속체상에서 변화한다. 모든 사람은 소속감으로 대표되는 (   )을 가지며, 그것을 유지하기 위해 노력하는 행동은 사회적 공동체의 영향을 받는다는 이론이다.

① 도덕 규범
② 권위적 가치관
③ 사회적 정체성
④ 사회적 연대감

34 모든 사람은 소속감으로 대표되는 사회적 정체성을 가지며, 그것을 유지하기 위해 노력하는 행동은 사회적 공동체의 영향을 받는다는 것이 사회적 정체성 이론의 내용이다. 이 이론은 집단 간 행동을 논하기 위해 도입되었으며, 행동 예측의 지표로 사용되기도 한다. 대인관계로 인해 누군가가 강요하지 않았음에도 불구하고 스스로 행동에 제한을 두거나 타인이나 공동체가 원하는 방향으로 행동이 바뀌게 된다고 이 이론은 주장한다.

정답 33 ③ 34 ③

35 다음 발언과 가장 관련 깊은 것은?

> • 세상은 권선징악의 원리로 돌아간다.
> • 도둑을 맞은 사람은 집안 단속을 안 했기 때문이다.
> • 나는 착하게 살고 있어서 나쁜 일이 생기지 않을 것이다.

① 자기애적 성향
② 공정한 세상 믿음
③ 인지적 종결 욕구
④ 사회적 지배 지향성

35 공정한 세상 믿음은 세상은 공정하고 사람들은 그들이 노력한 만큼 대가를 얻는다는 가정이다. 사람들은 자신이 살고 있는 사회체제가 정의롭고, 정당하며, 신뢰할 만하다고 생각하고 싶어 하는 동기를 갖고 있다는 이론으로, 행동은 반드시 행위자에게 도덕적으로 공정하고 적절한 결과를 가져올 것이라고 가정하는 인지 편향이다.
③ 인지적 종결 욕구는 어떤 정보를 접할 때 반증될 여지없는 확고 불변의 최종 결론을 얻고자 하는 욕구를 의미한다. 대량의 정보 속에서 일종의 인지적 과부하가 생기게 되고, 과부하를 해소하기 위해 방향과 맥락을 잡아 주는 길잡이를 기대하게 된다는 것이다.

36 다음 설명과 가장 관련 깊은 패러다임은?

> 이해관계, 적대감, 구성원들 간의 상호작용이 전혀 없는 일시적인 집단을 만들어 단순히 '우리'와 '그들'로 구분하는 것만으로 경쟁과 차별이 발생한다. 사람들은 자신이 속한 집단의 이익을 극대화시키려 하고, 경쟁적이 되며, 사회적 경쟁에 돌입한다.

① 최소집단 패러다임
② 자기정체성 패러다임
③ 체제정당화 패러다임
④ 자기가치확인 패러다임

36 최소집단 패러다임은 헨리 타지펠(Henri Tajfel)이 제시한 이론으로, 작은 정보나 기준만으로도 집단을 구성하게 되면 자신의 집단에 충성을 다한다는 것이다.

정답 35 ② 36 ①

37 다음 사례와 가장 관련 깊은 개념은?

> 조별과제를 할 때 대부분의 경우 조원들이 각자 맡은 역할을 제대로 수행하지 않고, 조장이나 의욕 있는 조원이 대부분의 작업을 수행한다. 이는 집단 속에서 '나 한 명 안 한다해도 다른 사람이 하니까 별 문제 없겠지.'라는 생각 때문에 발생한다.

① 탈개인화
② 체제 정당화
③ 링겔만 효과
④ 고정관념 위협

37 링겔만 효과는 집단 속에 참여하는 개인의 수가 늘어날수록 성과에 대한 1인당 공헌도가 오히려 떨어지는 현상이다.
① 탈개인화는 개인이 혼자 있을 때보다 집단 속에 있을 때 자신의 행동에 대한 통제가 약화되는 현상이다.

38 검은 양 효과에 대한 설명으로 옳은 것은?

① 그룹 내에서 가장 성공적이고 인기 있는 구성원을 검은 양으로 지칭한다.
② 검은 양 효과는 그룹 내 구성원들이 그룹 외부인들보다 더 호의적으로 평가되는 현상이다.
③ 검은 양 효과는 그룹 내 비행이나 부정적인 행동을 한 구성원을 그룹 외부인보다 더 엄격하게 평가하는 경향이다.
④ 검은 양 효과는 그룹 내 구성원들이 항상 그룹의 결정에 동의하는 현상을 의미한다.

38 검은 양 효과는 심리학에서 그룹 내 규범을 위반하거나 부적절한 행동을 한 구성원을 그룹 외부인보다 더 엄격하게 비판하는 현상을 말한다. 이 효과는 그룹의 이미지와 동일성을 유지하기 위한 방어적인 반응으로 볼 수 있으며, 그룹 내부의 비행이나 부정적인 행동을 더욱 비난하는 경향이 있다. 이는 그룹 구성원들이 자신들의 그룹을 긍정적으로 보기를 원하고, 그룹의 가치와 규범을 보호하려는 욕구에서 비롯된다.

정답 37 ③ 38 ③

39 다음 중 외집단에 대한 편견과 차별이 심해지는 상황과 거리가 먼 것은?

① 경쟁적이고 적대적인 환경에서 다양한 집단이 서로 경쟁할 때
② 집단 간의 상호 의존성이 높고 협력을 통해 공동의 목표를 달성해야 할 때
③ 경제적 · 사회적 자원이 부족하고 집단 간에 이러한 자원을 두고 경쟁이 발생할 때
④ 집단 간에 갈등이 존재하고 이질적인 집단 간에 긴장이 고조될 때

40 다음 설명에 해당하는 것은?

> 갈등 관계에 있는 집단들을 하나의 집단으로 다시 묶는 방법이다. 여성과 남성의 차별을 없애기 위하여 우리나라 남성과 여성이 같은 대한민국의 국민이라는 점, 하나의 인류라는 점을 강조하는 방법이다.

① 개인화
② 재범주화
③ 탈범주화
④ 교차범주화

39 외집단에 대한 편견과 차별은 경쟁적이고 적대적인 환경일 때, 자원의 부족과 경쟁 상태에 놓여 있을 때, 그리고 집단 간의 갈등과 긴장이 고조될 때 증가하는 경향이 있다. 이러한 상황들은 그룹 간의 차이점을 강조하고 갈등을 촉진시켜 편견과 차별을 더욱 심화시킬 수 있다.
반면, 집단 간의 상호 의존성이 높고 함께 협력하여 공동의 목표를 달성해야 하는 상황은 서로 다른 집단 간의 긍정적인 관계를 촉진하고, 편견과 차별을 감소시킬 수 있다. 이러한 상황에서는 집단 간의 협력이 필수적이기 때문에 서로에 대한 이해와 존중이 증가하게 된다.

40 범주화는 기존에 존재하는 범주에 자신이나 타인, 혹은 객관적 사물을 분류하고 소속시키는 인지적 과정을 말한다. 이 중 재범주화는 내집단과 외집단을 묶어 하나의 큰 집단으로 보게 하는 전략으로서 외집단에 대한 호감을 증가시킨다.
① 개인화는 집단적 정체감을 없애고 개인적 정체감을 가지게 하는 전략으로, 개인의 특성에 주목하게 하거나 개인과 집단 간의 차이를 강조하는 방법이 있다.
③ 탈범주화는 외집단 성원들을 전형적인 집단 성원이 아닌 개인으로 보게 하여 집단 간 갈등을 줄이는 방법으로, 이를 통해 두 집단이 함께 문제를 해결하게 함으로써 과제에 주목하게 되고 서로 친숙하게 만들 수도 있다.
④ 교차범주화는 갈등 관계에 있는 내 · 외집단의 구분을 집단의 정체성과 관련 없는 다른 범주로 관점을 변화시키는 전략이다. 예컨대 성희롱을 남성의 여성에 대한 또는 여성의 남성에 대한 범죄가 아니고, 힘이 강한 사람의 약한 사람에 대한 횡포로 보도록 관점을 변화시킴으로써 남성과 여성 간의 갈등이 부각되지 않도록 할 수 있다.

정답 39 ② 40 ②

제 1 장

사회심리학 개관

교육이란 사람이 학교에서 배운 것을 잊어버린 후에 남은 것을 말한다.

– 알버트 아인슈타인 –

제 1 장 사회심리학 개관

[학습목표]
사회심리학은 사람들의 생각, 느낌, 행동이 실제로 존재하거나 상상되거나 암시되는 다른 사람들의 존재에 의해 어떻게 영향 받는지를 과학적으로 연구하는 학문이다. 이번 장에서는 사회심리학이 어떤 학문인지 이해하고 사회심리학이 관심을 가지는 주제들에 대해 알아보겠다. 또한 사회심리학이 어떻게 성립되었는지, 사람들의 행동을 이해하기 위해 사회심리학이 어떤 연구를 하며 탐구하는 주제들을 어떤 방법으로 연구하고 그런 연구를 하는 데 지켜야 하는 연구자의 윤리 등에 대해 공부해 볼 것이다.

제1절 사회심리학의 특성

1 사회심리학이란

우리는 다른 사람들과 함께 상호작용하며 살아가는 사회적 동물이다. 이러한 사회적 상황이나 타인 및 집단에서 사람들이 서로 영향을 주고받는 것을 사회활동이라고 한다. 사회활동은 사람마다 다르고 그 사람이 속한 환경에 따라서 매우 다양하게 나타날 수 있다. 또한 사회활동 과정을 통해 우리의 사고와 행동은 영향을 받게 되고 우리의 신념과 태도, 성향이 형성된다. 따라서 같은 상황이라 하더라도 사람마다 다르게 행동하기도 하고 비슷한 행동을 하기도 한다. 이렇게 상황과 행동이라는 두 가지 초점에서 상황에 관심을 가지고 연구하는 분야가 사회심리학이다.

우리는 개인이 속한 집단의 제도나 시스템 속에서 환경적, 사회적 관계를 맺고 살아간다. '사회'라는 말 속에는 다양한 의미가 있는데 그중 '사람들 간의 관계'라는 의미의 사회심리학에 관심을 두고 있다. 즉, 인간집단 자체나 그 제도, 시스템보다는 그러한 환경적 요인과 사회적 관계가 한 개인에게 미치는 영향을 탐구한다. **사회심리학**은 사람들이 다른 사람들과의 관계 속에서 경험하고 나타내는 사고, 감정, 태도가 타인에 의해 어떤 영향을 받는지에 대해 연구한다. 이러한 관심은 사회심리학만이 아니라 사회학에서도 관심을 갖고 있다. 두 학문의 차이점은 분석대상의 단위이다. 사회학은 개인보다는 사회단위, 조직, 계층, 집단, 국가와 같이 집단을 연구대상으로 하며, 사회심리학은 사회구성원 개개인의 내적 과정에 더 큰 관심을 두고 있다. 인간의 사회적 행위는 학습이나 동기, 성격 같은 개인의 심리적 과정에서 비롯되기도 하지만 개인이 처한 사회적 환경으로부터 영향을 받기도 하는데 이러한 두 가지 영향력과 인간행동의 관계가 사회심리학의 연구 주제이다. 이러한 점에서 사회심리학은 사회학과 심리학의 특징을 모두 가지고 있다고 볼 수 있다.

사회심리학에서는 우리의 태도는 어떻게 형성되는지, 타인이나 집단과의 갈등상황을 어떻게 조절하는지, 대인관계에 영향을 미치는 요소는 무엇인지, 사회관계 속에서 자신에 대한 개념을 어떻게 형성하고 발전시켜 나가는지, 다른 사람에 대한 공격성과 도움행위의 특성은 어디서 비롯되는지와 같은 개인의 심리적 과정과 타인의 존재가 개인의 행동에 어떤 영향을 미치는지 사회적 사건이나 정보들을 어떻게 받아들이고 해석하는지 등 집단과 사회관계 속에서 나타나는 인간의 행동 및 사고의 특성에 대해 연구한다.
아울러 문화에 따른 내면적 차이의 발생과정과 그 양상을 비교·분석함으로써 문화권에 따라 사고방식, 지각의 양상, 생활태도 등 심리적 특성의 차이가 어떻게 나타나는가에 대한 문제도 조명하고 있다.

(1) 사회심리학의 정의 및 특성

① 사회심리학이란 다른 사람이 있고 없고에 따라 사람들의 생각과 느낌, 행동이 바뀌는 모습을 과학적으로 탐구하는 심리학의 한 분야이다(Allport, 1985).

올포트(Floyd Henry Allport, 1890~1978)
사회심리학의 발전에 공헌한 미국의 심리학자로 실험사회심리학의 아버지라고도 불리며 여론, 태도, 사기, 소문, 행동에 특히 관심이 있었다. 그는 실험실 실험 및 조사 연구를 통해 이러한 주제를 탐구하는 데 주력했다.

② 사회심리학은 사회생활 속의 개인이 무엇을 하고, 무엇에 의해 영향을 받는지에 의문을 품는다.
③ 사회심리학은 사회의 제도와 가치가 사람들에게 작용하는 방식에 대한 답을 찾는다.
④ 사회심리학자들은 다른 사람들의 말이나 행동 또는 단순한 출현이 우리의 사고, 느낌, 태도, 또는 행동에 영향을 미친다고 생각한다.
⑤ 우리의 마음과 행동은 다른 사람이 있다는 사실만으로도 달라지는 경우가 많다. 또한 그들이 우리를 어떻게 대할 것이라는 예상만으로도 달라진다.
⑥ 사회심리학자들은 여러 상황 속에 놓인 개인들의 마음에 어떤 일이 일어나는지, 그 심리와 행동에 대해 관심을 갖는다.

더 알아두기

사회심리학자들이 사회적 영향력을 이해하고 싶어 하는 이유
- 호기심 : 사회심리학자들은 인간의 사회행동을 최대한 깊이 있게 이해하고 싶어 한다.
- 사회적 문제를 해결하는 일에 도움을 제공하기 위해서이다.

용어 설명

- **사회심리학**: 개인의 행위가 실제든 상상이든 타인의 존재에 따라 사람들의 생각과 느낌과 행동이 바뀌는 방식을 과학적으로 탐구하는 학문분야
- **사회적 영향력**: 다른 사람들의 말이나 행동 또는 단순한 출현이 우리의 사고, 느낌, 태도, 또는 행동에 영향을 미치는 효과

(2) 사회심리학과 인접학문

① 사회학

㉠ 사회학자들은 사회적 계급, 사회적 구조, 사회적 기관 같은 주제에 관심을 가진다.
㉡ 사회학의 관심대상은 개인보다는 사회단위, 조직, 계층, 집단, 국가 등과 같은 집단이다.
㉢ 사회학자들은 특정 집단의 통계치들을 구하여 사회변혁과 운동을 연구한다.
㉣ 사회학은 관찰되는 사회적 행위, 즉 '규범, 양상, 집합적 행위(자살률, 출산율, 분규발생률 등)'를 역사적・정치적・경제적・문화적 요인들로 설명한다.

② 심리학

㉠ 심리학은 사회학과 달리 관심의 대상이 사회구성원 즉, 개인이다.
㉡ 심리학은 개인의 행위, 사고에 대하여 개인 내적 과정, 즉 '개인의 성장과정, 태도, 사회성, 성격, 동기, 인식, 신념' 등에 의하여 설명한다.
㉢ 특히, 성격심리학자들은 사회상황에 관계없이 개인에게 일정하고 안정되게 나타나는 특징을 연구한다.
㉣ 성격심리학자들의 관심은 **개인차**이다.

③ 문화인류학

㉠ 문화 차이에 의해 개인의 신념이나 행동이 달라진다고 본다.
㉡ 한 문화에 속하는 사람들이 다른 문화에서와 달리 공통적으로 지니는 특성을 찾는다.
㉢ 문화 속에 내재한 심층적인 규칙이나 질서를 이해하고 파악한다.
㉣ 한 문화에 속한 사람들이 공통으로 지니는 특징을 문화수준에서 설명한다.

④ 사회심리학

㉠ 사회심리학의 모태는 사회학과 심리학(성격심리학)이다.
㉡ 사회심리학의 주된 관심사는 사회에 민감하게 반응하는 사람들의 심리적 측면이다.
㉢ 사회심리학은 실험적 접근이 가능한 개인을 둘러싼 즉각적인 상황요인에 관심을 지닌다.
㉣ 사회심리학자들의 목적은 사회계층이나 문화에 관계없이, 사람이라면 누구나 사회의 영향을 받을 수밖에 없는 보편적 속성을 밝혀내는 데 있다.

예 '폭력행위'에 대한 각 학문별 연구 초점

사회학	성격심리학	문화인류학	사회심리학
• 경기후퇴 • 인종차별정책 • 도시빈민 증가 등	• 정서안정성, 충동성, 모험성, 외향성 등 • 폭력행위자의 개인적 특성	폭력을 용인하는 문화적 특성	• 폭력을 당한 사람의 행동, 주변인물, 빈곤이나 좌절 등 • 폭력 당사자가 처한 상황 등

용어 설명

개인차: 사람의 성격에서 사람들을 서로 구분시켜 주는 특징

2 사회심리학의 관심주제들

(1) 사회적 상황요인

① 사회적 상황이란 개인이 처한 생활 장면에서 작용하는 개인 외적 요인이다.

② **사회적 상황요인**: 타인의 존재 여부, 타인의 행위, 타인의 숫자, 타인에 대한 호감, 인상, 친숙도, 타인과의 교류양상 등

③ 사회심리학은 사회적 상황요인들이 사람들에게 어떤 영향을 주는지 밝힌다.

④ 사회적 상황에서 작용하는 영향은 상황에서 접하는 정보들이 어떠한 인지과정을 통해서 처리되느냐에 따라 다르게 나타난다.

예

전화를 오랜 시간 동안 사용하는 사람을 보고 우리가 상식 없는 행동이라고 여길 때와 그 통화가 중요한 사람의 사고 소식에 관한 통화라는 것을 알 때 우리의 감정과 행동은 다르게 반응할 것이다.

⑤ 상황의 인식에 따라 상대의 행동을 다르게 인식한다.

예

무표정에 심지어 화를 내고 있는 것 같은 행동의 음식점 종업원을 보고 우리는 불친절하고 서비스 정신이 없는 사람이라고 생각할 것이다. 그러나 그 종업원이 밤새 위독한 어머니의 병간호를 하고 출근길에는 접촉사고를 내서 수리비를 물어줘야 할 상황이며, 사장은 주문을 빨리 받지 않는다고 화를 내고 있는 상황이라는 것을 안다면 우리는 그 종업원을 다르게 생각할지 모른다.

(2) 환경적 요인

① 사람들은 언제나 환경의 영향을 받는다.

② 환경요인은 물리적 환경, 구조적 환경, 문화적 환경으로 구분된다.

③ 정보통신의 발달로 물리적 환경은 새로운 방식의 소통환경으로 만들어지고 있다.

④ SNS를 통해 특정인뿐 아니라, 불특정 다수와 소통하고 정보를 공유한다.

⑤ 사회의 체제나 제도와 같은 구조적 환경의 용이성은 사회적 행위에 큰 영향을 미친다.

예

유럽의 장기기증 비율을 비교적 유사한 경제, 문화, 교육수준을 지닌 나라들끼리 비교해 보면 가장 낮은 나라인 덴마크(4.25%)부터 가장 높은 나라인 오스트리아(99.98%)에 이르기까지 많은 차이를 보인다. 이러한 결과를 보이는 것은 국민의 의식수준이라기보다는 행동을 취하기에 얼마나 용이한 사회적 구조가 있느냐 하는 것이다.

3 사회심리학의 관점

(1) 사회심리학과 상식

사회심리 현상에 대해 우리는 직・간접 경험을 통해 이미 상당한 수준으로 알고 있는 경우가 많다. 따라서 어떤 상황이 발생했을 때 우리는 다양한 추측을 내놓는다. 그런데 이런 추측을 할 때 상황의 힘은 언제나 과소평가된다. 또한 상식을 이용해서 어떤 비극적인 사건을 설명하게 되면 우리는 다른 비슷한 사건을 이해하는 데 도움이 되는 교훈을 거의 배우지 못한다. 따라서 사회심리학자들은 다양한 가설 중에서 어떤 가설이 가장 옳은 것인지 알고자 한다. 그것을 위해서 상식이자 권위자의 식견에 의존하기보다는 과학적 방법을 따른다. 즉, 인간의 사회행동에 관한 가정, 예측, 가설을 체계적으로 세우고 실험을 설계하여 검증한다.

① 가설이 객관적 검증을 거치지 않은 상식에서 만들어질 수 있는 것이라면 사회심리학적 사실은 과학적인 검증절차를 거친 것이다. 따라서 상식은 사실로 밝혀질 수도 있지만 사실이 아닐 수도 있다.

② 어떤 사건의 결과를 알고 난 후에 그럴 줄 알았다며 자신의 예측능력을 과대평가하는 경우가 많다. 따라서 사회심리학의 연구결과를 상식적인 얘기로 비판하기도 하지만 검증된 결과를 알기 전에 상식적인 수준에서 결과를 단언하는 것은 어렵다.

(2) 사회심리학의 이론적 접근

사회현상은 매우 다양한 형태로 나타난다. 따라서 이를 사회심리학적 관점에서 설명하기 위해서 다양한 접근이 필요하고 또한 많은 이론들이 존재한다. 수많은 사회심리학의 이론들을 6가지로 유형화하여 설명할 수 있다.

① **동기접근**

인간의 사회행동을 인간의 본능적인 동기, 즉 생물학적 욕구나 사회적 동기로 설명한다.

㉠ 생물학적 욕구

- 프로이트(Freud), 로렌츠(Lorenz), 맥두걸(McDougall) 등은 사람은 선천적으로 가지고 태어나는 생물학적 본능으로 사회행동을 한다고 설명한다.

- 유전자의 차이가 행동의 차이를 가져온다.
- 본능이나 유전으로 사회행동을 설명하는 이론은 사회적 요인을 간과하기 때문에 사회심리학에 큰 영향을 미치지 못하고 있다.

ⓛ 사회적 동기

사회화 과정에서 후천적으로 습득한 동기를 말하며 성취동기, 친화동기, 세력동기 등으로 사회행동을 설명한다.

② **학습이론접근**

㉠ 학습이론은 행동주의심리학의 영향으로 사회적 행동은 경험을 통해 학습된다고 주장한다.

㉡ 경험에 의해 새로운 행동을 획득하고 새로운 적응능력의 습득은 어떻게 가능한가에 대한 원리를 설명한다.

- 연합(Association) : 두 가지의 자극이 반복적으로 짝지어지면서 학습이 이루어진다.
- 강화(Reinforcement) : 특정 행동이 성공하거나 행동 후에 보상이 주어지면 그 행동이 늘어난다.
- 관찰(Observation) : 타인의 행동을 관찰하고 모방함으로써 학습이 이루어진다.

③ **인지접근**

㉠ 사회적 환경의 이해는 환경을 인식하는 사람들의 지각에 달려 있다.

㉡ 개인이 현재 당면한 사회상황을 주관적으로 어떻게 이해하고 해석하는가에 따라 사회행동이 달라진다.

㉢ 사회행동의 원인을 설명하는 '**귀인**'과 사람에 관한 정보처리과정을 다루는 '**사회인지**'가 연구의 주를 이룬다.

④ **의사결정접근**

㉠ 사람들은 보상을 얻고 손실을 피하려는 경향이 있다.

㉡ 직면한 상황에서 취할 수 있는 여러 행동들 중에서 가장 이득이 큰 행동을 선택한다.

㉢ 이 접근에 포함되는 유인이론에 따르면 긍정적 유인에서 최고의 값을 지니는 행동을 선택한다고 설명한다. 또 다른 이론인 기대가치이론에서는 기대와 가치라는 두 요인을 곱한 값이 가장 큰 행동이 선택된다고 주장한다.

㉣ 사람의 의사결정이 합리적 추론을 거쳐 이루어진다고 본다.

㉤ 인간의 추론과정이 비합리적인 경우가 많다는 후속연구에 의해 타당성의 제한을 받고 있다.

⑤ **상호의존접근**

㉠ 개인의 사회행동을 두 사람 이상의 관계에서 설명하는 접근이다.

㉡ 상호의존적이라는 말은 개인이 얻는 보상이나 이익은 타인과 연결되어 있다는 의미이다.

㉢ 개인이 타인과 상호작용하는 과정은 이익과 부담의 교환과정으로 서로의 이해가 타협에 이르는 과정이다.

⑥ **사회문화접근**

㉠ 사회심리학은 미국에서 시작되어 발전되어온 학문이다. 따라서 대부분의 연구가 미국인들을 대상으로 이루어져 왔다.

㉡ 문화에 따라서 사람의 행동은 다르게 나타난다. 사회심리학자들은 문화에 따른 사람들의 심리와 행동의 공통점과 차이점을 찾고, 차이를 유발하는 문화 요인들은 무엇인지 알아내고자 한다.
㉢ 이 접근에서 가장 대표적인 요인은 '**집단주의-개인주의 차원**'이다.
㉣ 한국문화에서 사회문화적 접근은 다른 나라와 구별되는 한국인의 정체성을 이해하는 데 중요하다.

더 알아두기

사회심리학의 네 가지 핵심가정

- 행동은 인간과 상황의 복합적 영향에 의해 결정된다.
- 인간의 모든 사고, 감정, 행동은 타인과 연결되어 있으며 본질적으로 사회적인 것이다.
- 행동을 이해하기 위하여 우리는 사람이 자기 자신과 자신의 사회적 세계에 대해 어떻게 생각하는지를 알아야 한다.
- 과학적 방법은 사회행동을 정확하게 이해하는 데 있어 가장 좋은 방법이다.

용어 설명

- **귀인(Attribution)** : '원인의 귀착'의 줄임말로, 한 개인이 타인의 행동이나 사건의 원인을 어떻게 설명하느냐와 관련이 있는 말
  예 어떤 사람이 들고 있던 컵의 물을 쏟았을 때, 지나가던 사람이 치고 갔기 때문이라고 생각할 수도 있고, 그 사람이 너무 부주의해서 쏟았다고 생각할 수도 있다. 이처럼 하나의 결과를 놓고도 이것의 원인으로 생각하는 것은 여러 가지가 될 수 있으며 다양한 귀인이 나타날 수 있다.
- **집단주의-개인주의** : 개인행동의 준거(Reference)가 개인에게 있는지 아니면 개인이 속한 집단에게 있는지에 의해 구분되며, 개인이 어떤 행동을 하는 이유가 자기 자신에게 있으면 개인주의이고, 자신이 속한 집단에 있으면 집단주의

제2절 사회심리학의 역사

1 사회심리학의 형성과정

(1) 사회심리학의 시작(~1930년대)

① 최초의 사회심리학 실험

최초의 사회심리학 실험은 미국 인디애나대학교 심리학과 교수였던 노먼 트리플렛(Norman Triplett)이 1897년에 수행한 낚싯줄감기 실험이었다. 그는 사이클경주 선수들이 혼자 연습할 때보다 다른 선수와 함께 연습할 때 속도가 더 빠르다는 사실을 발견하고 타인의 존재가 개인의 수행에 미치는 영향을 조사하기 위해 간단한 실험을 수행하였다. 아이들에게 낚시 릴을 주고 최대한 빨리 감는 일을 시켰다. 이 과제는 혼자 하는 조건과 다른 아이들과 함께하는 조건에서 진행되었다. 결과를 비교하자 두 조건 중 타인과 함께 하는 조건일 때 낚싯줄을 훨씬 빨리 감는 것으로 나타났다. 이 실험이 뚜렷한 이론적인 틀 속에서 행해진 것은 아니지만 즉각적인 상황이 인간의 행동에 미치는 영향을 실험적으로 분석한 최초의 연구라는 점에서 역사적 의의가 있다.

② 분트(Wundt)와 사회심리학

독일의 분트는 1879년 라이프치히대학에서 최초로 심리학 실험실을 만들어 심리학을 과학적으로 연구한 현대 심리학의 시조이다. 그는 인간과 공동체의 이해가 인간심리를 이해하는 중요한 부분이라고 보았다. 따라서 인간의 사회성을 이해하기 위하여 인간의 사회적 교류의 객관적 산물인 언어, 신화, 관습을 비교해서 역사적으로 연구해야 한다고 보는 민족심리학에 관심을 가졌다. 분트에게 있어 개인심리학은 마음의 연구이고, 민족심리학은 마음의 외현적 발현(문화) 양상을 연구하는 학문으로 현대의 사회심리학과 관련성이 깊다.

분트는 실험적 접근을 민족심리학을 연구하는 데 있어 적절한 방법론으로 여기지 않았으나 사회심리학자는 이 실험법을 사회심리학자들이 주된 방법론으로 채택하면서, 분트의 접근과 현대 사회심리학의 연구경향은 많은 차이를 보이게 되었다.

이런 이유로 분트는 사회심리학 역사에서 도외시되고 있었다. 그러나 최근 문화가 사회심리학의 중요한 변수로 부각되자 분트에 대한 관심이 새롭게 나타나고 있다.

③ 사회학과의 분리

㉠ 1908년 두 권의 사회심리학 서적이 미국에서 출판되었다.

- 맥두걸(McDougall) 저술 : 진화론을 받아들여 개인의 사회적 행위를 본능론적 관점으로 설명하였다.
- 로스(Ross) 저술 : 타인의 영향력이 초래하는 행위의 동질성을 강조하였다.

㉡ 1920년대 행동주의 심리학은 초기 사회심리학이 과학적으로 행동을 측정하기 위해 실험연구의 필요성을 느끼는 시기에 큰 영향을 주었다.

㉢ 1924년 올포트(Allport)는 사회학적 접근과 다른 실험적 접근으로 탐구대상을 개인에게 맞추고 태도를 측정하는 척도개발에 중점을 둔 사회심리학 교재를 저술하였다. 정서, 동조, 청중의 효과는 이 시기의 주요 연구주제였다.

㉣ 태도를 측정할 수 있다는 써스톤(Thurstone, 1928)의 연구 이후, 태도의 연구는 사회심리학의 주요주제가 되었다. 또한 2차 세계대전은 군인들의 사기 진작, 심리전, 홍보전쟁 등으로 사회심리학의 발전에 중요한 기여를 하였다.

㉤ 시카고대학의 철학과 교수 미드(George Herbert Mead)는 사회심리학 강좌를 운영하였다. 그는 인간의 대화에 주목하고 사람들이 생각한다는 것은 본질적으로 사회적인 과정이라고 보았다.

(2) 사회심리학의 발전(1940년대~1960년대)

① **레빈(Kurt Lewin)의 장이론(Field Theory)**

㉠ 사회심리학의 형성에 있어 가장 중요한 영향을 미친 사람은 레빈(Kurt Lewin)이다.

㉡ 레빈은 인간의 이해를 위해서 개인적인 요소뿐 아니라 사회적 영향요인을 연구해야 한다고 주장하였다.

㉢ 1940년대의 주 연구주제는 태도와 소집단 현상들이었다.

㉣ 레빈의 장이론은 심리학적 방법론과 사회학적 주제의 결합이라는 점에서 의의를 가진다.

㉤ 레빈의 사후(1947) 사회심리학의 초점은 사회상황 속의 개인들이 지닌 일반적 경향성 즉, 인지, 태도, 성격이 대인 간 교류과정에 미치는 영향에 맞추어졌다.

레빈(Kurt Lewin 1890~1947)

독일의 심리학자로 물리학과 생물학의 개념을 사용하여 심리학의 과학화에 노력하였다. 나치의 압박을 피하여 미국으로 망명하여 아동연구에 종사하였다. 인간의 사회적 행동에 관심을 가졌으며 장이론을 제시하였다.

② 페스팅거(Leon Festinger)의 **인지부조화이론(Cognitive Dissonance Theory)**의 출간은 사회심리학에 중대한 영향을 끼쳤다.

③ 1960년대 사회심리학의 주 연구주제는 사회적 지각, 대인매력, 친사회적 행동, 집단의사결정 등이다.

용어 설명

- **장이론(Field Theory)** : 인간의 행동을 개인의 현재 상황, 즉 장(場)과의 관계로 설명하려는 이론으로, 개인의 어떤 순간의 행동이란 개인의 심리적 장 안에서 동시에 작용하고 있는 힘의 합성에 의해서 결정된다고 가정. 태도・기대・감정・욕구 등은 내면적 힘을 이루고 있으며 이 내면적 힘은 외적 힘과 상호작용하는 것으로, 개인의 심리적 장은 내면적 힘을 지닌 개인이 지각한 환경으로 이루어짐
- **인지부조화이론(Cognitive Dissonance Theory)** : 행동과 신념이 불일치할 때 행동이나 신념을 바꿔 일치시키는 평행상태를 유지한다는 이론 기출

(3) 사회심리학의 성장(1970년대)

① 심리학의 성장과 더불어 사회집단의 규제를 받는 개인에 중점을 두는 심리학적 사회심리학도 성장했다.

② 여러 개인 간 관계에 의해 성립되는 사회에 중점을 두는 사회학적 사회심리학은 상대적으로 정체되었다.

③ 귀인이론이 등장하였다.

④ 70년대 후반 이후 연구주제와 방법론이 다양해졌다.

(4) 현대사회심리학(1980년대~1990년대)

① 성차에 따른 행동의 차이, 환경문제가 사회적 행동에 미치는 영향 등에 관심이 증가하였다.

② 광범위한 사회적 과정에 **인지**적 관점을 적용시켰다.

③ 법이나 환경 등 실제 문제에 사회심리학 지식의 응용이 증가하였다.

④ 인지과정에 초점을 맞춘 정보의 습득, 분석이 꾸준히 증가하고 있다.

⑤ 인지부조화이론은 현대 사회심리학의 중요한 연구 분야이다.

⑥ 문화가 사회적 심리작용과 과정에 미치는 영향을 연구하기 위해 문화 간 연구를 수행한다.

⑦ **진화심리학** 관점에서 인간의 사회행동을 설명하는 방법들이 연구되고 있다.

⑧ 인간은 유기체이기 때문에 생물적 작용과 사회행동 간의 연관성에 관한 관심이 증가하고 있다.

용어 설명

- **인지** : 기억 속에 있는 정보의 종류와 그러한 정보를 획득하고 파지(정보에 대한 정신적 표상을 기억 속에 유지하는 것)하며, 활용하는 과정
- **진화심리학** : 사회행동 중에도 자연 선택으로 진화되는 유전인자에 의해 결정되는 행동들이 동물은 물론 사람에게서도 발견될까 하는 문제를 연구

더 알아두기

사회심리학의 근원과 현대 사회심리학의 관점

근원	현대 사회심리학의 관점 기출
• 1880년대 중반 스펜서(Herhert Spencer)는 다윈(Darwin)의 진화론을 확장하여 인간의 사회 행동 역시 동일한 진화 과정의 산물이라고 주장하였다. • 프로이트(Freud)는 인간의 행동이 공격 추동과 성적 추동에 의해 형성되는데 이 추동의 대부분은 우리의 의식적 경험에서는 숨겨져 있다고 주장하였다. • 행동주의자들은 외현적 행동만이 관찰되고 측정될 수 있다고 주장하였다. 그들은 감정, 희망, 의식 등에 대한 연구를 격하하였다. • 현대 사회심리학의 무대는 듀이(John Dewey), 올포트(Floyd Allport), 머피(Gardner Murphy) 등의 노력으로 마련되었다.	• 사회인지적 관점은 우리가 사건과 사람을 어떻게 지각하고 기억하며 해석하는가에 초점을 둔다. • 진화적 관점은 인간을 동물의 한 종으로 보며 사회 행동을 진화적 적응의 결과로 보는 역동적 관점이다. • 문화적 관점은 사고와 행동에 미치는 문화의 영향을 강조한다. • 실존적 관점은 죽음의 불가피성, 의미, 타인들의 연결성과 같은 인간의 본질적인 관심에 초점을 둔다. • 신경과학적 관점은 생물학적 체계가 사회적 과정에 어떻게 영향을 주고 또 어떻게 영향을 받는가를 이해하는 데 초점을 둔다.

2 국내의 사회심리학

(1) 사회심리학의 시작

① **『팔도인의 성격에 대한 선입관념』 이진숙 서울대학교(1959)** : 사회심리학 주제를 다룬 최초의 국내 논문

② 『4・19 학생봉기의 사회심리학적 분석』 김성태 고려대학교(1960)

③ **『한국인의 성격』 윤태림 서울대학교(1965)** : 박사학위 논문

(2) 사회심리학의 전개

① 1960년대 중반 정양은 교수가 페스팅거(Festinger)의 이론을 소개하고, 실험실 접근을 도입하여 동조현상을 연구하였다.

정양은(1923~2004)

서울대학교 심리학 교수로 1970년대 중반까지 초기의 사회심리학 교실을 운영하였고 후에는 산업심리학 교실을 이끌었다. 현대심리학의 형성에 큰 영향을 미친 윌리엄 제임스의 저서 『심리학의 원리(1890)』를 번역・발간하였다.

② 1962년 서울대학교 고영복 교수에 의해 최초의 사회심리학 교재가 출간되었다.
③ 1970년대 미국심리학이 서울대학교 차재호 교수에 의해 소개되면서 한국의 사회심리학이 정착하게 되었다.
④ 1975년 사회심리학회가 한국심리학회의 분과학회로 결성되었다.
⑤ 1982년 사회심리학 학술지가 창간되었다.
⑥ 1980년대 한국의 사회심리학은 당시 미국에서 연구되고 있던 가치관, 대인지각, 공격행위, 귀인 등 주제에 관심을 갖고 활발한 연구를 하였다.
⑦ 1990년대 이후 사회심리학은 한국의 문화현상에 관심이 증가하였다.
⑧ 2000년대로 넘어오면서 사회심리학적 연구를 하는 학자들이 증가하였다. 사회적 연결망, 공동체의 작동, 다문화사회, 사회계층, 서열경쟁의 영향 등 주제를 다루었다.

3 사회심리학과 문화

사회심리학에 대한 내용은 거의 대부분이 미국에서 연구된 것으로, 비서구 문화권의 연구가 점점 증가하고 있지만 아직까지 사회심리학 연구 대부분은 미국문화를 중심으로 이루어져 있다. 미국의 문화적 특성은 개인주의, 이성주의, 자유주의라고 할 수 있다. 따라서 이 같은 인간관이 사회심리학의 연구주제에도 많은 영향을 미쳤다.

70년대 이후 유럽의 학자들에 의해 미국이 아닌 유럽에서 발생하는 사회문제를 다루어야 한다는 주장이 증가하였다. 이로 인하여 미국식 사회심리학과 차이를 두려는 노력이 증가하였으나, 사회심리학자들은 연구되고 발견된 법칙은 어떤 문화에서 수행되든 상관없이 사람들에게 보편적으로 나타날 수 있는 것이라고 생각하였다. 따라서 대부분의 사회심리학 교재는 문화 차이를 거론하지 않고 있었다.

최근에는 이러한 현상을 비판하면서 문화가 지니는 관계를 이해하고 해당 문화권에 적합한 주제를 선정하고 연구해야 한다는 주장이 늘고 있다. 사람들이 태어나서 죽을 때까지 그들의 생활에 나타나는 사건에서 어느 정도의 문화보편성이 나타난다고 해서 문화별로 내면에 있는 심리적 정서와 과정도 같다고 보기는 어렵다. 따라서 기존의 사회심리학이 미국인의 토착 심리학이라는 것을 염두에 두고 이 연구들을 통해 한국 사람들을 이해하고 적용시키는 데 무조건적 활용하는 것은 고려해 보아야 할 것이다.

제3절 사회심리학 연구방법

사회심리학의 기본 원리 중 하나는 사회적 문제를 과학적으로 연구할 수 있다는 사실이다. 사회심리학에서 관심을 갖는 주제는 일반적으로 우리에게 친숙한 문제들이다. 이러한 친숙함은 우리가 사회심리학의 연구결과를 볼 때 너무나 당연한 결과라는 생각을 하도록 하고 또한 공부를 하는 과정에서 쉽게 결과를 예측할 수 있을 것처럼 생각하도록 한다. 그러나 이것은 결과에 대해 알고 있기 때문에 드는 느낌일 뿐이다. 사람은 어떠한 결과에 대해 자신이 예측할 수 있었던 것이라고 자신의 예측능력을 과대평가하는 경향이 있는데 이를 **사후과잉확신편향**(Hindsight Bias)이라고 부른다.

이 점이 또한 우리가 일반적으로 알고 있는 과학연구와 사회심리학연구의 차이를 가지고 오는 것이기도 하다.

용어 설명

사후과잉확신편향(Hindsight Bias) : 결과에 대해 알고 난 다음에 그 결과에 대한 자기의 예측능력을 과대평가하게 되는 경향성 기출

1 과학적 연구방법

(1) 특징

① 과학적 연구는 신뢰할 수 있는 관찰물을 대상으로 한다.
② 검증하고자 하는 이론의 적용영역과 한계 및 적용되지 못하는 경우를 분명하게 한다.
③ 다른 연구자들이 연구를 재검하고 수정할 수 있도록 연구절차를 명시한다.

(2) 과정

① 특정이론이나 어떤 현상에 대해 새로운 이론을 세운다.
② 그 이론으로부터 구체적인 가설을 도출한다.
③ 이론을 검증할 자료를 수집한다.
④ 자료가 이론을 지지한다면 새로운 가설을 도출하고 새 영역에서 검증한다. 자료가 이론을 지지하지 않는다면 이론을 수정한다.

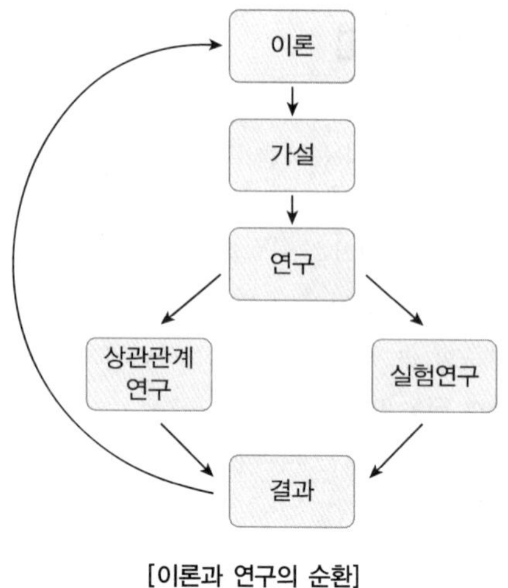

[이론과 연구의 순환]

2 사회심리학의 연구방법

사회행동을 과학적으로 해결하기 위해서 여러 가지 연구법을 사용하는데 크게 관찰연구, 상관연구, 실험연구로 분류할 수 있다. 여러 가지 연구방법 중에서 어떤 방법을 사용할지는 연구문제에 따라 달라진다.

(1) 관찰연구

연구자가 특정 집단의 사람 또는 특정 행동을 관찰하고 관찰된 행동의 측정치나 인상을 기록으로 남기는 연구방법이다.

① 문화묘사법

이 방법은 관찰자가 관심대상 집단이나 문화 속으로 들어가서 연구대상을 관찰하는 방법을 말한다. 이 방법의 목적은 현재 활동 중인 집단을 관찰함으로써 그 집단을 이해하는 것이다. 문화묘사법의 핵심은 관찰자가 관찰대상에 선입견을 부과하지 않고 연구대상 집단의 관점을 이해하려고 노력해야 하는 것이다. 때로는 관찰자가 자신의 구체적인 가설을 검증하기 위해 관찰법을 이용하기도 하는데 이 경우 **관찰자 간 신뢰도**가 중요하다.

예

1950년대 초 미국의 한 사이비 종교 교주가 지구에 멸망이 올 것이라고 하고 자신의 집 뜰에 우주선이 착륙해서 구출해 줄 것이라고 예언하였다. 많은 사람들이 자신의 모든 것을 버리고 종말을 준비하기 위해 모였다. 레온 페스팅거(Leon Festinger)는 이 집단이 시간이 감에 따라 어떻게 변화하는지 검토하기 위해 이 집단의 구성원이 되어 관찰하였다.

② **기록분석법**

연구자가 특정 문화에 관한 기록물(일기, 소설, 유행가 가사, 텔레비전 프로그램, 영화, 잡지기사, 신문기사 등)을 분석하는 방법이다. '포르노가 폭력행동에 미치는 영향' 같은 주제를 연구할 때, 포르노 잡지의 내용을 연구할 수도 있고, 인터넷에 게시된 자료를 분석할 수도 있다. 기록분석법이 이용된 연구를 통해 우리 사회의 가치관과 신념에 관한 많은 것을 배울 수 있다.

③ 관찰연구의 한계는 행동의 빈도가 너무 낮거나 사적으로 일어나는 등의 어떤 행동은 관찰 자체가 어렵다는 것이다. 기록분석법 또한 분석상황이 특정매체의 기사에 의지해야 하는 상황이라면 연구자는 어려움에 직면할 수밖에 없다.

용어 설명

관찰자 간 신뢰도 : 관찰자 두 사람 이상이 연구대상의 행동을 따로따로 관찰하여 기록한 자료가 일치하는 정도로 두 사람의 결과가 유사할수록 각자의 관찰이 객관적으로 이루어졌을 가능성이 커짐

(2) 상관연구

사회과학의 목적 중 하나는 변인들 간 관계를 밝혀냄으로써 상이한 유형의 사회행동이 발생할 것인지 예측하는 것에 있다. 예를 들어, 폭력 프로그램의 시청시간과 폭력성과의 관계를 알아본다고 할 때 시청시간과 대상자의 폭력행동의 횟수를 측정하여 그들 간의 관계를 분석한다. **상관연구**는 설문조사에서 주로 이용된다.

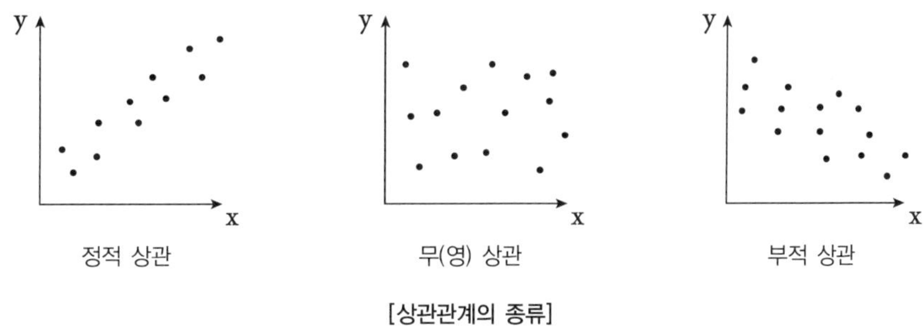

[상관관계의 종류]

① **설문조사**

연구대상을 대표하는 표본을 구성하는 사람들의 행동 및 태도를 알아보기 위해 질문을 제시하고 그 질문에 반응하게 하는 연구이다. 설문조사를 이용하면 사람들의 태도를 어렵지 않게 측정할 수 있다. 한 질문에 대한 사람들의 반응을 기초로 다른 질문에 대한 그 사람들의 반응을 예측할 수 있다.

㉠ 장점

- 직접적으로 관찰하기 힘든 변인들 간 관계를 판단할 수 있게 해준다.
- 연구의 경제성 : 연구자가 많은 변수들 간의 관계를 한꺼번에 파악하고자 한다면 설문조사는 비교적 비용이 저렴한 연구방법이 된다.

- 모집단을 대표할 수 있는 표본을 표집할 수 있다. : 설문조사에서 수집된 정보는 실제로 설문을 작성한 표본집단의 반응이 아니라 일반 사람들의 반응을 대변할 때에만 유용한 정보가 되기 때문에 모집단을 대표하는 표본을 선택하기 위해 최선을 다한다. 표본이 모집단을 대표할 수 있도록 하기 위해 연구자들은 **무선표집**[Random Selection(Sampling)]을 한다.

㉡ 단점

- 상관연구로 나온 결과가 인과관계는 아니라는 것 : 상관연구법은 두 변인이 서로 관련되어 있거나 관련되어 있지 않다는 사실일 뿐이지 하나의 변인이 다른 하나의 변인의 원인이 된다는 의미는 아니다.
- 반응의 정확성 문제 : 어떤 가상적인 상황을 두고 자신의 행동을 예측해 보거나 그 이유를 설명하는 경우 정확한 반응을 기대하기가 어렵다. 때로는 받은 질문에 대한 답을 모를 때도 있다. 사람들은 자기들이 한 반응의 원인을 보고할 때 자신들에게 실제로 영향을 미친 것을 보고하기보다는 자기들에게 영향을 미칠 수 있는 요인에 관한 자신의 이론이나 신념을 기초로 보고하는 경향이 있다.

② **표집**

표본조사를 위해 모집단 가운데 자료를 수집할 대상을 선택하는 것(Population에서 Sample을 뽑는 것을 Sampling이라고 함)을 말한다. 대개 일부 표본을 대상으로 관찰 · 측정한 결과를 근거로 전체 집단의 속성을 추정하는 것이다.

㉠ 절차 : 모집단 확정 → 표집틀 선정 → 표집방법 결정 → 표본크기 결정 → 표집

- 표집틀 : 전체 모집단에 대한 목록

㉡ 유형

구분	확률표집	비확률표집
정의	확률이론에 근거해 표본을 선발하는 방식	개별요소들이 표본에 추출될 확률을 모르는 방식
종류	• 단순무작위표집 • 체계적 표집(계통적 표집) • 층화표집(다단계) • 집락표집(군집표집)	• 임의표집(편의표집) • 유의표집(의도적 표집) • 할당표집 • 눈덩이표집

㉢ 확률표집

- 단순무작위표집(Random Sampling) : 표집틀을 확보한 후 일련번호를 부여하고 정한 표본의 크기에 따라 무작위로 선출(난수표 사용)하는 것으로, 모집단이 매우 클 경우 불편함을 감수해야 한다.
- 체계적 표집[계통적 표집(Systematic Sampling)] : 일일이 난수표를 이용해 뽑는 대신 첫 번째 표집만 난수표를 이용하고 n번째 요소를 순차적으로 뽑는 방법이다.
- 층화표집[다단계(Stratified Sampling)] : 일단 모집단을 구성하고 있는 요소들을 몇 개의 하위그룹으로 구분한 다음, 모든 그룹에서 무작위표집과 같은 확률표집방법을 사용하여 최종적으로 표본을 추출하는 방법이다.

• 집락표집[군집표집(Cluster Sampling)] : 전체 모집단을 몇 개의 군집으로 구분한 다음, 이 군집들 중에 일부를 확률표집 방법으로 추출하고 각 군집 내에서 관심 있는 요소를 선발하는 것을 말한다.

예

구역선발 → 학교선발 → 학생명단을 작성하는 순서로 단순무작위 방법이나 계층표집 방법을 이용하여 학생을 선발(다단계군집표집)
– 장점 : 연구하고자 하는 요소들이 모두 포함된 명부를 구하지 않아도 되며, 군집표집을 하는 경우 무작위표집으로 추출하는 경우에 비해 최종선발 요소들이 지리적으로 적게 분산되어 조사가 용이

㉣ 비확률표집

• 임의표집[편의표집(Convenience Sampling)] : 비확률표집 중에서도 가장 대표성이 낮은 표집으로 우연히 접근 가능하였기 때문에 표본으로 추출된 것이다.

예

오후 2시부터 4시 사이 서울 강남역을 지나는 행인들 중 접근이 쉬운 사람을 대상으로 신제품에 대한 의견을 물어보는 경우

• 유의표집[의도적 표집, 판단표집(Judgmental Sampling)] : 표본추출이 확률이론에 의해 이루어지는 것이 아니라 연구자의 개인적인 판단이나 연구의 특수한 목적에 따라 의도적으로 이루어진다. 탐색적 연구의 경우 모집단에 관한 정보가 충분하지 않을 경우 확률표집을 실시하는 것이 불가능하기 때문에 사용한다.

예

노숙자 연구를 위해 영등포역이나 서울역 근처의 노숙자 쉼터를 찾아가 조사하는 경우

• 할당표집(Quota Sampling) : 표본의 집단별 분포를 미리 알고 집단으로 분류(층화표집과 같음)하고, 그에 맞추어 각 집단 내에서 임의로 추출하는 것이지만 무작위표집은 아니다.
• 눈덩이표집(Snowball Sampling) : 소재를 확인할 수 있는 소수의 연구대상자를 일단 만나서 필요한 자료를 수집하는 한편, 이들을 통해서 다른 연구대상자들의 소재에 관한 정보를 얻어 점점 표본의 수를 확대해 나가는 것을 말한다.

용어 설명

• **상관** : 한 변인이 다른 변인을 얼마나 예측할 수 있는가
  예 키와 몸무게는 상관관계를 가진다고 할 수 있는데 대게 키가 클수록 몸무게가 많이 나가지만 반드시 그런 것은 아니다. 이런 경우를 상관관계라고 말할 수 있다.
• **무선표집** : 모집단 내 구성원들 모두가 표본에 뽑힐 확률이 동일하도록 표본을 추출하는 방식

(3) 실험연구 기출

설문조사는 인과관계가 아닌 상관관계를 알아보는 연구방법이다. 하지만 사회심리학자들의 궁극적인 목적은 사회행동의 원인을 알아보는 데 있다. 즉, 'A와 B가 관련되어 있다.'가 아니라 'A는 B의 원인이다.' 혹은 'A가 B를 유발했다.'와 같은 인과관계이다. 인과관계를 결정하고 이론을 검증하고자 하는 경우에 사회심리학자들이 선호하는 방법이 실험연구(Experimental Method)이다. 실험연구는 연구자가 실험상황을 정교하게 설정하고 의도적인 상황조작(조건들의 설정)을 통해 참가자들의 행동이 조건마다 다르게 나타나는지를 비교・관찰하는 연구방법이다.

① 실험의 절차

㉠ 연구자는 검증하고자 하는 기존의 이론에서 가설을 도출한다.
㉡ 실험으로 검증하기 위한 변인들에 대한 조작적 정의를 한다.
㉢ 조작적 정의를 통해 독립변인과 종속변인을 선정한다.
㉣ 실험조건과 통제조건 각각의 상황을 설정한다.
㉤ 실험참가자들을 무선배정한다.
㉥ 독립변수를 조작・처치, 즉 실험을 진행한다.
㉦ 종속변수에 대한 측정을 한다.
㉧ 실험조건 및 통제조건 간 종속변수를 비교한다.

- 조작적 정의 : 주어진 연구의 맥락에서 그 개념이 무엇을 의미하는지 정의하는 것, 추상적 구성개념을 측정가능한 상태로 정의하는 것
- 독립변인 : 결과(종속변인)에 영향력을 행사하는 변인으로 연구자가 연구의 가설을 검증하기 위해 구성해 내는 것
- 종속변인 : 독립변인에 의해 영향을 받아 변하는 변인
- 연구자의 목적 : 독립변인의 조작효과가 종속변인에 반영되는 정도를 보고자 하는 것
- 실험조건과 통제조건
  - 실험조건 : 연구자 자신이 알고자 하는 것이 직접 반영되도록 처치하여 설정한 조건
  - 통제조건 : 실험조건과 모두 동일한 과정을 갖지만 처치만 하지 않은 조건
    → 결과를 비교 및 관찰
- 무선배정(무선할당, 무선배치) : 실험참가자 모두가 실험의 특정조건에 배정될 확률이 동일하도록 만드는 작업
  cf. 무선표집은 조사연구에서 무선배정은 실험연구에서 사용

② 실험에서의 내적 타당도 기출

㉠ 실험의 종속변인에 영향을 미친 것이 독립변인뿐이라고 확신할 수 있는 정도
㉡ 실험의 핵심은 내적 타당도를 높이는 것
㉢ 내적 타당도가 높다. → 실험이 잘 수행되어 인과관계의 해석이 명확하다는 것을 의미
㉣ 내적 타당도가 높으면 외적 타당도는 낮아질 수 있음 → 엄격한 통제 상황 하에서 수행되는 실험연구에서 나온 결과를 실제 상황에서 적용하는 것은 문제가 있을 수 있음

③ **실험에서의 외적 타당도**

㉠ 실험의 결과를 다른 상황 및 사람들에게 일반화시킬 수 있는 정도

㉡ 외적 타당도는 참가자의 특성에 관계되므로 자연적인 조건에서 연구하는 현장연구의 경우 외적 타당도가 높음

㉢ 내적 타당도를 높이면 외적 타당도는 낮아지고 외적 타당도를 높이면 내적 타당도가 낮아질 가능성 있음

(4) 반복연구와 메타분석

① **반복연구**

㉠ 선행연구와는 다른 상황에서 다른 사람들을 대상으로 실시되는 연구

㉡ 연구결과의 일반화 가능성을 결정하기 위해 이용

㉢ 동일한 문제를 여러 차례 연구하더라도 동일한 결과가 확보되지 않을 수 있음

② **메타분석**

㉠ 선행연구들의 결과들만을 가지고 그 평균값을 구하는 통계적 분석기법

㉡ 독립변인의 효과가 믿을 만한 것인지 따져 보는 것 가능

(5) 온라인 매체연구

① 다양한 사회관계망(SNS)이 교류수단으로 이용되면서 온라인상에 엄청난 양의 자료 존재

② 온라인상의 자료가 사회과학 분야의 분석대상으로 활용

③ 온라인상 빅데이터는 소수의 사람들을 대상으로 얻은 결과가 아니기 때문에 실제가 어떤지를 보여주는 좋은 자료

④ 이 밖에도 여행, 영화관람, 음식점 등의 다양한 활동양상을 기록한 빅데이터를 이용한 연구들은 대면조사 지료와 맞먹는 결과를 저비용으로 짧은 시간에 얻을 수 있다는 장점이 있어 향후 사회과학에서 그 활용성이 크게 증가할 것으로 전망

3 사회심리학의 연구장소 : 실험실과 현장

연구의 목적에 따라 연구는 실험실 혹은 현장에서 수행된다. 대부분의 조사연구는 현장이나 학교의 교실 등에서 이루어지고 실험연구는 실험통제가 쉬운 실험실에서 행해진다.

현장연구는 실험이 실험실이 아닌 실생활에서 실시된다는 점이 다를 뿐 실험설계에서는 실험실 실험과 다를 바가 없다.

(1) 실험실 연구

실험실 연구의 장점은 내적 타당도가 높다는 것이다. 실험실에서 수행하는 실험은 여러 가지 변인에 대한 상황통제가 이루어지기 때문에 연구자의 의도에 따라 실험조작이 이루어진다. 여기서 실험조작은

결과에 대한 조작을 의미하는 것이 아니라 실험설계를 하는 연구자가 자신의 연구목적에 맞게 설계하고 실험을 통제한다는 의미이다. 따라서 내적 타당도가 높다. 그러나 실험상황이 실제상황과는 다를 가능성이 높기 때문에 외적 타당도는 낮을 가능성이 있다.

(2) 현장연구

참가자들이 보이는 실험상황의 반응특성이나 부자연성, 혹은 실험이 지닌 작위성이 연구의 목적에 부적합하다고 판단되는 경우에 현장연구가 진행된다. 실험실 실험이 대부분 대학생들로 표본이 구성되는 것과 달리 현장연구는 다양한 사람들을 대상으로 수행된다. 따라서 현장연구는 외적 타당도가 높고 현실에서의 적용을 위해서 이것이 필요하다.

(3) 실험실 연구의 필요성

현장연구가 외적 타당도를 높이는 데 실험실 연구를 하는 이유는 무엇일까? 완벽한 사회심리학실험은 내적 타당도와 외적 타당도가 모두 높은 완벽한 실험이라고 생각할 수 있지만 문제는 하나의 연구에서 이 두 가지를 모두 높이는 것은 거의 불가능하다는 것이다.
실험실 상황일수록 엄격한 통제가 가능하지만 그 상황은 실제상황과 다를 가능성이 높고, 현장실험을 하면 실제상황을 살릴 수 있지만 연구에서 보고자 하는 변인 이외의 변인을 통제하기가 어렵다는 문제가 있다. 따라서 내적 타당도와 외적 타당도 사이에는 언제나 득실관계가 존재한다.

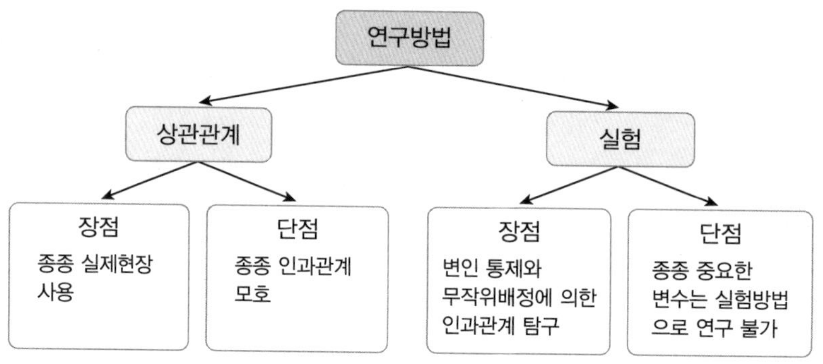

[연구의 두 가지 방법 : 상관관계연구와 실험연구]

4 사회심리학의 실험과 연구윤리

사회심리학 연구에서 실험실 연구가 차지하는 비중은 매우 크다. 사실적인 상황을 만들고 싶은 욕구 때문에 사회심리학자들은 윤리적 문제를 극복해야 할 때가 많다. 자연과학의 실험과는 달리 사회심리학의 실험은 참가자가 실험자와 교류를 한다는 점에서 주의가 필요하다. 실험의 신뢰도를 보장하기 위해 실험자나 참가자의 영향이 없어야 한다. 또한 연구자는 실험상황을 엄격하게 통제하되 참여자들을 편안하고 스트레스를 받지 않도록 하기 위해 노력해야 한다.

(1) 실험실에서의 사회심리학

① 연구참가자 선발

㉠ 원칙적으로 연구참가자는 연구목적에 따라 그 대상이 결정되어야 한다.

㉡ 미국의 사회심리학 연구 중 75%가 백인 중류계층의 대학생을 대상으로 진행되었다.

㉢ 이들을 대상으로 한 연구결과를 일반사람들에게 적용할 수 있는가의 문제가 고려되어야 한다.

② 실험자 편향

㉠ 정의 : 실험결과가 실험자가 바라는 대로 되기를 바라는 마음에서 발생하는 편향이다.

㉡ 실험자 편향을 줄이는 방법

- 실험상황에서 실험자가 보이는 행동, 말투, 외모, 성 등은 참가자에게 영향을 줄 수 있다.
- 실험을 마치기 전까지 참가자들은 실험조건에 대해 모르게 해야 한다
- 실험을 진행하는 실험자 자신도 연구가설, 실험조건과 통제조건이 어떻게 다른지 최소한의 지식만 가지고 있어야 한다.
- 연구자와 실험자를 분리하고 여러 단계의 실험에 각기 다른 실험자를 고용하는 등의 절차도 바람직하다.
- 실험절차의 미세한 부분까지 표준화시킨다. 지시문을 인쇄물로 또는 녹음으로 제시해서 실험절차를 누구에게나 일률적이게 구성하면 참가자가 실험자와 만날 필요가 없으므로 실험자 편향을 줄일 수 있다.

③ **연구자 편향** : 자료가 잘못 분석되거나 참가자를 어떤 계획된 처치의 차이를 넘어서서 차별되게 다루는 고의적 또는 비의도적인 편향을 말한다.

④ 참가자 편향

㉠ 정의 : 참자가의 특성이나 의도가 반영되어 실험결과에 영향을 주는 것을 말한다.

㉡ 참가자 편향을 줄이는 방법

- 실험참가자는 자신들이 관찰의 대상이 된다는 의식을 하게 된다. 이러한 의식은 참가자의 행위에 영향을 주게 되는데 이것을 요구특성이라고 한다.
- 실험참가자는 반응유형에 따라 '충실한 참가자', '협조적인 참가자', '냉소적인 참가자', '평가불안적인 참가자' 등으로 구분된다.
- 실험의 요구특성과 참가자의 반응유형을 완전히 배제하는 것은 어렵지만 최소화하려는 노력을 강구해야 한다.
- 측정행위가 사회적으로 바람직하지 않은 경우에 참가자들은 의도적인 반응을 보인다. 따라서 종속변인이 되는 반응의 측정을 참가자가 모르게 해야 한다.
- 참가자들의 개인적인 반응이 실험자를 포함하여 누구에게도 알려지지 않음을 설명하고 꾸밈없는 반응을 요구한다.

(2) 연구윤리

연구자들은 참가자들이 의도적이거나 건성으로 하는 반응이 아니라 진정한 심리적 과정이 개입되어 반응하기를 바란다. 따라서 실험상황을 최대한 실제상황과 비슷하게 만들기를 원하기 때문에 다소 비윤리

적인 상황이 발생하기도 한다. 이 상황 중 일부는 참가자들의 불편을 초래하기도 한다. 연구 시 준수하여야 할 기본적인 사항은 다음과 같다.

① 연구시작 전 참가자들에게 동의서를 받아 둔다. 연구의 본질과 실험에 임했을 때 겪게 될 여러 가지 경험을 충분히 설명하고 연구에 참여하겠냐는 동의를 구한다.
② 연구가 종료된 시점에서 연구자들은 연구의 참 목적을 설명하고 참여자가 지닌 의문을 풀어 주어야 한다(사후설명).
③ 실험참가자가 겪는 부담이 일상생활에서 일반적으로 겪는 위험부담에 비해 심한 것이 아니어야 한다.
④ 참가자의 일신상의 정보는 비밀이 보장되어야 한다.
⑤ 연구라는 미명하에 인권을 무시해서는 안 된다.

(3) 미국심리학회[American Psychological Association(APA) 2010]에서는 모든 심리학 연구에 적용되는 윤리강령을 공표하였다.

심리학 연구에서 심리학자들이 지켜야 할 윤리적 원칙-발췌

1. 심리학자들은 과학과 심리학을 가르치고 사용하는 데서 정확성, 정직함, 신뢰감을 높이려고 노력한다.
2. 심리학자들은 모든 사람의 존엄성과 가치와 각자의 사생활권과 비밀보장권 및 자결권을 존중한다.
3. 심리학자들이 직접적으로 또는 전자장비나 기타의 통신수단을 통해 실험을 할 때는 각자로부터 사전동의서를 받아야 한다.
4. 사전동의를 받을 때 심리학자들은
   (1) 연구의 목적, 예상되는 소요시간, 진행절차
   (2) 실험이 시작된 후에라도 언제든지 더 이상의 참여를 거부할 권리를 가진다는 사실
   (3) 참여를 거부했을 때 뒤따를 예상 가능한 결과(예 책임 없음이나 벌점 또는 보상철회 등)
   (4) 잠재적 위험, 불편함, 역효과 등 참여의사에 영향을 미칠 수 있는 예상 가능한 요인
   (5) 예상되는 연구의 이득
   (6) 비밀보장의 한계
   (7) 참여의 대가
   (8) 연구에 대한 질문과 연구참가자의 권리에 관한 질문이 있을 때 질문을 받는 사람의 연락처 등을 자세하게 알려 주어야 한다.
5. 심리학자들은 모든 매체를 통해 확보되고 저장된 비밀정보를 보호할 일차적 책임을 지며 그 정보를 보호하는 데 합당한 주의를 기울인다.
6. 심리학자들을 실험설계와 실행 속에 내포된 모든 **기만**을 참가자에게 최대한 일찍 설명해준다.

용어 설명

기만 : 연구에서 참가자에게 연구의 방법과 목적에 관해 틀린 정보를 주거나 틀리게 참가자를 이끎으로써 발생하는 효과

제 1 장 실전예상문제

01 다음 중 사회심리학에 대한 설명으로 <u>틀린</u> 것은?

① 사회심리학은 대부분 미국에서 연구된 것이다.
② 레빈은 인간의 이해를 위해서 개인적인 요소뿐 아니라 사회적 영향요인을 연구해야 한다고 주장하였다.
③ 사회심리학이론은 모든 문화에서 보편적인 이론이므로 현재까지 우리나라에서 적극 활용되고 있다.
④ 인지부조화이론은 현대 사회심리학의 중요한 연구 분야 중 하나이다.

01 최근에는 문화가 지니는 관계를 이해하고 해당 문화권에 적합한 주제를 선정하고 연구해야 한다는 주장의 당위성이 늘고 있다. 사람들이 태어나서 죽을 때까지 그들의 생활에 나타나는 사건들(진학, 취업, 결혼, 양육 등)이 어느 문화에서나 보편적으로 나타나는 공통성을 가지고 있다고 해서 그들의 내면에 있는 심리적 정서와 과정이 같다고 보기는 어렵다. 따라서 기존의 사회심리학이 미국인의 토착 심리학이라는 것을 염두에 두고 이 연구들을 통해 한국 사람들을 이해하고 적용시키는 데 무조건적 활용하는 것은 고려해 보아야 할 것이다.

02 우리는 개인이 속한 집단의 제도나 시스템 속에서 관계를 맺고 살아간다. 이러한 '사회'에 관심을 가지고 연구하는 여러 분야 중 사회심리학의 주요 관심분야는 어느 것인가?

① 개인들 간의 관계
② 집단 간의 관계
③ 공공의 이익
④ 본인의 이익

02 사회심리학은 개인 간의 관계에 관심을 두고 연구를 하고 있다.

정답 01 ③ 02 ①

03 다음 중 사회심리학의 이론적 접근에서 동기적 접근에 해당하는 설명이 아닌 것은?

① 사람은 선천적으로 가지고 태어나는 생물학적 본능으로 사회행동을 한다고 설명하는 것이다.

② 개인이 현재 당면한 사회상황을 주관적으로 어떻게 이해하고 해석하는가에 따라 사회행동이 달라진다.

③ 사회행동을 설명하는 사회적 동기는 성취동기, 친화동기, 세력동기 등이 있다.

④ 사회화과정에서 후천적으로 습득한 동기로 사회행동을 설명한다.

03 ②는 사회행동에 대한 인지적 접근이다.
사회심리학의 동기접근에는 생물학적 욕구와 사회적 동기의 관점이 있다. 생물학적 욕구는 프로이트, 로렌츠, 맥두걸 등이 주장했으며 타고나는 유전자의 차이로 사회행동이 이루어진다는 것이다. 사회적 동기는 후천적으로 습득한 사회동기로 사회행동을 설명하며 성취동기, 친화동기, 세력동기가 있다. 그 외에 사회행동을 설명하는 것으로 학습이론, 의사결정, 상호의존, 사회문화접근 등이 있다.

04 사회심리학의 연구대상으로 볼 수 있는 것은?

① 조직

② 개인

③ 집단

④ 계층

04 조직, 집단, 계층, 국가 같은 집단적 개념은 사회학의 연구대상이다.

05 사회심리학이 관심을 갖는 환경적 요인으로 가장 거리가 먼 것은?

① 물리적 환경

② 구조적 환경

③ 문화적 환경

④ 경제적 환경

05 환경요인은 물리적, 구조적, 문화적 환경요인으로 구분된다.

정답 03 ② 04 ② 05 ④

06 **과학적 연구방법의 과정을 순서대로 나열한 것은?**

ㄱ. 이론을 검증한 자료를 수집한다.
ㄴ. 이론으로부터 구체적인 가설을 도출한다.
ㄷ. 자료가 이론을 지지한다면 새로운 가설을 도출하고 새 영역에서 검증한다(자료가 이론을 지지하지 않는다면 이론을 수정한다).
ㄹ. 특정 이론이나 어떤 현상에 대해 새로운 이론을 세운다.

① ㄹ – ㄴ – ㄱ – ㄷ　　② ㄴ – ㄱ – ㄷ – ㄹ
③ ㄹ – ㄱ – ㄴ – ㄷ　　④ ㄴ – ㄷ – ㄱ – ㄹ

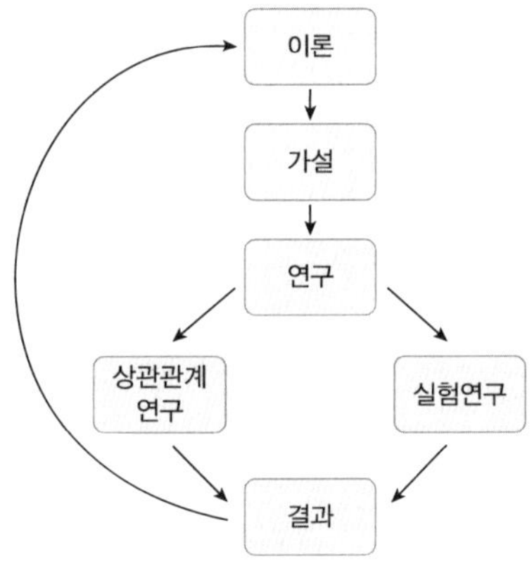

06 [문제 하단의 그림 참고]

07 **추상적인 개념 즉, 관찰할 수 없는 것을 경험적으로 관찰할 수 있는 속성으로 바꾸어 정의하는 것을 말하는 것으로, 정의의 한 부분으로 포함시키는 정의를 무엇이라고 하는가?**

① 개념적 정의
② 사전적 정의
③ 실제적 정의
④ 조작적 정의

07 조작적 정의는 개념을 측정할 수 있도록 추상적인 대상의 속성을 관찰할 수 있는 속성으로 바꾸어 개념을 정의하는 방법이다.
① 어떤 사물이나 현상에 대한 추상적 개념이다. 개념적 정의는 추상적이어서 연구에서 그대로 사용할 수 없으므로 내 연구에 필요한 조작적 정의로 바꾸어 주어야 한다.
② 어떤 대상이나 개념의 가장 기본적・객관적 정의를 의미한다.
③ 대상이 가지고 있는 특성(성질이나 관계 따위)에 따라 규정된다. 예를 들면 '인간은 일종의 동물이며, 직립보행을 한다.'와 같은 것이다.

정답 06 ① 07 ④

08 다음 내용에서 괄호 안에 들어갈 이론은?

> 레빈(Kurt Lewin, 1890~1947)은 독일의 심리학자로 물리학과 생물학의 개념을 사용하여 심리학의 과학화에 노력하였다. 나치의 압박을 피하여 미국으로 망명하여 아동연구에 종사하였다. 인간의 사회적 행동에 관심을 가지며 (　　)이론을 제시하였다.

① 장(Field)
② 자기지각
③ 인지부조화
④ 사후과잉확신편향

08 장이론은 인간의 이해를 위해서 개인적인 요소뿐 아니라 사회적 영향요인을 연구해야 한다는 것으로, 심리학적 방법론과 사회학적 주제의 결합이라는 점에서 의의를 가진다.
② 자신의 태도나 느낌이 불확실하거나 모호할 때 자신의 행동 및 행동이 벌어지는 상황에 대한 관찰을 통해 태도나 느낌의 상태를 추론한다는 이론이다.
③ 행동과 신념이 불일치할 때 행동이나 신념을 바꿔 일치시키는 평행상태를 유지한다는 이론이다.
④ 결과에 대해 알고 난 다음에 그 결과에 대한 자기의 예측능력을 과대평가하게 되는 경향성이다.

09 사회심리학의 발달과정에 대한 설명으로 옳지 않은 것은?

① 최초의 사회심리학 실험은 완벽한 이론적 틀 안에서 행해져 상황이 인간의 행동에 영향을 미치는 영향력을 실험적으로 분석한 최초의 연구라는 점에서 의의가 있다.
② 레빈은 사회심리학 형성에 가장 중요한 영향을 남겼으며 장이론을 통해 심리학적 방법론과 사회학적 주제의 결합이라는 의의를 남겼다.
③ 심리학계의 성장과 더불어 사회심리학도 함께 성장했으며, 이때 귀인이론이 등장하였다.
④ 현대 사회심리학에서는 인지적 관점이 적용되어 널리 연구되고 있다.

09 최초의 사회심리학 실험은 미국 인디애나대학 심리학과 교수 노먼 트리플랫이 수행한 낚싯줄감기실험이었다. 이는 뚜렷한 이론적 틀에서 행해진 것은 아니지만 즉각적인 상황이 인간의 행동에 미치는 영향력을 실험적으로 분석한 최초의 연구라는 점에서 의의가 있다.

정답 08 ① 09 ①

10 한국의 사회심리학에 대한 내용으로 옳은 것은?

① 한국은 전통적인 유교문화를 반영한 독자적인 사회심리학을 발달시켜 왔다.
② 한국의 사회심리학은 연구가 미흡해 아직 한국심리학의 한 분과로 인정받지 못하고 있는 실정이다.
③ 현대로 넘어오며 사회적 연결망, 공동체의 작용, 다문화사회, 사회계층, 서열경쟁 등의 주제를 다루었다.
④ 한국에서 사회심리학이 처음 소개된 것은 1980년대 후반이다.

10 ① 한국의 사회심리학은 이미 미국을 비롯한 서양의 여러 나라에서 발달된 이론들을 도입하여 점차 우리나라 문화가 반영된 연구들이 점차 증가하고 있다.
② 1975년 사회심리학회가 한국심리학회의 분과학회로 결성되었다.
④ 1960년대 중반 정양은 교수가 페스팅거(Festinger)의 이론을 소개하고, 실험실 접근을 도입하여 동조현상은 연구하였다.

11 다음 설명에 해당하는 용어는?

> 우리는 결과에 대해 알고 나면 그 결과를 쉽게 예측할 수 있을 것 같은 생각이 든다. 이처럼 자신의 예측능력을 과대평가하게 되는 경향을 말한다.

① 자기지각이론
② 귀인이론
③ 인지부조화
④ 사후과잉확신편향

11 ① 어떤 상황에서 자신의 태도에 대한 내적인 단서가 약할 경우에, 이러한 상황에서 사람들은 자신의 행동을 관찰하고, 이렇게 관찰된 행동을 근거해서 태도를 추론하게 된다.
② '원인의 귀착'의 줄임말로, 한 개인이 타인의 행동이나 사건의 원인을 어떻게 설명하느냐에 관한 이론이다.
③ 행동과 신념이 불일치할 때 행동이나 신념을 바꿔 일치시키는 평행상태를 유지한다는 이론이다.

12 인간이 행동과 신념이 불일치할 때, 행동이나 신념 중 하나를 바꿔 일치시켜 평행상태를 유지하려 할 것이라고 주장하는 이론은?

① 자기지각이론
② 귀인이론
③ 인지부조화
④ 사후과잉확신편향

12 문제는 인지부조화이론에 대한 설명이다.

정답 10 ③ 11 ④ 12 ③

13 사회심리학의 연구방법에 관한 용어 설명 중 틀린 것은?

① 문화묘사법 - 현재 활동 중인 집단을 관찰함으로써 그 집단을 이해하는 방법을 말한다.
② 상관 - 한 변인이 다른 변인을 얼마나 예측할 수 있는가를 말한다.
③ 설문조사법 - 설문조사는 직접적으로 관찰하기 힘든 변인들 간 관계를 판단할 수 있게 해주지만, 연구비용이 비교적 비싸다는 단점이 있다.
④ 무선표집 - 모집단 내 구성원 모두가 표본에 뽑힐 확률이 동일하도록 표본을 추출하는 방식을 말한다.

13 설문조사의 장점으로는 직접적으로 관찰하기 힘든 변인들 간 관계를 판단할 수 있게 해준다는 점, 연구의 경제성 등이 있다.

14 사회심리학과 인접학문에 대한 설명으로 옳은 것은?

① 사회학자는 사회적 구조보다 개인에 더 큰 관심을 갖는다.
② 문화인류학은 개인의 신념이나 행동이 문화 차이에 의해 달라진다고 본다.
③ 성격심리학자들은 개인에게 나타나는 특징들이 사회상황에 큰 영향을 받는다고 주장한다.
④ 사회심리학은 문화심리학에서 갈라져 나왔기 때문에, 사람은 사회계층이나 문화에 영향을 받는다는 입장이다.

14 ① 사회학자는 사회적 계급이나 사회적 구조 같은 주제에 관심을 갖는다.
③ 성격심리학자들은 사회상황에 관계없이 개인에게 일정하고 안정되게 나타나는 특징을 연구한다.
④ 사회심리학은 사회학 및 (성격) 심리학을 모태로 하며, 사회계층이나 문화에 관계없이 사람이라면 누구나 사회의 영향을 받을 수밖에 없는 보편성을 밝히기 위해 노력한다.

15 사회심리학의 실험연구에 대한 설명으로 옳지 않은 것은?

① 실험실 연구는 내적 타당도가 높다는 장점이 있다.
② 실험연구란 실험실 내에서 수행되는 연구를 뜻한다.
③ 현장실험은 다양한 사람들을 대상으로 수행한다.
④ 현실에의 적용을 위해서는 현장연구가 더욱 잘 맞다.

15 실험연구는 연구자가 실험상황을 정교하게 설정하고 의도적인 상황조작(조건들의 설정)을 통해 참가자들의 행동이 조건마다 다르게 나타나는지를 비교・관찰하는 연구방법이다. 장소는 실험실이 될 수도 있고 현장이 될 수도 있다.

정답 13 ③ 14 ② 15 ②

16 심리학연구에서 심리학자들이 지켜야 하는 윤리가 아닌 것은?

① 사전동의를 받을 때 심리학자들은 실험이 시작된 후에는 참여를 거부할 수 없음을 공지해야 한다.
② 심리학자들은 모든 사람의 존엄성과 가치와 각자의 사생활권과 비밀보장권 및 자결권을 존중한다.
③ 심리학자들을 실험설계와 실행 속에 내포된 모든 기만을 참여자에게 최대한 일찍 설명해 준다.
④ 예상되는 연구의 이득, 참여의 대가, 연구 등에 대한 질문이 있을 때 질문을 받는 사람(연구자)의 연락처 등을 자세하게 알려주어야 한다.

16 사전동의를 받을 때 심리학자들은 (1) 연구의 목적, 예상되는 소요시간, 진행절차, (2) 실험이 시작된 후에라도 언제든지 더 이상의 참여를 거부할 권리를 가진다는 사실, (3) 참여를 거부했을 때 뒤따를 예상 가능한 결과(책임 없음이나 벌점 또는 보상철회 등), (4) 잠재적 위험, 불편함, 역효과 등 참여의사에 영향을 미칠 수 있는 예상 가능한 요인, (5) 예상되는 연구의 이득, (6) 비밀보장의 한계, (7) 참여의 대가, (8) 연구에 대한 질문과 연구 참여자의 권리에 관한 질문이 있을 때 질문을 받는 사람의 연락처 등을 자세하게 알려주어야 한다.

17 사회심리학 실험에 대한 설명으로 옳은 것은?

① 실험참가자 중 냉소적인 참가자, 비협조적인 참가자가 나타나면 실험을 즉각 중지해야 한다.
② 실험참가자와 직접 대면하여 얻을 수 있는 정보가 많으므로, 연구자는 되도록 인쇄물 또는 녹음 등을 지양하여야 한다.
③ 실험자 편향은 실험상황에서 실험자의 행동, 말투, 외모, 성 등이 실험참가자에게 영향을 미치는 것을 말한다.
④ 실험참가자의 반응은 각자 다르지만, 이를 완전히 배제하여야 실험이 성공한다.

17 ① 무선배정으로 할당된 실험참가자이므로 실험을 중지해서는 안 된다.
② 연구자는 실험참가자와 되도록 만나지 않는 것이 실험자 편향을 줄일 수 있다. 그러므로 인쇄물, 녹음 등을 사용하여 실험 절차를 미세한 부분까지 표준화시키는 것이 좋다.
④ 실험참가자의 반응 유형을 완전히 배제하는 것은 어렵다.

18 조사연구에서 조사대상자를 뽑는 것을 일컫는 것으로 모집단 내 구성원들 모두가 표본에 뽑힐 확률이 동일하도록 표본을 추출하는 방식을 무엇이라 하는가?

① 메타분석
② 표집틀
③ 모수치
④ 무선표집

18 ① 메타분석은 선행연구들의 결과들만을 가지고 그 평균값을 구하는 것이다.
② 표집틀이란 표본으로 추출된 요소들 전체명단, 표집단위의 총합, 모집단의 명부 등을 말한다.
③ 모수치는 모집단의 특성을 요약하여 기술한 수치이다.

정답 16 ① 17 ③ 18 ④

19 모집단을 구성하고 있는 구성요소들이 자연적인 순서 또는 일정한 질서에 따라 배열된 목록에 n번째의 구성요소를 추출하여 표본을 형성하는 표본추출방법은?

① 체계적 표본추출(Systematic Sampling)
② 무작위표본추출(Random Sampling)
③ 층화표본추출(Stratified Sampling)
④ 집락표본추출(Cluster Sampling)

19 ② 표집틀을 확보한 후 일련번호를 부여하고 정한 표본의 크기에 따라 무작위로 선출(난수표 사용)하는 것을 의미한다.
③ 일단 모집단을 구성하고 있는 요소들을 몇 개의 하위그룹으로 구분한 다음, 모든 그룹에서 무작위 표집과 같은 확률표집방법을 사용하여 최종적으로 표본을 추출하는 방법이다.
④ 전체 모집단을 몇 개의 군집으로 구분한 다음, 이 군집들 중에 일부를 확률표집방법으로 추출하고 각 군집 내에서 관심 있는 요소를 선발하는 것이다.

20 다음 중 확률표본추출방법에 해당하는 것은?

① 편의표본추출(Convenience Sampling)
② 판단표본추출(Judgmental Sampling)
③ 층화표본추출(Stratified Sampling)
④ 눈덩이표본추출(Snowball Sampling)

20 ①・②・④는 비확률표본추출방식이다.

정답 19 ① 20 ③

제 2 장

개인, 대인지각 그리고 사회인지

우리 인생의 가장 큰 영광은 결코 넘어지지 않는 데 있는 것이 아니라
넘어질 때마다 일어서는 데 있다.

– 넬슨 만델라 –

제 2 장 개인, 대인지각 그리고 사회인지

[학습목표]

우리는 가끔 '나는 누구일까?'라는 질문을 스스로에게 해 본다. 우리는 자신을 어떻게 이해하며 어떤 사람으로 정의할까? 이번 장에서는 자기와 태도가 어떻게 형성되고 그것이 우리의 행동에 어떠한 영향을 미치는지 알아볼 것이다. 또한 우리가 다른 사람들에 대한 인상을 어떻게 형성해 나가고 다른 사람들에 관한 추론을 어떻게 만들어 가는지에 대한 문제를 생각해 보고 타인을 설득하는 방법들과 우리의 사고가 가진 오류들에 대해 알아보도록 할 것이다. 그리고 최근 심리학의 관심사로 떠오르고 있는 긍정심리학에 대해 알아보자.

제1절 자기

1 자기의 개념

(1) 자기의 기원

우리들은 누구나 "나는 누구인가?" 하는 의문을 가지고 여기에 만족스러운 답을 찾고자 한다. 다른 동물들도 사람처럼 자신이라는 것을 가지고 있을까?

동물들에게 자기개념이 있는지 알아보기 위해 거울실험을 한다. 동물우리에 거울을 넣어두고 동물들이 거울과 친해지는 시간을 갖게 한 후 그 동물을 잠깐 동안 마취시키고 눈썹이나 귀에 빨간색 칠을 한다. 마취에서 깨어난 동물이 거울을 볼 때 어떤 행동을 하는지 관찰한다. 침팬지나 오랑우탄 같은 고등 영장류는 자기 몸에서 빨간 부분을 금방 만져본다. 그러나 긴팔원숭이 같은 하등 영장류는 그런 행동을 하지 않는 등 대부분의 하등 영장류는 이 거울 검사를 통과하지 못하였다(Suddendorf & Collier-Baker, 2009). 그러나 돌고래, 코끼리가 거울검사를 통과한 사례도 있다. 이러한 결과는 고등 영장류와 그 외 일부 동물들이 자기개념을 가졌다는 것을 암시한다.

인간의 경우 보통 생후 약 18~24개월경에 자기개념이 발달하기 시작한다. 아이들은 성장함에 따라 원시적 자기개념은 보다 복잡해진다. 나이에 따라 "나는 누구인가?"라는 질문에 답하게 했을 때 어린 아이들은 성별, 나이, 외모, 취미, 자신과 관련된 사람 등으로 대답한다. 하지만 사람들은 성장하면서 신체적 특징들은 덜 강조한다. 대신 마음상태나 다른 사람들이 자신을 어떻게 판단하는가를 중요하게 생각한다(Hart & Damon, 1986 ; Livesley & Bromley, 1973 ; Montemayor & Eisen, 1977).

(2) 자기의 의미

사람들은 자신을 움직이는 내부의 '진짜 나'가 있다는 생각을 한다. 즉, 외부상황이나 감정에 영향을 받지 않으면서 일관되고 지속적으로 나의 행위에 영향을 미치는 참된 나가 존재할 것이라고 생각한다. 미국의 제임스(James, 1890)는 객관적 탐구의 대상이 되는 자기를 세 가지 구성요소로 분석하였다.

① 자기의 구성요소

㉠ 물적 자기(Material Self)는 개인이 지니고 있는 것으로 자신의 신체, 의상, 가족, 집 그리고 소유물들로 구성되어 있다.

㉡ 사회적 자기(Social Self)는 우리와 접촉하는 타인들로부터 받게 되는 자기에 대한 인상, 평가들을 말한다.

㉢ 우리는 남과 단순히 어울리는 것뿐 아니라 남들에게 자신을 보이고 싶어 하고, 좋게 인정받으려는 욕구가 있다.

㉣ 영적 자기(Spiritual Self)는 개인이 지닌 내면의 주관적인 것으로 성격, 취향, 정서 등의 심리적 속성들이다.

㉤ 제임스에 의하면 이 중 가장 중요한 부분은 영적 자기라고 하였다. 이는 우리는 자기의 어느 다른 면모보다도 스스로의 도덕성과 양심, 고고한 의지로 사유하는 자기 모습을 볼 때 더 순수한 자기만족감을 느끼기 때문이다.

㉥ 사람들이 귀중하게 생각하는 것은 값비싼 물건이 아니라 자기의 이야기를 가능하게 하는 경험들이다.

② 자신에 대한 남녀 차이

여성은 관계 의존적이며 남성은 집단 의존적이다. 여성이 배우자나 자녀들 같은 자기와 밀접한 사람들을 어떻게 생각하는지와 같은 관계를 강조한다면 남성은 학교동문이나 한국인 등과 같은 집단의 구성원이라는 사실을 강조한다. 또한 여성들은 소수의 매우 가까운 사람들과의 친밀성 및 협력에 주의를 기울이며 그들과 사적인 이야기를 나누며 자신의 감정까지 노출시키는 일이 많지만 남성은 동아리나 스포츠 팀 같은 사회적 집단에 더 많은 노력을 투자한다. 살면서 겪은 사건들을 이야기할 때 여성들이 사적인 관계를 주로 언급하는 반면, 남성들은 큰 집단과 관련된 사건을 주로 이야기한다.

③ 복합적 자기

㉠ 현대인들은 과거에 비해 복잡해진 세상에서 다양한 사회적 역할을 수행하며 복합적 자신의 모습을 가지고 살아간다.

㉡ 사람 각자의 개성은 시간이 흐르면서 서로 관련 있는 것들이 영향을 주고받으며 중요성이 큰 부분들이 뚜렷하게 부각되면서 자아의 구조가 형성된다.

㉢ 사람마다 어떤 사람은 단순한 구조의 자기를 어떤 사람은 복잡한 구조의 자기모습을 지니며 자기복합성(Self-Complexity)에 있어서 개인차를 보인다.

㉣ 자기복합성이 높은 사람은 복합자기를 구성하는 하위요인들 간에 상호완충역할이 나타난다. 즉, 어떤 영역에서 실패를 경험해도 다른 생활의 영역에서 잘하는 자신의 모습이 있다면 실패의 경험에 충격을 덜 받는다.

ⓜ 자기복합성이 높고 통합된 자기관을 지닌 사람들은 자기에 대한 확신감이 높고 생활에 적응을 잘한다.

ⓑ 복합적 구조가 뚜렷한 개인들은 새로운 경험이 기존의 자기구조에 편입되면서 자기구조가 크게 영향을 받지 않는다.

ⓢ 자기구조가 불분명할 경우에는 그 경험을 수용하는 뚜렷한 자기구조가 없어서 상황에 의해 크게 영향 받으며 일관성도 결여되는 모습을 보인다.

(3) 자기의 구성과정

자기상의 인식은 자신을 주위환경 또는 다른 개체와 구별해 낸다는 것이며 자신의 독특성을 인식하는 고등의 정신작용을 필요로 한다. 여러 학자들은 자기를 사회적 상호작용 속에서 이루어지는 다양한 역할 수행과정에서 자기 자신에 대한 반성적 성찰을 통해 파악되고 구성되는 것이라고 하였다. 따라서 자기 속에는 그 사회의 구조와 체제, 가치 및 구성원들의 생각 등이 반영될 수밖에 없다. 자기는 개인의 내면과 사회를 연결해 주는 가장 중요한 매개체인 것이다.

사회학자인 Cooley(1902)는 사람은 주위 사람들을 거울로 삼고 그 거울에 자신을 비춤으로써 나를 파악한다고 하였다. Festinger(1954)는 이러한 생각을 좀 더 구체화하여 자기가 객관적으로 존재하는 물리적 실체라기보다는 사람들과의 교류와 비교과정에서 구성되는 것이라고 하였다. 즉, 자신이 외향적 성격이라는 것은 타인과의 비교과정을 통해 타인에 비해 얼마나 더 외향적인가를 파악하는 것이다. 이렇게 자신을 자신과 유사한 사람들을 준거로 삼고 비교하는 과정은 3가지로 구분된다.

① **사회비교** : 타인과의 비교를 통한 과정

㉠ 일반적으로 사람은 자신의 능력 등을 파악하고자 할 때 자신과 비슷한 사람들과 비교한다.

㉡ 남자는 남자를, 여자는 여자를 비교집단으로 삼는 경향이 크고 연령과 능력이 유사한 사람들이 비교집단이 된다.

㉢ 잘하고자 하는 욕구가 강한 사람은 상향적 사회비교양상을 보인다. 그러나 상향비교는 편안한 기분을 주지는 못한다.

㉣ 하향적 사회비교를 할 경우에 사람들은 좋은 기분을 느낀다.

ⓜ 남녀관계에 관한 한 연구에서 사람들은 절대적으로 좋은 관계라서 만족하기보다는 남들에 비해서 상대적으로 나은 관계라서 만족하는 양상을 보인다(Buunk et al., 2001).

ⓑ 페이스북이 사람들의 정서에 미치는 영향을 분석한 연구에 따르면 페이스북에 애착을 느끼는 사람들에게서 상향적인 사회비교양상이 높게 나타나며, 이런 경향이 생활만족도가 낮은 사람들에게 매우 강하게 나타난다고 하였다(De Vries & Kuhne, 2015). 특히 적극적으로 사진이나 자료를 올리는 경우보다 수동적으로 타인의 것만 보는 경우에 정서적 안녕감이 더욱 떨어지는 것으로 나타났다.

ⓢ 대학생 페이스북 사용자를 대상으로 한 국내의 연구에서도 상향비교의 양상이 높을수록 우울감을 경험하는 양상이 나타났으며, 이런 경향은 자기개념이 불명확한 사람들에게서 강하게 나타났다.

② **반영평가** : 남이 보는 나를 통한 과정

㉠ 사회생활에서 만나는 다른 사람들이 나를 어떻게 생각하는가 하는 점도 자기의 구성에 중요한 영향을 미친다.

㉡ 특히 자신과 깊은 교류관계에 있는 사람이 자신을 어떻게 여기는지의 모습이 중요하다.

㉢ 아동들의 자기상은 자기 부모들이 스스로를 어떻게 여기고 있는지 생각하는 것과 매우 유사한 것으로 나타났다.

㉣ 어지르는 행동을 하는 아이들에게 그 행동을 하지 말라고 말하는 것보다 '너는 착한 아이야.'라는 말이 아동의 자기관 및 행위에 미치는 영향력이 크다는 것을 보여준다.

③ **자기지각** : 스스로가 보는 나

㉠ 자신의 행위지각은 자신을 파악하는 데 중요하다.

㉡ 사람들은 자신을 객관적으로 판단하기 위해 자신을 관찰한다.

㉢ 자기관찰과정은 자신의 기호, 태도, 성격을 파악하는 중요한 과정이다.

㉣ 우리는 우리의 느낌을 정확하게 표현할 수 없을 때에만 행동을 기초로 느낌을 추론한다.

㉤ 내적인 취향이나 태도가 약하거나 일관되지 못할 때 행위자는 최근의 행위를 바탕으로 자기의 내적 취향을 추리한다.

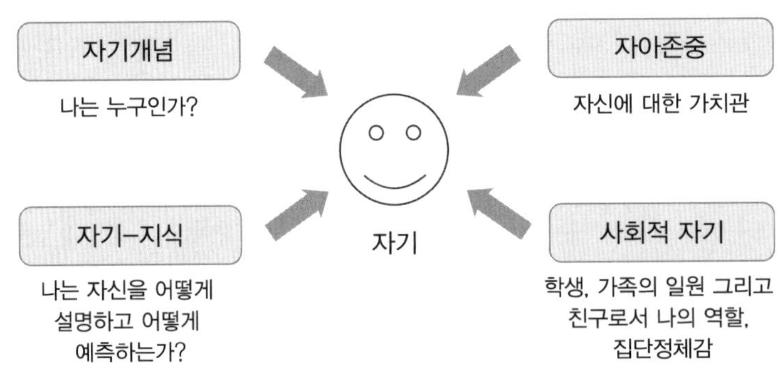

2 자기의 기능

이렇게 형성된 자기는 우리가 살아가는 데 어떤 기능을 하는 것일까? 자기는 크게 세 가지 기능을 수행한다고 할 수 있는데 하나는 정보처리자로서의 역할이고, 또 하나는 개인에게 동기를 부여하는 것이며, 마지막으로는 개인의 행위에 일관성을 부여하고 예측을 가능하게 해 일을 계획하고 추진해 나갈 수 있는 근거가 되는 것이다.

(1) 정보처리자

① 자기란 과거의 경험을 통해 획득된 스스로에 대한 일반화된 특성의 복합체로 자신과 관련된 정보를 효율적으로 처리하는 **도식**의 특성을 지닌다.

② 사람의 기억은 자신이 가진 도식에 따라 정보가 왜곡되게 저장되거나 회상이 왜곡되기도 한다.
③ 자기도식(Self Schema)은 어떤 정보에 대하여 주의를 하고 그 정보를 어떻게 파악할 것인지, 그것이 얼마나 중요한지, 그 결과 무엇이 나타날 것인지를 결정하는 선택적 기제로 기능한다.
④ 대부분의 자기도식은 외향적, 인자함, 수다스러움과 같은 성격특성을 기술하는 영역별로 존재할 수 있다.
⑤ **자기도식이 갖는 정보처리상의 특징**
㉠ 주어진 특성의 자기도식을 가진 사람은 도식이 없는 사람에 비해 관련 정보를 훨씬 빠르게 처리한다.
㉡ 새로운 정보가 자기도식과 부합하면 쉽게 처리되고 모순되면 처리에 저항이 생긴다.
㉢ 자기도식과 관련된 정보는 쉽고 빠르게 배울 수 있는데 즉, 자기를 판단의 준거로 삼을 때 정보처리가 잘 된다는 것이다. 이를 자기참조효과라고 한다.

용어 설명

도식(스키마, Schema) : 기억 속에서 정보들을 저장하면서 쓰이는 개념, 생각, 믿음으로 이루어진 추상적 체계. 도식을 이용한 정보처리는 많은 양의 정보를 순간적으로 처리할 수 있도록 해주기도 하고 적은 양의 정보로부터 많은 양의 정보를 이끌어 낼 수 있도록 해 줌

(2) 행위의 평가자

사람들이 기본적으로 가지고 있는 자기와 관련된 동기는 크게 세 가지가 있다. 첫째는 자신의 특성 및 능력에 대해 알고 싶어 하고 이에 대한 자신의 인식을 확인해 주는 증거를 모색하는 자기평가동기이다. 다음은 스스로를 자신의 이상적인 모습으로 끌어올리려는 동기로 자신의 부정적인 모습에서 탈피하고 바람직한 모습을 지향하는 자기향상동기이다. 마지막은 자존심을 보호하고 스스로에 대한 긍정적인 자아상을 가지려는 활동을 나타내는 자기고양동기이다.
한국과 미국 대학생의 자기관련 동기를 비교한 연구결과, 한국학생들이 미국학생들에 비해 '자기평가동기, 자기향상동기, 자기고양동기'가 모두 높은 것으로 나타났으며, 특히 자기향상동기에서 차이가 큰 것으로 나타났다.

① **자기평가와 자기고양**

사람은 일반적으로 자신을 긍정적으로 평가하는데 자기고양욕구는 자신을 지나치게 긍정적으로 평가하게 할 수 있어 그러한 모습은 주위 사람들의 인식과 상충될 수 있다. 따라서 사람들은 자기검증동기를 가지고 자신에 대한 사실적 정보를 파악하는 것에 관심을 갖는다.
긍정적 자아상을 가진 사람과 부정적 자아상을 가진 사람의 정보에 대한 사실성과 정확성을 평가하게 했을 때 긍정적 자아상을 가진 사람은 긍정적 정보를, 부정적 자아상을 가진 사람은 부정적 정보를 사실이라고 여긴다. 하지만 두 부류 모두 긍정적인 정보를 좋아하고 부정적인 정보를 싫어하는 것으로 나타났다.

사람들은 자기를 긍정적으로 평가하려는 경향이 있어 하향적 비교를 하지만 자기향상을 원할 때는 상향적 비교를 한다.

㉠ 자기중심적 편향(Egocentric Bias)

- 지나치게 자신을 중심으로 다른 대상이나 현상에 대하여 해석하고 판단하는 인지적 오류를 의미한다.
- 가령, 인간은 '따뜻함, 민첩함' 등의 좋은 성격특질이나 유능성 등의 긍정적인 특성을 다른 사람에 비해 더 많이 가지고 있고, '차가움, 둔함' 등의 부정적인 성격특질이나 무능 등의 부정적인 특성은 다른 사람에 비해 더 적게 가지고 있다고 판단하는 경향이 있다.
- 이러한 편향은 특히 애매하고 측정하기 힘든 영역에서 더 많이 발생하는 경향이 있다.

㉡ 자기고양(위주) 편향(Self-Serving Bias) 기출

- 사람들은 자기고양적인 방법으로 자신을 지각하는 경향이 있는데 자기고양 편향은 인지적 편향의 일종으로 사람이 높은 자존감을 유지하기 위해 성공의 몫은 자기에게, 실패는 상황의 탓으로 돌리는 편향된 관점을 가지고 산다는 것이다.
- 이러한 편향은 정신건강에 도움을 준다는 연구결과가 있는데 자존감을 유지하는 데 효과적이고 적응을 잘하는 사람들 사이에서 일반적으로 사용된다.
- 자기고양 편향은 스트레스를 완화시켜 준다. 실제 자기고양 편향이 강한 사람들이 회복력이 좋게 나타났다.
- 우리의 우월성에 대한 믿음은 우리를 성취하도록 동기화할 것이다. 즉, 자기충족적 예언을 창출할 것이다.

㉢ 집단고양 편향(Group-Serving 또는 Group-Enhancing Bias)

- 대부분의 사람들은 자신이 속한 집단이 우수하다고 생각하는데 이 현상을 집단고양 편향이라고 한다.
- 집단고양 편향은 외집단성원의 부정적 행동을 그들의 기질적 요인으로 귀인한다. 따라서 이것은 오판과 집단갈등의 원인이 되기도 한다.

② **자신의 성찰에 따른 자기** : 자기차이이론 기출

히긴스(Higgins, 1998)는 사람들이 자기에 대하여 성찰을 하는 경우에 세 가지 자기의 모습을 구분할 수 있다고 하였다.

㉠ 현실자기 : 현실의 모습이라고 여기는 자기 모습으로, 이상자기와 의무자기에 비교하면서 각기 다른 정서와 동기를 경험한다.

㉡ 이상자기 : 스스로가 되고 싶은 이상적 자기의 모습으로, 이러한 자기에 의식의 초점을 맞추면 '향상, 변화, 성취' 등에 관심을 갖는다.

㉢ 의무자기 : 자신 및 주위 사람들이 부과하는 의무, 책임처럼 자신이 맞추어가겠다고 여기는 자기 모습으로, 이러한 자기에 초점을 맞추면 부정적 결과에 민감하게 되며 의무자기에 부응하지 못하는 불안감이나 죄책감을 경험하고 금지와 안전에 관심을 갖는다.

③ **자아존중감(Self-Esteem)**

㉠ 자아존중감은 우리가 일상에서 자주 사용하는 자존심과는 의미가 다른데 자신의 자질, 특성, 해온 일의 성패 등에 대해 스스로가 느끼는 가치로움에 대한 전반적인 평가를 말하는 것으로 자긍심이라고도 표현한다.

㉡ 심리학자들은 건강한 자기의 징표를 자아존중감으로 보았다. 자아존중감이 스스로에 대한 내적 평가라면 자존심은 타인과 비교되어 느끼는 우열감을 뜻하는 경우가 많다.

㉢ 자존감은 심리적인 만족감과 사람들이 불안한 환경에 처할 때 경험하는 공포에 잘 대처하게 해준다.

㉣ 높은 자존감을 가지고 있는 사람들이 자기애 즉, 나르시시즘에 빠지거나 자기를 부풀리게 되면 특히 문제가 된다.

- 자존감과 자기애가 공격성과 상호작용한다는 연구결과(Brad Bushman, 2009)에 따르면 나르시시즘과 자존감이 높은 경우에 자신에게 비판적인 학급친구에게 가장 공격적이었다.
- 대학생을 조사한 연구에 따르면 자기애는 시간이 흐르면서 점점 높아지고 있다. 이렇게 높아지는 자기애는 유명해지고 싶은 욕구나 부풀려진 기대, 진지한 관계를 덜 갖는 것, 도박과 속임수 등이 늘어나는 것과도 관계가 있다.
- 대학생들의 공감능력이 급격하게 떨어졌다는 연구결과에 따르면 자기애는 공감능력과도 관계가 깊다. 오늘날 같은 경쟁위주의 사회에서 성공을 위해 자신의 성취에 몰두하는 현상이 공감능력 저하의 원인으로 볼 수 있는데 높은 자기애와 낮은 공감능력은 장기적으로 성공에 별 도움이 되지 않으며 낮은 성적과 성과를 가져올 뿐이다.
- 결국 자기애(나르시시즘) 성향이 강한 사람은 자기상에 위협을 느낄 때 매우 폭력적인 행동을 보이고, 타인과의 공감능력이 떨어져 타인에게 신뢰를 얻지 못한다. 이들은 대인관계가 불안정하며 또한 심리적 안녕감도 높지 못하다.

㉤ 최근 자존감의 높고 낮음보다는 안정성이 중요한 문제로 제기되고 있다.

- 명시적 자존감은 사회적 바람직성 같은 자신을 좋게 보이려는 태도가 반영되기 쉬운 것으로, 자신과 관련된 피드백이나 정보에 대한 논리적 분석에 근거한 인지적 과정의 결과이다.
- 암묵적 자존감은 자동적인 처리로 얻어지는 경험적 과정의 결과물로 볼 수 있다.
- 여러 연구에서 명시적 자존감이 높고 암묵적 자존감이 낮을수록 자기애양상이 높은 것으로 나타났으며, 자존감의 높고 낮음보다는 자신을 인정하고 긍정적인 자기상을 지니고 있는 안정형이냐, 주변의 평가에 민감하게 반응하는 불안정형이냐가 중요한 것으로 나타났다.

㉥ 자기평가유지와 자존감

- 자신이 중요하게 여기는 영역에서 자신이 친구보다 우월하다고 느끼며 자기를 앞서는 상대를 피함으로써 자존감을 유지한다.
- 자신이 중요하게 여기지 않는 영역에서는 친구가 자신만큼은, 또는 자신보다 더 잘한다고 여기며, 자기보다 잘하는 사람을 친구로 함으로써 그가 잘할 때 동반적으로 자존감을 느끼고 싶어 한다.

- 구실만들기 전략(Self-Handicapping Strategy)은 자존감이 낮은 사람들에게 주로 많이 나타난다.
  - 뜻밖에 성공할 시 자존감을 부추기기 수단의 역할
  - 실패 시 이를 무마하기 위한 수단의 역할

ⓢ 일반적으로 높은 자존감을 유지하는 심리기제는 자신에 대한 긍정적인 평가와 사회비교 과정을 통해서 이루어진다. 사회비교의 과정은 세 가지로 작용한다.

- 자신이 중요하다고 여기는 특성에서가 아니라면 나쁜 평가를 받아도 크게 문제 삼지 않는다(Rosenberg, 1965).
- 어떤 일에 실패한 경우 상황 탓으로 돌리고 성공한 이유는 자신의 능력, 노력 등의 탓으로 돌림으로써 자긍심을 유발할 수 있다.
- 자긍심을 위협받는 상황에서는 그 상황을 직면하기보다는 피함으로써 자긍심을 보호한다.

용어 설명

구실만들기 전략: 시험이나 면접 등의 중요한 일을 앞두고 있으나 이것에 자신이 없는 경우 실패를 정당화할 수 있는 구실(친구와의 만남, 술 등 외부요인)을 만들어, 실패를 하더라도 스스로의 능력에 대한 자책보다는 구실 탓을 하거나, 혹은 그런 구실에도 불구하고 성공한 경우 자신의 자존감을 부추기는 자긍심 보호행위

(3) 지각된 자기통제

① 자기에너지

노력이 필요한 자기통제는 우리의 제한된, 남아있는 의지력을 고갈시킨다. 자기통제는 근육의 힘과 비슷하게 작용하여 사용 후에는 약해지고 휴식으로 보충하며 운동으로 강해진다.

자기의 에너지가 일시적으로 고갈될지라도 자기개념은 행동에 영향을 미친다. 어려운 과제가 주어졌을 때 스스로 열심히 일하고 성공적이라고 상상하는 사람들은 자신들이 실패자라고 상상하는 사람들보다 수행을 더 잘 한다(Ruvolo & Markus, 1992). 자신의 계획을 성공적인 전략으로 세우고 싶다면 긍정적인 가능성을 마음속에 그려보자.

② 자기효능감

스탠퍼드대학교의 심리학자 반두라(Albert Bandura)는 긍정적인 사고의 힘인 **자기효능감**(Self-Efficacy)을 이론화하였다.

반두라(Albert Bandura)

사회학습이론을 주장한 캐나다의 심리학자로, 유명한 보보인형실험으로 관찰학습의 중요성을 설명하였다.

㉠ 자기효능감은 어려운 목표를 설정하고 견딜 수 있게 한다.
㉡ 성취란 유능함과 끈기를 합한 것인데, 자기효능감은 성취와 함께 커지게 된다.
㉢ 국내연구에서 자기효능감이 높을수록 학업성적이 우수하며 삶의 질이 높은 것으로 나타났다.
㉣ 자기효능감을 높일 수 있는 방법은 나와 비슷한 사람의 노력과 성공을 보는 것(모델링)과 성공경험을 쌓아가는 것이다. 또한 실패의 원인을 자신의 무능력함이 아니라 노력부족이나 잘못된 접근방식 탓으로 돌리는 것도 방법이 될 수 있다.

③ **통제감**

㉠ 자신에게 벌어지는 상황들에서 통제력을 행사할 수 있느냐 못하느냐는 일의 성패뿐 아니라 안녕감과 자신에 대한 평가에도 중요한 영향을 미친다.
㉡ 또한 우리가 얼마나 자신에 대한 통제감을 느끼는가는 좌절에 대해 어떻게 설명하는가와 관련이 있다. 자신을 피해자라고 여기며 실패를 외부의 탓으로 돌리는 학생은 노력과 좋은 습관, 자기훈련 등이 차이를 가져올 수 있다는 것을 받아들이게 하는 것으로 학업수행이 향상되는 경향을 보인다.

④ **자기결정이론(Self-Determination Theory)**

㉠ 데시(Deci)와 라이언(Ryan)은 여러 연구들을 바탕으로 자기결정이론을 제시하였다.
㉡ 이 이론은 인간을 자기실현과 성장을 위해 새로운 경험을 추구하고 도전하는 것을 즐기며 그런 욕구를 지니고 있는 적극적인 존재로 본다.
㉢ 이 이론에서 사람은 **유능감, 자율성, 관계성**의 세 가지 기본욕구를 충족시키고자 한다고 본다.
㉣ 사람은 **내적 동기**가 있을 때 실행력이 높아지며, 내적 동기는 자율성이 주어졌을 때 높아질 수 있다.

용어 설명

- **자기효능감(Self-Efficacy)**: 자신이 능력 있고 효과적이라는 느낌으로 자신의 능력과 기술에 대한 믿음. 자신이 가치 있다고 느끼는 자존감(자긍심)과는 구별되므로 자기효능감이 높아도 자존감은 낮을 수 있음
- **자기결정이론(Self-Determination Theory)**: 개인들이 어떤 활동을 내재적인 이유와 외재적인 이유에 의해 참여하게 되었을 때 발생하는 결과는 전혀 다른 결과가 나타남을 바탕으로 수립한 이론
- **유능감**: 잘하고자 하는 욕구
- **자율성**: 외적인 이유에서가 아니라 스스로 하고자 하는 욕구
- **관계성**: 다른 사람들과 좋은 관계를 맺고자 하는 욕구
- **내(재)적 동기**: 사랑의 욕구, 흥미, 호기심 등 내적이고 개인적인 요인들에서 유발된 동기를 가리키며 내적 동기가 강한 학습자는 어떤 지시나, 강제, 성취의 결과가 주는 보상이 없어도 스스로 하고자 하는 성향을 보임
- **외(재)적 동기**: 칭찬이나 보상 혹은 벌과 같은 외부에서 오는 강화요인에 만족을 얻기 위한 동기로 외적 동기는 학습자의 내적인 면에 긍정적인 영향을 줄 수도 있지만 대체로 학습자 내부 동기를 감소시킬 수 있음

(4) 자기지식

실제로 우리는 우리 자신에 대해 얼마나 알고 있을까? 우리는 생각이 전개되는 과정은 의식하지 못하지만 그 결과는 인식한다. 우리는 우리의 행동이나 느낌을 유발한 진짜 원인을 찾기 위해 자신에 관한 많은 정보들(과거 활동이나 현재 생각 등)을 가지고 자신을 들여다보지만 올바른 답을 찾지 못할 때가 많다.

① **행동예측**

사람들은 그들의 행동을 예측할 때 오류를 범한다. 이것을 계획오류(Planning Fallacy)라고 부르는데 행동예측에서 범하는 공통적인 오류는 과제를 완수하는 데 걸리는 시간을 과소평가한다는 것이다. 예로 시드니의 오페라 하우스는 완공하는 데 6년이 걸릴 것이라고 하였지만 16년이 걸려 완성되었다. 사람들은 자신들이 과거에 그 비슷한 과제를 수행하는 데 얼마의 시간이 필요했는지 생각할 때 실제로 걸린 시간보다 덜 걸렸다고 잘못 기억하기 때문이다.

② **감정예측**

감정예측 연구에 따르면 사람들은 그들의 미래에 나타날 정서의 강도와 지속정도를 예측하는 것을 가장 어려워한다. 예를 들면 우리는 배가 부를 때 갓 구운 도넛이 얼마나 맛있을까를 과소평가하고, 복권당첨이나 혹은 교통사고로 전신마비가 되는 것과 같은 극단적인 사건들을 겪을 때 사람들이 예상하는 것보다 장기적으로 행복에 미치는 영향이 덜하다는 것이다. 사람들은 **충격편향**(Impact Bias)을 가지고 있는데 이것은 긍정적인 사건보다 부정적인 사건에서 더 많이 나타난다. 우리는 예상했던 것보다 무능력, 소중한 사람과의 이별, 시험탈락, 실직 등 우리가 겪을 수 있는 많은 패배들에 생각보다 더 쉽게 적응한다.

③ **자신의 정서이해**

우리는 특정 시점에서 우리가 경험하는 정서가 어떤 정서인지 어떻게 아는 것일까? 이 질문이 이상하게 들리는 이유는 우리가 생각하지 않아도 알 수 있는 것이 느낌이라고 생각하기 때문이다. 우리는 우리의 정서가 무엇인지를 추론을 통해 깨닫는다. 즉, 우리는 자신의 행동을 관찰한 후 왜 우리가 그런 식으로 행동하고 있는지 설명한다. 만약 화가 났다는 느낌을 갖게 되면 우리는 무엇 때문에 화가 나게 되었는지 알아내려 한다. 자신의 정서 상태에 대한 이해는 생리적 각성과 각성의 이유라는 두 가지 요인에 의해 결정된다고 가정한다. 먼저 생리적 각성(흥분, 떨림, 화남 등 우리가 느낌으로 알게 되는 내적 행동)을 경험해야 한다. 그러고 나면 우리는 그 각성이 야기된 적절한 이유를 찾아내야만 우리가 경험하는 정서가 어떤 정서인지 알게 된다. 그런데 생리적 각성상태의 정체는 그 자체만으로 파악하기가 힘들다. 왜 그런 각성상태가 들게 되었는지 추론해야 하고 그때 우리는 상황에 관한 정보를 이용한다는 것이다. 방금 달리기를 하고 집 앞에 도착해서 매력적인 이성과 부딪쳤을 때 내 심장이 뛰고 있다면 그 이성에게 끌렸기 때문이라고 생각하게 되지만 이것은 달리기를 하고 왔기 때문인지도 모른다.

> **용어 설명**
>
> **충격편향(Impact Bias)** : 정서가 원인이 되는 사건의 영향지속을 과대평가하는 것
>
> 예 '내가 사랑하는 사람이 죽는다면 나는 평생을 충격 속에 살 것이다.'라고 생각하지만 실제 그런 일이 생길 때 사람은 훨씬 빨리 회복된다.

3 자기의 일관성과 변화

(1) 자의식의 개인차

사람의 행위는 개인의 주의가 자신에게 맞추어졌는지 상황에 맞추어졌는지에 따라 다르게 나타날 수 있다. 어떤 사람은 자기 내면을 살펴볼 때 **내성**(Introspection)을 주로 사용하며 어떤 사람은 상황에 초점을 맞추게 된다.

① 타인의 평가, 자신의 외모, 유행 등 주위 사람들의 견해에 신경 쓰고 동조하는 경향이 강한 사람은 공적 자의식이 강하다.

② 자기 내면의 감정, 의견에 민감하고 여기에 충실하려는 사람은 사적 자의식이 높은 경향이 있다.

③ 공적 자의식에 관심이 높다고 해서 사적 자의식에 대한 관심이 낮은 것은 아니다. 둘은 서로 독립적인 것으로 나타난다.

④ 우리는 다른 사람들이 보이는 행위를 알면 그가 어떠한 행위를 보일 것인지 예측할 수 있다고 생각한다. 또한 사람들이 보이는 행위를 근거로 행위자의 내면적 특성을 추론한다. 그러나 다양한 상황에서 보이는 행위는 행위자의 내적 특성과는 무관하게 나타나기도 한다. 우리는 행동을 할 때 상황을 분석하고 상황이 요구하는 행위를 생각 없이 하는 경우도 많다.

용어 설명

내성(Introspection) : 우리가 자신만의 생각, 느낌, 동기 등에 관한 머릿속 정보를 검토하기 위해 우리 내부세계를 들여다보는 작업

(2) 자기상의 변화

① 자기의 통합

㉠ 사람들은 자기의 모순된 행위들에서 일관된 행위만을 골라서 재편집함으로써 통합되고 일관성 있는 자기를 유지한다. 어른들이 아이들을 꾸짖으면서 자신은 과거에 비난받을 행동을 하지 않았다고 생각하는 것이 이 때문이다.

㉡ 사람들이 비교적 일관적인 자기상을 추구하는 것은 일관성의 욕망이 작용하는 인지적 편향이 작용하기 때문이다.

㉢ 자기상은 자기도식의 기능을 한다. 따라서 자기도식에 부합하는 행동, 사건들이 기억에 오래 저장되고, 과거를 되돌아볼 때도 그러한 것이 쉽게 떠오르기 때문에 남들이 보는 자기보다 스스로가 보는 자기가 더욱 안정된 모습으로 지각된다.

② 자기상의 변화

㉠ 어린아동들은 자신을 기술할 때 신체적 특징이나 자기 가족의 구성원 등에 대해 이야기한다. 나이를 먹음에 따라 자기의 행위, 능력, 태도, 사상, 성격 등과 같은 점을 대며 사용하는 용어도 구체적인 용어보다 추상적인 용어를 사용하는 경향을 보인다.

㉡ 자기에 대한 변화를 의도적으로 추구하는 경우에 자기의 모습도 변할 수 있다. 지속적인 자기관의 변화를 야기하는 조건은 첫째, 자신의 자기관과 어긋나는 행동이 공개적으로 이루어진 경우 둘째, 그 행동을 본 사람의 사회적 지위가 높은 경우 셋째, 자신에 대한 불만족 등으로 의도적인 변화를 추구하는 경우이다.

㉢ 자기의 변화가 안정적인 것으로 되기 위해서는 첫째, 스스로의 자기관에 변화가 있어야 한다. 사람은 성장 관점에서 두 가지 모습을 보이는데 하나는 인성이 노력에 의해 변한다고 여기는 믿음인 성장론적 관점이고 또 하나는 자기를 변화시키려는 노력보다 자신의 재능을 유지하는 것에 관심을 가지고 있는 고정론적 관점이다. 성장론적 관점을 가진 사람들은 자신의 성장을 도모하기에 필요한 정보를 탐색하고 변화를 가져올 수 있는 활동을 한다. 그러나 고정론적 관점을 가진 사람들은 자기에 대한 평가가 과장되게 왜곡되어 있다. 둘째, 자기관의 변화가 주요한 인물들에 의해 인정되어야 한다. 즉, 남들과의 교류를 통해서 계속 확인되어야 변화는 안정화된다. 사람들은 자신의 가치관에 모순된 정보를 접하면 기존의 자기를 견지하는 행위를 보인다. 그러나 그러한 행위가 불가능하다면 새 정보를 수용하는 쪽으로 변화가 일어난다.

③ 자기상의 관리

㉠ 사람들은 남들이 자신에 대하여 갖는 평가와 인상에 큰 관심을 갖는다. 상황에 따라 일반적으로 보이는 자기상은 다를 수 있지만 사람들은 긍정적인 자기상을 보이려 하며 교류 목적을 달성하는데 도움이 되도록 인상관리를 한다. 인상관리의 과정이 꼭 의도성을 가지는 것은 아니며 스스로 그러한 행위를 하고 있다는 것을 의식하지 못할 수도 있다.

㉡ 상황에 맞추어 자기를 제어하는 능력으로 자기조정능력이 뛰어난 사람은 상황에서 적절한 행위가 무엇인지에 신경 쓰고 상대방의 행위, 반응에 주의를 기울이며, 자기의 인상관리에 능하다. 또한 이러한 능력을 여러 상황에서 구사하며 인상관리에 필요한 다양한 행동의 구색을 잘 갖추고 있다.

㉢ 반면, 자기조정능력이 낮은 사람들은 상황의 요구나 상대방의 반응에 관심을 덜 갖고 인상관리 능력도 떨어진다. 이러한 사람들은 자신의 태도, 의견에 중심을 두기 때문에 드러난 행동과 태도 간에 일관성이 높은 경향을 보인다.

4 문화에 따른 자기성의 차이

자기는 개인 및 집단이 속한 사회-문화적 맥락 속에서 형성되고 기능하는 사회문화적 산물이다. 우리는 살면서 나는 누구인지 무엇을 하는 존재인지와 같은 질문을 던진다. 자신이 추구하는 삶의 방향이나 가치는 사회 속에서 형성되므로 이러한 답을 제공하는 자기는 그 사람이 살아가는 문화의 특성이 반영될 수밖에 없다.

(1) 자신에 대한 문화 간 차이

서구문화권 사람들은 독립적 자기 견해를 가지는 경우가 많다. 독립적 자기견해란 자기를 정의할 때 그 기준을 다른 사람이 아닌 자신의 사고와 느낌과 활동에 두는 방식을 말한다. 서구문화권 사람들은 일반적으로 독립성과 개별성이 강하다. 따라서 서구문화권 사람들은 내적 관점에서 자신을 바라볼 가능성이 크다. 즉, 다른 사람들이 자신을 어떻게 바라보는가는 고려하지 않고 자신의 개인적 경험만을 강조할 가능성이 크다.

이와 다르게 아시아인과 비서구문화권 사람들은 상호의존적 자기견해를 가진다. 상호의존적 자기견해란 자기를 정의할 때 다른 사람들과의 관계를 기준으로 정의한다는 것이다. 이러한 사람들은 자신의 행동이 다른 사람들의 생각과 느낌과 활동에 의해 결정될 때가 많다는 사실을 알고 있다. 상호의존적 자기견해를 가진 사람들은 사람들 간 연계와 상호의존성을 중요하게 생각한다. 또한 동아시아 사람들은 외적 관점에서 자신을 바라볼 가능성이 크다. 즉 타인의 눈으로 자신을 바라볼 가능성이 크다는 의미가 된다.

그러나 동양 문화권에서 자랐든 서양 문화권에서 자랐든 사람들은 누구나 자신을 바라볼 때 내적 관점을 취할 수도 있고 외적 관점을 취할 수도 있다.

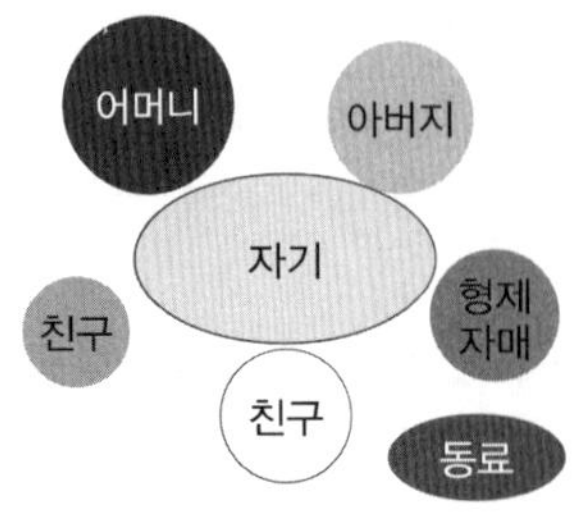

[독립적 자기의 관점]

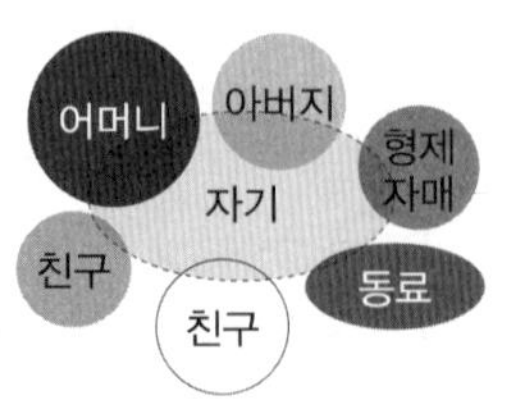

[상호의존적 자기의 관점]

(2) 자기일관성과 문화

다양한 상황에서 일관되게 표출되는 자기일관성은 자기의 중요한 특징이다. 자기의 일관성은 동아시아 사람들이 서구 사람들에 비해 낮은 것이 관찰되었다. 이것은 아시아 사람들의 자기정체성 발달에 문제가 있는 것이 아니라 문화적 특성의 차이인 것으로 보인다. 서구인들도 모순적인 자기 모습을 보이는 경우가 있는데 이것은 어쩔 수 없는 상황의 작용이라고 여긴다. 그러나 상황의 제약이 없다면 일관된 자기 모습을 보인다. 그러나 동아시아인들에게 있어서 비일관성은 상황의 압력뿐 아니라 **음양론적 세계관**을 수용하는 문화가 깔려 있기 때문이다.

국내 대학생들을 대상으로 한 연구에 따르면 삶의 만족도와 정서의 경험에 큰 영향을 미치는 것은 자기일관성보다 자기통제감으로 나타났다. 자기의 내면적 특성에 대한 뚜렷한 생각이 있다면 상황에 따라 다른 자기의 모습을 보이면서도 자기통제감을 가질 수 있다.

미국 대학생들에게서는 자기의 일관성이 낮은 사람은 자긍심이 낮고 적응에 어려움을 보이며, 삶의 만족도도 낮은 경향을 보인다. 그러나 한국 대학생들에게서 자기일관성이 삶의 만족도에 마치는 영향은 미국 학생들의 1/4 정도로 낮게 나타났다. 한국 대학생들의 삶의 만족도에 더 큰 영향을 주는 것은 주위 사람들이 자기를 얼마나 수용하고 있는지에 대한 자신의 인식으로 나타났다.

용어 설명

음양론적 세계관 : 이 세상에 변하지 않는 것은 없으며 음과 양의 반대적인 속성은 서로 배척하는 것이 아니라 공존하는 것이기 때문에 모순의 논리는 잘못된 것이어서 배척될 것이 아니라 당연히 수용되어야 하는 논리라는 세계관

(3) 자긍심과 문화

사람은 누구나 긍정적인 자기상을 지니려고 하고 높은 자긍심을 유지하려 든다고 생각한다. 이러한 양상은 서구문화권에서 더 두드러지게 나타나는 현상이라는 것이 최근 연구에서 밝혀지고 있다. 캐나다인과 일본인을 대상으로 한 자긍심 조사에서 캐나다인은 7% 정도만이 중간 점수보다 낮은 결과를 보였고 일본인에 비해 아주 높은 점수를 보였다. 여러 분석에 따르면 이것은 일본인에게 있어 자긍심이 서구문화권에서처럼 높은 가치를 지니고 있는 것이 아님을 의미한다. 자긍심은 서구문화권에서 특히 가치 있는 특성임을 말해준다. 서구사회에서 자율성과 독립성은 개인의 자긍심 및 행복감(주관적 안녕감)과 높은 상관을 지니는 것으로 나타났다.

(4) 한국인의 자존심

일상에서 한국인은 '자존심이 상했다.', '너는 자존심도 없냐?'와 같이 자존심이라는 단어를 자주 사용한다. 한국인이 생각하는 자존심은 인간의 존엄성으로 누구나 가져야 하는 필수조건이지만 없어도 문제가 되고 너무 세도 문제가 된다고 생각한다. 자존심이 손상되는 경우에 분노하거나 상대와 관계가 나빠지기도 하며 정상적인 활동에 지장을 느낀다. 하지만 부득이한 상황에서 자존심을 포기하기도 한다.

페스팅거(Festinger, 1954)의 연구에 따르면 서구인의 자아존중감은 자신의 가치에 대한 자신의 평가이고 평가를 위한 사회적 비교의 대상을 자신이 선택한다고 한다. 하지만 한국인의 자존심은 자신의 가치에 대한 타인의 평가이며, 비교의 대상이 타인에 의해서 정해진다는 차이를 보인다. 따라서 자존감이 안정적일 수 있다면 자존심은 유동적이라고 할 수 있다. 자기가치에 대한 긍정적인 인정은 동서의 문화에 관계없이 필요한 것이지만 그것이 유지되거나 상하게 되는 경험은 문화적으로 다르다는 것을 인식할 필요가 있다.

제2절 태도 기출

1 태도의 개념

태도는 사람, 사물, 생각에 대한 호의적, 비호의적 평가반응이다. 흔히 자신의 신념에 뿌리를 두고 있으며 자신의 감정에 노출되고 행동을 의도한다.

태도는 행동에 영향을 미치는 중요한 심리변인이다. 행동을 예측하거나 변화시키려고 할 때 가장 많이 거론되는 것이 태도이다. 우리가 점심으로 무엇을 먹을지를 결정하는 것에서부터 누구에게 투표를 할 것인가, 상품개발자들이 소비자들의 호의적인 태도를 일으키기 위해 어떤 디자인을 할 것인가 등의 모든 것의 결정에 태도가 관여한다. 결국 태도는 우리가 행동하는 것을 결정하기 때문에 중요하다.

(1) 태도의 형성

① 학습에 의한 태도형성

㉠ 고전적 조건형성(연합에 의한 획득)

사람들이 좋아하는 배우를 광고에 등장시키는 것은 자사의 상품과 인기 연예인을 연합시켜 상품에 대한 태도를 좋게 형성하는 것이다.

㉡ 조작적 조건형성(강화에 의한 획득)

어떤 행동을 한 후에 칭찬을 받거나 상을 받으면 그 행동이 점점 반복되고 벌을 받으면 그 행동을 하지 않게 되는 것을 의미한다. 사과를 먹을 때마다 역겨움을 느낀다면 사과에 대해 부정적인 태도를 지니기 쉬울 것이고, A음식점에서 식사를 할 때마다 기분 좋은 일이 생긴다면 그 식당에 호의적인 태도를 갖게 되는 것이다. 이렇게 행동에 대한 강화와 처벌의 원리가 적용되는 것이다.

ⓒ 사회학습(모방에 의한 획득)

사람들은 타인을 모방하며 학습한다는 것으로 특히 힘이 있거나 영향력이 있거나, 존경하는 사람을 모방하는 것처럼 태도도 모방으로 습득될 수 있다. 아동들은 부모의 행동을 관찰하고, 부모가 지닌 태도를 자기 것으로 내재화하며, 좋아하는 선생님의 태도를 자기 것으로 만들기 쉽다. 좋아하는 연예인이나, TV 속에서 멋스럽게 그려지는 흡연행위도 호의적인 태도를 형성시킬 수 있다. 또한 사람들은 보고 접하면서 친숙해진 것에 대해서 호의적인 태도를 형성하게 되는 현상도 보인다.

② **심리적인 일관성에 의한 태도형성**

사람들은 심리내적으로 관련된 인지요소 및 대인관계에 있어서도 일관성을 유지하려는 경향이 강하다. 태도도 이 일관성을 유지하는 과정에서 형성 또는 변화된다.

㉠ 사람들이 대상에 대하여 지닌 태도와 다른 사람과의 관계 사이에 조화로운 균형을 유지하려는 동기가 있다는 것으로 불균형상태의 것은 균형적인 것으로 변화를 도모한다. 그러나 자기가 싫어하는 사람과 겪는 인지 불균형상태는 균형을 맞추려는 노력이 적게 나타나 이 경우를 불균형이라기보다는 '무균형' 상태라고 보는 것이 적절하다는 주장이 제기되었다.

㉡ 사람들은 태도대상에 대하여 자신이 갖고 있는 정서적 평가와 인지적 요소들 간의 일관성을 유지하려 한다. 즉, 대상에 대하여 부정적인 정서를 지니고 있으면 인지요소도 부정적인 것을 많이 지니게 되며, 인지요소가 긍정적인 것이 많다면 정서적인 평가도 긍정적이게 된다.

③ **손익계산에 의한 태도형성(기대-가치이론)**

사람은 어떤 활동이 자신에게 미치는 결과(가치)와 그 결과가 발생할 확률의 득실을 따져서 자신의 태도를 결정한다.

용어 설명

고전적 조건형성: 중성자극인 종소리와 무조건 자극인 고기를 연합하면 개가 종소리만 듣고도 침을 흘리는 조건 반응을 일으킨다는 것으로 파블로프(Pavlov)가 발견한 원리

예 화장품 선전에 미녀배우가 등장하면 그 화장품은 배우와 연합이 되어 결국 화장품을 보고 미녀배우를 연상하게 되는 화장품 자체에 호의적인 태도를 갖게 된다.

(2) 태도의 측정

눈에 보이지 않는 내면의 심리를 측정한다는 것은 불가능하다고 여겨졌다. 그러나 서스톤(Thurstone)이 1928년 태도를 측정하는 방법을 개념화하여 제시한 이후 오늘날에는 당연히 측정할 수 있는 것으로 여겨지게 되었다. 태도를 측정하기 위해서는 일반적으로 척도를 제작하여 사용하거나 생리적 반응을 측정하거나 행동을 관찰한다.

① **명시적 측정**

태도대상에 대한 척도를 구성하여 측정하는 방법이다. 가장 흔히 쓰이는 유형은 리커트방식이다. 이 척도는 태도대상에 대한 진술문을 여럿 제공하고 각 진술문들에 대하여 응답자가 동의 또는 반대하는 정도를 통상 5~11개의 배열된 점수들 중에서 하나를 택하게 하여 측정한다. 태도척도에 의한

측정은 응답자가 자신의 심적 상태를 알며 이를 솔직하게 꾸밈없이 응답한다는 것을 전제로 한다. 어떤 태도척도이건 저울이나 자와 같은 물리적 척도가 지닌 정교성을 가질 수는 없고, 태도는 측정할 때마다 변할 수 있다는 점에서 취약점을 가지고 있지만, 구성이 용이하여 태도연구에서 가장 많이 쓰이는 측정방법이다.

② 생리적 측정

㉠ Galvanic Skin Resistance(GSR) : 땀샘에서 분비되는 땀의 변화량을 측정하여 반응자가 지닌 정서의 변화와 강도를 보는 것이다.

㉡ 동공의 크기, 미세 안면근육의 수축(Electromygraphy, EMG) 등도 측정지표로 사용될 수 있다.

㉢ 태도의 방향성(긍정인지, 부정인지)을 알려주지 못하며 태도의 강도라고만 여길 수 없는 해석의 문제를 가지고 있어 태도측정의 보충자료로 활용된다.

③ 암묵적 측정

㉠ 무의식 수준에서 태도를 측정하는 방법이다. 예를 들어, 자신에 대한 암묵적인 태도를 알아보기 위해서는 자신과 관련된 단어들(성, 이름, 고향, 출신교 등)을 '좋은' 범주의 평가단어(아름다운, 착한, 성실한 등)와 연결시키는 반응시간을 측정하고, 다음 단계에서는 '나쁜' 범주의 평가단어(못생긴, 나쁜, 게으른 등)와 연결시키는 반응시간을 측정하여 반응시간을 비교한다.

㉡ 컴퓨터를 이용한 암묵적 연합검사(Implicit Association Test, IAT)가 개발되어 활용되고 있다.

㉢ 같은 대상에 대한 명시적 태도와 암묵적 태도가 전혀 다른 결과를 보여주는 연구들도 있다.

④ 행동의 관찰

보이지 않는 태도를 유추하는 데 가장 널리 쓰이는 것은 행동을 관찰하는 것이다. 행동관찰에 의한 태도측정은 상대가 의식하지 못하는 상태에서 이루어질 수 있다는 이점이 있으나, 행동이 태도 이외의 다른 요인에 의해서도 나타날 가능성이 있다는 문제점을 지니고 있다.

(3) 태도의 기반

태도가 어디서 왔을까 하는 질문에 대한 답변은 유전과 사회적 경험들이다. 사회심리학자들은 경험과 그 경험들이 어떻게 다양한 유형의 태도에 귀결되는지에 관심을 가져왔다.

① 인지 기반 태도

태도대상의 속성에 관한 믿음에 우선적으로 기반을 둔 태도를 말하는 것으로 이런 태도의 목적은 우리가 다소 관련 있는 것을 가지고 싶은지 신속하게 말하기 위하여 대상의 장단점을 분류하는 것이다.

② 감정 기반 태도

대상의 본질에 관한 믿음보다는 느낌이나 가치에 보다 기반을 두는 태도로 때때로 우리는 어떤 사람들에 대한 부정적인 믿음이 있는 경우에도 강렬하게 매력을 느낄 수 있다. 감정 기반 태도들이 사실을 검증한 것에서 초래된 것이 아니기 때문에 그 태도의 원천은 다양한데 첫째는 종교적, 도덕적 신념과 같은 사람들의 가치이고, 둘째는 감각반응에서 기인한 것으로 칼로리 수치에도 불구하고 초콜릿 맛을 좋아한다거나 그림에 감탄하는 심미적 반응이다. 셋째는 조건형성의 결과일 수 있다. 감정 기반 태도가 다양한 원천에서 기인하지만 이성적으로 검증된 것이 아니기 때문에 문제의 설득적 논쟁이 감정 기반 태도를 변화시키지 않고 사람들의 가치와 종종 연결되기 때문에 태도를 변화시키고자 하는 노력은 그러한 가치에 도전하는 것이 되기도 한다.

③ **행동 기반 태도**

이 경우의 태도는 사람들이 대상에 대하여 어떻게 행동하는지에 관한 자신들의 관찰에서부터 나온다. 벰(Bem, 1967)의 **자기지각이론(Self-Perception Theory)**에 따르면 어떤 조건 하에서 사람들은 자기가 어떻게 행동할지 알기 전까지 그들은 자신이 어떻게 느낄지 알지 못하는데 다음 조건 하에서 사람들은 자신의 행동을 통해 태도를 추론하게 된다. 첫째 태도가 약하거나 애매해야 하고, 둘째 자신의 행동을 위하여 그럴듯한 설명이 존재하지 않아야 한다.

④ **태도의 수준**

한 번 태도가 발달하게 되면 두 가지 수준으로 존재하게 되는데 이를 외현적 태도와 암묵적 태도라고 한다.

㉠ 외현적 태도(Explicit Attitude)

우리가 의식적으로 쉽게 외부로 드러내게 되는 태도로 직접적으로 표현하거나 혹은 질문에 공개적으로 대답하는 방식으로 나타나게 된다.

㉡ 암묵적 태도(Implicit Attitude)

우리가 의식하지 못하는 자동적인 태도로 비자발적이고, 통제할 수 없으며, 가끔은 무의식적인 평가를 통해 나타나게 된다.

용어 설명

자기지각이론(Self-Perception Theory) : 자신의 태도나 느낌이 불확실하거나 모호할 때 자신의 행동 및 행동이 벌어지는 상황에 대한 관찰을 통해 태도나 느낌의 상태를 추론한다는 이론

2 태도의 변화

태도는 때때로 변한다. 대통령의 지지율만 하더라도 국내·국제정세에 따라 오르락내리락한다. 태도는 종종 사회적 영향력에 반응하여 변화하기도 한다. 우리의 태도는 다른 사람들이 어떻게 행위하는지 혹은 어떻게 말하는지에 영향을 받을 수 있다.

(1) 행동 변화에 따른 태도변화

사람들이 자신의 품위와 친절, 정직함 같은 자기 이미지를 위태롭게 하는 어떤 것을 수행할 때 그들은 부조화(**인지부조화**)를 경험한다. 특히 자신의 태도를 확실히 인지하고, 외부환경 때문에 이러한 행동을 객관적으로 설명할 수 있는 방법이 없을 때 그러하다. 불편감의 크기는 신념의 중요성이 클수록 커지며, 이에 따라 부조화 감소동기 또한 커지게 된다.

예

애연가들은 흡연이 폐암을 유발한다는 사실 자체를 인정하려 하지 않는데 이것이 부조화를 감소시키게 된다. 이때 건강에 대한 대안책을 마련하는 사람들도 있지만 가장 흔히 나타나는 방법이 흡연이라는 행동에 맞게 기존 신념을 변화시키는 것이다. 비흡연가가 흡연을 하면서 담배를 예찬하거나 흡연가가 금연성공 후 흡연을 어리석은 행동으로 여기게 되는 것이 해당된다.

자기가치확인이론에 따르면 태도-행동의 괴리가 중요한 태도나 신념을 건드리고 있다면 사람들은 괴리를 줄이기보다는 자신의 가치를 확인하는 행동을 통해서 부조화의 의미를 줄이려고 한다. 이론에 따르면 자기의 통합적인 모습을 긍정적인 것으로 갖고자 하는 동기가 인지부조화효과를 가져온다고 한다. 기출

예

금주를 결심하고 술을 마시거나, 다이어트 중에 야식을 먹은 마음을 가볍게 하고자 운동을 하는 것으로 불편한 마음을 털어내는 것 등이 해당된다.

용어 설명

인지부조화 : 사람들이 기존의 태도에 반대되는 행동을 취하는 경우에 이 행동을 상황 탓으로 돌릴 수 없게 된다면 부조화라는 불편감을 경험하며, 이에서 벗어나고자 태도를 행동에 맞추어 변화시키게 됨

(2) 태도가 분명할 때

① 불충분한 정당화

사람들은 종종 자신의 태도와 반대되는 행동을 취한다. 태도가 행동에 부합하도록 변하기 위해서 우리가 취하는 행동을 상황 탓으로 돌리기 어려워야 한다. 어떤 행동에 대한 보상으로 만 원을 받은 사람과 10만 원을 받은 사람의 경우 만 원을 받은 사람은 자신의 행동을 자신의 태도와 더 일치시킬 가능성이 많다. 즉, 자신은 그 행동을 자신이 원해서 한 것이라고 생각한다. 이러한 결과는 강화의 원리가 예측하는 것과는 반대의 효과가 나타났다는 점에서 의미가 있었다.

따라서 부조화에 의한 태도변화가 나타나기 위해서는 ㉠ 태도와 상반된 행위를 취한 책임을 스스로가 느끼고, ㉡ 그 행위가 스스로나 남에게 좋지 않은 영향을 가져오고, ㉢ 자신의 행동을 남들이 알아야 한다는 등의 조건이 필요하다.

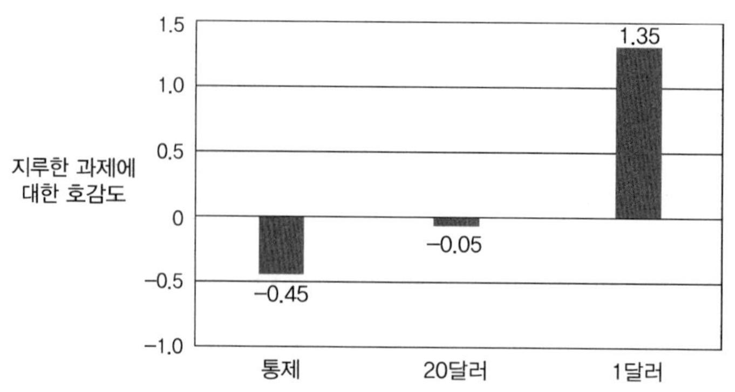

[유도된 순응 패러다임을 이용한 부조화 이론 검증]

위 그림은 페스팅거와 칼 스미스가 진행한 유명한 실험의 결과이다. 참가자를 세 그룹으로 나누고 모든 참가자에게 한 시간 동안 나무 손잡이를 계속해서 돌리는 매우 지루한 과제를 시켰다. 그 후 통제그룹은 그 과제에 대한 호감도를 평가했고, 나머지 두 그룹은 다른 과제를 수행했다. 두 그룹의 사람들에게 다른 참가자가 대기 중인데 그 다른 참가자들이 해야 할 실험의 내용이 기대와 수행능력을 알아보는 것이기 때문에 그들에게 이 실험이 재미있는 실험이었다고 말해 달라는 부탁을 한다. 그것에 대한 대가로 한 그룹은 1달러를 다른 그룹은 20달러를 준다. 그 다음에 진행된 과제호감도 평가에서 1달러를 받은 사람들은 20달러를 받은 사람보다 훨씬 높은 호감도를 나타냈다. 20달러를 받은 사람은 자신이 재미있다고 거짓말을 하는 것에 대한 충분한 정당화(정당화하기에 충분할 만큼 넉넉한 사례금)를 하게 되기 때문에 더 작은 부조화를 경험하지만, 1달러를 받은 사람은 자신의 행동에 대한 충분한 정당화가 되지 않기(정당화하기 어려운 적은 사례금) 때문에 그 실험이 재미있다고 생각함으로써 자신의 태도를 바꾼다는 것이다.

② **처벌효과의 부조화**

심한 처벌과 약한 처벌조건에서 특정 장난감을 가지고 놀 수 없도록 했을 때 약한 처벌의 아동이 장난감의 흥미를 감소시키는 효과가 있었다. 이런 결과는 호된 처벌이 대상행동을 못하게끔 막을 수 있지만 그 행동에 대한 관심을 막을 수 없었다는 것을 말해 준다.

③ **노력의 정당화** 기출

인지부조화이론에 따르면 무언가 열심히 했는데 얻은 것이 적다면 큰 부조화를 경험하게 될 것이다. 이 경우 부조화를 감소시키기 위해서 노력을 들여 달성코자 했던 목표를 더욱 긍정적으로 여기게 된다.

④ **자유선택의 부조화**

물건을 고른다거나 혹은 어떤 힘든 선택을 해야 하는 경우에 어떤 선택을 했고, 자신이 한 선택을 바꿀 수 없다면 그 결정을 합리화시키기 위해 선택한 것을 더욱 좋게 보고 선택하지 않은 것을 평가절하시키는 심리가 작용한다.

⑤ **부조화 줄이기**

㉠ 직접적인 방법 : 인지요소나 태도의 변화시키기, 부조화의 의미를 축소시키거나 사소한 것으로 간주하기, 반태도적 행동을 초래한 상황에 대한 책임을 회피하는 것 등

㉡ 간접적인 방법 : 태도-행동의 불일치로 돌리는 대신 다른 상황적 이유 탓으로 돌리거나 자신의 긍정적인 가치를 확인하기, 부조화를 잊기 위해 술을 마시거나 다른 활동에 빠져드는 것 등

용어 설명

불충분한 정당화: 외적인 정당화가 불충분할 때 자신의 행동을 내적으로 정당화함으로써 부조화를 감소시킨다는 것

(3) 태도가 분명하지 않을 때

① **자기지각이론**

자신이 지닌 태도가 불확실한 경우에 사람들은 자신이 취한 행동으로부터 자신의 태도를 유추하기 때문에 자신의 태도가 어떤지 분명히 알고 있다면 상황분석이 필요 없을 것이고, 원래의 태도를 확실히 부각시키면 태도변화는 나타나지 않을 것이라고 예측한다. 또한 대상에 대한 태도가 불확실할 때 스스로 위한 행동에 대한 상황분석을 통해서 자신의 태도를 취하게 된다.

② **인지부조화이론**

대상에 대한 확고한 태도를 지니고 있을 때 이와 반대되는 행동을 취한 이유가 충분하지 못할 경우 부조화를 경험하고 이 부조화를 벗어나려는 동기를 지니고 태도를 행동에 맞게 변화시킨다.

(4) 태도의 행동예측

태도와 행동의 관계는 그리 단순한 것이 아니다. 여러 연구에서 사람들의 태도는 행동의 예측변인으로 보기 어렵다는 것이 밝혀졌다. 우리는 일반적으로 태도가 행동을 예측한다고 하지만 그것은 특정조건 하에서만 그러하다.

① **자발적 행동예측**

우리는 종종 행동하려는 것에 대해 생각을 거의 하지 않고 자발적으로 행동한다. 충분히 생각할 시간이 없는 즉각적으로 행동하는 방법을 결정해야 할 때 태도의 접근성이 중요하다. 즉, 태도가 이러한 자발적 행동을 예측할 수 있는 것은 사람들에게 접근성이 매우 높을 때에만 가능하다. **태도접근성**이 높으면 우리의 태도는 대상을 보거나 생각할 때마다 떠오른다. 그러나 태도접근성이 낮으면 대상에 대한 태도는 느리게 떠오른다. 따라서 접근할 수 있는 태도가 높다는 것은 자발적 행동을 예측할 가능성이 더 크다는 것을 말해준다. 사람들이 태도대상에 대해 가진 직접 경험이 많을수록 그들의 태도는 접근성이 더 높을 것이고 접근성이 높아질수록 사람들의 자발적 행동은 자신의 태도와 일치할 가능성이 높을 것이다.

② **심사숙고한 행동예측하기**

우리는 어떤 행동을 하기 위해서 깊이 고민하고 결정하는 경우가 많은데 중요한 결정을 내리는 경우가 그렇다. 이런 경우 우리 태도의 접근가능성은 덜 중요하다. 하나의 쟁점에 관해 생각할 시간이 충분히 주어진다면 접근성이 떨어지는 태도를 가진 사람들도 그들이 어떻게 느끼는지 생각할 수 있다. 태도가 심사숙고한 행동을 어떻게 예측하는지에 관해서는 **계획행동이론**(Theory of Planned Behavior)을 따르는데 이는 사람들이 어떻게 행동할지 심사숙고할 시간을 가질 때 그 행동의 가장

뛰어난 예측변인은 사람들의 의도이다. 그리고 그 의도는 '행동태도', '주관적 규준', '지각된 행동통제'로 결정이 된다.

㉠ 행동태도 : 계획행동이론은 행동을 향한 구체적 태도만이 그 행동을 예측할 수 있다고 주장한다. 이것은 행동에 대한 나의 생각으로 그 행동으로 얻을 이점, 그 행동에 대한 평가 등을 말한다.

㉡ 주관적 규준 : 주변의 중요한 사람들이 그 행동을 어떻게 볼 것인가를 의미한다.

㉢ 지각된 행동통제 : 그 행동을 수행할 수 있다는 믿음이다.

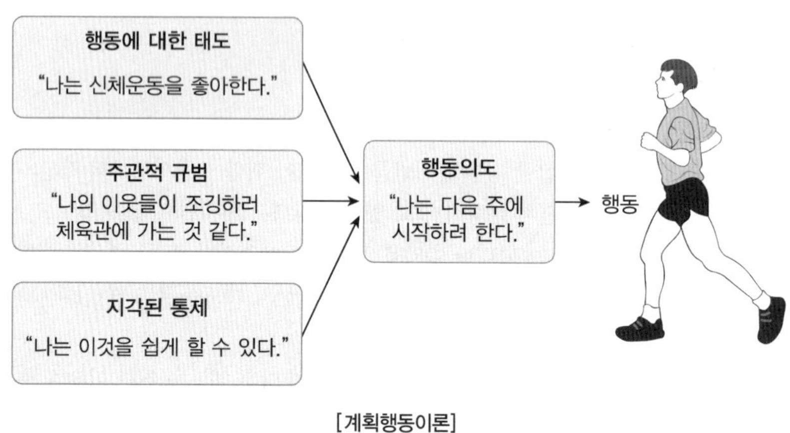

[계획행동이론]

용어 설명

- **태도접근성** : 태도대상과 그 대상의 평가 간 연합강도로 사람이 어떻게 그 대상을 느끼는지를 보고하는 속도로 측정
- **계획행동이론(Theory of Planned Behavior)** : 사람의 의도는 그들의 의도적 행동의 최상의 예견자이며 행동태도, 주관적 규준, 지각된 행동통제에 대한 태도로 결정

3 설득과 태도변화

지금까지 살펴본 태도변화는 스스로의 행위에 따른 태도변화의 심적 기제에 대하여 알아보았다. 다음은 태도변화를 끌어내는 설득, 광고, 홍보 등에 접해서 태도변화가 이루어지는 과정과 그 영향요인들에 대해 알아보겠다.

(1) 설득과정의 이해

① 예일 태도변화 접근법

Hovland et al.(1949)은 본질적으로 사람들이 설득의사소통에 가장 영향을 많이 받을 것이라는 조건 즉, '의사소통의 근원(내용의 전달자), 의사소통 그 자체(전달내용의 질), 청중의 본질(수용자의 특성)'을 의사소통에 영향을 미치는 요인으로 제시하였다.

② **전달자 요소**

㉠ 전달자가 신체적 · 성격적으로 매력적이거나 호감을 줄 때 더 잘 설득된다.

㉡ 전달자가 전문성이 있거나 신뢰로울 때 더 잘 설득된다.

③ **전달내용 요소**

㉠ 사람들은 그들에게 영향을 주지 않을 것 같은 메시지에 더 잘 설득된다.

㉡ 전달내용이 수용자의 태도와 격차가 작을 때 수용적이다.

㉢ 수용자의 태도와 반대되는 것일 때는 해로운 점과 유익한 점을 모두 제시(양방향)하는 것이 효과적이다.

㉣ 두 연설을 연속적으로 들을 때는 첫 번째 연설에 더 영향을 받는다(초두효과).

㉤ 한 연설이 진행되고 일정시간 후에 두 번째 연설을 듣게 되면 두 번째 연설에 더 영향을 받는다(최신효과).

④ **수용자 요소**

㉠ 수용자의 연령 : 8~25세 사이의 연령은 태도변화가 쉽다.

㉡ 지능이 낮은 사람, 중간 정도의 자존감을 지닌 사람이 설득의 영향이 크다.

㉢ 설득의사소통 동안에 산만한 청중이 그렇지 않은 청중보다 더 잘 설득된다.

(2) 정교화 가능성 이론(Elaboration Likelihood Model)을 통한 태도변화 기출

정교화 가능성 이론에서 사람의 태도변화는 두 가지 별개 과정인 중심적 과정과 주변적 과정을 통해서 이루어질 수 있다고 가정한다. 이 이론은 사람들이 언제 그 이야기가 주장하는 내용에 영향을 받을 것인지, 언제 사람들이 더 표면적인 특성(그 이야기의 길이가 어느 정도인지, 누가 그 이야기를 하는지)에 영향을 받을 것인지 등을 명시한다.

① **중심경로를 통한 태도변화**

㉠ 의사소통에 대한 능력과 동기가 동시에 있을 때 발생한다.

㉡ 전달내용이 주의를 끌고 이해되는 것이어야 한다.

㉢ 주제가 수용자의 개인적인 관련성이 있어야 하는데, 주제가 나와 관련이 높으면 전달자의 전문성은 큰 상관이 없으나, 나와 관련이 없는 주제는 전달자가 누구냐에 따라 설득여부가 달라진다.

㉣ 자신의 태도가 확고하며 변할 수 없는 경우 설득은 방어적인 반응을 일으키기 쉽다.

㉤ 수용자가 논점에 흥미를 느끼는 정도가 강할수록 정보의 내용에 깊은 관심을 보인다.

㉥ 내용에 대한 지식이 있고 자신이 책임을 지는 것이어야 한다.

㉦ 인지적 욕구가 강한 성격의 사람들은 중심경로를 통해 깊은 주의를 기울여 태도를 형성한다.

㉧ 중심경로를 통해 형성된 태도는 시간적으로 오래 지속되며, 새로운 설득에 대응하는 저항력을 지닌다.

② **주변경로(지엽경로)를 통한 태도변화**

㉠ 얼마나 메시지가 긴지, 메시지를 전달한 사람이 누구인지와 같은 표면적 특성에 관심을 기울이고 주제의 논리에는 좌우되지 않은 채 태도가 형성된다.

㉡ 꼭 필요한 경우가 아니라면 많은 노력을 들이기보다는 손쉬운 처리를 선호하게 되는데, 어림법은 모든 세부사항을 분석하는 데 많은 시간을 소모하지 않는 결정을 하기 위해 사용된다.

㉢ 우리의 정서와 기분은 태도를 결정하기 위해 그 자체가 어림법의 역할을 한다.

㉣ 전달내용이 듣는 이가 속한 집단의 다수의견의 경우에는 소수의견인 경우보다 더욱 설득력을 지닌다.

㉤ 자신이 잘 모르거나 경험이 없는 영역의 내용에 대해서는 전달자가 전문가의 특징을 보이는 경우에 설득력을 갖는다.

㉥ 논점이 부각되어 논쟁이 전개될 때는 무조건 전문가의 의견을 따르지는 않는다.

㉦ 논점이 듣는 이의 관심사가 아닐 경우에는 메시지를 길게 하고 많은 내용을 제시하는 것이 태도 변화를 크게 유발할 수 있다. 이때 논점의 강약은 문제가 되지 않는다.

정교화 가능성 이론		
동기	능력(인지적 자원)	지속성
• 메시지를 주의 깊게 생각해 보려고 동기화되어 있을 때 사람들은 중심경로를 취하며 이 경우 태도는 논거강도에 근거한다. • 사람들이 덜 동기화되어 있다면 그들은 주변경로를 취하며 이 경우 태도는 주변단서에 근거한다.	• 메시지를 주의 깊게 사고할 수 있는 정신적 자원을 갖고 있을 때 사람들은 중심경로를 취한다. • 사람들이 인지적으로 바쁘다면 그들은 주변경로를 취한다.	중심경로의 처리과정을 통한 태도변화는 주변경로 처리과정을 통한 변화보다 더 오래 지속되며 다른 요인의 영향에 더 저항적이다.

용어 설명

정교화 가능성 이론(Elaboration Likelihood Model) : 설득의사소통이 두 방향으로 발생한다고 설명하는 이론으로, 사람들이 의사소통에서 논쟁에 대한 동기와 주의를 주는 능력을 지닌 경우 중심적으로, 사람들이 논쟁에 주의를 주지 않지만 대신 표면적 특성에 흔들리는 경우 주변적으로 의사소통 내용을 처리한다는 것

4 정서와 태도

(1) 정서와 다양한 유형의 태도

① 모든 태도가 동등하게 형성되는 것은 아니다.

② 어떤 것은 태도대상에 대한 신념에 더 기초할 수 있는데(인지에 기초한 태도), 이 경우 합리적 주장으로 태도를 변화시키는 것이 효과적이다.

③ 어떤 것은 정서와 가치에 더 많이 기초하는데(정서에 기초한 태도), 이 경우 정서적 매력으로 태도를 변화시키면 효과적이다.

④ 사람들의 태도에 따른 광고의 효과성 실험에서 인지 기반 태도를 가진 사람들은 제품의 유용성을 강조한 광고가 가장 효과적이었으며, 감정 기반 태도를 가진 사람들은 가치와 사회정체성을 강조한 감정적 광고가 가장 효과적이었다.

⑤ 나의 주장이 상대에게 확신을 높이기 위해서는 나의 주장이 강력하고 확신에 차 있을 때에 한해서만 효과적이다.

(2) 공포감을 이용한 설득

① 사람들의 주의를 끄는 한 가지 방법은 그들에게 겁을 주는 것인데 주로 공익광고에서 사용하는 방법이다.

② 이 방법이 효과적이려면 적당한 공포를 주는 것과 함께 해결안을 같이 제시해야 한다.

③ 또한 너무 큰 공포를 제시하는 것은 방어적인 태도를 형성하게 해 위험의 중요성을 부인할 수 있다.

④ 기분이 좋거나 불안이 심한 경우에도 상황에 대한 정보처리가 표면적으로 나타나 주변경로를 통한 태도변화가 일어난다.

⑤ 질병의 증세를 쉽게 경험할 수 있는 경우에는 공포와 같은 부정적 정서를 촉발시키는 것이 효과적이지만, 증세가 심각하거나 쉽게 경험하기 어려운 경우에는 긍정적인 정서를 촉발시키는 것이 효과적이다.

(3) 문화와 태도

① 서구문화권 사람들은 태도가 개성과 자기계발에 관한 관심사에 더 많이 기초할 수 있다.

② 아시아문화권 사람들은 태도가 가족과 같이 사회집단에서 자신의 입지에 관한 관심사에 더 많이 기초할 수 있다.

③ 미국과 한국에서 실제 잡지광고를 분석한 연구(Han & Shavitt, 1994)에 따르면 미국인들은 독립성을 강조한 광고에, 한국인들은 상호의존성을 강조한 광고에 가장 많이 설득되었다.

5 설득저항과 광고의 힘

많은 설득으로부터 끊임없이 변화하는 의견에 휘둘리지 않는 방법과 광고가 사람들에게 어떻게 영향을 주는지 알아보자.

(1) 설득메시지에 저항하기

① **태도면역**

누군가 나의 태도를 공격하기 전에 나의 태도에 대한 반론을 생각하는 것은 좋은 방법이 된다. 자신의 입장에 대한 반론을 조금 검토하는 것만으로도 사람들은 이후 자신의 태도를 변화시키고자 하는 전면적인 시도에 면역이 된다. 따라서 사전에 주장을 검토한다면 사람들은 향후 의사소통에서 자신의 태도를 지킬 수 있다.

② **간접광고 경계하기**

드라마나 영화 혹은 쇼프로그램에서는 Product Placement Advertisement(PPL) 광고를 많이 한다. PPL은 프로그램에 소품으로 제품을 사용하여 광고를 하는 방식으로 일명 간접광고인데, 이것이 영향을 미칠 수 있는 한 가지 이유는 사람들이 누군가 자신의 태도와 행동에 영향을 미치고자 하는 것을 깨닫지 못하기 때문이다. 따라서 우리의 방어는 약해진다. 어른들이 담배 피는 영화를 많이 볼수록 흡연에 대한 아이들의 태도가 더 긍정적이라는 연구결과가 있다. 사람들은 미리 경고를 받으면 더 신중하게 그들이 보고 들은 것을 분석하고 결과적으로 태도변화를 피할 수 있을 가능성이 있게 된다. 그러한 경고가 없으면 사람들은 설득을 하려는 시도에 거의 주의를 기울이지 않고 액면 그대로 메시지를 수용하는 경향이 있다.

③ **동료집단의 압력 막아내기**

종종 청소년들은 동료집단의 압력에 민감한 연령이며, 또래의 사회적 평가가 중요한 원천이 된다. 따라서 또래의 압력에 의해 그 행동을 하거나 태도를 유지하게 된다. 이런 경우 역할극 기법이 효과적일 수 있다. 예를 들어, 담배를 피우지 않는 친구에게 흡연을 종용하거나 담배를 피우지 않는 것은 겁쟁이라고 놀리는 경우 그 상황을 역할극으로 만들어 미리 경험하도록 하거나 강요에 못 이겨 담배를 핀다면 오히려 내가 정말 겁쟁이가 되는 것이라고 대응하도록 가르치는 것이 도움이 될 수 있다.

④ **강한 금지는 설득력이 없음**

저항이론에 따르면 사람은 그들이 자유를 위협받는다고 느끼게 될 때 저항이라는 불쾌한 상태가 유발되고 사람들은 오히려 금지하는 행위를 수행함으로써 그 저항감을 감소시킨다.

⑤ **반복적인 설득**

사람들이 똑같은 내용을 반복해서 접하게 되면 소위 노출효과로 인해 친숙해지고 긍정적인 반응을 얻게 되지만, 이것이 적정 수준을 넘어서면 지루함이나 반발심을 초래하게 된다. 따라서 내용이 복잡하지만 잘 짜여 있다면 여러 번 반복해도 지루함이 덜하며 반복이 논점과 관련된 생각을 촉발시키는 경우에 한해서 긍정적인 효과를 가져올 수 있다. 그러나 내용이 약하고 짜임새가 없다면 반복은 부정적인 효과를 가져오게 된다.

(2) 광고의 힘

사람들이 자신이 생각하는 것보다 더 광고에 영향을 받는다는 것은 이미 알려진 사실이다. 광고가 어떻게 영향을 미치고 어떤 유형의 광고가 가장 영향을 많이 미치는가의 해답은 태도변화에 있다.

① 감정 기반 태도를 변화시키고자 한다면 정서와 정서가 싸우도록 하는 것이 가장 좋다. 청량음료의 광고는 사람들의 정서에 작용한다. 따라서 그 광고는 흥분, 젊음, 에너지, 성적 매력을 브랜드와 연합시키고자 한다.

② 태도가 인지에 기반해 있고 개인적 관련성이 있는 경우라면 논리적이고, 사실에 기반을 둔 주장을 사용하며, 개인적으로 직접 관련이 없는 인지 기반 태도를 다루게 되면 광고에 깊은 관심을 가지지 않을 가능성이 있기 때문에 주변경로를 통해 소비자의 태도를 바꾸는 데 성공할 수도 있다. 예를 들면 인기 있는 영화배우를 광고모델로 사용하는 방식이다. 그러나 주변단서를 통해 촉발된 태도변화는 오래 지속되지 않는다. 이럴 경우 광고는 그 제품이 소비자와 관련이 있는 것으로 만드는 방법을 고민해야 한다.

③ 많은 사람들은 식역하 메시지가 자신의 태도와 행동을 형성할 수 있다고 믿는다. 그러나 식역하 효과는 특정환경이 정확하게 조성되어야 나타난다. 따라서 그 효과를 얻으려면 연구자들은 방의 조명을 딱 맞추어야 하고, 사람들이 보게 될 스크린의 거리가 정확해야 하며, 순간적으로 제시되는 식역하 자극에 노출되기 위해 방해받는 것이 없어야 하는 것과 같은 다양한 조건들이 형성되어야 한다. 따라서 식역하 광고(Subliminal Advertisement)는 우리의 태도에 영향을 미친다고 보기는 어려울 수 있다.

④ 사람들이 광고를 의식적으로 지각하면 광고가 더 강력해진다는 사실은 잘 알려지지 않았다. 광고는 소비자의 태도 그 이상으로 영향을 미친다. 광고는 그 단어와 이미지 속에서 문화적 고정관념을 전달한다. 즉 광고에서 나타나는 가족은 엄마, 아빠, 아들, 딸이며, 사랑하는 사이는 이성애자 커플과 같은 모습들이다. 이것은 우리가 이혼가족이나 동성연애자들이 거의 존재하지 않는다 생각을 하게 만든다. TV의 상업화가 만들어내는 고정관념이나 광고에서 전달된 심상은 실제로 유해할 수 있다. 미화된 여성의 날씬한 신체는 다이어트의 정당성을 부여하며, 더 나아가 신체불만은 섭식장애, 낮은 자존감, 우울증의 위험요인으로 간주되었다.

제3절 대인지각과 귀인

1 인상형성과 대인지각

사람들은 다른 사람들에 대한 인상을 어떻게 형성하고 다른 사람들에 관한 추론을 어떻게 이끌어 내는가 하는 문제에 대해 생각해 볼 것이다. 이때 이용되는 중요한 정보원 중 하나가 사람들의 비언어적 의사소통(예 얼굴표정, 몸짓, 목소리 등을 통한 의사소통)이다.

(1) 얼굴형성에 담긴 정서

비언어적 의사소통 채널의 대표는 얼굴표정이다. 얼굴표정이 가진 정교한 소통성은 큰 노력 없이도 표정을 보고 쉽게 그 의미를 알아차릴 수 있게 한다.

① 얼굴표정의 진화

㉠ 다윈(Darwin)은 얼굴표정에 담긴 일차적 정서는 보편적이며, 모든 인간은 이 정서를 정확하게 해석할 수 있는 능력을 가지고 있다고 믿었다.

㉡ 혐오감이나 두려움 같은 얼굴표정도 진화적 중요성을 획득하게 되었다고 주장하였다.

㉢ 정서적 상태를 공유하는 능력은 생존에 도움이 되는데, 가령 타인이 화가 나 있다는 사실을 지각하는 것은 어린아이들의 경우 생사에 영향을 미치는 문제가 될 수 있기 때문이다.

㉣ 타인의 표정을 인지하는 실험에서 남성의 얼굴에서는 화난 표정을, 여성의 얼굴에서는 행복한 표정을 더 신속하고 정확하게 알아차린다.

㉤ 6가지 일차적 정서(분노, 행복, 놀람, 두려움, 혐오, 슬픔)를 읽어내는 능력은 문화와 무관하였는데, 뉴기니 원주민 부족과 미국인들의 정확성이 다르지 않았다.

㉥ 6가지 주요정서는 생후 6개월에서 12개월 사이의 아이들(맹아인 아이들을 포함)도 나타낼 수 있다.

㉦ 6가지 주요정서 외의 정서도 표정으로 나타내고 읽을 수 있다.

- 다양한 문화권 사람들이 경멸감을 나타내는 얼굴표정을 어렵지 않게 알아차렸다는 연구가 있다.
- 자만심이라는 정서도 문화에 관계없이 존재한다는 연구결과가 확보되었는데, 자만심이 관심을 끄는 이유는 자만심은 얼굴표정뿐 아니라 자세와 몸짓을 통해서도 나타나기 때문이다.
- 올림픽에서 승자와 패자의 표정에서 수치심이 표현되는지에 대한 연구에 따르면 미국이나 유럽 선수들에게는 수치심이 표현되지 않았는데 이는 개인주의 문화권에서는 수치심을 부정적인 것, 오명으로 간주하기 때문에 수치심이 숨겨야 하는 정서로 인식된다는 것을 의미한다.

② **얼굴표정 읽기에 실패하는 이유**

㉠ 얼굴표정 속에 담긴 정서를 정확하게 읽어내는 일은 사실 매우 어려운 일이다.

㉡ 사람들은 복합정서를 표출할 때가 많은데 이것은 사람들의 얼굴표정에 담긴 정서가 동일하지 않을 때가 많다는 것을 의미한다.

㉢ 특정 문화권에서 사용되고 있는 비언어적 행동 중 일부가 다른 문화권에서는 아무런 의미가 없을 수 있기 때문에 얼굴표정 읽기는 어려운 것이다.

㉣ 같은 행동이 문화에 따라 의미가 매우 다를 수 있다. 이런 경우 상이한 문화권에서 성장한 사람들이 한 자리에 모이게 되면 오해가 유발될 수 있다.

③ **비언어적 의사소통에서 나는 문화 간 차이**

㉠ **정서 표명규칙**은 문화에 따라 달라지며, 얼굴을 통해 표명될 수 있는 정서가 어떤 정서인가는 그 규칙에 의해 결정된다는 것이다.

㉡ 개인주의적 문화권의 표명규칙에서는 남들이 보는 앞에서의 수치심 표출을 금하는 편이지만, 집단주의적 문화권의 표명규칙에서는 허용되며 심지어 권장되기도 한다.

㉢ 눈맞춤과 시선의 경우 미국문화에서는 눈을 마주 보지 않는 사람은 피하고 싶거나 거짓말을 하는 사람으로 인식된다.

㉣ 사적 공간을 활용하는 방식에서 미국인은 자신을 중심으로 반경 1m 정도의 개인적 공간을 원하지만 다른 문화권에서는 신체접촉이 가능할 정도로 가깝다.

㉤ 아프리카 일부와 인도에서는 고개를 상하로 끄덕이는 것이 '아니오'를 의미한다.

㉥ 엄지 세우기는 일본에서 '남자친구'를, 이란과 사르디니아에서는 외설적이라는 의미로 쓰인다.

㉦ 손과 팔을 이용하는 제스처(엠블럼)도 문화에 따라 이해되는 것이 다르다.

④ 비언어적 의사소통에서 우리는 사람들의 태도와 정서 그리고 성격특성에 관한 것 등 많은 것을 알 수 있다. 그러나 비언어적 단서는 사회적 지각(사람 지각)의 시작일 뿐이다.

용어 설명

정서 표명규칙: 비언어적 행동에 대한 표현의 적절성을 두고 문화적으로 결정된 규칙

(2) 외모의 판단과 인상

상대에 대한 판단이 중요한 경우에 우리는 다양한 정보를 얻어서 이들을 바탕으로 신중하게 판단하지만 동기가 강하지 않은 상황이나 상대에 대한 빠른 판단을 해야 하는 경우에 사람에 대한 우리의 판단은 순간적으로 무의식적으로 이루어진다. 이렇게 사람들을 판단하는 것이 과잉일반화가 될 수 있지만 아무런 정보가 없이 상대의 얼굴만으로 특징 판단을 하는 것이 필요한 상황도 있다. 사람들이 상대방의 얼굴만 보고 내리는 판단이 상당히 정확할 수 있다는 최근의 연구가 있다.

(3) 인상형성에서 나타나는 기제들

① **초두효과**

㉠ 먼저 제시된 정보가 나중에 제시된 정보보다 더 큰 영향력을 행사한다는 것을 의미한다.

㉡ 처음에 제시된 정보가 맥락(틀)을 형성하고 이 맥락 속에서 우리는 나중에 제시된 정보를 해석하기 때문에 나중 정보가 지니는 의미가 달라진다는 것이다.

㉢ 또한 사람은 일단 정보가 접수되면 그 후에 접수되는 정보들에는 주의가 소홀해질 수 있다는 것이다. 사람들이 모든 정보에 주의를 기울일 수 있게 되면 초두효과는 나타나지 않을 것이다.

㉣ 즉, 사람들은 특별한 이유가 없는 한 자신이 접하는 정보를 참인 것으로 자동적으로 받아들이고 여유가 있을 때 그 진위여부를 고려하여 판단에 미치는 영향력을 조정하는 양상을 보인다.

② **현저성 효과**

㉠ 사람들은 여러 정보들에 공평하게 주의를 기울이기보다는 현저하게 부각되는 면에 의지해서 인상을 형성한다.

㉡ 부정적인 정보는 그 수가 적을지라도 주목을 끄는 현저성 효과 탓으로 상대방의 파악에 큰 영향을 준다.

㉢ 좋은 인상을 바꾸기는 쉽지만 나쁜 인상을 바꾸기는 어려운데 나쁜 정보가 희소한 탓에 현저해지기 때문이다.

㉣ 특히 아주 부정적인 정보가 얻어졌을 경우 다른 정보의 긍정적인 가치가 거의 반영되지 않는 양상이 나타난다.

용어 설명

현저성 효과: 현저성은 어떤 자극(대상이나 속성)이 다른 것과 비교해서 두드러지게 보이는 것을 말하며 현저성을 높이는 속성으로 색, 방향, 운동 등이 있음. 두드러진 특징이 인상형성에 큰 몫을 차지하는 심리현상을 의미

(4) 대인지각

① 무의식적으로 처리되는 정보들

우리는 상대방이 어떤 사람인지 알아보겠다는 의도를 갖고 정보탐색을 하지 않아도 많은 정보들을 별 의식 없이 자동적으로 처리한다. 무의식적으로 처리되는 정보들은 우리들의 판단에 지속적인 영향을 끼친다.

㉠ 나에 대한 정보

일명 '칵테일파티 효과'라고 하는 현상은 많은 사람이 모인 장소에서도 나에 대한 이야기는 놓치지 않고 들을 수 있다는 것인데, 나에 대한 정보는 무의식적으로 처리되기 때문이다.

㉡ 자주 경험하는 정보

스트룹(Stroop)과제를 하는 경우에 과제수행이 더딘 이유는 내가 자주 경험한 정보가 무의식적으로 처리되기 때문에 의도하지 않아도 그 정보를 사용하기 때문이다.

㉢ 나쁜 행위에 대한 정보

상대방에 대한 나쁜 행위나 특징의 기술에 대하여 민감하고 이를 중시하여 상대방에 대한 판단을 한다.

㉣ 집단범주에 대한 정보

상대방이 지닌 집단 관련 정보, 특히 성, 인종, 연령은 무의식적으로 처리가 된다. 또한 생김새, 출신 등에 대한 정보들도 자동적으로 처리된다.

② 암묵적 성격이론[내현성격이론(Implicit Personality Theory)]

'척보면 안다.'라고 흔히 말하는 것이 이 이론에 해당한다.

㉠ 타인을 이해할 때 그 사람의 외모에서 수집된 소량의 정보를 기초로 피상적 이해를 구축하고 도식을 이용하여 부족한 정보를 보충한다.

㉡ 사람들은 남을 판단하는 경우에 여러 자료가 없어도 한두 가지 정보를 바탕으로 다양한 영역에서 상대에 대한 추측을 한다. 이것이 가능한 이유는 사회의 통념과 각 개인들이 생활하면서 터득한 나름의 성격이론을 가지고 있기 때문이다.

㉢ 개인마다 생활경험을 통해서 혹은 민간속설, 관상학, 독서 등을 통해서 믿게 되는 성격에 대한 믿음을 내현성격이론이라고 한다. 이 이론은 개인의 경험에서 만들어지지만 사회에서 공통적으로 나타나는 것들도 있다.

예

- 어린아이의 얼굴 모습을 가진 사람 – 어린아이와 비슷한 성격을 지녔다고 생각
- 작은 눈, 좁은 이마, 각진 턱의 얼굴을 지닌 사람 – 강하고 지배적인 성격을 지닌 것으로 여김
- 미국인들의 경우 어떤 사람을 도움이 될 만한 사람으로 지각하면 그 사람을 성실한 사람으로 지각하기도 하고 현실적인 사람은 신중한 사람으로 지각하기도 한다.

㉣ 언어는 그 문화에서 이해되는 특징, 내용 등을 포함한다. 그리고 어떤 상황이나 사람의 성격을 설명할 때 통용되는 표현이 존재할 수도 있고 그렇지 않을 수도 있다.

㉤ 타인에 대한 사람들의 인상은 자신들이 사용하는 언어에 포함된 암묵적 성격이론과 일치한다.

㉥ 문화적 차이가 인상 형성에 영향을 미친다.

- 실험
  같은 내용의 이야기를 영어와 중국어 두 가지 버전으로 준비한다. → 중국어와 영어 두 언어를 구사할 수 있는 사람들에게 영어 이야기와 중국어 이야기를 각각 읽게 한다.
- 결과
  - 영어 이야기를 읽은 사람 → 서구인들의 암묵적 성격이론과 일치하는 등장인물에 대한 인상을 형성하였다.
  - 중국어 이야기를 읽은 사람 → 중국인들의 암묵적 성격이론과 일치하는 등장인물에 대한 인상을 형성하였다.

③ 대인지각에 관한 두 가지 차원

상대를 파악하는 데 영향을 미치는 중요한 특징은 주체성(유능함)과 어울림성(온화함)이다. 이것을 이중관점모형이라고 한다. 온화함과 유능함에 대한 지각은 생존에 중요한 정보를 제공하기 때문에 두 가지 도식을 사회 인지의 보편적 특징으로 간주한다.

㉠ 주체성(유능함)
- 상대방이 주체적으로 일을 도모하고 수행할 수 있는 역량을 알려주는 특징들이다.
- 활동성, 주장성, 창의성, 논리성, 자신감, 자율성, 지혜 등이 포함된다.
- 성과를 목표로 일을 하거나 업무와 관련된 경우에는 상대방의 주체성 정보를 중요하게 여긴다.

㉡ 어울림성(온화함)
- 상대방이 타인을 배려하고 포용하며 좋은 관계를 맺어갈 수 있는지를 알려주는 특징을 말한다.
- 돌봄, 자기희생, 겸양, 공감, 충성심, 신뢰감, 포용력, 감수성 등이 포함된다.
- 주체성보다 더 큰 중요성을 부여하는 것으로 나타난다.
- 인상형성에 있어서 어울림성의 정보는 주체성의 정보보다 더 큰 영향을 미치며, 더 빨리 처리되는 것으로 나타난다.
- 상대방에 대한 호감도에 영향을 미치는 것은 주체성보다 어울림성 특징인 것으로 나타났다.
- 상대방을 만날 때 알고 싶어 하는 정보도 주체성보다 어울림성 특징이 더 많았다.
- 상대와 우정이나 친분을 맺으려는 경우에는 상대방이 얼마나 믿을 만한지, 자신을 수용할 것인지의 어울림성 정보를 중요시한다.

④ 비언어적 정보의 중요성

㉠ 비언어적 채널(표정, 몸짓, 목소리 높낮이, 떨림, 세기 등)은 언어적 채널의 내용에 맞추어 자연스럽게 이루어진다.

㉡ 언어적 내용이 애매하거나 내용이 상황에 맞지 않을 때 비언어적 정보가 중요한 역할을 한다.

㉢ 말하는 사람이 거짓말을 하는지 그 사람의 의중이나 정서를 알고자 하는 경우에 중요하다.

㉣ 언어적 내용과 비언어적 내용이 불일치하는 경우 언어적 표현에 의존하는 비율은 5세 이하의 아이들은 80%이고, 10세 정도는 40%, 성인이 되면 거의 비언어적 채널에 의존한다. 이것은 사회화 과정을 통해서 대인지각의 채널이 말에서 직감으로 변화됨을 말해준다.

㉤ 최근 연구는 승리와 패배에서 보이는 극단적인 정서를 파악하는 데 표정이 아니라 몸짓이 중요한 역할을 하는 것으로 나타났다.

ⓗ 감정이 극단적으로 경험될 때 얼굴표정은 이를 적합하게 표현해 내지 못하며, 몸짓으로 표현한다. 그러나 사람들은 얼굴표정으로 정서를 판단하기 때문에 의식적으로 이 몸짓을 잘 인식하지 못한다.

⑤ **후광효과** 기출

㉠ 많은 연구에 따르면 아름다운 것이 좋은 것이라는 고정관념이 입증되었다.

㉡ 매력적인 사람은 못생긴 사람에 비해 많은 부분(대인관계, 자신감. 성실성, 적극성, 지적 능력)에서 유리한 평가를 받았고, 타인에 대한 배려심에 대한 평가에서는 차이가 없었으며, 겸손과 사치에서는 부정적으로 여겨졌다.

㉢ 여성 얼굴의 매력을 평가하는 물리적 특징은 '눈 크기와 모양, 얼굴선, 코 높이, 피부결, 입의 크기, 눈썹' 등이며, 심리적 특징은 '단아함, 단정함, 자신감, 깜찍스러움, 편안함, 따뜻함, 섹시함' 등이다.

㉣ 여성 얼굴의 아름다움 평가에 가장 큰 영향을 미치는 것은 단아하고 단정함이었고, 자신감은 커리어 여성에게는 긍정적, 일반 여성에게는 부정적으로 나타났다.

㉤ 남성의 얼굴을 평가하는 특징은 여성과 비슷하고 심리적 특징으로는 단정하고 훤칠함, 앳되고 여림, 강한 개성, 편하고 선해 보임이 나타났다.

㉥ 단정하고 훤칠함이 전반적인 잘생김 평가에 가장 큰 영향을 주며, 앳되고 귀여움도 긍정적인 평가를 주는 것으로 나타났다. 강한 개성(남성적)은 별 영향이 없었고, 편하고 선해 보임은 부정적 영향을 주는 것으로 나타났다.

㉦ 얼굴 매력에 대한 판단은 순간적으로 이루어지며, 유발된 정서는 상대방에 대한 판단은 물론 무관한 일에도 영향을 미친다.

㉧ 첫인상에 대한 처리는 고도의 정신활동이 아니라 원시적인 뇌 영역의 소관이며, 통제할 수 없는 자동적인 처리기제로 작용하는 것이다.

더 알아두기

암묵적 성격이론과 후광효과의 차이

암묵적 성격이론은 사람의 한 가지 특징을 가지고 자기가 가진 그 사람의 성격 전체를 추론하는 것이고, 후광효과는 긍정적인 혹은 부정적인 하나의 모습을 보고 상대의 인상 전체를 긍정적으로 혹은 부정적으로 형성하는 것이다.

⑥ **고정관념**

㉠ 우리는 사람을 파악하는 데 있어서 그 사람이 가지고 있는 어투, 생김새, 종교, 인종, 국적, 성들에 의해서 사람들을 분류하는 범주화를 한다.

㉡ 같은 범주에 속해 있는 사람들은 비슷한 특성들을 공유하고 있는 것으로 여긴다.

㉢ 그 범주의 특성을 그 성원들의 특성으로 일반화시킬 때 고정관념을 적용시킨다.

㉣ 고정관념은 표적인물에 대해 매우 피상적인 정보만을 가지고 있을 때 활발히 쓰이며 그 사람에 대한 개인적인 정보가 구체적으로 알려지면 그 영향력이 적어진다.

ⓜ 고정관념들은 상대방에 대한 평가에 영향을 주게 되며 객관적 사실의 왜곡현상이 나타날 수 있어 문제가 심각하다.

ⓗ 고정관념이 촉발되면 객관적인 정보들도 그 고정관념을 지지해 주는 쪽으로 각색되어 고정관념을 정당화시키는 처리되는 경향이 있다.

용어 설명

- **스트룹(Stroop)과제** : 하나의 정보를 처리하면서 주위의 정보가 무의식적으로 같이 처리되는 양상을 보이는 데 많이 사용되는 실험과제
  - 예 파란색 카드 가운데 노랑이라고 쓰여 있는 것과 같이 색과 이름이 다르게 쓰인 카드를 가지고 색을 말하게 하거나 글씨를 말하게 하는 과제를 말한다.
- **암묵적 성격이론**(Implicit Personality Theory) : 여러 가지 성격특성을 한 다발로 묶을 때 이용하는 도식
  - 예 사람들은 친절한 사람은 관대하기도 하다고 생각하는 경향이 있다.

2 귀인

골프선수가 홀인원을 하는 장면을 본 사람들의 반응은 서로 다르다. 어떤 사람은 선수의 스윙 실력이 뛰어나다고 생각하며 선수를 칭찬하며 성향에 원인을 둘 것이고, 또 어떤 사람은 선수가 샷을 날린 순간 바람이 불지 않아서 가능했다와 같은 상황에 원인을 둘 것이다. 이렇게 어떤 행동이나 사건의 원인을 찾기 위해 추론하는 과정을 귀인이라고 한다.

(1) 귀인의 본질

① 귀인이론

우리는 어떤 사건이 발생하거나 또는 누구가의 행동을 보고 왜 저런 일이 발생했고 저런 행동을 하는지 궁금해 하고 그 원인을 알고 파악하려 한다. 이렇게 행동이나 사건의 원인에 대한 질문에 답하는 방식을 설명하는 이론을 귀인이론이라고 한다. 귀인이론은 다른 사람들이 행한 행동의 원인을 설명하기 위해 전개되는 추론의 방식을 밝혀내려 한다.

② 귀인의 차원

㉠ 인과소재(내 vs 외)

내귀인은 성향귀인이라고 하며 사건을 행위자의 성격, 의도, 동기, 건강상태 등 내적 요인 탓으로 설명하는 것을 말한다. 외귀인은 상황귀인이라고 하며 상황, 과제, 운, 역할 등 행위자가 처한 상황에서 작용하는 요인 탓으로 설명하는 것이다.

㉡ 안정성 vs 가변성

안정성이란 변화 가능성을 근거로 원인을 분류하는 것으로 성공 및 실패에 대한 귀인이 시간의 경과나 상황이 바뀌어도 변화 가능성이 없는 것이냐, 혹은 언제든지 변화될 수 있는 것이냐에 따라 안정적－불안정적 귀인으로 분류된다. 성격으로 내귀인을 한다면 안정적 요인이지만 기분으로 한다면 이는 가변적인 요인이다.

㉢ 일반성 vs 특수성

유사한 상황에 일반적으로 적용되는 것인지 해당 상황에만 적용되는 특수성을 지닌 것인지를 보는 것이다.

㉣ 통제가능 vs 통제불가능

사태의 원인에 대한 행위자의 통제가능성에 따라 통제가능－통제불가능 귀인으로 분류된다.

㉤ 귀인의 차원에 따른 분류(Weiner, 1979)

귀인/차원	능력	노력	운	과제난이도
통제소재	내부	내부	외부	외부
안정성	안정	불안정	불안정	안정
통제가능성	통제불가능	통제가능	통제불가능	통제불가능

③ **최종귀인(final attribution)모형**

성공 또는 실패 등의 결과물이 유발 → 결과에 따른 감정(결과의존감정)이 나타남 → 귀인유발과정인 인과선행요인을 통해 귀인을 형성 → 형성된 각 귀인은 3개의 인과차원(인과소재, 안정성, 통제성)으로 구분 → 심리적 결과(자부심, 기대감, 수치심 등)에 영향을 미침 → 행동 결과 설명

인과선행요인에 의해서 개인이 인지하는 귀인이 무수히 많으며 동일한 귀인이라고 할지라도 개인에 따라 귀인차원을 다르게 판단할 수 있다.

㉠ 인과원인의 형성에는 '인간이 지닌 다양한 편향(예 자기중심적 편향)', '사회적 규범과 개인사'가 영향을 미친다.

㉡ 인과소재는 자부심, 안정성은 기대감, 통제성은 수치심 또는 죄책감의 감정을 유발한다(Weiner, 2010).

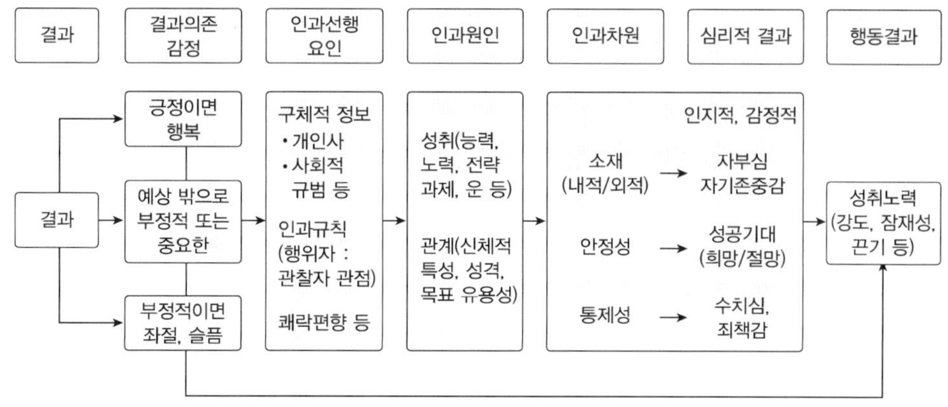

[최종귀인모형(Weiner, 2010)]

④ **대응추론분석의 논리**

어떤 사람의 행동의 원인을 그 사람의 기질이나 성격에 대응시키는 경향성을 대응추론이라고 하는데 다음의 두 가지 원리로 작동한다.

㉠ 절감의 원리

행위를 야기할 만한 이유가 여러 가지 있을 때 행위주체의 내적 성향을 원인으로 보기보다는 상황을 원인으로 볼 확률이 높다. 가게점원의 친절한 행동은 그 사람의 성향이라기보다는 자신의 역할 때문이라고 생각한다.

㉡ 증가의 원리

어떤 행위를 저해하는 요인이 있었음에도 불구하고 행위가 나타났다면 상황이 아니라 내적 성향의 원인으로 보게 된다. 국회의원의 연금을 없애자는 발언을 한다면 그것은 그 국회의원이 자신의 이익이 줄어드는 것을 감수하겠다는 발언이므로 상황 때문이라기보다는 그 사람의 성향 때문이라고 생각하게 된다.

㉢ 관찰자들이 행위자의 내적 속성으로 귀인하는 대응추리적 귀인양상은 그 행동이 역할에 걸맞은 행동일 경우에는 약하며, 역할에 반하거나 부합하지 않는 행동일 경우에는 강하게 나타난다.

㉣ 대응추론편향성이 나타나는 이유

이 편향이 지닌 적응적 효과가 인류의 진화에서 크게 작용하였기 때문이라고 본다. 논리적으로는 발생하는 상황마다 분석을 하고 상황귀인을 하거나 성향귀인을 해야 하지만 사회생활에서 성향과 상황은 독립적으로 관찰되는 것이 아니기 때문에 많은 경우에 관련성을 가지고 있다.

용어 설명

대응추론편향성: 기본귀인 오류라고 부르는데, 사람들의 행동이 상황에 기인할 때가 많음에도 행위자의 성향에 따른 것이라고 판단하는 것을 의미한다.

(2) 행위의 추론

귀인이론의 창시자는 주로 Fritz Heider(1958)가 거론되는데 그의 공헌 중 하나는 사람들이 한 행동을 두고 그 원인을 결정할 때 두 가지 중 하나를 취할 수 있다는 것이다. 우리가 그 행위의 원인을 놓고 어떤 귀인을 짓느냐에 따라 그 사람에 대한 인상이 크게 달라진다.

① **내적 귀인**

행동의 원인을 그 사람의 기질, 성격, 태도 또는 특성과 같은 내적인 속성에 있다고 판단하거나 설명하는 것을 말한다.

② **외적 귀인**

어떤 사람이 특정행동을 하게 된 원인이 그 사람이 처한 상황의 특징에 있다고 가정하는 추론방식을 말한다.

③ **귀인이 나타나는 양상**

같은 행위라고 하더라도 당사자의 마음 상태에 따라 다른 귀인을 한다. 행복한 결혼 생활을 하는 부부는 배우자의 긍정적인 행동에 대해 내적 귀인을 하고, 부정적인 행동에 대해서는 외적 귀인을 한다. 그러나 불행한 결혼생활을 하는 부부는 배우자의 긍정적인 행동을 외적 귀인하고, 부정적인 행동을 내적 귀인하는 경향이 강하다.

(3) 귀인 과정의 분석: 공변모형(Covariation Model) 기출

행위자의 행위에 대한 여러 번의 관찰이 가능한 경우에 사람들의 귀인과정을 합리적인 상황분석의 과정으로 이론화한 것이 켈리(Kelley, 1973)가 제시한 **공변모형**이다. 예를 들어 영철이는 사회심리학 시간에 지각을 했다. 이럴 때 그 행동의 원인을 찾기 위해 우리는 영철이가 다른 시간에도 지각을 하는지, 오늘만 그런 것인지, 다른 학생들도 그 시간에 지각을 하는지, 다른 시간에는 어떤지 등을 생각한다는 것이다.

① Kelley에 따르면 사람들은 귀인을 함에 있어서 세 가지 정보(행위대상, 행위자, 상황)를 사용한다. '어떤 회사의 사장이 신입사원인 수지에게 모욕적인 표현을 하며 소리를 지른다.'는 상황에서 세 가지 정보가 어떻게 사용되는지 알아보자.

㉠ 자극대상(특이성, 독특성) : 화의 대상 즉, 수지

행위주체가 다른 자극에 반응하는 방식을 일컫는다. 즉, 사장은 다른 직원들한테도 그런 표현과 행동을 하는가?

㉡ 행위자(일치성, 합의성) : 사장

동일한 자극에 대해 다른 사람들의 행동방식을 일컫는다. 즉, 다른 직원들도 수지에게 화를 내고 소리를 지르는가?

㉢ 상황(일관성)

특정행위주체와 특정자극 간에 벌어진 특정행동이 시간과 상황이 바뀌어도 반복해서 관찰되는 빈도를 일컫는다. 즉, 회사일과 상관없이 그 사장은 규칙적으로 자주 수지에게 화를 내고 고함을 치는가?

② **귀인양상**

행동이 유사한 대상에 대해서 일관되게 나타나며, 다른 사람들과는 달리 나타나면 그 행동이 행위자의 내적 귀인이 나타나고, 행동이 그 상황에 국한된 것이고 다른 사람들도 비슷한 반응을 보인다면 상황귀인이 나타난다.

③ **제한점**

공변모형은 인간을 지나치게 합리적인 존재로 가정하고 있어 실제의 귀인과정과 거리가 있음이 지적된다. 실제로 우리는 다른 사람들에 관한 판단을 할 때 논리적이지도 또 합리적이지도 않을 때가 많다. 심지어 우리 자신의 자존심을 지키기 위해 정보를 왜곡하기도 하고 판단을 신속하게 내리기 위해 어림법을 이용하다가 부정확한 판단을 내리기도 한다. 사실 우리의 귀인이 엉뚱할 때가 많다. 이 모형은 사회구성원들이 공유하는 신념, 사회적 맥락이 귀인에 미치는 영향이 간과되고 있음을 지적받고 있다.

용어 설명

공변모형(Covariation Model) : 사람들이 행동원인에 대한 귀인을 형성할 때 가능한 요인의 존재 유무와 그 행동의 발생 유무 간의 관계양상을 체계적으로 따져본다는 것

(4) 귀인이 우리의 행동에 미치는 영향

귀인은 우리의 미래행동에 영향을 미친다. 우리가 노숙자를 보고 내부귀인을 할 경우 우리는 그에게 동전을 주지 않을 확률이 높다. 그러나 외부귀인을 하게 되면 동전을 줄 확률이 높다. 학교나 가정에서 아이들의 바른 행동에 대해 내적 귀인을 하면 아이들은 그 행동을 점점 더 강화할 가능성이 높다. 하버드 대학교의 심리학자 로젠탈과 제이콥슨(Rosenthal & Jacobson, 1968)은 무작위로 선정된 학생들을 지능지수가 매우 높은 '똑똑한' 학생이라고 교사에게 믿게 한 결과, 8개월이 지난 후에 그 학생들의 성적이 향상되었다는 결과가 나타났다고 보고했다. 이러한 결과는 교사들이 학생들의 행동에 대해 한 내적 귀인이 그 학생들에 대한 행동에 영향을 미쳤기 때문에 나타난 것이다. 이처럼 개인의 믿음이 자신의 행동에 영향을 미쳐 결국 자신의 믿음대로 타인의 행동이 변화하는 것을 자기충족예언(Self-Fulfilling Prophecy) 혹은 피그말리온효과(Pygmalion Effect)라고 한다. 귀인은 나의 행동에도 영향을 미치지만 타인의 행동도 변화시킬 수 있다.

3 귀인의 편향성

(1) 귀인 과정의 두 단계

① **단계1**

㉠ 행위자가 행동을 하게 된 원인을 그 사람에게서 찾는다. 즉, 내적 귀인을 짓는다.

㉡ 그런 후 그 사람이 처했던 상황을 고려함으로써 앞에서 지은 내적 귀인을 조정한다.

㉢ 대부분의 경우 ㉡에서 벌어지는 조정을 충분히 하지 않는다.

㉣ ㉡을 건너 뛰어버림으로써 극단적인 내적 귀인을 짓기도 한다.

② **단계2**

판단을 내리기 전에 생각을 천천히 조심스럽게 하고, 최대한 정확한 판단을 내려야겠다고 마음을 먹고, 표적 인물의 행동에 의심을 가질 때 이루어진다.

③ 귀인의 단계1은 신속하고 저절로 전개되는 데 반해 단계2는 정신적 노력을 많이 요구한다.

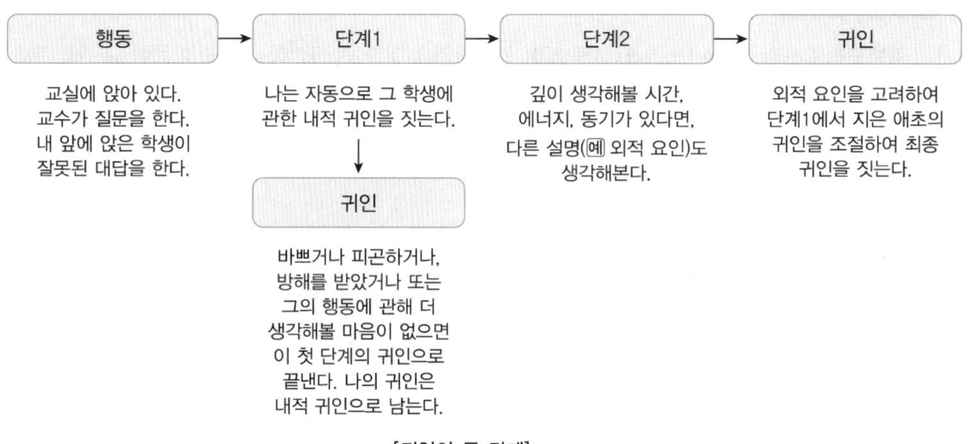

[귀인의 두 단계]

(2) 귀인의 주요 편향

① **기본(근본) 귀인 오류**

㉠ 사람들의 행동에 작용하는 상황적 요인의 역할은 과소평가하면서 내적·기질성 요인의 영향력을 과대평가하는 경향성을 기본 귀인 오류라고 한다.

㉡ 성향귀인 양상이 항상 잘못되었다는 의미가 아니라 상황의 힘을 당연히 고려해야 함에도 간과한다는 점에서 오류라고 하는 것이다.

㉢ 우리는 보통 다른 사람들의 행동을 설명하려 할 때 그 행동을 한 사람의 성격특성 및 신념에서 그 원인을 찾으려는 강한 경향성을 가지고 있다.

㉣ 기본 귀인 오류를 범하는 한 가지 이유는 우리가 다른 사람의 행동을 설명하려 할 때 우리의 관심이 집중되는 것은 그 사람이지 그 사람이 처한 상황이 아니기 때문일 수 있다. 또한 우리는 다른 사람의 행동에 작용하는 상황의 힘을 볼 수가 없다.

ⓜ 사람은 **지각적 돌출성**을 가지기 때문에 우리의 주의는 그 사람에게 집중되고 그 사람이 행한 행동의 원인을 그 사람한테서 찾으려고 한다.

② **행위자-관찰자 편향**

어떤 행위에서 그 행위를 한 당사자는 상황귀인(=외적 귀인)하고 그 행위를 본 관찰자는 성향귀인(내적 귀인)한다는 것이다. 이 같은 차이가 나타나는 이유는 몇 가지 설명이 가능하다.

㉠ 관찰자와 행위자는 지각적 초점이 다르기 때문임

관찰자의 입장에서는 초점이 행위자에 맞추어지고 행위자가 처한 상황은 배경이 되므로 행위자가 장면을 압도한다. 그러나 행위자의 초점은 외부상황에 맞추어지므로 상황적 정보가 중요하게 부각된다.

㉡ 행위자와 관찰자가 가지고 있는 정보에 차이가 있기 때문임

행위자는 스스로에 대한 상황들에 대해 잘 알고 있지만 관찰자는 행위자가 처한 상황의 힘을 알지 못한다.

㉢ 동기의 차이가 원인이 되기도 함

관찰자들이 행위자와 교류가 예상될 때 상대방에 대하여 알고 싶어 하므로 성향귀인을 하는 경향이 생긴다.

㉣ 이중관점모형

행위자와 관찰자는 각자에게 이득이 되는 방향에서 사건을 해석하는 경향을 나타낸다고 보았다. 행위자의 입장에서는 자신에게 득이 되는 것에 관심이 있으므로 자기행위를 능력차원에서 설명하는 양상을 보였으나, 관찰자의 입장에서는 상대방이 자신에게 해를 끼치거나 자신을 이용할지에 대한 정보에 민감하여 도덕성 차원에서 설명하는 양상을 보인다는 것이다. 행위자는 행동의 의도보다는 목표가 달성되었는지를 중시하지만 관찰자는 수행보다는 의도를 더욱 중시한다.

③ **자기본위적 편향(이기적 귀인)**

자기가 한 일이 잘되었을 경우에 사람은 내적 귀인을 하고 결과가 좋지 않을 때에는 외적 귀인을 한다는 것이다. 이 편향은 개인의 행위뿐 아니라 자신이 속한 집단이나 가깝게 여기는 집단(자신이 응원하는 스포츠 팀에서도)의 성패에 대해서도 나타난다. 이것을 내집단중심주의 또는 집단본위적 편향이라고 한다. 자기본위적 편향이 나타나는 이유는 다음과 같다.

㉠ 사람은 자존심을 유지하고 싶어 한다. 이 욕구는 사람들의 신념이나 생각을 바꾸는 일도 불사하게 한다. 성공과 실패는 개인 스스로에 대한 평가에 중요한 영향을 미친다. 어떤 일을 실패하고 그것을 회복할 수 없다고 생각할 때 사람들은 이기적 귀인을 할 가능성이 높다.

㉡ 우리는 다른 사람들이 우리를 좋게 생각해 주고 좋아해주기를 바란다. 따라서 우리의 수행이 좋지 못한 이유는 외적 요인 때문이라고 말함으로써 변명 만들기를 한다.

㉢ 사용 가능한 정보의 종류와 관련된 것이다. 예를 들어 시험을 망친 민호가 시험문제가 어려웠다고 외적 귀인을 하지만 교수님은 다른 학생들이 모두 시험을 잘 본 것을 알고 있기 때문에 시험문제가 어려운 것이 아니라 민호가 공부를 하지 않은 것이라고 내적 귀인을 한다는 것이다.

④ **방어귀인**

행동을 설명할 때 취약성이나 죄책감을 느끼지 않는 방향으로 몰고 가는 방식을 일컫는다. 나쁜 일은 못난 사람이나 바보 같은 실수를 할 때 일어난다고 생각한다. 따라서 나는 바보 같지도 않고 행동을 함부로 하지 않았기 때문에 그런 일은 일어나지 않는다고 생각한다. 이런 믿음을 '공정한 세상 가설'이라고 한다. 이러한 귀인은 '피해자 꾸짖기'라고 알려진 귀인과 맥락을 같이 한다. 강간을 당한 피해 여성을 두고 강간을 당할 짓을 했다고 믿는 것과 같은 것을 말하는데 사고나 범죄는 자신과 같은 무고한 사람들에게도 언제나 일어날 수 있다는 사실을 인정하지 않는다. 세상은 공평하다는 믿음 때문에 사람들은 자신의 안전에 관한 불감증을 떨쳐버리지 못한다.

⑤ **편파맹점**

자신보다 다른 사람들이 귀인편파에 빠질 가능성이 더 크다고 생각하는 경향성을 말한다. 즉 자신이 하는 귀인의 편파는 잘 보지 못한다는 의미이다. 우리는 자신의 사고는 합리적이고 이치에 맞는다고 생각하고 자신이 그것을 입증할 증거도 충분히 있다고 생각한다. 그러나 다른 사람들은 그런 편파를 극복하지 못한다고 생각한다. 우리는 자신의 판단과정을 반성해 보고 결론을 점검하고 편파맹점이 숨어 있을 수 있다는 사실을 상기할 필요가 있다.

용어 설명

지각적 돌출성(특출성) : 관찰하는 대상에 있어서 관찰자 주의의 초점이 놓인 곳의 정보가 두드러져 보이는 경향으로 사람지각에 중요한 돌출성 정보는 뒷모습이 아닌 얼굴

(3) 귀인 편향의 문화 차이

관찰된 행동에 대한 이유를 파악하는 귀인현상은 어느 문화에서나 보편적으로 존재한다. 우리가 성장한 문화에 따라 우리가 다른 사람들을 지각하는 방식은 달라질 것인가? 사회심리학자들의 관심은 사회지각에 작용하는 문화의 역할에 대한 관심이 점점 커지고 있다. 귀인양상은 생득적인 것이 아니라 사회화과정에 의해서 습득되는 것이다. 따라서 인간관과 세계관이 다른 문화권에서 귀인양상은 다르게 나타난다.

① **기본 귀인 오류의 문화 차이**

㉠ 개인주의 문화권에서 자란 사람들은 기질성 귀인을 선호하는 데 비해 집단주의 문화권에서 자란 사람들은 상황적 귀인을 선호하는 것으로 나타났다.

㉡ 아시아인의 귀인은 미국인에 비해서 상대적으로 외귀인 경향이 많이 나타난다.

㉢ 이러한 양상의 차이는 아동들에게는 나타나지 않으나 커가면서 강하게 나타났다.

㉣ 유럽식 교육을 받은 인도인은 내귀인하는 경향이 강한 것으로 나타났다.

㉤ 연령과 교육의 차이가 나타나는 것은 귀인이 사회화과정을 통해 내재화시켜 가는 것임을 뜻한다.

㉥ 기본 귀인 오류 현상이 개인에게 책임을 묻는 독립적 자기문화권의 인간관에 보다 부합한다.

㉦ 한국인들은 미국인보다 상황정보에 따라 예측을 달리하는 경향이 크게 나타났다.

ⓞ 개인주의 문화권에서는 개인의 성향 파악이 늘 이루어지지만 집단주의 문화권에서는 개인의 성향 파악이 항상 이루어지는 것은 아니다.

ⓩ 최근의 연구에 따르면 다른 사람에 관해 기질적으로 생각하는 경향성은 모든 문화권에서 강하게 작용하고 있다.

ⓧ 성향론은 보편적으로 나타난다고 해도 상황론의 수용은 문화 차이가 크다.

ⓚ 집단주의 문화권에서 자란 사람이 기질성 귀인을 전혀 하지 않는다는 것이 아니라 정도의 차이라고 볼 수 있다. 개인주의 문화권의 사람들에 비해서 상황이 행동에 미치는 영향력이 크다는 것을 알고 있고 상황의 영향력을 고려할 가능성이 더 크다는 것이다.

② **자기본위적 편향의 문화 차이**

㉠ 서구의 독립적 자기문화권에서 자기본위적 편향은 자부심을 느끼게 한다.

㉡ 동양의 상호의존적 자기문화권에서는 타인의 눈을 의식하는 경향이 높아 겸양적 편향이 주로 나타나는데 주변인에게 자신을 겸손하고 자만하지 않는 사람으로 인식시켜 대인관계에서 긍정적인 효과를 거두기 위함일 수 있다.

㉢ 미국인들은 성공한 경우에 이를 능력 탓으로 여기는 경향이 나타났지만 일본은 반대로 나타났다.

㉣ 백인들은 좋은 사건을 내적, 안정적, 일반적 요소로 귀인하는 경향이 중국인 집단보다 강하게 나타났다.

㉤ 성공은 상황 탓, 실패는 내 탓으로 하는 겸양적 귀인은 관찰자로부터 호감을 산다.

㉥ 중국인 대상 실험에서 성공, 실패에 관해 익명적인 응답에서는 자기본위적 편향이, 실험자에게 귀인이 알려지는 상황에서는 겸양적 편향이 나타났다.

㉦ 한국 대학생들에서 자기고양적 귀인이 나타났는데 이것은 한국의 대학생들이 개인주의적 성향을 강하게 띠고 있다는 점을 반영하는 것이다.

ⓞ 일본인에게서 나타나는 겸양적 귀인은 인상관리가 아니라 내재화된 가치관을 반영하는 것임을 보이는 증거가 있다.

ⓩ 동양인들은 다른 사람의 입장에서 자신을 평가하는 것에 익숙하며 그런 평가를 하는 경우에 서양인과 달리 자기편향성을 덜 보인다.

③ **능력 · 노력의 문화 차이**

㉠ 귀인요소의 통제성 차원에서 능력은 통제가 불가능하고 노력은 통제가 가능하다.

㉡ 과제성공을 자신의 노력 탓으로 여기는 아이들은 자신의 능력에 대하여 보다 안정적인 생각을 지닌다.

㉢ 아동이 낙제를 한 경우 중국 부모는 노력 부족 탓으로, 미국 부모는 능력 혹은 지능 탓으로 여긴다.

㉣ 아시아계 모두 노력귀인을 상대적으로 많이 하는 것으로 나타났다.

㉤ 캐나다인의 경우에 능력으로 귀인하는 양상을, 일본인의 경우에 노력으로 귀인하는 양상을 보였으며, 한국 대학생들은 능력으로 귀인하는 결과를 보였다.

㉥ 실패의 귀인을 노력 부족으로 여기게 양육한 결과 아동들이 더욱 과제에 매달리는 현상을 보였다.

㉦ 동일과제를 할 때 중국과 일본 학생들의 학업성취는 미국 학생들보다 전반적으로 높았다.

4 귀인의 적용

사람들은 모든 일에 항상 귀인적 설명을 하지는 않는다. 기대 밖의 일이나 평범하지 않은 일이 발생했을 때 혹은 좋지 않거나 고통스러운 일이 자신에게 발생했을 때는 더욱 귀인을 한다.

(1) 정서의 판단과 귀인

사람은 다양한 정서를 경험한다. 최근 들어 정서마다 독특한 신경회로를 지니고 있다는 가설이 주장되고 있지만 많은 정서가 명확하게 구별이 안 되고 있다. 자신이 경험하는 정서를 어떻게 아는가에 대하여 샤흐터(Schachter, 1964)는 정서2요인설을 주장하였다. 정서를 경험하기 위해서는 생리적 흥분을 느껴야 하며 그에 대한 인지적 해석 및 판단이 내려져야 한다는 것이다. 그에 따르면 생리적 흥분은 다양한 방법으로 해석될 수 있고 그 해석에 따라 경험하는 정서가 규정된다는 것이다.

정서의 판단에 중요하게 작용하는 것 중의 하나가 귀인이다. 사람들이 자신의 생리적 흥분을 설명할 만한 이유를 찾으며 적절한 상황단서가 있는 경우, 이것으로 모호한 흥분의 원인을 설명해 버린다.

연구자가 임의로 맥박소리를 조작하고 남학생들에게 자신의 맥박 소리를 들려 준다면서 이어폰을 끼게 하였다. 그 후 조작된 맥박 소리를 듣게 하고 여자의 나체사진을 여러 장 보여주었다. 학생들은 자신의 맥박이 빨라진 것이 그 사진 때문이라고 느끼고 가장 맥박을 빨리 뛰게 한 사진을 마음에 드는 사진이라고 골랐다.

정서의 경험에서 인지적 상황평가의 중요성은 정서의 평가이론으로 발전하여 정서경험의 문화적 차이를 발견하였다. 중심인물의 정서판단에 주위사람들의 표정이 영향을 미치는가를 알아보는 실험에서 미국인들은 주변 인물들의 표정이 주인공의 얼굴표정에 대한 평가에 아무런 영향을 미치지 못하였지만 일본인 참가자들은 주변 인물들이 주인공의 얼굴표정을 평가하는 데 큰 영향을 미쳤다. 즉, 정서는 느낌에 대한 상황인식(귀인)의 결과인 것이다.

(2) 사후가정사고(Counterfactual Thinking)

사람들이 이미 벌어진 사건에 대해 경험하는 정서는 벌어지지 않았던 사건을 어떻게 생각하느냐에 큰 영향을 받는다. 사고가 발생하기 전에는 아무도 사고가 날 것이라고 예측하지 못했지만, 사고가 난 후에 사람들은 '그때 이렇게만 했었더라면…'이라는 생각을 한다.

대표적인 **사후가정사고**의 예는 올림픽 메달리스트들의 시상식에서 보인 얼굴표정들을 분석한 연구에서 잘 나타난다. 은메달을 딴 선수보다 동메달을 딴 선수가 더 환한 얼굴 표정을 지었던 것이다. 이 연구는 기쁨이 성적 자체에 좌우되는 것이 아니라 누구와 비교하느냐에 따라 달라질 수 있다는 것을 보여 준 연구였다. 은메달을 딴 선수는 '내가 조금만 더 힘을 냈더라면, 금메달을 딸 수 있었을 텐데…'라는 사고로 인해 안타까움이 큰 반면, 동메달을 딴 선수는 '내가 만일 조금만 방심했다면 메달을 놓쳤을 텐데…'라는 사고로 인해 기쁨이 크다는 것이다. 이렇게 은메달을 딴 사람의 사고와 동메달을 딴 사람의 사고는 사후가정사고의 유형을 잘 대표한다.

① **상향적 사후가정사고**

실제 일어난 일보다 잘 되었을 상황에 이미 벌어진 상황을 비교함으로써 은메달리스트의 사고와 같은 유형으로 후회, 실망과 같은 부정적 감정을 동반하는 것이다. 상향적 사고가 부정적 감정을 일으키지만 그런 일이 다시 일어나지 않도록 잘 대처할 수 있도록 한다는 점에서 미래준비기능을 수행하는 향상적 동기와 관련이 있는 것으로 밝혀졌다. 상향적 사고는 의식적으로 이루어지며, 이를 관찰자들은 어렵지 않게 알 수 있다.

② **하향적 사후가정사고**

실제 일어난 일보다 더 나쁜 상황을 생각하게 됨으로써 동메달리스트의 사고와 같은 유형으로 안도, 기쁨과 같은 긍정적 감정을 동반하는 것이다. 하향적 사고는 정서적 기능을 담당하는데 부정적인 감정을 완화하는 반면에 긍정적인 감정을 증대시키는 방향으로 작용하며 예방적 동기와 관련이 있다. 하향적 사고는 무의식적으로 진행되기 때문에 관찰자의 눈에 잘 띄지 않는다.

③ **사후가정사고와 후회**

사람들은 상향적 사후가정을 하는 성향이 높다. 따라서 사후가정사고는 후회와 밀접한 관련성을 갖는다. 어떤 일이 지나고 나서 돌이켜 보면, 해도 후회하고, 하지 않아도 후회한다는 것이다. 길로비치와 메드벡(Gilovich & Medvec, 1994)은 이때 어느 것이 더 후회가 클까에 대해 조사했는데 단기적인 후회의 측면에서 이미 한 행동의 후회는 53%, 하지 않은 행동의 후회는 47%로 이미 한 행동에 대한 후회가 많았다. 그러나 장기적인 측면에서 인생 전체를 대상으로 물었을 때는 하지 않은 행동에 대한 후회가 84%로, 한 행동에 대한 후회(16%)보다 압도적으로 높게 나타났다. 한국 대학생을 대상으로 조사한 결과는 후회의 비율이 이미 한 행동에 대해서는 37%, 하지 않은 행동에 대해서는 63%로 나타났다. 후회의 영역에 대해서 미국인들은 애정, 친구, 교육, 여가의 순이었고, 한국인들은 교육, 애정, 자기, 친구의 순으로 차이가 있었다.

용어 설명

사후가정사고(Counterfactual Thinking) : 어떤 사건을 경험한 후에, 일어날 수도 있었지만 결국 일어나지 않았던 가상의 대안적 사건을 생각하는 것

예 '그때 이렇게 했더라면…' 또는 '이렇게 했어야 했는데…'라고 생각하는 것

제4절 사회인지

1 자동적 사고와 통제된 사고

우리는 우리가 속한 사회의 사람들이 어떻게 생각하는지 또 그들의 판단이 얼마나 정확한지 알기 위해서 두 가지 유형의 사회인지를 구분할 필요가 있다.

(1) 자동적 사고

① 자동적 사고는 무의식적으로, 의도하지 않아도 노력 없이 빠르게 전개되므로 직관적 사고라고도 한다.

② 사람의 첫인상은 의도적인 고려 없이 순식간에 형성되며, 운전 중에 어린아이가 갑자기 뛰어들면 자신도 모르는 사이에 급제동을 걸게 된다. 이런 행동들은 자동적 사고과정으로 이루어진다.

③ 재빠른 인상형성이 가능한 이유는 우리가 처한 상황이 자동적으로 분석되기 때문이다.

④ 자동적 사고과정에서는 새로 만난 상황을 이전의 경험과 연결시키는 작업이 벌어진다.

⑤ 자동적 사고로 생각할 수 있는 사람들의 능력은 매우 뛰어날 뿐 아니라 생존에 결정적인 역할을 수행한다.

⑥ 이 사고가 획득되는 데는 오랜 시간 진화의 과정이 필요했으며 정서가 담겨있고 탈학습(학습되기 이전의 상태로 돌리는 것)이나 망각이 어렵다.

⑦ 직관과 어림법으로 특징지어지는 자동적 사고는 인류가 생활해온 환경적 구조와 두뇌의 진화된 능력의 결과라고 한다.

⑧ 사람들은 보통 자동적 사고에 의존하며 살다가 필요에 따라 통제적 사고를 발동시킨다.

⑨ 전문성을 요하는 활동이라 하더라도 숙련된 경우에는 무의식 수준에서 자동적으로 활동이 이루어지기 때문에 이를 의식수준에서 수행하면 오히려 지장이 초래된다.

⑩ 2009년 뉴욕발 비행기가 버드 스트라이크로 허드슨강에 불시착하는 사고에서 기장의 직관적 판단은 승객전원을 살린 좋은 예이다.

> **용어 설명**
>
> **사회인지**: 사람들이 자신과 자신을 둘러싼 사회적 세계에 관해 생각하는 방식

(2) 통제된 사고

① 의식적이고 의도적이며 자발적이고 노력을 요구하므로 논리적 사고라고 한다.

② 대개 통제된 사고는 마음대로 시작하고 마음대로 끝낼 수가 있다,

③ 통제된 사고는 정신적 에너지를 필요로 하는 정신활동이기 때문에 사고를 할 때 생각하고 있는 것이 무엇인지 알고 있다.

④ 우리는 우리 행동의 원인을 두고 실제보다 더 큰 통제력을 가졌다고 믿을 때도 있고, 때로는 그 통제력이 실제보다 훨씬 약하다고 믿는다.
⑤ 아쉬운 사건을 경험할 때 통제된 사고를 작동한다. 시험에 아쉽게 떨어졌을 때 '그 문제 답을 고치지 말았어야 했는데'와 같은 반사실적 사고가 해당한다.
⑥ 그러나 반사실적 사고가 언제나 통제된 사고만은 아니다. 의도하지 않아도 과거의 아쉬웠던 상황에서 벗어나지 못하는 경우가 있다.
⑦ 반사실적 사고의 초점이 미래에 더 잘할 수 있는 방식을 모색하는 데 집중되어 있다면 유익하지만 부정적인 과거를 반복함으로써 되살리겠다는 행위로써의 반복적 회상은 우울증을 유발할 수 있다.
⑧ 통제된 사고의 목적 중 하나는 자동적 사고를 견제함으로써 인지활동의 균형을 유지하는 데 있다.

(3) 판단의 과신

우리는 누구나 자신의 판단을 지나치게 확신하는 편이다. 인간의 추리력을 향상시키기 위해 극복해야 할 장애물 중 하나는 자만의 벽이다. 이것은 자신이 내린 판단의 정확성을 지나치게 확신하는 일반적인 현상이다. 하지만 우리는 자신의 사고력에 대해 좀 더 겸손해질 필요가 있다. 자동적, 통제적 두 사고의 적절할 균형을 위해 자동적 사고의 판단이 오류를 범할 가능성에 대해 경계를 하고 통제적 사고를 하고자 하는 의식적 노력이 필요하다. 방법 중 하나는 상황이 구체적일 때 우리는 그 사실이 상황을 대표하는 것으로 느끼게 된다. 매우 구체적인 상황 설명에 유혹되지 않도록 하자. 두 번째는 사건의 발생 가능성이 매우 낮거나 높은 경우에 **기저율**을 생각하자. 또한 상황을 자신이 통제 할 수 있다는 통제감의 착각에 의한 실수를 방지하기 위하여 우연적인 사건은 서로 상쇄되지 않는다는 것을 염두에 두어야 하는데 다시 말해 지금까지 상황이 좋지 않았으므로 다음번엔 좋을 것이라고 생각하는 것은 착각이라는 것이다. 이것과 반대로 평균으로의 회귀가능성도 고려하는 것이 필요하다. 어제까지 상황이 좋았다고 오늘도 좋은 결과가 나오리라 기대하는 것은 잘못일 수 있다는 것이다.

용어 설명

기저율: 판단 및 의사결정에 필요한 사건들의 상대적 빈도를 말하는 것
예 키가 크고 안경을 쓴 금발의 남성이 미술 잡지를 보고 있다면 이 사람의 직업은 무엇일까?
① ○○대학교 미대 교수 ② 무역회사 직원
답 : 많은 사람들은 이 사람이 보이는 모습의 개연성 때문에 ①번이라고 답을 하기 쉽다. 하지만 이것이 기저율의 오류를 범하는 것이다. ○○대학교 미대 교수일 확률은 무역 회사원보다 매우 낮기 때문이다.

2 정보의 수집과 취합

(1) 신념과 선입견

① 사람들은 자신이 가지고 있는 사전 기대감에 의해 같은 장면에 대한 해석이 크게 달라진다.

② 사람들이 낯선 대상을 접하는 경우에 자신이 가지고 있는 선입견이나 도식들을 적용시킨다.

③ 어떤 관점을 취하는가에 따라 같은 대상이라도 그 인식이 달라진다.

[에셔(Escher)의 목공예]

위 그림에서 가역성 도형과 배경은 보기에 따라서 검은 악마 또는 흰 천사로 보이기도 한다(네덜란드의 Haags Gemeete 박물관 소장).

④ 사람은 어떤 사건에 대해 자신의 생각을 지지하는 결과에는 '그럴 줄 알았어.'의 반응을 보이고, 자신의 생각과 반대되는 결과에는 비판적이고 그 결과가 잘못되었을 이유를 찾는다. 결국 사람은 자신의 생각과 일치하든 일치하지 않든 어떤 결과가 제시되어도 그 결과는 자신들이 기존에 지니고 있던 생각을 더욱 강화시켜 준다.

⑤ 우리가 지닌 신념은 한번 형성되면 그에 반하는 정보에 별로 영향을 받지 않는다.

⑥ 사람들은 복잡한 현상을 설명할 때 과잉단순화시키는 경향이 강하다.

⑦ 어떤 사건들을 이해하는 데 도움이 되는 정보를 갖게 되면 다른 설명의 타당성을 무시하는 경향이 있다.

⑧ 우리는 새로운 사실에 접해서 우리가 갖고 있는 이론을 변경시키기보다는 이미 갖고 있는 신념에 새로운 사실을 맞추는 경향이 강하다.

⑨ 우리의 기존 생각에 맞는 정보들은 회상해 내기가 쉽다.

⑩ 인간이 지닌 정보처리의 중요한 특징은 매우 보수적이라는 것이다.

(2) 정보수집의 오류

우리는 사전기대감이 있을 때 치우친 정보를 모색하는 경향이 있다.

① **확증적 정보탐색(확증편향)** 기출

㉠ 사람은 기대나 가설이 있을 때 그에 맞는 정보를 수집하려는 경향이 있다.

㉡ 확증적인 정보를 수집하려는 경향은 사전가설이 얼마나 신뢰할 만한 것인가 혹은 사전가설이 맞을 가능성과 무관하다.

㉢ 상대를 파악하고자 하는 사람은 자신의 생각이 맞는지 확인하는 질문을 주로 하고 이 질문을 받는 사람은 보통 그렇지 않다고 하더라도 긍정적으로 대답해 주는 경향이 있다.

㉣ 사전기대가 잘못된 판단을 유도하는 경우

- 많은 근거 없는 편견들로 인해 형성된 잘못된 기대의 경우 그릇된 기대에 맞는 정보들을 통해 잘못된 판단이 유지된다.
- 사전기대가 정보수집에 미치는 영향력을 인식하지 못하는 경우 즉, 잘못된 고정관념을 제대로 된 자료의 판독결과라고 생각하는 것이다. 따라서 자료의 판독은 선입견의 작용 없이 이루어진 것이라고 믿지만 실제로는 선입견을 적용시킨다.
- 사전기대, 선입견으로 인해 올바른 정보들을 접할 기회를 원천적으로 갖지 못하게 된다.

② **표본의 편파성**

판단을 위한 정보를 수집할 때 편파적인 자료가 수집된다는 것을 사람들은 잘 인식하지 못하는데 영화에서 조직폭력배가 미화된 모습을 보고 조직폭력배는 모두 좋은 사람이라는 인식을 갖는 것과 같은 것이다. 또한 표본의 수가 커야 모집단의 특징을 반영하는데 적은 수의 표본에서 나온 결과를 가지고 모집단의 특성이라고 생각한다.

③ **사례정보의 영향력**

하나의 사례는 다양한 사례 중의 하나일 뿐이며, 통계정보는 여러 사례를 가지고 경향성을 분석한 것이다. 그럼에도 같은 내용의 두 가지 정보가 모두 있을 때 사람들에게 더 영향력을 가지는 것은 사례정보이다. 아프리카에서 굶어 죽는 아이들의 수를 통계적으로 제시할 때보다 굶주리고 있는 한 아이의 사례를 소개하는 영상이 사람들의 기부를 더 많이 이끌어 낸다.

용어 설명

확증편향: 자신의 믿음에 부합하는 증거를 확보하려는 경향성

예 우리는 자신의 믿음을 확증하기를 열망하고 이를 부정할 만한 증거들을 찾는 것을 좋아하지 않는다.

(3) 정보의 파악

① **정보의 취합**

㉠ 자료를 취합하는 과정에서도 사전의 기대감에 영향을 받는다. 내가 가진 기대감에 일치하는 모습은 그것은 정보로 취합을 하고 기대감과 일치하지 않는 정보는 정보로 받아들이지 않을 수 있다.

㉡ 자기기대에 일치하는 정보는 잘 기억하고 그렇지 않은 정보는 망각하는 경향이 있다.

㉢ 두 사건 간의 관계에 대한 사전가설을 가지고 있다면 두 사건의 관계를 지나치게 연관된 것으로 여긴다. 농구선수에게 뜨거운 손 현상(Hot Hand Effect)이 작용한다고 하는데 이것은 이전 슛이 다음 슛으로 연결된다는 믿음이다. 그러나 실제조사에 따르면 두 번째 슛의 성공률은 직전 슛이 성공했을 때나 실패했을 때나 비슷한 결과를 보여 뜨거운 손 현상은 단지 사람들의 믿음일 뿐이라는 것이다.

㉣ 어떤 사람의 능력을 판단할 때 우리는 여러 사건에서 그 사람의 성공적인 결과에만 초점을 맞추는 경향이 있는데 그 사람의 실패사건과 또한 성공사건의 타인의 성공률을 같이 파악해야 한다.

㉤ 사람들은 관계가 없는 두 사건 간의 관계를 관계가 있는 것처럼 파악하는 경향이 있다. 이것을 착각적 상관(상관의 착각)이라고 부른다. 두 사건이 관계가 있으리라는 사전기대가 여기에서도 작용한다. 소수의 집단은 바람직하지 못한 행위와 관련이 있다는 생각도 착각적 상관에 해당한다. 외국인 노동자의 범죄가 보도되면 내국인 범죄율보다 낮음에도 불구하고 외국인을 불량한 사람으로 보는 경향이 바로 이러한 이유 때문이다.

② **통제감**

㉠ 사람들은 전혀 무관한 두 사건이 우연히 발생했을 뿐인데 둘의 관계를 인과관계로 파악하는 양상을 보인다.

㉡ 사람들은 통제 불가능한 일에도 자신이 영향력을 행사할 수 있다는 믿음을 갖고 있다. 스스로 번호를 선택해서 복권을 구입한 사람은 자동번호배정으로 구입한 사람보다 당첨에 대한 믿음이 더 크다. 이렇게 통제를 할 수 없는 상황에서 자신의 행위와 결과를 연결시키려는 통제감의 착각 현상이 나타난다. 특히 사람들은 순전히 우연적인 사건일지라도 초기에 통제할 수 있다는 생각을 갖게 되면 나중에 통제가 안 될지라도 통제감의 착각을 버리기 어렵다.

㉢ 주어진 환경에 대하여 통제감을 잃게 되는 경우 사람들은 고통스러워하고 수행력은 떨어지며, 분노를 느끼고, 무력감과 우울증에 빠진다.

㉣ 특정 과제에 반복적으로 실패한 경험이 있는 사람들은 그러한 과제에 처음 접한 사람들보다 쉽게 그 과제를 포기하려는 경향을 보이는데 이것을 학습된 무기력이라고 한다. 이러한 사람들은 환경에 대한 통제감을 상실한 것으로 볼 수 있다.

㉤ 따라서 통제감의 착각은 논리적으로는 불합리한 것이지만 개인의 적응과 동기에 필수적인 기능을 하는 긍정적인 면을 가지고 있다.

③ **판단의 자신감**

사람들은 남들보다 스스로가 자신의 정서, 행위의 이유를 더 잘 안다고 생각하기 때문에 자신의 판단에 대해 의심하지 않고 지나칠 정도로 과신하는 경향이 있다. 행위의 원인이 뚜렷하거나 우리가 느끼는 직관과 같은 맥락일 때는 우리의 판단이 맞지만 행위의 원인이 불분명할 때 우리의 설명은 틀릴 가능성이 높다. 개인들의 고백이나 증언이 상당한 설득력을 보이지만 그것이 늘 신뢰로운 것은 아니다.

④ 사람들은 스스로가 내린 결정에 지나치게 낙관적이다. 전문가와 비전문가로 구성된 참여자들을 대상으로 Bender-Gestalt검사지의 결과를 가지고 뇌손상 진단을 하게 했을 때 정확성은 65~70%로 모두 비슷한 결과를 보였지만, 잘못 판단한 경우나 바르게 판단한 경우 모두 판단에 대한 확신은

차이가 없었다. 사람들은 자신의 가설을 부정하는 정보가 아닌 지지해 주는 정보를 찾고 그러한 증거가 누적되면 더 많은 지지적인 정보가 확보되었다고 여김으로써 자신감을 더하게 된다.

⑤ 자신감과 정확성은 상관이 적다. 법정에서 증인들이 확신을 갖고 하는 증언도 그들의 확신도와 증언의 정확성이 일치하지 않는 경우가 많다.

3 도식(스키마)을 활용한 사고

(1) 도식(스키마)의 기능

① 도식(스키마)이란 사회적 세계에 관한 우리의 지각경험을 조직하는 정신적 구조를 말한다. 도식에는 특정인, 사회의 역할, 자신의 파악, 고정관념, 잘 알려진 사건, 지식에 관한 것 등 여러 가지가 있다. 이러한 도식은 사람들이 상황을 파악하는데 매우 중요한 기능을 담당하며 자동적 사고는 도식을 이용해서 형성된다. 따라서 이 지식을 이용하여 사회적 세계에 관해 우리가 알고 있는 것을 조직화하고 새로운 상황을 해석한다.

② 도식은 회상을 용이하도록 돕는다. 도식과 부합하는 정보뿐 아니라 도식과 모순되는 정보까지도 회상을 용이하게 한다. 단, 도식과 무관한 정보는 회상이 잘 되지 않는다.

③ 도식에 부합하는 정보는 처리가 빠른 반면 도식에 부합하지 않는 정보는 처리가 느리다. 그러나 경우에 따라서 전문지식이 포함된 도식의 경우는 많은 정보의 처리를 요하기 때문에 정보처리를 더디게 한다.

④ 도식과 관련된 정보의 처리는 거의 자동적으로 이루어지므로 암묵적 성격이론(내현적 성격이론)에 근거하여 보이지 않은 면에 대하여도 자동처리가 나타난다.

⑤ 도식은 소유자가 느끼는 정서를 포함하고 있어 대상자극들의 처리 시 정서적 느낌도 수반한다. 내가 '김철수'라는 이름의 사람에게 매우 부정적인 느낌을 갖고 있는데 만일 내가 내일 소개받을 사람의 이름이 '김철수'라고 한다면 그 사람에 대한 감정이 부정적으로 나타날 것이다.

⑥ 도식이 중요한 이유는 새로운 경험을 과거 도식과 관련짓는 능력 때문이다. 우리가 혼란스러운 상황에 처했을 때 그러한 경우에 어떤 일이 어떻게 전개 되는지 파악하고 대처하게 해 줄 수 있는 것이 도식이다. 사람들은 상황이나 상대방에 대해 가진 정보가 모호할수록 도식을 기초로 판단을 내리게 된다.

(2) 도식의 적용

우리가 살아가는 사회는 우리의 해석이 필요한 상황들로 가득하다. 이때 여러 도식 중에서 어떤 도식을 가지고 그 상황을 혹은 그 사람을 판단할지가 접근가능성 및 점화 등에 따라 달라질 수 있다.

① **접근가능성**

㉠ 접근성이란 다양한 상황에서 판단을 내리려 할 때 관련 도식이나 개념이 머릿속에 쉽게 떠오르는 정도를 말한다.

㉡ 과거의 경험에서 오는 도식은 접근성이 언제나 높다. 이러한 도식은 언제나 활성 중인 상태이기 때문에 모호한 상황을 해석하는 데 이용될 준비가 이미 되어 있다.

㉢ 현재의 목적성 때문에 도식의 접근성이 높아지기도 한다. 요즘에 정신질환에 관한 공부를 하고 있다면 이상행동을 하는 사람을 보고 술에 취했다고 생각하기보다는 정신질환자라고 생각하기가 쉽다.

㉣ 최근의 경험도 도식의 접근성을 일시적으로 높게 할 수 있다. 방금 전에 TV에서 알코올중독자를 보았다면 지금 내 눈에 보이는 이상행동을 하는 사람은 술에 취한 사람으로 여겨질 것이고, 정신질환자의 이야기를 보았다면 그 사람은 정신질환자로 보일 것이다.

② **점화와 접근성**

㉠ 점화효과란 시간적으로 선행한 자극이 사건에 의해서 이와는 무관하지만 이어서 발생한 자극이나 사건이 처리되는 과정에 무의식적으로 영향을 주는 현상을 말한다.

㉡ 도식은 매우 추상적이고 일반적인 요소뿐만 아니라 매우 구체적이고 단편적인 요소까지 포함한 구조로 조직화되어 있다.

㉢ 따라서 전혀 무관한 사건들에 의해서도 촉발되면서 사건과 대상의 인식에 큰 영향을 줄 수 있다.

사례

A, B 두 집단의 참여자들에게 A그룹은 '대담한', '자신만만한', '독립적인', '불굴의'라는 긍정적인 단어를 암기하게 했고, B그룹은 '무모한', '자만심이 강한', '냉담한', '완고한'이라는 부정적인 단어를 암기하게 하였다. 이후 도널드라는 사람의 여러 가지 행동을 적은 글을 읽게 한다. 도널드의 행동은 여러 가지로 일관성이 없이 모호한 행동들로 기술되어 있다. 예를 들면 배에 관해 아는 게 없으면서 배를 몰았고 대서양을 횡단하고 싶어 한다. 다른 사람들과의 관계는 매우 제한적이다. 한 번 마음먹으면 반드시 그 일을 해내고 만다. 마음을 바꾸어 먹는 일이 훨씬 좋아 보여도 마음을 고쳐먹지 않는다 등의 사실들이 적혀있다.

도널드에 대한 두 그룹의 평가는 어떠할까?

도널드에 대해 긍정적인 인상을 형성한 사람은 A그룹의 사람들이 B그룹의 사람들보다 7배 많았다.

㉣ 위 글은 점화효과를 보여주는 실험내용이다.

(3) 도식의 문제

① 도식과 부합한다고 판단되면 도식적 처리가 자동적으로 나타나 실제 자료를 왜곡하거나 복잡한 현상을 과잉단순화시켜 처리하게 될 수 있다. 따라서 잘못된 고정관념이나 편견을 촉발시켜 상대방을 잘못 파악할 수 있다.

② 판단의 중요성이 클 경우에는 도식과 불일치하는 정보에 신경을 쓰기 때문에 도식에 제동이 걸릴 수 있다.

③ 인종, 성, 나이, 미모 등의 도식은 상대방을 대함과 동시에 촉발된다.

④ 도식과 그에 따르는 부정적 감정도 자동적으로 촉발되지만 여유와 동기가 있을 때 그 영향력은 감소한다.

⑤ 상대가 지닌 성격특성보다는 역할과 관련된 도식이 촉발되기 쉽다. 초등학교 동창 중에서 착한 아이보다는 반장이 더 잘 기억된다.

⑥ 무심코 내가 가진 도식에 맞추어 다른 사람들 대함으로써 우리의 도식이 옳은 것으로 만들어 버리는데 이것을 **자기충족예언**이라고 한다.

⑦ 자기충족예언은 자동적으로 발생하는데 교사의 기대를 받은 학생들은 실제적으로 성적 향상을 보였다.

용어 설명

자기충족예언 : 피그말리온효과 또는 로젠탈법칙이라고 불리는 것으로, 어떤 사람에 대한 우리의 기대가 그 사람에 대한 우리의 행동에 영향을 미치고 결국 그 사람은 우리가 기대했던 대로 행동하게 됨으로써 우리의 기대가 실현된다는 현상 **기출**

(4) 도식의 활용

① 논리적으로 같은 의미의 표현이라고 하더라도 지각되는 틀에 따라 다르게 인식되는 현상을 틀효과라고 한다. 수술의 생존율이 90%라고 제시할 때 사망률 10%보다 수술을 받겠다는 생각을 더 하게 되는 것이 이러한 이유 때문이다.

② 다양한 이슈에 대해서 사람들은 어떤 측면을 부각시켜 인식하는가에 따라 상황에 대한 인식이 달라진다. 따라서 하나의 사건에 대하여 서로 다른 틀을 가지고 주장을 하게 되므로 합의가 이루어지기 힘든 것이다.

③ 틀효과를 의도적으로 가져오기 위해 연상되는 내용을 바꾸거나 유리한 틀로 변형시키는 것을 '틀 돌리기'라고 하는데, '동성애 허용'이라는 논제에 대해 동성애 허용론자들은 인권이라는 틀을, 반대론자들은 도덕・윤리라는 틀을 제시한다.

④ 카너먼(Kahneman, 1979)의 전망이론에 따르면 사람들은 최종결과에 가치를 두기보다는 현재의 위치에서 이익이냐 손해냐에 가치를 둔다고 하였다.

사례

정부는 600명을 죽일 수 있는 전염병의 확산을 막기 위해 프로그램 선택을 고민한다.

- A, B 중 어떤 프로그램을 채택할 것인가?
  - A 프로그램을 채택하면 200명의 목숨을 구한다.
  - B 프로그램을 채택하면 600명이 모두 살 수 있는 가능성이 1/3이고, 모두 죽을 가능성이 2/3이다.
- C, D 중 어떤 프로그램을 채택할 것인가?
  - C 프로그램을 채택하면 400명이 죽을 것이다.
  - D 프로그램을 채택하면 아무도 죽지 않을 확률이 1/3이고, 600명 모두 죽을 확률이 2/3이다.

⑤ A, B를 선택지로 제시하였을 때 북미지역의 학생들은 72%가 A를 선택하였다.

⑥ C, D를 제시하였을 때는 78%가 D를 선택하였다.

⑦ 이익의 틀(A, B)에서는 사람들은 확보된 이익을 중시하며 더 많은 이익을 위한 모험을 회피한다. 손해의 틀(C, D)에서는 확정된 손실을 기피하고 더 큰 손해를 볼지도 모르는 모험을 추구하는 양상을 보인다.

⑧ 사람들은 이익에 비해 손해를 보는 것에 더 민감한데 손해의 틀일 경우에 행동의 결과에 대하여 더 신중하게 결정하려는 경향이 있다.

카너먼(Daniel Kahneman)

이스라엘 태생의 심리학자로 프린스턴 대학교 교수이다. 트버스키와 공동으로 판단과 의사결정에 관한 연구를 하여 1979년 전망이론을 발표하였다. 2002년 노벨경제학상을 수상하였다.

4 휴리스틱[Heuristics(판단 어림법)]을 통한 효율적 사고

우리는 일상생활에서 어떤 결정이나 판단을 내릴 때 모든 대안을 철저하게 검색하지 않는다. 논리적인 전략보다는 결정을 쉽게 해 주는 마음속 전략 또는 마음속의 지름길을 이용한다. 물론 이 지름길이 반드시 훌륭한 결정을 보장하지는 않는다. 그러나 많은 경우 사람들은 복잡한 형식논리에 의존하지 않고 문제를 단순화하는 도식적 처리를 하거나 지름길을 이용한 해결방식을 사용한다. 이러한 마음속 전략은 효율적이어서 대개는 적절한 시간 내에 훌륭한 결정을 내릴 수 있게 해 준다. 하지만 구체적인 판단이나 결정을 내릴 때는 곧바로 적용할 수 있도록 미리 마련해 둔 도식이 없을 때도 있고 또 어떤 때는 활용할 수 있는 도식이 너무 많아 어떤 것을 사용해야 할지 고민이 된다. 이런 경우에 **휴리스틱**을 사용한다.

용어 설명

휴리스틱(Heuristics) : 사람들이 판단을 신속하고 효율적으로 내리기 위해 이용하는 마음속 지름길

(1) 가용성 휴리스틱(Availability Heuristic) 기출

① 어떤 일이나 물건 등에 대한 판단을 내릴 때 우리 마음이 작용하는 법칙을 일컫는다. 이 법칙에서는 어떤 일이나 사건에 대한 과거 경험에 따라 마음속에 쉽게 떠오르는 정도를 기준으로 판단을 내린다.

② 가용성 휴리스틱의 문제는 우리의 마음속에 떠오르는 정도가 곧 그 사건이나 일이 과거에 발생했던 빈도를 정확하게 반영하지 않는다는 데 있다. 따라서 가용성 휴리스틱에 근거한 판단은 오판이 될 수도 있다.

③ 영어 단어에서 R이 첫 번째 자리에 쓰일 때와 세 번째 자리에 쓰일 때 중 어떤 경우가 많을까? 답은 세 번째이다. 그런데 사람들은 첫 번째라고 생각한다. 우리는 R이 처음에 쓰인 단어를 더 많이 알기 때문이다. 이렇게 우리의 기억에 근거하여 판단하는 것을 가용성 휴리스틱이라고 한다.

④ 한국교통안전공단에 따르면 자동차 사고로 사망하는 사람은 비행기 사고로 사망하는 사람의 200배가 넘는다. 하지만 우리가 느끼는 안전도는 이 결과와는 다르다. 이것은 비행기 사고가 자동차보다 훨씬 큰 대형사고로 이어지고 사건도 더 집중적으로 다루어지므로 사람들에게 강하게 인식되기 때문이다.

(2) 대표성 휴리스틱(Representativeness Heuristic) 기출

① 우리가 어떤 사물을 분류할 때 그 대상에 대한 고정관념과 비교해서 판단을 내리는 것을 말한다.

② 대표성 휴리스틱에 의한 판단방식은 손쉽다는 장점이 있지만 논리적인 것이 아니다.

③ 대표성 휴리스틱을 자주 사용하는 이유는 사람들은 일부 사례의 특징을 전체의 특징이라고 강하게 믿기 때문이며 또한 기저율을 무시하는 인간의 추론방식 때문이다.

④ 사람들은 판단의 기준으로 삼을 만한 그럴듯한 정보나 도식이 있다면 기저율을 무시하며, 그런 기준이 없을 때만 기저율을 이용하는 경향이 크다.

⑤ 많은 민간처방들이 이 휴리스틱을 기초로 한다.

(3) 휴리스틱의 효과

① 생생한 진술문의 형태로 제시된 것이 평이한 형태보다 더 큰 영향력을 보인다. 이유는 생생한 정보가 시간이 경과함에 따라 더욱 기억에 남기 쉽고 인출이 용이하기 때문이다. 아내 살해혐의로 재판을 받은 O.J. 심슨의 재판관은 배심원들이 이 사건과 관련된 방송 및 언론 보도를 접하지 못하도록 명령을 내렸다. 이것은 보도매체의 생생함에 의한 판단이 영향을 받는 것을 막기 위함이다.

② 어떤 사항에 대한 판단을 내릴 때 초기에 제시된 기준에 영향을 받아 판단을 내리는 현상을 '닻 내리기 현상'이라고 한다. 학생들에게 1×2×3×4×5×6×7×8이 대략 얼마인지를 물었을 때 중간 값이 512로 나왔다. 다른 학생들에게는 8×7×6×5×4×3×2×1이 대략 얼마인지 물었을 때 2250으로 나왔다. 처음으로 제시된 숫자 1과 8에 닻 내리기가 되기 때문이다. 백화점 세일기간에 우리가 충동구매를 하는 이유는 구매한 물건의 원래 가격이 머릿속에 닻으로 내려져 있기 때문에 세일가격은 매우 저렴하다는 생각을 하게 되는 것이다. 첫인상이 중요한 이유가 바로 여기에 있다.

③ **빠르고 간단한 휴리스틱**

종류	정의	사례	결과
대표성 휴리스틱	사람이나 사물이 범주에 부합하는지에 대한 즉각적인 판단	수지가 사서의 이미지를 더 많이 가지기 때문에 수지를 운전사보다는 사서로 판단	다른 중요한 정보들은 무시하게 됨
가용성 휴리스틱	사건의 가능성에 대한 빠른 판단(우리의 기억에 근거하여 판단)	학교 총기사건 이후 십대폭력을 추정	생생한 사례들에 지나치게 무게를 두어 통계보다는 그럴듯한 이야기를 믿게 됨(비행기 테러가 교통사고보다 더 위험한 것으로 여겨짐)

제5절 긍정심리학 : 행복

1 긍정심리학

(1) 긍정심리학의 탄생

① 심리학이 오랜 기간 동안 관심을 가진 분야는 정신병리였다.

② 긍정심리학 이전 인간이 겪는 다양한 정신적 고통을 개선하고 치료하는 것은 심리학의 중요 임무였다.

③ 기존 심리학은 정신장애에 집중하여 일반적이고 문제가 없는 사람들이 어떻게 하면 더 행복해지거나 나아질 수 있는가에 대해서는 그다지 관심을 기울이지 않았다.

④ 긍정심리학은 기존 심리학처럼 주로 정신장애에 초점을 맞추는 것에서 벗어나 우리 자신의 인생을 행복하고 의미 있도록 만드는 요인들이 무엇인가에 대해 심리학적으로 접근한다.

⑤ 긍정심리학은 셀리그만(Martin Seligman)이 미국 심리학회 회장으로 임명된 1998년에 심리학 분야의 새로운 영역 중 하나로 시작되었다.

⑥ 셀리그만은 문제예방 측면에서도 약점의 치료보다는 오히려 체계적으로 역량을 증진시키는 데에 집중하는 것이 예방의 큰 발전을 가져온다고 강조하였으며, 심리학이 단지 '질병, 취약성, 손상'의 학문이 아닌 '강점과 미덕'의 학문이어야 한다고 주장했다.

(2) 긍정심리학의 개념

① 긍정심리학이 추구하는 목표는 인간의 행복과 안녕이다.

② 긍정심리학은 삶에서 나쁜 것들을 고치는 데에 전념하는 것보다 좋은 것들을 지향하는 것으로, 심리학의 변화를 촉발시키는 데 목적을 둔다.

③ 긍정심리학은 인간의 강점과 심리적 유능성을 세우는 데 관심을 갖는다.

④ 긍정심리학자들은 개인의 번영을 촉진하기 위해 노력한다. 인간의 삶을 활력, 성취, 의미 등이 가득 찬 상태로 끌어올리는 것에 관심을 가진다.

⑤ 긍정심리학은 개인과 조직의 최적의 기능과 작용에 대한 과학적 연구이다.

⑥ 긍정심리학의 관심 키워드는 '행복, 긍정정서, 몰입, 관계, 삶의 의미, 성취, 낙관주의, 강점, 열정 등'이다.

⑦ 셀리그만은 긍정심리학을 떠받치는 세 개의 기둥과 관련하여 긍정적 정서・긍정적 특성・긍정적 제도에 대한 연구를 제시하였다.

(3) 긍정심리이론

① 셀리그만은 즐겁고 몰입하며 의미 있는 삶을 행복이라고 간주한다.

㉠ 진정한 행복이론 → 'H = S + C + V'라는 행복 공식을 제안하였다.

H = 영속적인 행복의 수준(Happy)
S = 이미 설정된 행복의 범위(Set Range)
C = 삶의 상황(Circumstances)
V = 개인이 자발적으로 통제할 수 있는 요소들(Voluntary)

㉡ 행복은 일하는 동안 자신 안에서 완전히 몰입하는 느낌을 갖는 것이다.

㉢ 행복이론에 대한 수정으로 웰빙이론을 제안하며, 웰빙을 위한 5가지 구성요소로 PERMA (Positive emotions–긍정정서/Engagement–몰입/Relationships–관계/Meaning–의미/Accomplishments–성취)를 주장하였다.

㉣ 진정한 행복이론에서는 행복지수를 높이는 것이 목표였다면, 웰빙이론에서는 플로리시(Flourish, 번영) 수치를 높이는 것이 목표가 된다.

㉤ 진정한 행복이론과 웰빙이론의 비교

구분	기존이론(진정한 행복)	새로운 이론(웰빙)
주제	행복	웰빙
측정기준	삶의 만족도 (긍정적 정서, 몰입, 의미)	PERMA (긍정적 정서, 몰입, 긍정적 관계, 의미, 성취)
목표	삶의 만족도 증가	긍정적 정서, 몰입, 긍정적 관계, 의미, 성취의 증가에 의한 플로리시의 증가

② 피터슨과 셀리그만(Peterson & Seligman, 2004)은 '강점척도(Values in Action Inventory of Strengths, VIA-IS)'를 개발하여 건강한 정신에 대한 분류체계를 마련하였다.

③ 미하이 칙센트미하이(Mihaly Csikszentmihalyi)는 몰입(flow)을 주장하였다. 몰입(flow)은 최적경험을 의미하는 것으로, 의식이 질서 있게 구성되고 또한 자아를 방어하는 외적 위협이 없기 때문에 우리의 주의가 목표만을 위해 자유롭게 사용되는 때를 말한다.

④ Lopez(2009)는 미래의 긍정심리학이 관심을 기울여야 할 분야로서 학교의 심리적 개혁, 행복한 가정, 의미 있는 일터 등의 3가지를 강조하고 있다.

2 행복

(1) 행복의 개념

① 행복은 대체로 부정적인 정서가 없고 긍정적인 정서가 대부분인 상태를 의미한다.

② 행복은 정신적 안녕감을 의미하며, '주관적 웰빙(안녕감)'이라고도 한다.

㉠ 주관적 안녕감은 '열정, 흥미, 긍지'와 같은 긍정정서가 존재하는 상태이다.

㉡ 주관적 안녕감은 '화, 수치스러움'과 같은 부정정서가 존재하지 않는 상태이다.

㉢ 주관적 안녕감을 느끼는 사람은 자신의 삶에 만족을 느끼거나, 자신의 삶이 자신의 이상적인 삶에 가깝다고 느낀다.

③ 주관적 웰빙은 부와 어느 정도 상관이 있다.

㉠ 가난한 국가에서 많은 재산을 가지고 있는 사람들은 삶의 기본 욕구가 충족되지 않는 사람들보다 더 행복하다.

㉡ 부유한 국가의 사람들도 가난한 국가의 사람들보다 더 큰 웰빙을 경험한다.

④ 행복을 증진시키는 데 있어서 돈이 영향을 미치는 경우는 수입이 낮을 때이며, 수입이 높은 사람들은 수입이 증가함에 따라 행복이 줄어든다. 안전, 안락함을 위한 충분한 돈을 가지게 되면 부를 축적하는 것이 점점 덜 중요해진다.

⑤ 삶의 수준은 점점 높아졌지만 삶의 만족도가 같이 상승하지는 않았다.

⑥ 물질적 부와 행복감의 상관관계는 낮다.

㉠ 물질주의와 행복이 부적 상관관계이며, 심지어 서로 독으로 작용한다는 연구도 있다.

㉡ 다양한 계층 사람들(도시거주자, 빈민촌 거주자, 성 노동자, 제3세계 시골 농부, 갈 곳 없는 중국 내 이주자, 정신질환자, 신체장애자, 저임금 노동자 등)을 대상으로 한 주관적 웰빙 연구에서 사람들 간 행복감의 차이가 크지 않은 것으로 나타났다.

(2) 행복의 영향

① 주관적 안녕감은 결과가 아닌 과정 속에 존재한다.

② 행복감은 소유하기보다는 행동하는 과정 속에서 만들어진다.

③ 주관적 안녕감은 삶을 더욱 효율적으로 만든다는 장점이 있다.

④ 행복한 사람들은 그렇지 않은 사람들보다 더 건강하고, 일에 더 몰입하고, 관계에서 더 많은 만족을 느낀다.

⑤ 행복감은 좋은 느낌을 받는 것 그 이상으로 건강, 일, 관계에서 삶을 더 성공적으로 이끈다.

(3) 행복의 예측 요인

행복과 관련된 요인	행복과 관련되지 않은 요인
• 높은 자존감(개인주의 국가에서) • 낙관성, 외향성, 친절함 • 친밀한 우정이나 만족스러운 결혼 • 자신의 재능을 사용하는 직업과 여가 • 의미 충만한 종교적 신념 • 숙면과 운동	• 연령 • 성별 • 신체적 매력

① 유전적 영향은 행복에 영향을 미친다.
쌍생아 연구에 따르면 행복의 차이 중 50%는 유전적인 영향이었다.

② 개인사와 문화는 행복에 영향을 미친다.
㉠ 자존감과 성취는 개인주의에 가치를 두는 서양인들에게 더 중요하다.
㉡ 사회적 용인과 조화는 가족과 지역사회를 강조하는 지역공동체 문화를 가진 사람들에게 더 중요하다.

③ 행복은 우리가 제어할 수 있는 요인들의 영향을 받을 수 있다.
결혼한 부부들이 동일한 정도로 삶의 만족도를 보이는 것은 관계의 질이 중요하다는 것을 말해준다.

3 안녕

(1) 쾌락추구적 안녕

재미있고, 부정적 정서가 없으며, 안락하고 편한 삶과 관련된 경험들의 종합을 의미한다.

(2) 의미추구적 안녕

① 도전, 노력, 집중, 몰입, 진정한 자신의 가치 실현, 충만한 생명력과 진실함을 추구하는 경험들의 종합을 의미한다.
② 본질적으로 자기실현을 의미하며, 탁월함을 추구하는 행위를 의미한다.
③ 몰입, 의미, 자기실현 등과 밀접한 관계를 맺는다.
④ 심리적 안녕을 이루기 위해서는 주관적 안녕(쾌락추구적 안녕)과 개인의 성장 모두 필요하다.

(3) 의미추구적 안녕의 예측 요인

① **개인적 목표**
㉠ 사회적으로 강요된 것이 아닌 자신이 삶에서 추구하는 자발적 목표는 의미추구적 안녕에 유의미한 영향을 미친다.
㉡ 스스로 인정하거나 자신과 조화를 이루는 목표는 기본 심리욕구를 충족시킨다.

ⓒ 기본 심리욕구(자율성, 유능성, 관계성)를 충족하는 주관적 경험은 개인 성장의 바탕이 된다.
ⓔ 물질적 · 외재적 목표는 일반적인 목표이지만 의미추구적 목표를 추구하는 데에는 방해물로 작용한다.

② **관계성을 높이는 목표**

㉠ 관계성의 여부는 의미추구적 안녕의 확실한 예측인자이다.
㉡ 친밀함, 신뢰, 지지 등의 관계성 여부는 관계성의 만족에 영향을 미친다.
㉢ 물질적 목표의 추구는 자신에게 의미 있는 관계에 소홀해지도록 만든다.
㉣ 높은 질적 관계를 지향하는 것은 심리적 안녕을 이루는 데 최소한이 된다.

4 낙관주의

(1) 낙관주의의 특징

① 대다수의 사람들은 자신에 대해 긍정적인 생각을 가지고 살아간다.
② 낙관주의는 자신의 미래가 긍정적일 것이라고 예측하고, 비관주의는 자신의 미래가 부정적일 것이라고 예측한다.
③ 자신을 긍정적으로 지각하는 태도는 개인의 안녕 · 수행과 관련된다.
④ 낙관적인 사람들은 자신의 행동이 긍정적 결과를 만들 것이라고 믿는다.
⑤ 낙관적인 사람들은 그렇지 않은 사람들에 비해 상대적으로 더 많은 노력, 더 효과적인 방식, 사전관리적 태도, 예방적 문제해결 전략을 활용하는 경향이 있다.

(2) 낙관주의와 삶의 만족 연구

① 청소년기의 낙관성으로 성인기의 안녕감과 생애 만족도를 강력하게 예측한다.
② 낙관적인 사람들이 그렇지 않은 사람들보다 좀 더 보람 있는 삶을 살아간다.
③ 낙관적인 사람들은 심리적 · 신체적으로 더 건강하고, 건강 유지를 위한 행동 수행에 더 적극적이다.
④ 낙관주의는 더 꾸준하고 효과적인 문제해결을 한다.
⑤ 낙관주의는 사회적 호감을 더 많이 받는 것으로 보고되었다.
⑥ 낙관적인 사람들은 어떤 사건에 대해 비관적으로 대처하기보다 긍정적 기대감과 긍정적 정서로 건설적인 대처를 하고, 더 생산적으로 일을 하는 경향을 보인다.

낙관주의를 비판하는 학자들은 낙관성을 망상에 비유하기도 하지만, 긍정심리학자들은 낙관주의는 현실을 반영하지만 망상은 현실을 반영하지 못한다고 하며 비판자들의 주장에 반박한다.

5 의미

- 의미란 발견하고 성취하려는 욕구를 의미한다.
- 의미는 우리의 삶에 목적성과 의의를 부여한다.
- 미래 지향적인 목표는 일상의 삶에 활기를 불어넣고, 일상의 어려움을 극복할 수 있는 목적의식을 부여한다.
- 삶에 대한 유의미성은 개인의 과업이나 성취, 관계, 영성, 자기초월성의 범주 내에서 종종 발견된다.
- 삶의 의미는 자신에게 발생한 어떤 특별한 사건들로부터 만들어진다.
- 자신이 삶 속에서 겪은 사건을 해석하게 하는 것은 삶의 의미를 창조하는 능동적인 과정이다.
- 삶의 의미 창조 과정은 자신이 겪은 사건들의 유익한 점과 자신에게 발생한 일들에 대한 의의를 찾아내도록 만든다.
- 생애 사건을 경험하면서 삶의 의미와 목표를 찾은 사람들은 곤경에 처할 때를 자신을 강하게 만드는 여러 자질들을 향상시킬 수 있는 기회로 삼는다.
- 의미 창출을 통해 얻은 목적의식, 도덕적 선, 높은 자기효능감은 심리적 상태에 긍정적 영향을 준다.

6 긍정성

(1) 긍정성의 개념

① 긍정성은 즐거움, 흥미, 감사, 희망, 평온, 사랑, 자긍심 등과 같은 긍정적 정서를 대표한다.

② 긍정성은 여유로운 마음을 가지게 하고 폭넓게 사고하도록 이끈다.

③ 분노, 두려움, 걱정 등의 부정적 정서는 우리를 혐오적 환경에 묶어두고 편협된 견해를 갖게 한다.

(2) 프레드릭슨(Fredrikson)의 긍정적 정서의 확장과 축적이론(The broaden-and-build theory of positive emotions)

① 이 이론은 개인이 어떻게 번성하고 성장하는지에 대한 설명을 제공한다.

② 긍정정서는 생각을 확장시키고 개방적이 되게 하며, 인지적 유연함과 폭넓은 사고를 지니게 한다.

③ 사고의 확장을 통해 창의성, 문제해결력, 탐색하고 즐기려는 마음이 축적된다.

④ 인지적 경험의 확장은 사람들로 하여금 정신적 자원(학습 촉진), 사회적 자원(관계성 촉진), 신체적 자원(건강 촉진)을 구축하는 행동을 이끈다.

⑤ 정신적, 사회적, 신체적 자원의 획득은 미래에 긍정적 정서를 경험할 수 있는 확률과 빈도를 높인다.

⑥ 긍정적 감정은 부정적 정서의 생리적 효과를 원상태로 회복시키는 기능을 수행한다(원상복구 가설, undoing hypothesis).

⑦ 긍정적 감정은 심리적 복원력(resiliency)을 증진시키는 작용을 한다.

⑧ 정서적 침체감이 정서적 번영감으로 전환되는 티핑 포인트(tipping point)는 '긍정정서:부정정서(3:1)의 비율'과 관련이 있다.

⑨ 긍정적 정서의 경험은 '일시적 사고-행동 목록의 확장 → 지속적인 개인자원의 축적 → 개인의 변화 및 상향적 발전'이라는 선순환의 고리를 만든다.

7 심리적 안녕감 향상을 위한 효과적인 중재기법

- 감사편지 쓰기 – 감사편지를 쓴 참가자들의 행복감과 삶의 만족도는 유의미하게 증가하였고, 우울감은 유의미하게 감소하였다.
- 미래를 위한 희망 세우기 – 참가자들은 '미래의 목표를 개념화하고, 가능한 목표 성취 전략을 범주화하며, 난관이나 도전을 재평가하도록 학습하는 프로그램' 참가 후 희망, 삶의 만족, 자기가치가 높아졌다.
- 긍정심리학의 '강점중재 프로그램'이 보이는 통계적 효과의 크기는 대체로 낮은 수준에서 중간 수준으로, 효과의 크기가 결코 크지 않다.

8 긍정심리학에 대한 비판

- 긍정심리학자들이 지나치게 낙관적인 관점을 선호하여 실제 삶의 부정적인 측면을 간과하기 쉽다.
- 지나친 긍정은 위기에 대처하는 힘을 약화시킨다.
  실패의 책임을 개인의 긍정성 부족에 돌림으로써 시장경제의 잔인함을 변호한다(Barbara Ehrenreich, 2011).
- 긍정적 사고보다는 비판적 사고가 위기의 상황에서 더욱 요구된다.
- 인간에게 '좋은 것'을 증진시킨다고 할 때, '정확히 무엇이 좋은 것인가?'라는 질문에 분명한 대답을 찾기 어렵다.
- 긍정적이라는 것은 무척 복잡하고 다양한 측면을 지니고 있다.
- 긍정심리학이 복잡성에 대응하기 위해서는 긍정성의 주요 효과, 즉 낙관주의, 유머, 용서, 호기심, 용기 등을 기술하는 수준을 넘어서 그 효과들의 복잡한 상호작용을 면밀히 관찰하고 탐구하기 시작해야 한다.

제 2 장 실전예상문제

01 '자기(Self)'에 대한 내용으로 옳지 않은 것은?

① 인간은 보통 생후 약 18~24개월경 자기개념이 발달하기 시작한다.
② 자기개념은 인간에게서만 볼 수 있는 고등한 개념이다.
③ 사람들은 자신을 움직이는 내부의 '진짜 나'가 있다는 생각을 한다.
④ 자기 속에는 그 사회의 구조와 체제, 가치 및 구성원들의 생각 등이 반영되어 있다.

01 침팬지나 오랑우탄 같은 고등영장류와 그 외 일부 동물들도 자기개념을 가진 것을 암시하는 실험사례가 있다.

02 다음 내용에 해당하는 용어는?

> 기억 속에서 정보들을 저장하면서 쓰이는 개념, 생각, 믿음으로 이루어진 추상적 체계를 말한다. 이를 이용한 정보처리는 많은 양의 정보를 순간적으로 처리할 수 있도록 해주기도 하고 적은 양의 정보로부터 많은 양의 정보를 이끌어 낼 수 있도록 해준다.

① 도식(스키마)
② 자기지각
③ 이상자기
④ 자기효능감

02 ② 자기지각은 스스로가 보는 나를 말한다.
③ 이상자기는 스스로가 되고 싶은 이상적인 자기의 모습으로 이에 초점을 맞추면 향상, 변화, 성취 등에 관심을 갖는다.
④ 자기효능감은 자신이 능력 있고 효과적이라는 느낌으로 자신의 능력과 기술에 대한 믿음이다.

정답 01 ② 02 ①

03 자기효능감(Self-Efficacy)에 대한 설명으로 옳지 않은 것은?

① 반두라(Albert Bandura)에 의해 주창되었다.

② 자신이 능력 있고 효과적이라는 느낌, 즉 자신의 능력과 기술에 대한 믿음이다.

③ 자기효능감이 낮으면 자존감(자긍심)은 필연적으로 낮다.

④ 자기효능감을 높일 수 있는 방법으로는 나와 비슷한 사람의 노력과 성공을 보거나 성공경험 쌓기, 실패의 원인을 자신의 무능력함이 아닌 다른 곳에서 찾는 것 등이 있다.

03 자기효능감은 ②의 설명이며, 자존감(자긍심)은 자신이 가치 있다고 느끼는 감정으로 둘은 구별된다.

04 다음 사례와 관련 깊은 이론은?

> A는 심리학과 학생으로, 평소 흥미 있던 경제학개론 수업을 한 과목 수강했다. 기말고사가 다가오자 A는 열심히 공부를 하였다. 그러나 시험결과 A는 심리학 과목들에서는 좋은 점수를 받았지만 경제학 과목에서는 형편없는 점수를 받고 말았다. A는 성적표를 바라보며 '심리학은 전공이지만 경제학개론은 그냥 흥미삼아 들었던 것일 뿐'이라고 생각했다.

① 구실 만들기

② 내성

③ 불충분한 정당화

④ 계획행동

04 불충분한 정당화는 외적인 정당화가 불충분할 때 자신의 행동을 내적으로 정당화함으로써 부조화를 감소시킨다는 것이다.

① 중요한 일을 앞두고 자신이 없는 경우, 실패를 정당화 할 수 있는 구실을 만들어 자신의 자존감을 보호하는 행위이다.

② 우리가 자신만의 생각, 느낌, 동기 등에 관한 머릿속 정보를 검토하기 위해 우리 내부 세계를 들여다 보는 작업이다.

정답 03 ③ 04 ③

05 자기의 기능에 대한 설명으로 옳은 것은?

① 사람들은 그들의 행동을 예측할 때 오류를 범한다. 이를 계획오류라 하는데, 이때 보이는 공통적인 오류는 과제완수에 걸리는 시간을 과대평가한다는 것이다.

② 감정예측연구에 따르면 사람들은 미래에 나타날 정서의 강도와 지속을 비교적 정확히 예측해 내는 것으로 밝혀졌다.

③ 충격편향은 사람들이 겪을 수 있는 많은 패배들에 생각보다 더 쉽게 적응한다는 것이다.

④ 우리가 가진 예측능력 덕분에 우리는 우리의 정서가 무엇인지 본능적으로 깨닫는다.

05 ① 계획오류는 과제완수에 걸리는 시간을 과소평가하는 것이다.
② 감정예측연구에 따르면 사람들은 미래에 나타날 정서의 강도와 지속 정도를 예측하는 것을 가장 어려워한다.
④ 우리는 우리의 정서가 무엇인지를 추론을 통해 깨닫는다.

06 심리적 일관성에 의한 태도에 대한 설명으로 틀린 것은?

① 사람들은 심리내적으로 인지요소 및 대인관계에 있어서 일관성을 유지하려는 경향이 강하다.

② 사람들은 대상에 대하여 지닌 태도와 다른 사람과의 관계 사이가 불균형일 경우 불편을 느껴 반드시 일관성을 이루려고 하게 된다.

③ 기대-가치이론에 따르면 사람들이 자신에게 미치는 결과와 그 결과가 발생할 확률의 득실을 따져 태도를 결정한다.

④ 사람들은 대상에 대하여 부정적 정서를 지니고 있으면 인지요소도 부정적인 것이 많아지고, 인지요소에 긍정적인 것이 많다면 정서적 평가도 긍정적이게 된다.

06 사람들은 불균형상태에서 균형적인 상태로의 변화를 도모하지만, 자기가 싫어하는 사람과 겪는 불균형상태에서는 균형을 맞추려는 노력이 적게 나타나게 된다. 이 경우는 불균형보다 무균형이라고 보는 것이 적절하다는 주장이 제기되었다.

정답 05 ③ 06 ②

07 태도에 대한 설명으로 옳은 것은?

① 태도는 우리의 행동에 영향을 미치는 중요한 심리변인이다.
② 태도는 상황의 흐름을 예측하거나 변화시키려 할 때 작용한다.
③ 태도는 한때 측정이 가능하다고 생각되었으나 지금은 이것이 불가능한 것으로 여겨지고 있다.
④ 태도는 유전적인 면과는 관계없이 사회적 경험들로만 결정된다.

07 ② 태도는 행동을 예측하거나 변화시키려고 할 때 가장 많이 거론된다.
③ 과거에 내면의 심리는 측정 불가능한 것으로 여겨졌으나, 서스톤(Thurstone)이 1928년 태도를 측정하는 방법을 제시한 후 오늘날은 당연히 측정할 수 있는 것으로 보고 있다.
④ 유전적인 면과 사회적 경험 두 가지 모두 태도의 기반이 된다.

08 태도의 유형에 대한 설명으로 틀린 것은?

① 태도는 유전과 사회적 경험에서 비롯되었다고 보는 것이 일반적이다.
② 인지 기반 태도는 우리가 관심 있는 것에 대해 장단점을 분류하는 것이다.
③ 감정 기반 태도는 우리가 대상에 대한 느낌이나 가치에 기반을 두는 것이다.
④ 행동 기반 태도는 우리가 추론하기 위해서는 명확한 태도가 필요하다.

08 사람은 태도가 약하거나 애매하거나 행동에 대한 그럴듯한 설명이 없을 때 추론을 시작한다.

09 다음 내용에 해당하는 용어는 무엇인가?

- 중성자극인 종소리와 무조건자극인 고기를 연합하면 개가 종소리만 듣고도 침을 흘리는 조건반응을 일으킨다는 것으로 파블로프(Pavlov)가 발견한 원리이다.
- 화장품에 미녀배우가 등장하면 그 화장품은 배우와 연합이 되어 화장품을 보고 미녀 배우를 연상하게 되면서 그 화장품에 호의적인 태도를 갖게 된다.

① 고전적 조건형성
② 조작적 조건형성
③ 호감형성원리
④ 보상원리

09 해당 제시문은 고전적 조건형성에 대한 설명이다.
② 조작적 조건형성은 강화와 벌이라는 선택적 보상을 통해 반응이 일어날 확률을 증가시키거나 감소시키는 방법이다.

정답 07 ① 08 ④ 09 ①

10 동아시아인과 서양인의 자기일관성에 차이가 나는 이유는 자기정체성 발달의 정도라기보다는 문화적 특성의 차이 때문이다.

10 문화에 따른 자기성에 대한 설명으로 틀린 것은?

① 우리가 추구하는 삶의 방향이나 가치는 사회 속에서 형성되므로 이러한 답을 제공하는 자기는 그 사람이 살아가는 문화의 특성이 반영될 수밖에 없다.

② 서구문화권 사람들은 일반적으로 독립성과 개별성이 강해서 독립적 자기견해를 가지는 경우가 많다.

③ 아시아인과 비서구문화권 사람들은 다른 사람들과의 관계를 기준으로 자기를 정의하는 의존적 자기견해를 갖는 경우가 많다.

④ 동아시아인들은 서양인에 비해 자기일관성이 낮은 것으로 관찰되는데 이는 자기정체성의 발달 차이 때문이다.

11 외현적 태도는 의식적으로 지지되고 쉽게 보고할 수 있는 태도이며, 암묵적 태도는 통제가 불가능하며 무의식적인 평가를 말한다.

11 외현적 태도와 암묵적 태도의 발달과 관련된 내용을 바르게 묶은 것은?

ㄱ. 설문조사를 통한 태도
ㄴ. 통제할 수 없는 평가
ㄷ. 무의식적인 평가
ㄹ. 의식적인 평가

	외현적 태도	암묵적 태도
①	ㄱ, ㄴ	ㄷ, ㄹ
②	ㄱ, ㄹ	ㄴ, ㄷ
③	ㄴ, ㄹ	ㄱ, ㄷ
④	ㄷ, ㄹ	ㄱ, ㄴ

정답 10 ④ 11 ②

12 사람들은 비교과정을 통해 자기상을 인식한다. 다음 중 틀린 설명은?

① 일반적으로 사람은 자신의 능력을 파악하고자 할 때 자신과 비슷한 사람들과 비교한다.
② 남자는 남자를, 여자는 여자를 비교집단으로 삼는 경향이 크다.
③ 잘하고자 하는 사람은 상향적 사회비교양상을 보이며, 이를 통해 대리만족을 느끼는 경향이 크다.
④ 페스팅거(Festinger)는 자기가 객관적으로 존재하는 물리적 실체라기보다 사람들과의 비교과정에서 구성되는 것이라고 하였다.

12 상향적 사회비교는 편안한 기분을 주지는 않는다.

13 정교화 가능성 모형에 대한 설명으로 틀린 것은?

① 설득의사소통이 두 방향으로 발생한다고 설명하는 모형이다.
② 의사소통에 대한 능력과 동기가 동시에 있을 때 중심 경로를 통한 태도변화가 나타난다.
③ 주제의 논리보다 메시지 전달자가 누구인지, 메시지의 길이가 얼마나 되는지 등의 표면적 특성에 관심을 기울이는 사람은 주변경로(지엽경로)를 통한 태도변화를 보이는 것이다.
④ 자신이 잘 모르는 영역에서 전문가가 말한 의견을 따르는 것은 중심경로를 따른 것이다.

13 전문가의 의견을 그대로 따르는 것은 지엽경로를 따르는 것이다.

정답 12 ③ 13 ④

14 사회비교를 통해 자기를 구성하는 과정에 대한 설명으로 틀린 것은?

① 사람은 자신의 능력 등을 파악하고자 할 때 자신보다 높은 사람들과 비교한다.
② 우리는 자기의 특성에 대해 알고 싶어 하고 그것을 확인하려고 한다.
③ 하향적 사회비교를 할 경우에 사람들은 좋은 기분을 느낀다.
④ 잘하고자 하는 욕구가 강한 사람은 상향적 사회비교 양상을 보인다.

15 자기와 관련된 동기에 관한 설명으로 바르지 않은 것은?

① 자기평가동기는 자신의 특성에 대해 알고 싶어하는 동기이다.
② 자기향상동기는 이상적인 모습으로 자신을 끌어올리려는 동기이다.
③ 자기고양동기는 자존심을 보호하려는 동기이다.
④ 자기중심편향은 자신이 이 세상의 중심이 되고자 하는 동기이다.

16 다음 중 자기평가에 대한 설명으로 틀린 것은?

① 사람은 자신을 긍정적으로 평가하고 싶어 하기 때문에 기본적으로 상향적 비교를 한다.
② 자신이 가진 자아상에 따라 긍정적 정보 혹은 부정적 정보를 사실로 받아들인다.
③ 긍정적인 자아상을 가진 사람과 부정적인 자아상을 가진 사람 모두 긍정적인 정보를 좋아하고 부정적인 정보는 싫어한다.
④ 자신을 지나치게 긍정적으로 평가하게 되면 주위 사람들의 인식과 상충될 수 있다.

14 일반적으로 사람은 자신의 능력 등을 파악하고자 할 때 자신과 비슷한 사람들과 비교한다.

15 자기중심편향은 다른 대상이나 현상에 대해서 해석하고 판단할 때 자신을 중심으로 하는 인지적 오류로, 소망적 사고와도 유사한 개념이다. 사람은 타인의 감정이나 생각에 대해서는 정보가 많지 않은 반면 자신의 내적인 사고, 정서 등에 관해서는 보다 많은 정보를 가지고 있는데 이러한 정보는 타인이 알 수 없는 자신에 대한 다양한 정보를 포함한다. 따라서 이러한 정보적 차이로 인하여 쉽게 자기중심적 입장에서 생각하게 된다. 이것은 자신의 영향력이나 능력, 성격, 특성 등을 실제보다 과대평가하는 것과 같은 인지적 오류로 이어지게 된다.

16 상향적 비교는 자신보다 더 나은 사람과 비교하는 것이다. 이것은 자신의 부족한 부분을 평가함으로써 자신을 발전시키는 동기를 부여한다는 긍정적 측면이 있다. 반면, 하향적 비교는 자신보다 낮은 사람과의 비교를 통해 자신을 긍정적으로 평가함으로써 자신을 고양시킨다는 긍정적인 측면이 있다.

정답 14 ① 15 ④ 16 ①

17 자기성찰에 대한 설명으로 옳지 않은 것은?

① 히긴스(Higgins, 1998)는 사람들이 자기에 대하여 성찰을 하는 경우에 세 가지 자기의 모습을 구분할 수 있다고 하였다.
② 현실자기는 현실의 모습이라고 여기는 자기모습으로 이상자기와 의무자기에 비교하며 각기 다른 정서와 동기를 경험한다.
③ 이상자기는 스스로가 되고 싶은 이상적 자기의 모습으로 이러한 자기의 의식에 초점을 맞추면 향상, 변화, 성취 등에 관심을 갖는다.
④ 의무자기는 타인이 아닌, 자신이 자신에게 지우는 의무로 이에 초점을 맞추면 부정적 결과에 민감하게 되며 의무자기에 부응하지 못한다는 불안감이나 죄책감을 경험하게 된다.

17 의무자기는 자신 및 주위 사람들이 부과하는 의무이다.

18 복합적 자기에 관한 설명으로 틀린 것은?

① 사람 각자의 개성이 시간이 흐르면서 서로 관련 있는 것들이 영향을 주고받으며 중요성이 큰 부분들이 뚜렷하게 부각되면서 자아의 구조가 형성된다는 것이다.
② 자기복합성이 높은 사람은 복합자기를 구성하는 하위요인들 간에 상호충돌이 나타나 실패와 같은 경험에 취약한 모습을 보인다.
③ 자기구조가 불분명할 경우에는 그 경험을 수용하는 뚜렷한 자기구조가 없어서 상황에 의해 크게 영향 받으며 일관성도 결여되는 모습을 보인다.
④ 복합적 구조가 뚜렷한 개인들은 새로운 경험이 기존의 자기구조에 편입되면서 자기구조가 크게 영향을 받지 않는다.

18 자기복합성이 높은 사람은 복합자기를 구성하는 하위요인들 간에 상호완충역할이 나타난다. 즉, 어떤 영역에서 실패를 경험해도 다른 생활의 영역에서 잘하는 자신의 모습이 있다면 실패의 경험에 충격을 덜 받는다.

정답 17 ④ 18 ②

19 자기의 구성과정에 대한 설명으로 잘못된 것은?

① 반영평가라는 차원에서 자신과 깊은 교류관계에 있는 사람이 자신을 어떻게 여기는지의 모습이 중요하다.
② 자기지각 측면에서 자신의 행위지각은 자신의 태도나 느낌이 확실할 때 자신의 태도를 추론할 수 있다.
③ 우리는 우리의 느낌을 정확하게 표현할 수 없을 때에만 행동을 기초로 느낌을 추론한다.
④ 아동의 올바른 행위형성에 야단을 치는 것보다 긍정적 자기상을 그려주는 것이 효과적이다.

19 자신의 행위지각은 자신을 파악하는 데 중요하다. 자신의 태도나 느낌이 불확실하거나 모호할 때 자신의 행동 및 행동이 벌어지는 상황에 대한 관찰을 통해 태도나 느낌의 상태를 추론한다.

20 자기의 기능에 관한 설명으로 옳은 것은?

① 자기의 정보처리자기능이란 타인을 평가할 때 타인과 관련된 정보를 긍정적으로 처리하는 도식의 특성을 말한다.
② 자기도식을 가진 사람은 도식이 없는 사람에 비해 관련 정보를 훨씬 빠르게 처리한다.
③ 자기고양욕구는 자신을 긍정적으로 평가하게 할 수 있어 주위 사람들의 인식을 긍정적으로 변화시킬 수 있다.
④ 부정적 자아상을 가진 사람은 부정적 정보를 사실이라고 여기고 부정적인 정보를 좋아하는 것으로 나타났다.

20 ① 자기의 정보처리자기능이란 자신과 관련된 정보를 효율적으로 처리하는 도식의 특성을 말한다.
③ 자기고양욕구는 자신을 지나치게 긍정적으로 평가하게 할 수 있어 그러한 모습은 주위 사람들의 인식과 상충될 수 있다.
④ 긍정적 자아상을 가진 사람은 긍정적 정보를, 부정적 자아상을 가진 사람은 부정적 정보를 사실이라고 여긴다. 하지만 두 부류 모두 긍정적인 정보를 좋아하고 부정적인 정보를 싫어하는 것으로 나타났다.

21 자기를 판단의 준거로 삼을 때 자기도식과 관련된 정보는 쉽고 빠르게 배울 수 있다는 것을 무엇이라고 하는가?

① 자기참조효과
② 자기지각효과
③ 자기결정
④ 계획행동

21 ③ 자기결정이론은 개인들이 어떤 활동에 내재적인 이유와 외재적인 이유로 참여하게 되었을 때 발생하는 결과는 전혀 다른 결과가 나타남을 바탕으로 수립한 이론이다.
④ 계획행동이론은 사람의 의도는 그들의 의도적 행동의 최상의 예견자로서 행동태도, 주관적 규준, 지각된 행동통제에 대한 태도로 결정된다는 것이다.

정답 19 ② 20 ② 21 ①

22 **데시(Deci)와 라이언(Ryan)은 인간을 적극적인 존재로 보고 자기결정이론을 제시하였다. 이 이론에서 인간의 기본욕구로 제시한 것은 무엇인가?**

① 존경의 욕구
② 애정과 공감의 욕구
③ 자기실현의 욕구
④ 존재의 욕구

22 ①·② 매슬로우는 인간의 동기가 작용하는 양상을 설명하기 위해 동기를 생리적 욕구, 안전욕구, 애정과 소속의 욕구, 존중욕구, 그리고 자아 실현욕구의 5단계로 구분했다.
④ 매슬로우의 이론에서 나타나는 문제점과 한계를 극복하고 보완하고자 하는 시도에서 클레이튼 앨더퍼(Clayton P. Alderfer)는 매슬로우의 욕구위계이론을 토대로 개인의 욕구 동기를 3단계로 축약하여 제시했다. 매슬로우의 5단계 욕구를 이루는 핵심요소를 공통되는 부분을 중심으로 묶어 존재욕구(Existence Needs), 관계욕구(Relatedness Needs), 성장욕구(Growth Needs)의 3단계(약칭 ERG)로 축소하였다.

23 **인간의 실행을 높이기 위해 필요한 요소가 아닌 것은?**

① 자기효능감
② 내적 동기
③ 자율성
④ 일관성

23 유능감, 내적 동기, 관계성, 자기효능감, 자율성, 성공경험, 칭찬 등은 실행을 높이는 데 필요한 요소들이다.

24 **자기상의 변화에 관한 설명으로 틀린 것은?**

① 어린 아동들은 자신을 기술할 때 신체적 특징이나 자기 가족 등에 대해 이야기한다.
② 자기에 대한 변화를 의도적으로 추구하는 경우에도 자기의 모습은 쉽게 변하기 어렵다.
③ 자기관의 변화는 남들과의 교류를 통해서 계속 확인되면서 안정화된다.
④ 나이를 먹어감에 따라 자기에 대해 사용하는 용어가 추상적인 특징을 보인다.

24 자기에 대한 변화를 의도적으로 추구하는 경우에 자기의 모습도 변할 수 있다.

정답 22 ③ 23 ④ 24 ②

25 인상관리에 대한 설명으로 옳지 않은 것은?

① 상황에 맞추어 자기를 제어하는 능력으로 자기조정능력이 뛰어난 사람은 인상관리에 능하다.
② 자기조정능력이 낮은 사람들은 상황의 요구나 상대방의 반응에 관심을 덜 갖고 인상관리능력도 떨어진다.
③ 인상관리의 과정은 의도성을 가지는 것으로 스스로 그러한 행위를 하고 있다는 것을 의식해야 가능하다.
④ 자기조정능력이 낮은 사람은 행동과 태도 간에 일관성이 높은 경향을 보인다.

25 인상관리의 과정이 꼭 의도성을 가지는 것은 아니며 스스로 그러한 행위를 하고 있다는 것을 의식하지 못할 수도 있다.
④ 자기조정능력이 낮은 사람들은 상황의 요구나 상대방의 반응에 관심을 덜 갖고 인상관리능력도 떨어진다. 이러한 사람들은 자신의 태도, 의견에 중심을 두기 때문에 드러난 행동과 태도 간에 일관성이 높은 경향을 보인다.

26 문화에 따른 자기성의 차이를 설명한 것으로 틀린 것은?

① 서구문화권 사람들은 독립적 자기견해를 가지는 경우가 많다.
② 비서구문화권 사람들은 상호의존적 자기견해를 가진다.
③ 비서구문화권 사람들은 다른 사람들이 자신을 어떻게 바라보는가를 고려하는 경향이 크다.
④ 서구문화권 사람들은 독립적이기 때문에 외적 관점에서 자신을 바라볼 가능성이 크다.

26 동아시아 사람들은 외적 관점에서 자신을 바라볼 가능성이 크다. 즉, 타인의 눈으로 자신을 바라볼 가능성이 크다는 의미가 된다.

27 자기결정이론에서 제시한 사람의 기본 세 가지 욕구가 아닌 것은?

① 유능감
② 자율성
③ 관계성
④ 효율성

27 자기결정이론에서 사람은 유능감, 자율성, 관계성의 세 가지 기본욕구를 충족시키고자 한다고 본다.

정답 25 ③ 26 ④ 27 ④

28 다음 내용에 해당하는 용어는?

> 실험에서 A와 B 두 집단 중 A에게는 긍정적인 단어를, B에게는 부정적인 단어를 암기하게 하였다. 이후 존이라는 사람의 행동에 대해 적힌 글을 읽게 하였다. 존의 행동은 일관성 없고 모호했지만 A는 존을 긍정적으로, B는 부정적으로 판단하였다. 우리는 먼저 일어난 사건에서 받은 자극이 다음 사건과는 무관함에도 무의식적으로 영향을 받는다.

① 점화효과
② 피그말리온효과
③ 틀효과
④ 자기참조효과

28 ② 어떤 사람에 대한 우리의 기대가 우리의 행동에 영향을 미치고, 그 사람이 결국 우리의 기대대로 행동하게 된다는 현상을 말한다.
③ 논리적으로 같은 의미의 표현이어도 지각되는 틀에 따라 다르게 인식되는 현상을 말한다.
④ 자기도식과 관련된 정보는 쉽고 빠르게 배울 수 있다는 것을 의미한다.

29 다음 중 바르게 묶인 것은?

> ㄱ. CEO가 자신의 연봉을 깎은 것은 그의 성품이 좋아서이다.
> ㄴ. 내가 학교에 늦은 것은 버스가 늦게 왔기 때문이다.
> ㄷ. 저 점원이 친절하게 행동하는 것은 팁을 많이 받았기 때문일 것이다.
> ㄹ. 내 친구가 시험점수가 좋은 것은 머리가 좋게 태어나서이다.

	내적 귀인	외적 귀인
①	ㄱ, ㄷ	ㄴ, ㄹ
②	ㄱ, ㄹ	ㄴ, ㄷ
③	ㄴ, ㄷ	ㄱ, ㄹ
④	ㄷ, ㄹ	ㄱ, ㄴ

29 • 내적 귀인: 행동의 원인을 그 사람의 기질, 성격, 태도 또는 특성과 같은 내적인 속성에 있다고 판단하거나 설명하는 것을 말한다.
• 외적 귀인: 어떤 사람이 특정행동을 하게 된 원인이 그 사람이 처한 상황의 특징에 있다고 가정하는 추론방식을 말한다.

정답 28 ① 29 ②

30 귀인의 오류에 대한 설명으로 틀린 것은?

① 사람들은 행동이 상황에서 기인할 때가 많음에도 행위자의 성향에 따른 것이라고 판단하는 경우가 많다.
② 성향과 상황은 독립적으로 관찰되기 때문에 귀인오류가 발생한다.
③ 그 사람이 한 행동의 원인을 어디로 귀인 하느냐에 따라 인상이 매우 달라진다.
④ 귀인은 당사자의 마음의 상태에 따라 긍정적일 수도, 부정적일 수도 있다.

30 성향인지 상황인지 구별하는 것이 어렵기 때문에 귀인오류가 발생하게 된다.

31 와이너의 귀인이론을 수정한 최종귀인모형에 대한 설명으로 옳지 않은 것은?

① 인과 차원은 소재, 안정성, 통제성 3가지로 나눈다.
② 행위자의 성공이나 실패와 같은 결과에 따른 감정이 귀인을 형성하는 데 선행요인으로 작용한다.
③ 안정성 차원은 심리적으로 수치심이나 죄책감을 유발한다.
④ 인과선행요인에 의해서 개인이 인지하는 귀인은 무수히 많다.

31 안정성 차원은 심리적으로 성공기대 즉, 희망이나 절망을 유발한다. 통제성 차원은 심리적으로 수치심이나 죄책감을 유발한다. 소재(내적/외적) 차원은 자기존중감을 유발한다.

32 자동적 사고와 통제적 사고에 대한 설명으로 틀린 것은?

① 자동적 사고는 우리의 별다른 노력 없이 빠르게 전개된다.
② 통제적 사고는 마음대로 시작하고 끝낼 수 없다.
③ 사람들은 보통 자동적 사고에 의존하며 필요에 따라 통제적 사고를 발동한다.
④ 통제적 사고의 목적 중 하나는 자동적 사고를 견제함으로 인지활동의 균형을 유지하는 데 있다.

32 통제적 사고는 정신적 에너지가 필요한 정신활동이기 때문에 사고를 할 때 생각하고 있는 것이 무엇인지 알고 있다.

정답 30 ② 31 ③ 32 ②

33 다음 설명 중 틀린 것은?

> ㄱ. 은메달리스트가 놓친 금메달을 생각하며 아쉬워한다.
> ㄴ. 1점 차이로 합격한 A가 하마터면 들어야 했을 방학 보충수업에 대해 생각하며 안도한다.

① ㄱ은 상향적 사후가정사고이다.
② ㄱ은 무의식적으로 이루어지므로 관찰이 쉽지 않다.
③ ㄴ은 하향적 사후가정사고이다.
④ ㄴ은 실제 일어난 일보다 더 나쁜 상황을 생각함으로써 안도, 기쁨 같은 긍정적 감정을 동반한다.

33 ㄱ : 상향적 사후가정사고의 사례
ㄴ : 하향적 사후가정사고의 사례
상향적 사후가정사고는 후회, 실망 같은 부정적 감정을 동반하지만 이에 대처할 수 있도록 하므로 향상적 동기와 관련이 있다. 이는 의식적으로 이루어지며, 관찰자들이 어렵지 않게 알 수 있다.
하향적 사후가정사고가 무의식으로 진행되므로 알아차리기 힘들다.

34 사후가정사고에 대한 설명으로 틀린 것은?

① 어떤 사건을 경험한 후, 일어날 수도 있었지만 일어나지 않은 가상의 대안적 사건을 생각하는 것이다.
② 실제 일어난 일과 더 잘 되었을 상황을 비교하는 것을 상향적 사후가정사고라고 한다.
③ 사람들은 상향적 사후가정을 하는 성향이 높다.
④ 사후가정사고는 후회나 귀인오류 등 우리에게 부정적인 쪽으로 영향을 미친다.

34 상향적 사후가정사고는 미래 준비기능을 하는 향상적 동기를, 하향적 사후가정사고는 부정적 감정을 완화하고 긍정적 감정을 증대시키는 예방적 동기의 기능도 있다.

35 사람들이 가지고 있는 정보수집과 관련한 오류현상을 설명한 것으로 옳지 않은 것은?

① 우리는 기대가 있을 때 그에 맞는 정보를 수집하려는 경향이 있다.
② 자신감과 정확성은 상관이 높아서 자신감이 있는 정보는 정확도가 높은 편이다.
③ 인간은 자신의 믿음이 옳기를 원하고 이것이 부정되는 것을 싫어한다.
④ 상관이 없는 두 사건 간에서도 관계가 있는 것처럼 파악하는 경향이 있다.

35 자신감과 정확성은 상관이 적다. 법정에서 증인들이 확신을 갖고 하는 증언도 그들의 확신도와 증언의 정확성이 일치하지 않는 경우가 많다.
①·③ 확증편향에 대한 설명이다. 이 때문에 우리는 우리의 믿음에 부합하는 정보를 찾으려는 경향을 보인다.
④ 착각적 상관(상관의 착각)에 대한 설명이다. 여기에는 두 사건에 관계가 있을 것이라는 사전기대가 작용한다.

정답 33 ② 34 ④ 35 ②

36 휴리스틱(어림법)에 대한 설명으로 틀린 것은?

① 신속하고 효율적인 판단을 위해 이용하는 마음속 지름길을 말한다.
② 도식이 많을수록 구체적인 판단에 문제가 없지만 너무 적을 시 어림법을 사용하게 된다.
③ 다른 중요한 정보를 무시하고 우리의 기억에 근거해 판단하는 것을 가용성 휴리스틱이라고 한다.
④ 사물을 분류할 때 대상에 대한 고정관념과 비교해 판단하는 것을 대표성 휴리스틱이라 한다.

36 도식이 너무 없을 때뿐 아니라 너무 많을 때도 어떤 것을 사용할지 고민이 되어 어림법을 사용하게 된다.

37 판단 및 의사결정을 할 때 필요한 사건들이 발생한 상대적 빈도를 말하는 것은 무엇일까?

① 휴리스틱
② 어림법
③ 기저율
④ 채택율

37 해당 내용은 기저율에 대한 설명이다.
①・② 휴리스틱(어림법) : 사람들이 판단을 신속하고 효율적으로 내리기 위해 이용하는 마음속 지름길을 말한다.

38 다음 중 행복에 대한 설명으로 잘못된 것은?

① 행복연구에 따르면 주관적 웰빙은 물질에 영향을 받지 않는다.
② 행복은 객관적 지표가 없고 개인 스스로의 평가에 따른 수준을 만족할 때 의미가 있다.
③ 행복은 정신적 안녕감을 의미하며 주관적 웰빙이라고도 한다.
④ 물질적 부와 행복감의 상관관계는 높지 않다.

38 주관적 웰빙은 부와 어느 정도 상관이 있다. 낮은 수입에서는 돈의 영향이 존재하며, 수입이 증가할수록 행복이 커지는 것은 아니다.

정답 36 ② 37 ③ 38 ①

39 **긍정심리학자들과 인본주의 심리학자들이 가진 공통적인 관점은 무엇인가?**

① 인간의 긍정성을 강조하고 행복, 번영에 관심을 가졌다.
② 강화를 통해 긍정성을 학습할 수 있다고 본다.
③ 과학적 연구를 통해 인간의 긍정성을 검증하였다.
④ 학습된 낙관주의 훈련으로 우울증, 신경증세를 줄일 수 있다고 본다.

39 ② 강화는 행동주의자들의 관점이다.
③ 긍정심리학자들은 실증적 증거를 찾고 과학적 검증을 통해 이론을 뒷받침하였다.
④ 긍정심리학자인 셀리그만의 연구를 통해 나온 결과이다.

40 **긍정심리학의 탄생 배경에 대한 설명으로 옳지 <u>않은</u> 것은?**

① 기존의 심리학이 정신장애에 초점을 맞추고 있는 것에 대해 관심의 전환을 주장하였다.
② 긍정심리학 이전 심리학의 중요 임무는 인간이 겪는 정신적 고통을 개선하고 치료하는 것이었다.
③ 셀리그만은 약점을 치료하는 것보다 역량을 증진시키는 것이 문제를 예방하는 데 도움이 된다고 하였다.
④ 칙센트미하이는 긍정심리학을 심리학의 새로운 분야로 주창하였다.

40 긍정심리학은 셀리그만(Martin Seligman)이 미국 심리학회 회장으로 임명된 1998년에 심리학 분야의 새로운 영역 중 하나로 시작되었다.

41 **긍정심리학에 대한 설명으로 옳지 <u>않은</u> 것은?**

① 인간의 최적의 기능과 작용에 대해 과학적으로 연구하는 분야이다.
② 긍정심리학의 목적은 자신의 부정정서를 찾아 이를 수정해서 긍정정서로 대치하는 것이다.
③ 긍정심리학은 인간의 행복과 안녕을 추구한다.
④ 셀리그만은 긍정심리학을 떠받치는 세 개의 기둥으로 '긍정적 정서, 긍정적 특성, 긍정적 제도'를 제시하였다.

41 긍정심리학은 삶에서 나쁜 것을 고치는 데에 전념하는 것보다 좋은 것을 지향하는 것으로, 심리학의 변화를 촉발하는 데 목적을 둔다.

정답 39 ① 40 ④ 41 ②

42 긍정심리학자의 연구에 대한 설명으로 옳은 것은?

① 셀리그만(Seligman)의 웰빙이론에서는 Flow를 높이는 것이 목표가 된다.
② 칙센트미하이(Csikszentmihalyi)는 Flourish를 주장하였다.
③ 피터슨(Peterson)은 강점척도(VIA-IS)를 개발하여 건강한 정신분류 체계를 마련하였다.
④ 프레드릭슨(Fredrikson)은 긍정심리학이 관심을 기울여야 할 분야로서 학교의 심리적 개혁, 행복한 가정, 의미 있는 일터 등의 3가지를 강조하였다.

42 ① 셀리그만은 웰빙이론에서 Flourish를 높이는 것을 목표로 하였다.
② 칙센트미하이는 몰입(Flow)을 주장하였다.
④ Lopez는 긍정심리학이 관심을 기울여야 할 분야로서 학교의 심리적 개혁, 행복한 가정, 의미 있는 일터 등의 3가지를 강조하였다. 프레드릭슨은 긍정정서가 생각을 확장시키고 개방적이 되게 하며, 인지적 유연함과 폭넓은 사고를 지니게 한다는 '긍정정서의 확장과 축적이론'을 주장하였다.

43 행복에 영향을 미치는 요인에 대한 설명으로 틀린 것은?

① 신체적 매력이 높은 사람이 더 행복한 것은 아니다.
② 친밀한 관계는 행복을 높인다.
③ 행복에 유전이 미치는 영향보다 환경이 미치는 영향이 훨씬 크다.
④ 낙관성, 외향성이 높은 사람의 행복도가 더 높다.

43 쌍생아 연구에 따르면 행복의 차이 중 50%는 유전적인 영향이었다. 따라서 유전이 행복에 미치는 영향은 크다고 볼 수 있다.

44 주관적 안녕에 대한 설명으로 틀린 것은?

① 안녕에 영향을 미치는 것에는 의미추구, 쾌락추구, 몰입추구가 있다.
② 쾌락추구적 안녕은 부정적 정서가 없는 편안한 삶과 관련된 경험들의 종합이다.
③ 자발적 목표는 의미추구적 안녕을 유의미하게 예측한다.
④ 관계성을 높이는 목표는 쾌락추구적 안녕을 유의미하게 예측한다.

44 관계성의 여부는 의미추구적 안녕의 확실한 예측인자이다. 친밀함, 신뢰, 지지 등의 관계성 여부는 관계성의 만족에 영향을 미친다.

정답 42 ③ 43 ③ 44 ④

45 긍정정서의 연구 결과에 대한 설명으로 틀린 것은?

① 긍정정서와 부정정서의 비율이 1:1일 때 정서적 번영감이 나타난다.
② 프레드릭슨의 '긍정적 정서의 확장과 축적이론'은 개인이 어떻게 번성하고 성장하는지 설명한다.
③ 긍정정서는 생각을 확장시키고, 인지적 유연함과 폭넓은 사고를 하게 한다.
④ 긍정적 감정은 회복탄력성을 증진시킨다.

45 정서적 침체감이 정서적 번영감으로 전환되는 티핑 포인트(tipping point)는 '긍정정서 : 부정정서(3:1)의 비율'과 관련이 있다고 프레드릭슨은 주장하였다.

46 심리적 안녕감을 향상시키는 데 효과적인 중재 기법이 아닌 것은?

① 감사하는 마음을 갖도록 하는 것은 삶의 만족도를 올리는 데 도움이 된다.
② 미래를 위한 희망을 세우게 했을 때 '희망, 삶의 만족, 자기가치'가 높아졌다.
③ 부정적인 정서가 있을 때 그 감정을 발산하는 것은 카타르시스가 되어 우울증 해소에 도움이 된다.
④ '강점중재 프로그램' 효과의 크기는 대체로 낮은 수준에서 중간 수준 정도로 나타났다.

46 부정적인 정서를 발산하는 것은 심리적 안녕감 향상에 도움이 되지 않는다.

47 긍정심리학에 대한 비판을 설명한 것으로 옳지 않은 것은?

① 지나친 긍정은 위기에 대처하는 힘을 약화시킨다.
② 지나치게 낙관적인 관점이 부정적 측면을 간과하기 쉽게 만든다.
③ 위기의 상황에서는 비판적 사고가 도움이 된다.
④ 긍정적이라는 것은 너무 단순하기 때문에 측정이 어렵다.

47 긍정적이라는 것의 의미는 무척 복잡하고 다양한 측면이 있기 때문에 측정도 어렵다. 따라서 복잡성에 대응하기 위해서는 긍정성 효과들의 복잡한 상호작용을 면밀히 관찰하고 탐구해야 한다.

정답 45 ① 46 ③ 47 ④

SEAT
SD
SD에듀와 함께, 합격을 향해 떠나는 여행

제 3 장

대인관계

얼마나 많은 사람들이 책 한 권을 읽음으로써 인생에 새로운 전기를 맞이했던가.

–헨리 데이비드 소로–

제 3 장 대인관계

[학습목표]
사람은 누구와 친밀해지고 싶은지 어떻게 결정할까? 이번 장에서는 사람 사이의 관계가 어떻게 형성되고 발달하는지, 친구나 애인 같은 다른 사람에게 매력을 느끼게 하는 요인들은 무엇이고 어떤 과정들이 필요한지, 또한 헤어지는 과정에서 나타나는 모습들은 어떤지와 같은 우리 삶에서 중요한 사람 사이의 관계맺음에 대해 알아보겠다. 또한 사람들이 보이는 공격성이란 무엇이고 공격성이 어떻게 발달하며, 그것을 유발하는 원인은 무엇이고 어떻게 그것을 감소시킬 수 있는지에 대해 살펴보겠다.

제1절 대인매력과 관계의 발전

다양한 연령대의 사람들에게 무엇이 그들을 행복하게 만드는지 질문했을 때 상위에 올라오는 답변은 친구를 사귀는 것, 긍정적이고 따뜻한 관계를 맺는 것이었다. '자기 확장'은 인간의 중요한 동기인데 이것은 다른 사람들과 어울리고자 하는 바람을 말하는 것이다.

1 매력의 유발요인

(1) 근접성(Proximity)

① 누군가와 더 많이 만나고 상호작용할수록 친구가 될 가능성이 높다.

② 건물 내 거주자들의 관계형성실험에서 같은 건물, 가까운 방, 자주 부딪치는 위치(계단 앞 방)의 사람들이 더 가까워지는 결과를 보였다.

③ 물리적 거리뿐 아니라 **기능적 거리**에 의하여 매력과 근접성이 좌우된다.

④ 근접성의 효과는 친숙성 또는 단순노출효과 때문인데 우리는 어떤 자극에 더 많이 노출될수록 그것을 좋아하기 쉽다는 것이다.

⑤ 친숙한 것은 긍정적인 감정을 연합하게 되는데 우리가 어떤 사람들을 자주 만날수록 그들과 더 친숙해지고 더 많은 우정이 생긴다. 옆자리나 같은 줄에 앉았던 학생들은 1년 후 친구가 될 가능성이 높았다.

⑥ 친숙성은 매력과 호감을 유발한다. 그러나 부정적인 자극(상대방이 내가 몹시 싫어하는 사람)이라면 더 많이 노출될수록 반감이 더 커진다.

⑦ 친숙성이 작용하는 이유는 첫째, 불확실한 사회상황에서 아는 사람은 익숙하기 때문에 행동을 이해하기 쉬워서 편안함과 호감을 느끼게 된다. 둘째, 상대방과 교류하면서 수용하고, 인정하며, 따뜻하게 대함으로써 심리적 안정을 제공하고 관계를 진전시키기 때문이다.

용어 설명

기능적 거리 : 어떤 사람을 가장 자주 마주치는지를 결정하는 건축학적 설계의 측면

(2) 유사성(Similarity)

① 상대가 자신과 얼마나 유사한 생활태도를 지니고 있는가 하는 것도 상대에 대한 이끌림에 영향을 준다.

② 좋아하는 사람과 중요한 면에서 비슷하다는 것은 심리적 균형 상태를 제공해 주고, 생각하는 바가 다르면 관계는 불균형적이 되어 균형을 회복하려는 노력을 하게 된다.

③ 정반대되는 사람들은 서로 끌린다[상보성(Complementarity)]는 가능성이 많이 제기되고 있지만 관계가 깨진 커플의 경우 헤어짐의 원인은 두 사람 간의 다양한 차이에서 오는 것으로 나타났다. 따라서 관계형성은 상보성보다는 유사성이 높은 사람의 관계에서 더 잘 된다고 볼 수 있다.

④ 우리의 관심, 태도, 가치, 배경 또는 성격 간 유사성은 종종 자극제로 작용한다.

㉠ 의견과 성격 : 누군가의 의견이 나와 유사할수록 그 사람을 더 많이 좋아하게 된다. 태도와 가치, 인구통계학적으로 유사한 정도, 성격특성의 유사함은 호감과 매력을 상승시키는 것으로 나타났다.

㉡ 관심과 경험 : 근접성과 유사성은 우정 형성에서 중요한 역할을 담당한다. 유사성의 또 다른 역할은 동일한 목적으로 형성된 집단과 동일한 경험을 공유하게 되는데 이것은 다른 집단의 사람들과는 다른 경험의 공유가 된다. 따라서 새로운 유사성이 만들어지고 우정을 발전시키게 된다. 따라서 경험의 공유는 유사성을 만들고 매력을 촉진한다고 볼 수 있다.

㉢ 외모 : 신체적으로 더 닮은 것으로 평가되는 커플들은 서로에게 더 자주 끌리며 사람들은 매력수준의 측면에서 닮은 사람에게 데이트를 신청할 가능성이 더 높다.

㉣ 지각된 유사성 : 상대와의 실제 유사성은 상대와 만나기 전, 단기간의 교류, 실험실에서의 교류 상황에 강한 영향을 주는 것으로 나타났다. 사회생활에서 실제 교류를 맺고 있는 사람들에게 실제 효과는 지각된 유사성이다. 자신과 친밀한 타인 간에 실제로는 유사성이 존재하지 않더라도 서로 닮았다고 느끼고 그렇게 믿는 것이 중요함을 의미한다.

(3) 상호 호감(Reciprocity)

① 유사성이 없는 경우에도 상대에게 매력과 호감을 느낄 수 있는 강력한 요인은 바로 호감이다.

② 상대를 좋아할지에 대한 가장 중요한 결정요인은 상대가 나를 좋아한다고 믿는 정도이다.

③ 상호 호감은 매력적인 얼굴에 더 많은 주의를 기울이는 우리의 본능적인 경향을 무효화시킬 정도로 강력하다.

④ 한 실험에서 누군가에게 호감을 받은 참가자는 매력적인 얼굴에 주의를 기울이지 않는 것으로 나타났다.

2 대인매력

(1) 신체적 매력과 호감

① 서로에게 호감을 느끼도록 할 수 있는 수많은 특성들 가운데 가장 중요한 요인은 신체적 매력이었다.

② 남녀 모두 매력을 중시하지만 남성이 그것에 좀 더 가치를 둔다.

③ 매력적인 용모를 가진 사람은 똑똑하고, 실력 있고, 친절하고 흥미로우며, 강하고, 사교적이며 이타적인 성격을 지니고 있는 것으로 여겨지는 경향이 있다.

④ 큰 눈, 작은 코, 갸름한 턱, 돌출된 광대뼈 등은 매력적인 것으로 평가되는 요인이다.

⑤ 연령도 중요한 요인으로 작용하는데 남성은 자기보다 아래인 여성을 여성은 연상의 남성을 선호하는 것으로 나타났다.

⑥ 문화와 상관없이 아름다운 또는 잘생긴 얼굴을 구성하는 것에 대한 특징은 얼굴의 대칭성이었다. 얼굴의 대칭성은 좋은 유전자의 지표가 되는데 대칭적 속성은 좋은 건강과 번식의 적합성의 지표로 작용하기 때문이다.

⑦ 매력적인 얼굴을 합성한 '평균화된 얼굴'이 친숙하며 신체적으로 매력적으로 보이게 만든다.

⑧ 사람들은 자신의 얼굴과 가장 닮은 얼굴을 선호하는 것으로 나타났는데 대인매력을 설명하는 중요한 변인은 실제로 친숙성일 수 있다.

⑨ 친숙성은 근접성, 유사성, 상호 호감의 기초가 된다.

(2) 매력적인 사람에 대한 가정

① 아름다움에 대한 불공평한 이득이 존재한다.

② 미숙아로 태어난 유아가 매력적일수록 회복이 빨랐는데 이는 간호사들의 보살핌을 더 받았기 때문이다.

③ 평균 이상의 외모를 가진 사람들은 평균 이하의 외모를 가진 사람들보다 10~15% 더 많은 돈을 버는 경향이 있다.

④ 매력도에 대한 평가는 실제 선거에서 각 후보자가 획득한 실제 득표수의 좋은 예측요인이 된다.

⑤ 아름다운 사람은 그들의 외모와 관계가 없는 긍정적 속성이 있다고 생각하는 경향이 있다.

⑥ 신체적 매력이 높은 사람은 사회적 상호작용기술을 발달시키고 다른 사람들과 더 만족스러운 상호작용을 하는 것으로 보고되었다.

⑦ 아름다움에 대한 고정관념은 문화와 상관없이 적용된다. 북미지역의 학생들의 아름다움에 대한 고정관념은 개인적 강점 특질을 포함하며, 우리나라는 타인에 대한 관심과 성실성을 포함했다.

⑧ 같이 어울리는 사람이 매력적인 경우 매력 없는 사람과 어울리는 경우보다 다른 사람들에게 더욱 호감을 사는 것으로 나타났다[방사효과(Radiation Effect)].

⑨ 매력 있는 사람이 낯선이와 함께 우연히 같이 있을 경우 매력적이지 못한 사람은 대조효과(Contrast Effect) 때문에 더욱 불리한 평가를 받는다.

⑩ 첫 만남에서 가장 호감이 가는 상대에 대한 한 조사에서 자신을 칭찬해 주는 상대방과 자기상을 확인해 주는 상대에 대하여 매력을 느끼며, 두 가지를 모두 제공하는 상대에게 가장 끌리는 것으로 나타났다.

(3) 관계 맺음의 유형

문화마다 관계 맺음의 유형이 다르지만 기본 유형에 대하여 이해하는 것은 문화 차이를 비교하고 특성을 파악하는 데 도움이 된다. 피스케(Fiske, 1992)가 서아프리카의 모사이 부족에서 관찰연구한 관계유형론에 따르면 4가지로 구분할 수 있다.

① **공동체적 공유관계**

개인보다는 공동체의 성원의식이 관계맺음의 중요한 요인으로 작용한다. 가족관계가 전형적인 형태이다. 친밀한 연인이나 친구관계도 여기에 해당한다.

② **권위적 서열관계**

집단 내에서 신분과 서열에 의해 역할이 구분되고 관계가 맺어지는 형태로 군대, 관료조직, 기업조직같이 조직의 목표를 달성하기 위한 효율성을 추구한다. 옳고 그름의 판단은 상위 서열의 힘 있는 사람들의 몫이다.

③ **대등적 상응관계**

대등한 관계에서 호혜적 상응교류가 규범으로 작용하는 대부분의 동료, 친구관계가 이에 해당한다. 이 관계에서 성원들은 대등하며 개인으로써 독립적인 존재들이다. 옳고 그름의 판단은 모든 성원들이 똑같은 대우를 받거나 정당하다고 받아들이는 규범을 준거로 이루어진다.

④ **시장적 가치관계**

교류의 형평성을 중시하는 대부분의 거래관계로 목적을 달성하기 위하여 만나는 사람들, 구성원 조직 내 성원 간 혹은 조직 간 관계에서 자신의 기여가 지닌 가치에 대한 협상을 통해 상호 만족스러운 수준에서 관계를 유지한다. 옳고 그름의 판단은 목적달성의 효율성을 지향하는 준거에 대한 당사자들의 합의에 따라 이루어진다.

3 진화와 배우자 선택

진화심리학은 자연선택의 원리에 따라 오랜 시간 진화한 유전적 요인 측면에서 사회적 행동을 설명한다. 따라서 심리학자들에 의해 생물학적 개념이 사회적 행동에 적용되었다.

(1) 진화와 성차

진화심리학자들은 자손을 생산하고 키우는 데 있어 남녀의 역할이 다르기 때문에 남성과 여성이 배우자 선택에서 매우 다른 양상을 가진다고 주장한다. 이론의 의하면 여성의 경우 번식이라는 것은 신중한 일이기 때문에 언제, 누구와 번식을 할 것인지 신중하게 고려해야 한다는 것이다. 그러나 남성에게 번식은 저비용의 단기투자이다. 배우자 선택에 대한 진화적 접근은 남녀의 번식성공이 두 가지의 매우 다른 행동양식으로 전환된다고 결론을 내린다. 동물의 세계에서 수컷의 번식성공은 자손의 양으로 측정된다. 따라서 많은 암컷과 빈번한 짝짓기를 추구한다. 하지만 암컷의 번식성공은 각각의 자손이 성숙할 때까지 성공적으로 키우는 것에 있다. 따라서 신중하게 선택된 수컷과만 짝짓기를 하는데 자손의 생존과 양육을 위해서는 비용이 매우 많이 들기 때문이다.

높은 번식비용에 직면한 여성은 아이를 키우는 데 필요한 자원과 지지를 제공해 줄 수 있는 남성을 찾을 것이며, 남성은 번식을 성공적으로 할 수 있는 여성을 찾을 것이다. 따라서 여성은 남성의 경제적・직업적 성취에 반응하게 되고 남성은 번식을 성공적으로 할 수 있는 여성을 찾을 것이다.

조사에 따르면 여성은 잠재적인 배우자의 야망, 근면성, 재력을 중요시했으며, 남성은 여성의 신체적 매력을 중요시했다. 그러나 남녀의 목록에서 최고의 특성은 동일했는데 정직성, 신뢰성, 유쾌한 성격이 해당되었다.

(2) 사랑행위의 남녀 차이

양육부담설에 따르면 자녀양육에 많이 투자하고 부담을 느끼는 사람이 배우자 선택에서 선택권을 행사하며 보다 더 신중하게 성 관련 행위를 한다. 남자들은 여자보다 순수한 사랑, 이상적인 사랑의 가능성을 높이 보고 여자는 보다 현실적인 사랑관을 지니고 있는 것으로 나타난다. 첫눈에 사랑에 빠질 가능성도 여자보다 남자가 높게 나타나는데, 남자는 여자가 자신에게 보이는 호감을 과다하게 지각하는 양상을 보여 종종 낭만적인 공상을 하고 상대방에게 행동함으로써 여자를 당혹하게 한다. 한 실험에서 남자들은 여자들이 보인 친절을 자신에게 성적으로 접근했다고 생각하거나 자신이 잘생겼다고 생각할수록 여자가 자신에게 성적으로 접근했다고 여기는 양상이 높은 것으로 나타났다. 이렇게 남자들은 과잉지각하는 양상으로 여자에게 접근하는 양상이 높은 것으로 나타났다. 그러나 여자들은 남자의 행위를 성적인 것으로 여기지 않는 양상을 보인다.

(3) 성차에 대한 다른 관점

매력과 사랑에 관한 진화적 접근에 대한 반대의견으로 한 예는 여러 성적 상대를 가지는 것은 진화적 이점이 남성에게만 적용되는 것이 아니라는 것이다. 여성 또한 상대가 여럿 있으면 유전적 다양성의 이점과 자손을 위한 자원을 얻을 가능성도 증가한다는 것이다. 또한 남성이 상대의 신체적 매력을 중시하는 것을 진화된 경향성 때문이 아니라 단순히 그들이 그것을 중요시하는 사회에서 학습되었기 때문일 수 있다는 것이다. 어떤 상황에서 여성은 남성만큼 신체적 매력을 중시한다는 것도 발견되었다.

다른 연구자들은 배우자의 다른 특질에 대한 선호가 진화원리에 의존하지 않고도 설명될 수 있다는 부가적인 주장을 하고 있다. 여성들은 대개 남성에 비해 더 적은 힘과 지위, 부, 기타 자원을 가진다. 따라서 많은 사회에서 여성은 경제적 안전을 이루기 위해 남성에게 의존해야 하고 남편을 선택할 때 이런 특성을 고려해야 한다. 여성이 더 많은 경제적 권력을 가질수록, 여성은 남성의 신체적 매력을 더 우선시하는 경향이 있다.

또 다른 연구는 남성보다 여성이 데이트 상대를 고를 때 더 까다롭다는 것을 보여주는데 이것은 진화적 관점에서 중요하다. 여성은 남성과 달리 그들의 번식력이 전 생애에 걸쳐 상대적으로 제한적이고 번식

결정은 더 많은 시간과 자원을 요구하기 때문에 까다로워야 한다는 것이다. 그러나 스피드 데이트 연구에서 새로운 결과를 보여주었다. 2009년에 연구된 핀켈(Finkel)과 이스트윅(Eastwick)의 실험에서 여자 대학생이 앉아있고 남자 대학생은 4분 간격으로 돌며 상대를 바꾸었을 때 예상한 것처럼 여성은 낭만적인 반응을 더 적게 느끼고 소수의 스피드 데이트 상대를 더 알고 싶은 사람으로 평가했다. 그러나 남녀의 역할을 바꾸자 결과에 변화가 생겼다. 여성이 옮겨 다니고 남성이 앉아있는 상황이 되자 여성은 까다로운 선택을 하지 않았고 오히려 더 많은 남성들에게 끌리는 모습을 보이고, 다시 만나고 싶은 장래의 연인으로 더 많은 사람을 발견했다. 이 연구 결과에 따르면 배우자 선택에서 성차가 단순히 진화나 생물학을 반영하는 것이 아니라 대부분의 사회에서 형성된 남성이 여성에게 다가가는 데이트 패러다임 때문이라는 것을 시사한다.

4 과학기술의 발전과 사랑

(1) 매력의 유발요인

① 근접성

인터넷에서 근접성의 영향을 알아보기 위해 '케빈의 6단계 법칙'에서 영감을 얻어 메신저 메시지 관계망을 분석한 연구에서 두 명의 무작위 이용자들이 서로 연결되는 데 평균 얼마나 많은 다른 사람들이 연결에 필요한지 계산하였다. 2억 4천만 명 간 300억 개 대화를 분석하자 연결의 평균 길이는 7명이었다. 이러한 결과는 물리적 거리와 상관없이 사람들이 어떻게 상호연결 되는지를 잘 설명하는 것으로 보인다.

② 유사성

유사성의 효과는 과학기술에 기반을 둔 관계에서도 관찰되었다. 사이트에서 인기의 수준에 따라 접촉하는 양상을 보였는데 인기가 많은 사람은 많은 사람과 더 자주 접촉하고, 인기가 없는 사람은 없는 사람끼리 더 자주 접촉하는 것으로 나타났다. 인기가 비슷한 사람과 짝이 되려는 경향은 남녀 간에 차이가 없는 것으로 나타났다. 연구자들의 결론에 따르면 맺어진 커플이 비슷한 경향이 있는 한 가지 이유는 최초의 데이트 단계부터 어울리는 짝을 찾았기 때문이라고 하였다.

③ 친숙성

친숙성에 대한 연구는 대상이나 사람에 대한 단순노출조차도 호감을 증가시키는 것으로 나타났는데 추가노출이 문제의 대상이나 사람의 부정적 특성을 나타낼 때 단순노출은 반대효과가 있었다. 이러한 결론은 온라인 데이트에 관한 연구에서도 지지되었다. 실험에서 참가자들은 웹사이트 프로필에서 상대에 대해 읽고 상대를 만나 데이트를 하였는데 데이트를 하는 동안 상대와 친숙해질수록 상대의 첫인상이 프로필과 일치하지 않는다는 것을 많이 깨달았다. 데이트를 하는 동안 추가정보를 획득함에 따라 이 사람과 유사하지 않은 모든 것을 인식하게 되고 호감도는 감소하게 되었다.

(2) 온라인 데이트

① 온라인 데이트는 여러 연구 결과를 통해 결과가 만족스럽지 않음을 보이는데 프로필만을 보았을 때보다 데이트를 하면서 파트너에 대해 더 많은 것을 알게 되는 것이 그 사람을 덜 좋아하게 만든다는 것을 발견하였다.

② 온라인 데이트 프로필에 관한 연구에서 전체 참가자들의 81%가 적어도 한 가지 특징에 대해 부정확한 정보를 제공했는데 체중, 연령, 키의 순서였다. 왜곡의 가능성은 남녀가 같았다.

③ 관찰된 차이는 낙관적으로 자기를 보려는 무의식적 경향이 아니라 사실을 과장하려는 의도적 노력에서 비롯되었음이 발견되었다.

④ 프로필에 사용된 사진의 분석에서 전체적으로 사진의 32%는 오해의 여지가 있었으며, 남성보다 여성의 사진이 더 부정확한 것으로 나타났다.

⑤ 진실성 검증에서 불합격한 온라인 프로필에서 보인 3가지 공통된 특징은 첫째, 기만적 프로필은 '나는', '나를'과 같은 1인칭 대명사를 더 적게 사용하는 경향이 있다. 둘째, 기만적 프로필은 부정어나 부정문을 더 많이 사용한다. 셋째, 정확한 프로필보다 전체 단어를 더 적게 포함한다.

요약하면 온라인 데이트는 이용자에게 더 많은 잠재적 배우자들을 제공한다. 그러나 중요한 측면에서 데이트 웹사이트는 그들이 데이트 이용자에게 약속한 것에 미치지 못하는 것으로 보인다.

제2절 친밀한 관계: 사랑과 결혼

앞에서는 우리가 누군가에게 좋은 사람으로 다가가기 위해 그 사람과 친숙해지도록 자주 접할 기회를 만들고, 그 사람과 유사성을 만들며, 그 사람과 함께 하는 것을 좋아한다는 것을 알게 하면 된다고 기술하였다. 그러나 단지 좋은 인상을 만드는 그 이상을 원한다면, 진한 우정이나 연애관계를 만들고 싶다면 어떻게 해야 할까?

사랑이라고 하는 장기적인 관계는 과학적으로 연구하기 어려운데 누군가를 연인의 조건으로 무작위할당하여 관계를 만들 수 없기 때문이다. 그러나 최근 이 주제는 사회심리학자의 관심으로 떠오르며 활발한 연구가 이루어지고 있다.

1 사랑

(1) 사랑의 정의

사랑은 단지 성욕의 측면에서뿐 아니라 호감과도 많이 다르다. 사랑은 다양한 모습으로 나타나는데 열정적이고, 격정적인 갈망으로 가득 차 있기도 하고, 삼각관계의 모습을 보이기도 하며, 평온하고 안정적인 종류의 사랑도 있다. 사랑을 정의할 때 일반적으로 동반자적인 사랑과 열정적인 사랑으로 구분을 한다.

① **동반자적인 사랑**

열정이거나 생리적 각성이 동반되지 않은 누군가에 대해 친밀감과 애정을 가지는 것을 말한다. 사람들은 성적이지 않은 친밀한 관계에서 또는 한때 느꼈던 흥분과 열정이 사라졌지만 친밀감을 경험하는 성적인 관계에서 동반적 사랑을 경험할 수 있다.

② **열정적인 사랑**

다른 사람에 대한 강렬한 갈망을 가지고 있으며, 누군가의 존재에 숨이 가쁘고 심장이 뛰는 생리적 각성을 나타낸다. 열정적 사랑을 측정하는 척도는 강하고 통제할 수 없는 생각, 강렬한 감정, 애정의 대상을 향한 외현적 행동 등으로 구성된다. 미국인 부부는 중국인 부부보다 더 열정적 사랑에 가치를 두는 경향이 있으며, 중국인 부부는 미국인 부부보다 동반적 사랑을 더 중요하게 여기는 경향이 있는 것으로 나타났다. 또한 동아프리카 케냐의 타이티는 두 가지를 똑같이 중시하였다.

(2) 사랑과 우정

우정의 관계를 발전시키려는 사람들은 상대방에게 자신을 꾸며서 제시하지 않는다. 자신의 모습과 의견을 별 가식 없이 주고받으며 우정을 발전시켜 나간다. 그러나 애인이 되고자 상대에게 접근하는 경우에 사람들은 상대방에게 자신이 이상적인 상대로서의 특징을 지니고 있음을 드러내고 심지어 거짓으로 꾸미기도 한다. 진행 중인 경우 이 둘의 가장 큰 차이는 성적 욕망이다. 애정관계는 궁극적으로 성행위를 당연한 행위로 포함하는데 애정관계에 있는 사람들은 남들이 느끼는 끌림 이상의 것을 느낀다. 또한 자신들을 운명적인 관계라고 여기는 경향을 보이는데 이런 관계가 오래 지속되는 경향이 있다.

사랑과 우정은 식는 이유에서도 차이가 난다. 우정이 식는 것은 상대방이 비판적이고, 싫어하는 행위를 자주 보이거나 떨어져 지내며 만날 기회가 없어지면서이다. 그러나 사랑이 식는 것은 상대방이 배신하고 다른 이성을 만나거나 서로에게 자주 상처를 주기 때문이다. 사랑이란 정서는 호감이나 친밀감과 같은 정서와는 뚜렷하게 구별되는 뇌의 활동부위를 지니고 있다.

(3) 사랑의 삼각형 이론 기출

스턴버그(Sternberg, 1986)는 사랑하는 관계에서 작용하는 세 가지 요소인 친밀감, 열정, 헌신・결심의 조합을 가지고 이성관계를 여덟 가지 유형으로 분석하였다.

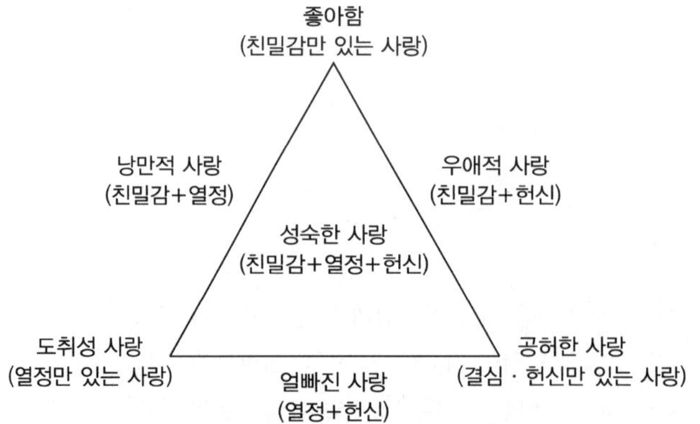

[사랑의 삼각형 이론에 따른 사랑 유형 8가지]

① **친밀감**

사랑하는 관계에서 가깝고 연결되어 있으며 결합되어 있다는 느낌으로 사랑의 정서적 혹은 따뜻한 측면(서로에 대한 믿음이나 유대감)을 말한다. 친밀감을 쌓기 위해서는 함께 보낸 절대적 시간이 어느 정도 되어야 하고 깊은 대화를 많이 나누어야 한다.

② **열정**

낭만, 신체적 매력, 성적인 측면으로 사랑의 동기적 혹은 뜨거운 면(성적 욕망)을 의미한다. 보통 우리가 '첫 눈에 사랑에 빠졌다.'라고 하는 것은 바로 열정을 의미한다. 열정이 없으면 사랑이 시작되지 않을 수도 있다. 열정이 식은 사랑은 긴장감이 없고 지루한 사랑일 수 있다.

③ **헌신 · 결심**

어떤 사람을 사랑하기로 결심하는 것, 그리고 그 사랑을 지속하겠다는 헌신을 의미하는 것으로 사랑의 선택적, 혹은 행동적 측면(사랑을 지속하려는 의지)을 대변하는 것이다. 책임감이라고 말할 수 있는데 그래서 가장 어려운 부분일 수 있다. 상대의 단점도 내가 좋아하지 않는 모습도 함께 맞춰나가고 포용하겠다는 의지가 포함된다.

④ 두 남녀가 첫눈에 반해서 매일 만나는 것은 열정에 의한 것이고, 잦은 만남을 통해 이 열정에 친밀감을 더함으로써 둘 사이의 관계가 성숙해 간다. 이 과정에서 상대방에 대한 책임과 헌신이 생기면서 결혼 혹은 동거하는 사회적 계약단계로 들어가게 된다. 완벽한 사랑은 친밀감과 헌신에 더해 열정이 어우러져 있는 사랑이라고 할 수 있다.

(4) 사랑과 질투

① **정열적 사랑**

㉠ 흔히 사랑에 목숨을 건 것 같은 모습을 보이는 사랑이다. 이 사랑의 특징은 서로에 대하여 강한 신체적 흥분을 느끼고, 상대방에 대한 강한 집착을 한다는 것이다.

㉡ 이러한 사랑이 모든 사람에게 나타나는 것은 아니며 결혼기간이 길어질수록 낭만적인 정열이 시간경과와 함께 사라지는 것으로 나타났다. 그러나 호감척도의 점수는 줄지 않는 것으로 나타났다.

㉢ 친밀감이 정체된 상황에서 열정은 식고, 친밀감이 깊어질 때 열정도 강해진다.

㉣ 많은 정열적 사랑은 이러한 변화를 겪으면서 시들게 되고 친밀감의 심화를 동반하지 못하게 되면 관계의 단절로 이어질 수 있다.

㉤ 그러나 이러한 관계의 변화를 극복할 수 있는 의지와 각오가 있으면 그 사랑은 동반적인 사랑으로 자연스럽게 진행된다.

② **질투**

㉠ 상대방을 사랑하는 사람이 그 상대방을 다른 사람에게 빼앗길 수 있다고 여길 때 적개심을 수반하는 강한 질투의 감정을 느낀다.

㉡ 질투는 상대방에 의존하는 정도가 클수록 위협의 정도가 심하게 느껴질수록 강할 것이다.

㉢ 진화론적으로 배우자가 자신을 배반할 수 있다는 징표를 보이는 경우 이를 막으려는 행동을 하는 사람이 그렇지 않은 사람보다 자신의 후손을 이어갈 가능성이 높다.

㉣ 질투의 경험빈도나 감정의 깊이에 있어서 남녀의 차이는 없는 것으로 보이며, 남자는 배우자가 다른 남자와 성적인 접촉을 하는 것에 가장 큰 질투심을 보이는 반면 여자는 자신의 배우자가 다른 여자에게 시간과 돈, 마음을 헌신적으로 바치는 것에 대하여 그가 성적인 접촉을 하는 것보다 더 강한 질투심을 보이는 것으로 나타났다.

㉤ 네팔의 한 부족은 일처다부제를 유지하고 있는데 이들 부족에서 질투는 허용되지 않는다.

㉥ 따라서 질투라는 경험과 표출은 사회적 구조와 문화에 많은 영향을 받는다는 것을 알 수 있다.

③ 문화와 사랑

㉠ 관습과 의식에서의 차이를 넘어 문화는 사람들이 사랑을 어떻게 생각하고 정의하고 경험하는가의 측면에서 차이를 만든다.

㉡ 개인주의 사회에서 낭만적 사랑은 결혼에 있어 중요하고 결정적인 요소이다.

㉢ 집단주의 사회에서는 사랑에 빠진 개인은 가족과 다른 집단구성원의 바람을 고려해야 한다.

㉣ 개인주의 문화에서 친밀한 관계패턴과는 대조적으로 확대가족 문화에서는 구성원과의 관계와 의무가 배우자의 관계와 의무보다 우선된다.

㉤ 중국에서는 슬픈 사랑과 관련된 개념이 많지만 서양 사회에서 사랑의 주요 측면으로 인식되지는 않는다.

㉥ 중국 학생들은 결혼여부를 어떻게 결정하는지 묘사할 때 '효'와 '유대 관계망'을 강조한다. 또한 가족을 위해 개인적 관심의 희생을 요구하는 기준을 따르는 편이다. 반면 미국 학생들은 '지지와 보살핌', '더 나은 삶을 사는 것'을 중시하였다.

㉦ 낭만적 사랑이라는 개념은 문화마다 다른 의미를 담고 있다.

㉧ 배우자들은 살면서 비슷해지는 현상을 보이는데 우리나라 부부를 대상으로 한 연구에서는 결혼기간이 길어진다고 해서 부부의 유사성이 높아지는 것은 아닌 것으로 나타났다.

㉨ 서구인들의 결혼생활에서는 상대방에 대한 친밀감이 중요한 것에 비해, 한국인에게서는 친밀감보다 상대를 수용하는 마음의 크기가 부부 만족도에 큰 영향을 미친다.

2 애착양식과 사랑

사람들이 유아기에 주 양육자와 관계를 맺는 것을 애착이라고 하는데 이러한 애착관계에 기초해서 타인과의 관계를 발달시키는 기대를 애착양식이라고 한다.

아인스워스(Ainsworth) 등(1978)은 낯선 상황 실험을 통해 유아와 양육자 간에 세 가지 유형의 관계를 확인하였다. 애착이론의 핵심가정은 우리가 유아기에 학습한 특정 애착양식이 관계가 어떨지에 대한 작동모델 또는 도식이 된다는 것이다. 이런 초기의 도식은 전형적으로 생애에 걸쳐 지속되고 성인기에 다른 사람과의 관계에 일반화된다.

아인스워스(Mary Ainsworth, 1913~1999)

미국의 발달심리학자로 버지니아 대학의 명예교수로 재직하였다. 현대 애착이론의 초석을 마련했다.

더 알아두기

낯선 상황 실험

엄마와 12개월 무렵의 아기가 안락하고 장난감이 많이 비치된 낯선 놀이방(실험실)으로 들어간다. 엄마는 아기가 하는 행동에 관여하지 않고 아기는 20여 분 동안 놀이를 한다. 아기가 놀이를 하는 동안 낯선 사람이 들어오고 엄마와 잠시 이야기를 나눈 후 엄마는 실험실을 나간다. 연구자들은 낯선 환경에서 엄마가 있을 때와 없을 때, 그리고 엄마와 떨어지고 다시 만날 때 아기의 행동을 관찰했다. 그 결과 애착유형을 세 가지(안정애착, 회피형 불안정애착, 양가형 불안정애착)로 구분할 수 있었다.

(1) 안정애착(secure attachment)

실험에서 이 유형의 아기들은 엄마가 방을 떠날 때 불안해하고, 재회 시 안도하며 긍정적으로 반응한다. 엄마가 다시 돌아올 것이라는 신뢰를 가지고 있다. 안정애착은 부모가 아이의 신체적·감정적 불편함과 스트레스에 민감하게 반응하고 적절하게 반응하며 양육했을 때 보이는 애착의 유형이다. 이러한 아이들은 그들의 양육자를 신뢰하고, 버림받을까봐 걱정하지 않으며, 스스로를 가치 있게 보고, 타인에게 호감을 얻을 수 있다고 여긴다. 이러한 유형의 아이들은 성인기에 이르러 성숙하고 지속적인 관계를 발달시키기 쉽다. 세 가지 유형 중 가장 지속적인 낭만적 관계를 맺으며, 가장 높은 수준의 헌신과 가장 높은 수준의 관계만족도를 경험한다.

(2) 회피형 불안정애착(avoidant attachment)

실험에서 이 유형의 아기들은 엄마와의 분리나 재회에 크게 반응하지 않는다. 엄마가 나가도 전혀 관심 없고 별다른 저항을 보이지 않으며, 엄마가 다시 돌아와도 무관심한 회피 행동을 보인다. 낯선 사람을 비교적 더 잘 받아들여 친근하게 대하기도 한다. 회피형 불안정애착은 부모가 아이의 감정표현에 부정적 반응을 보이고, 신체적 접촉과 위안을 원할 때 받아주기보다는 불편해하고 회피하며 양육했을 때 보이는 애착유형이다. 이런 아이는 양육자와 가까워지기를 원하지만 마치 그런 시도가 거절될 것을 아는 것처럼 이런 욕구를 억제하는 것을 배운다. 이러한 유형의 아이들은 성인기에 다른 사람을 잘 믿지 못하고, 친하고 가까운 관계를 형성하는 것에 어려움을 느낀다. 이 유형은 관계를 시작할 가능성이 가장 낮고 사랑에 빠지지 않았다고 보고를 할 가능성이 높다. 정서적 거리를 유지하며, 세 유형 중 관계에 가장 낮은 수준의 헌신을 보인다.

(3) 양가형(저항형) 불안정애착(ambivalent attachment)

실험에서 이 유형의 아기들은 분리에 크게 불안해하고, 재회 시에도 혼란스러운 반응을 보인다. 엄마가 곁에 있어도 낯선 상황에서는 탐색하지 않고, 엄마가 나가면 몹시 고통스러워하며 막무가내로 울기 시작한다. 엄마가 돌아와도 쉽게 안정을 찾지 못하고 계속 울면서 반기지 못하고 안아달라고 한다. 양가형 불안정애착은 부모가 아이의 신체적・감정적 요구와 필요에 일관되지 않게 반응하거나 필요한 자극과 정서적 지지보다 더 많은 것을 주는 등 아이의 자율성을 침범하고 아이의 독립심을 좌절시키는 방식으로 양육했을 때 나타나는 애착유형이다. 이런 아이는 양육자가 그들의 욕구에 언제, 어떻게 반응할지 예측을 할 수 없기 때문에 불안하게 된다. 이러한 아이들은 성인기에 가서 파트너와 친밀하기를 원하지만 파트너가 그들의 애정을 돌려주지 못할까봐 걱정한다. 낭만적 관계는 세 유형 중 가장 짧게 지속되었다. 또한 위의 두 유형에 비해 짧은 교제기간을 갖고 결혼을 하는 경향이 있다.

(4) 혼란형(혼동형) 불안정애착(disorganized/disoriented attachment)

메인과 솔로몬(Main & Solomon)은 아인스워스의 초기애착이론을 발전시켜 세 가지 유형에 속하지 않는 유형을 추가적으로 발견하고 이를 혼란형(혼동형)으로 구분하였다. 가장 소수의 유형으로, 이 유형은 회피형과 양가형의 특성을 같이 나타내는 모순을 보인다. 실험에서 이 유형의 아기들은 엄마에게 다가가려 하다가 갑자기 멈추거나 회피하고, 다가가다가 곧 화를 내고 밀치기도 하며, 엄마가 돌아온 것이 이상하다는 듯 어리둥절해하는 등 일관성 없는 행동을 보인다. 보통 학대 등의 트라우마로 인해 형성되며, 아이는 보호자에게 안정감을 느끼지 못하고 혼란스러운 심리 상태에 빠질 수 있다. 이 아이들은 성장하면서 정서적・사회적 문제를 경험할 위험이 더 높으며, 추후 대인관계, 정서조절, 자아상에도 문제가 생길 수 있다.

3 관계를 만족시키는 요인

사람들은 상대방의 외모와 별 관계없이 친숙하게 된 사람들과 대화를 나누며 관계를 발전시킨다. 아무리 매력적인 상대방과 교제를 하더라도 서로를 알아가는 과정 없이 깊은 관계로 진행될 수는 없다.

(1) 자기노출

① 낯선 두 사람의 관계가 친숙한 관계로 되어 가는 교류과정에서 가장 두드러진 특징은 두 사람이 서로를 드러내는 자기노출이다.

② 우정관계의 발달에서 교류가 오래될수록 자기노출이 증가되었다.

③ 노출은 상대방에게 호응을 요구하고 이러한 호응이 있을 경우에만 다음 단계의 더 깊이 있는 노출이 교환되고 관계가 친숙해진다.

④ 사람들은 자기가 상대방에게 노출하는 정도로 상대가 노출하는 것을 가장 편하게 느낀다.

⑤ 남이 알기를 꺼리는 부분들을 노출시키는 것은 상대에게 신뢰한다는 암시를 주기 때문에 관계를 촉진시키는 역할을 한다.

⑥ 자기노출 그 자체가 관계를 진전시키는 것은 아니며, 관계를 진전시키는 것은 노출의 호응작용과 상대방에 대한 아끼는 마음이다.

⑦ 서로를 노출하는 과정에서 상호신뢰가 쌓이고 정서적인 유대감이 형성된다.

⑧ 서로에 대한 믿음과 정서적인 유대감은 친밀한 관계의 본질이다.

(2) 사회교환이론

① 우리는 함께 있는 사람이 우리에게 제공하는 사회적 보상이 클수록 그 사람을 더 많이 좋아하게 된다. 달리 말하면 제공받는 것보다 지불하는 것이 더 많으면 관계가 지속되지 않을 가능성이 있다는 것이다.

② 관계에 대한 만족에 영향을 미치는 요인은 보상, 비용, **대안에 대한 비교수준**이다.

③ 보상과 손실은 물질적인 재화에만 국한하지 않고 심리적인 것까지 포함한다. 보상은 관계를 가치 있게 만들고 강화하는 관계의 만족스러운 측면이다. 이것은 파트너의 행동, 개인적 특성의 유형, 외부자원(돈, 지위, 활동, 관심 있는 타인의 접근 등)을 얻는 우리의 능력 등을 포함한다.

④ 모든 우정과 낭만적 관계는 상대의 짜증나는 습관과 특성을 참고 견디는 것 등에 따르는 비용이 있다.

⑤ 높은 **비교수준**에서는 관계에서 많은 보상과 작은 비용을 기대하고, 이것이 불일치하면 불행과 불만족이 증가한다.

⑥ 대안에 대한 비교수준이 높은 사람은 주변에는 자신을 만나고 싶어 하는 사람들로 가득 차 있다고 생각하기 때문에 새 친구나 연인을 찾을 가능성이 있다. 반대로 대안에 대한 비교수준이 낮은 사람은 자신들이 가진 것이 많지 않고 다른 관계를 찾을 수 없다는 기대를 하기 때문에 비용이 큰 관계에 머물 가능성이 있다.

⑦ 개인주의 문화권에서는 자발적인 상호교환이 강조되고 가치 있는 것으로 여겨지며, 집단주의 문화권에서는 의무적인 상호교환이 강조되는 것이 발견되었다.

⑧ 서양에서는 의무감 때문에 보답을 한다는 것은 가치 있는 일로 여기지 않는다. 동양에서는 빚진 사람이 빚을 갚아야 한다는 것은 당연한 사회적 의무이며 도리라고 여긴다.

용어 설명

- **사회교환이론** : 관계에 대한 느낌은 관계의 보상과 비용에 대한 지각, 가치 있는 관계의 종류, 그리고 누군가와 더 좋은 관계를 맺을 수 있는 기회에 따라 달라진다는 견해
- **대안에 대한 비교수준** : 새로운 대안적 관계에서 받게 될 보상과 체벌수준에 관한 기대로 새로운 연인을 만날 가능성이 높은가, 새 연인을 만나는 것이 지금보다 득이 되는가 하는 것
- **비교수준** : 특정관계에서 받을 가능성이 높은 보상과 비용측면에서 나타날 결과에 대한 기대 혹은 만족도를 의미

(3) 헌신의 투자모델

일반적으로 사회교환이론에 따라 관계가 많은 보상을 제공하는 것으로 지각될 때 사람들은 행복하고 만족감을 느끼는 것으로 보고된다. 여기에 추가되는 요인으로 관계에 대한 개인의 투자수준을 고려할 필요가 있다는 것이다.

① 투자란 개인이 친밀 관계가 끝나면 잃게 될 어떤 것이라고 정의하는데 재정적 자원, 소유물, 관계를 확립하는 데 투자된 시간, 정서적 에너지, 자녀의 정서적 안녕감, 개인의 온전성 등 관계를 맺고 있는 사람과 관련된 모든 유형, 무형의 것이 포함된다고 할 수 있다.

② 개인이 관계에 투자한 것이 크면 만족도가 낮고 다른 대안이 확실할 때조차 결별할 가능성은 적다.

③ 관계의 만족도가 높고, 대안이 낮고, 투자가 많을수록 헌신의 정도가 높았으며, 관계의 만족도가 낮고, 대안이 높고, 투자가 적을수록 결별의 가능성이 높았다.

④ 가정폭력의 피해여성이 다시 가정으로 돌아가는 이유를 **투자모델**로 이해하면 헌신의 느낌이 관계에 대한 경제적 대안이 더 빈약하거나 관계에 더 많은 투자를 한 여성에게 더 크게 나타나기 때문이라고 할 수 있다. 지속적인 관계에서 헌신은 파트너가 유발한 보상과 비용의 양 이상의 것에 기초한다. 그것은 관계에 대한 투자, 만족도, 대안에 대한 지각에 따라 달라진다.

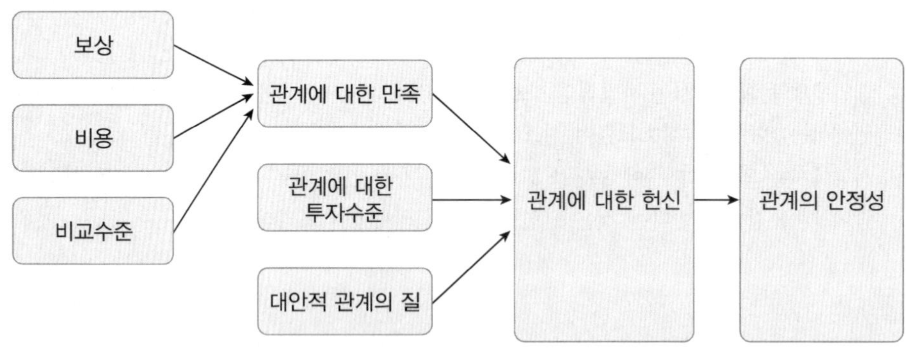

[헌신의 투자모델]

관계에 대한 사람들의 헌신은 몇 가지 변인에 따라 달라지고 헌신의 변인들은 관계가 얼마나 안정적일지를 예측한다.

> **용어 설명**
>
> **투자모델**: 관계에 대한 보상, 비용, 비교수준에서 관계에 대한 만족도와 대안에 대한 비교수준뿐만 아니라 관계를 떠나면 잃게 될 관계에 대한 투자량에 따라 달라진다는 이론

(4) 공정성 이론

① 일부 연구자들은 사회교환이론이 관계에서 필수적인 변인인 공평성 또는 공정성의 개념을 무시한다고 비판했다.

② 공정성 이론의 지지자들은 사람들이 최소비용으로 최대보상을 얻으려고 애쓰지 않는다고 주장한다.

③ 사람은 관계가 공평하다고 느낄 때 만족할 것이고, 불공평하다면 관계에 불만을 느낀다.

④ 공정성 이론에 따르면 과소이득 및 과잉이득의 배우자 모두 이런 불균형 상태에 대해 불편감을 느낄 것이고, 관계에 대한 공정성을 회복하기 위해 동기화될 것이라는 것이다.

⑤ 여성의 경우에 이 관계는 더 강하게 나타나는 경향이 있다.

⑥ 가벼운 관계에서 보통 사람들은 '동등한 것'을 주고받는다. 새로운 친분에서 상호작용은 공정성 주제에 의해 좌우되며 이를 교환관계라고 불린다.

⑦ 그러나 우리는 누군가에 대해 더 많이 알수록 모든 표현에 대해 즉각적 보상을 기대하거나 단순히 호의를 교환하고 있다고 믿는 것을 꺼리는 경향이 있다.

⑧ 지속적이고 친밀한 관계는 엄격한 맞교환 전략보다는 좀 더 느슨한 주고받기 개념의 지배를 받는다. 친한 친구, 가족 구성원, 연인들 간의 장기간의 상호작용은 공정성 규준에 영향을 덜 받고 필요할 때 서로 돕고자 하는 욕구에 더 많이 좌우된다. 이러한 공동의 관계는 장기적이고 친밀한 관계의 특징으로 받은 것을 되갚을지에 대한 여부는 상대방의 욕구에 따라 반응한다.

⑨ 연인 사이에서 교환의 규범을 쓰는 정도가 높아질수록 교류만족도는 낮아진다.

⑩ 공동의 관계에 있는 사람들이 공정성에 무심한 것은 아니다. 사람들은 그들의 관계가 공정하지 않다고 믿는다면 불편감을 느낀다. 공동의 관계에서 두 사람은 공정성이 대략 성취될 것이라고 믿는다. 하지만 불균형이 계속해서 존재한다고 느낀다면 관계는 궁극적으로 깨질 것이다.

4 관계의 종말

(1) 헤어짐의 과정

연인들의 헤어짐은 인생에서 매우 고통스러운 경험 중 하나이다.

① 덕(Duck, 1982)은 관계의 끝은 단일사건이 아니라 여러 단계의 과정임을 주장했다. 아래 과정은 덕이 주장한 친밀한 관계의 파경 4단계이다.

헤어짐 : 관계에 대한 불만족

↓

역치 : "더 이상 참을 수 없어."

↓

개인내적 단계
- 파트너의 행동에 초점을 맞춘다.
- 파트너 행동의 적절성을 평가한다.
- 관계를 지속하는 것의 부정적 측면을 묘사하고 평가한다.
- 헤어짐의 비용을 고려한다.
- 대인적 관계의 긍정적 측면을 평가한다.
- '내 생각의 표현/억압' 딜레마에 직면한다.

↓

역치 : "헤어지는 것이 당연해."

↓

상호적 단계
- '문제 직면/회피'의 딜레마에 직면한다.
- 파트너와 대면한다.
- '우리의 관계'에 대해 협의하고 논의한다.
- 관계의 개선과 화해를 시도한다.
- 헤어짐이나 양측의 친밀감 감소의 비용을 평가한다.

↓

역치 : "확실히 그렇다."

↓

사회적 관계
- 파트너와 헤어짐 상태에 대해 협의한다.
- 친구, 가족 및 타인들 사이에서 소문/논의를 시작한다.
- 공개적인 체면치레/책임전가의 이야기와 설명을 만든다.
- 친구, 가족 및 타인들의 반응을 고려하고 직시한다.
- 개입 팀에 전화를 한다.

↓

역치 : "그것은 현재 불가피해."

↓

개인내적 단계
- '그것을 극복하는' 활동에 참여한다.
- 회고에 참여해서 무엇이 잘못되었는지를 분석한다.
- 자기 나름의 이별 이야기를 공개한다.

[친밀한 관계의 파경 4단계]

② 러스벌트(Rusbult, 1983)는 좋지 않은 관계에서 발생하는 네 가지 유형의 행동을 확인했다. 긍정적인 행동보다 파괴적인 행동이 관계에 더 많은 해를 끼치는 것으로 나타났다.

파괴적인 행동	적극적으로 관계를 해치는 행동	예 상대를 학대하고, 헤어지겠다고 위협하고, 실제로 떠나는 것
	수동적으로 관계가 악화되도록 허용하는 것	예 문제를 다루는 것을 거부하고, 파트너를 무시하고, 함께 시간을 보내지 않고 관계에 헌신하지 않는 것
긍정적, 건설적인 행동	관계를 개선하기 위해 적극적으로 시도하는 것	예 문제에 대해 논의하고 변화를 시도하고, 치료자를 찾아가는 것
	수동적으로 관계에 대한 충성심을 유지하는 것	예 상황이 나아지실 바라면서 기다리고, 싸우기보다 지지적이며, 낙관성을 유지하는 것

③ 부부문제를 전문으로 연구하고 있는 가트만(Gattman, 1999)은 1983년부터 20여 년간 부부들을 관찰하고 분석한 결과, 결별을 가져오는 4개의 강력한 요인을 식별해 냈는데 '비판', '방어적 태도', '모르쇠 태도', '경멸적 감정'이다. 특히 이혼을 하게 되는 부부의 경우 경멸적 감정의 표현 횟수가 관계를 유지하는 부부의 경우보다 2배 이상 많았다.

④ 관계의 끝을 설명하는 다른 접근은 처음 서로에게 매력을 느낀 점에 대한 고려이다. 처음에 매력으로 다가왔던 그 특성이 헤어지게 되는 이유가 되었다. 파경의 30%는 바로 치명적 매력 때문이라는 것이다. 이런 형태의 파경은 우리에게 성공적인 관계에서 파트너 간의 유사성이 중요함을 다시 알려준다.

(2) 헤어짐의 경험

① 이별을 당한 사람은 비참했고, 높은 수준의 외로움, 우울감, 분노를 보고했으며, 헤어지고 몇 주 안에 신체적 질병을 경험했다고 보고했다.

② 이별을 고한 사람은 관계의 끝으로 인한 속상함이나 고통스러움, 스트레스가 가장 적었다. 이들은 죄책감과 불행감을 보고했지만 두통, 복통, 수면 불규칙과 같은 부정적인 신체증상이 가장 적었다.

③ 상호합의로 이별을 한 사람들은 60%가 신체증상을 보고하는데 이것은 연인관계에 대해 함께 내린 결론이 단순히 혼자 관계를 끝내기로 결정한 것보다 더 큰 스트레스가 된다는 것을 의미한다.

④ 여성은 남성에 비해 헤어짐에 대해 다소 더 많은 부정적 반응을 보고하였다.

⑤ 남성은 자신이 이별을 고했든 당했든 전연인과 친구로 남는 것에 그다지 관심이 없는 것으로 나타났고, 여성은 특히 그들이 이별을 당했을 경우 친구로 남기를 더 원했다. 상호합의로 이별한 경우 미래의 우정에 대한 관심이 남녀 모두 컸다.

제3절 인간의 공격성

1 공격성의 정의와 원인

사회심리학에서 공격성이란 신체적 또는 심리적 고통을 유발하기 위한 목적을 가진 의도적 행위로 정의된다. 진정한 공격성은 타인을 해치고자 하는 의도를 포함해야 한다. 행동은 신체적일 수도 언어적일 수도 있다. 그 목표가 성공적일 수도 아닐 수도 있다. 또한 공격행위를 정의할 때 그 의도가 친사회적인지 반사회적인지 하는 점도 중요한 문제가 된다. 자식교육을 위한 체벌이나 범인 검거를 위한 폭력 등은 사회적 규범이 허락하는 것이며 친사회적 공격행위라고 할 수 있다.
공격성의 유형을 구분해보면 적대적 공격성과 도구적 공격성으로 나눌 수 있다. 적대적 공격성은 분노에서 나온 공격행위이며 고통이나 상해를 가하기 위한 목적을 가지고 있다. 도구적 공격성은 타인을 해치려는 의도가 있지만 고통을 유발하기보다는 목표를 위한 수단으로써 행해진다. 스포츠 경기에서 우리 편의 득점에 도움을 주기 때문에 상대선수를 고통스럽게 혹은 괴롭히는 것이 도구적 공격에 해당한다고 할 수 있다. 공격행동을 이해하기 위해 생물학적, 사회적, 문화적 및 상황적 측면에서 살펴보도록 하겠다. 기출

(1) 진화론적 주장

남성은 여성보다 신체적으로 더 공격적인데 전 세계 문화에서 남자아이는 여자아이보다 밀기, 때리기 등의 신체적 비(非)놀이 활동을 더 많이 한다. 여러 연구들에서도 남성은 여성보다 더 폭력적인 경향을 보였다. 진화심리학자들은 신체적 공격성이 남성에게 유전적으로 프로그램 되어 있기 때문이라고 주장한다. 남성이 더 공격적인 이유는 첫째, 다른 남성에 대해 지배성을 확립하고 가능한 가장 높은 지위를 보장하기 위해서이다. 둘째, 남성은 성적 질투로 공격을 하는데 이는 배우자가 다른 남성과 성관계를 갖지 않는다는 것을 보장하고 결과적으로 그들의 부정을 지킨다는 것이다. 남성의 공격성을 자극하는 호르몬은 테스토스테론인데 여성에게도 존재하지만 남성에서 더 비율이 높다. 자연적으로 발생하는 테스토스테론의 수준은 비폭력적 범죄보다 폭력적 범죄를 저지른 사람들에게 유의하게 더 높았다. 하지만 이것이 폭력의 원인이라고 단정하기는 어려운데 공격성, 경쟁적, 성적 상황에 있을 때 테스토스테론의 생성이 증가하기 때문이다.

① **동물의 공격성**

㉠ 공격성이 선천적인지 학습된 것인지의 질문에 답을 찾기 위해 일부 과학자들은 인간 이외의 동물의 실험에 관심을 가졌다. 쥐와 고양이의 실험을 통해서 공격행동이 경험에 의해 수정될 수는 있지만 종류에 따라서 학습되지 않는 공격행동이 있다는 것을 발견하였다.

㉡ 침팬지와 보노보는 인간의 DNA와 98%가 유사하다. 침팬지는 공격적 행동으로 유명한데 수컷뿐 아니라 암컷 또한 공격적이다. 이들은 수컷집단이 같은 종을 사냥하고 죽이는 인간 이외의 유일한 종이다. 실제 수렵-채집사회의 인간의 행동과 거의 비슷한 모습을 보인다.

㉢ 침팬지의 연구에서 인간, 특히 남성은 공격행동이 유전적으로 프로그램되어 있다는 결론을 내릴 수 있다. 그러나 보노보는 비공격적인 행동으로 유명하다. 보노보는 종종 '사랑을 하고 전쟁이 없는 원숭이'라고 언급되는데 침팬지가 먹이를 찾으면 경쟁적으로 차지하기 위해 공격적으로 싸

우는 반면 보노보는 성적 놀이를 즐기고 나서 평화롭게 먹기 시작한다.

㉣ 따라서 공격성의 보편적 특성은 공격성이 진화하였고, 생존가치가 있기 때문에 유지되었다는 것을 시사한다. 동시에 거의 모든 유기체는 공격성을 억제하는 것이 가장 이로울 때 그렇게 할 수 있는 강한 억제기제를 진화시켜 온 것으로 보인다.

② 인간 공격성의 본능론에 대한 반론

㉠ 동물세계의 위계설정이 주로 힘, 덩치, 속도 등의 신체적 특성에 의해서 이루어지는 데 반해 인간의 경우 지능, 사교성, 지도성, 동기 등의 사회적, 심리적 특성에 의해서 이루어진다.

㉡ 동물의 위계는 교미, 먹이 등의 생물학적인 기능을 충족시키는 기능을 하지만 인간의 경우는 높은 지위가 집단에의 기여, 자긍심의 충족, 자기실현의 기회 제공 등의 사회적, 심리적 기능을 충족시키는 것이다.

㉢ 동물에서 영토 설정은 모든 개체에게 나타나지만 인간에게서는 보편적인 현상은 아니다.

㉣ 동물에서는 공격행위의 형태와 기능이 매우 단순하지만 인간에서는 형태도 다양하고, 처벌, 위협, 회유, 의사소통 등의 다양한 기능을 지니고 있다.

㉤ 인간의 공격행위 또는 파괴적 행위는 본능이 아니라 환경에 영향력을 행사하려는 본능이 성장경험을 통해 적절히 발현되는 양상을 습득해서 나타난 것이라는 주장이 있다.

㉥ 인간의 공격행위를 본능이라기보다는 환경 속에서 획득되고 변형되는 사회적 행위로 보는 시각이 수용되고 있다.

(2) 문화적 주장

사회적 상호작용의 복잡성과 중요성 때문에 인류에게 사회적 상황은 호르몬이나 유전적 소인보다 더 중요해졌다. 우리가 어떤 행동을 할지 결정할 때 선천적 경향성, 학습된 다양한 억제반응, 사회적 상황의 정확한 이해 사이의 복잡한 상호작용에 좌우된다. 따라서 인류가 자신의 영역을 보호하고 특정자극에 대한 반응으로 공격적 행동이 프로그램 되어 있다고 결론 내리기는 어렵다.

① 시간에 따른 공격성의 변화

해당 문화 내에서 사회적 조건의 변화는 공격행동의 변화를 이끈다. 북미의 이로쿼이족은 다른 종족과 싸우지 않고 사냥을 하며 평화롭게 살았다. 그러나 17세기 유럽인들과의 물물교환이 이웃의 휴런족과 모피를 두고 경쟁하도록 만들었고 이로쿼이족은 공격적인 전사로 변했다. 그들의 공격성은 본능이라기보다는 사회적 변화가 경쟁을 유발했기 때문에 발생했다고 볼 수 있다.

② 문화에 따른 공격성의 차이

협조적이고 집단주의 가치를 가진 문화의 사람들은 낮은 수준의 공격성을 가진다. 집단의 생존이 협동에 좌우되는 굳게 단결된 문화에서 분노와 공격성은 위험하고 파괴적인 것으로 간주되고 공격자는 추방되거나 처벌받게 된다. 그러한 문화의 남성들도 테스토스테론이 없는 것은 아니다. 그러나 그러한 문화에서 양육되면 성차가 최소화되고 협동이 격려된다. 필리핀 우림의 테듀레이족은 집단 내 폭력을 방지하기 위해 구체적으로 고안된 제도와 규범을 형성하였다. 그들은 인간이 본질적으로 폭력적이지만 집단 내에서 공격성을 감소시키기 위해 그들이 할 수 있는 모든 것을 한다고 믿는다. 그러나 그들도 외부집단의 공격성으로부터 자신을 보호하기 위해서는 공격적으로 행동할 것이다.

③ 명예와 공격성의 문화

미국의 남부 사람들은 폭력율이 높은 편인데 이것은 경제적 원인에서 비롯되었다고 가정된다. 이들은 전통적으로 목축에 의존하며 살았는데 농경에 의존하는 사람들에 비해 협동적인 전략을 발달시키는 데 있어 취약하다. 가축을 도둑맞게 되면 생계가 위협을 받기 때문이다. 따라서 이들은 과잉경계와 위협적인 행동에 즉각 반응하는 것을 배운다고 가정했다. 실제 남부농장 지역에서보다 목축이 일어나는 지역의 살인률이 2배 높은 것이 발견되었다. 목축사회에서 공격성과 경계는 자신의 지위를 회복하기 위해 폭력으로 반응할 것을 요구하는 명예의 문화를 발전시켰다. 따라서 이 지역의 명예를 중시하는 문화가 남아있어 명예와 관련된 살인률이 다른 지역보다 5배 더 높다. 다른 주보다 1인당 학교총격이 두 배 더 높으며, 가정폭력의 비율도 더 높다.

(3) 성별과 공격성

① 남녀의 공격성 차이

남성이 신체적으로 더 공격적이지만 여성이 공격적이지 않다거나 타인에게 해를 끼치지 않는다는 것은 아니다. 여성도 관계적 공격성을 나타내는 경향이 있다. 남성과 여성의 공격성의 표출방식에 차이가 있는데 남성이 주로 신체적인 공격성을 가하는 것에 비해 여성은 험담을 하고 대상에 대해 잘못된 소문을 퍼뜨리고 그 사람을 따돌리거나 피하는 등 내현적 행동으로 관계를 조종함으로써 다른 사람에게 해를 끼치는 공격성을 보인다.

신체적 공격수준에서 성차를 비교한 몇몇 연구에서 소년과 소녀의 대부분은 유사하게 비공격적인 모습을 보였다. 성차가 나타나는 주원인은 극단적으로 공격적인 소수의 소년들로 인한 것이었다. 모욕을 당하거나 공격적인 보복을 할 기회가 있을 때 특히 사람들이 그들의 성을 인식하지 못할 때 여성들은 공격성을 표현하는데 남성들과 다르지 않다.

남성의 공격성이 문화에 영향을 받는 것처럼 여성의 공격성도 이와 같다. 호주와 뉴질랜드의 여성은 스웨덴과 한국의 남성보다 더 큰 공격성을 보이며, 신체적 공격성을 칭송하는 문화 공동체에서 남녀 모두 폭력적 전략에 의존한다. 여성 자살폭파범의 동기와 상황은 남성과 유사한 것으로 나타났다.

② 남녀 파트너 사이의 폭력

2011년 미국 통계에 따르면 가족 폭력의 49%가 배우자에 대한 범죄였으며 배우자나 다른 친밀한 파트너에 의한 학대 희생자 가운데 거의 84%가 여성이었다. 가족을 죽인 살인자 10명 중 8명이 남성이었다. 가정폭력에서 이러한 성차는 남성의 생리적 기능과 남성의 힘에서 기인된 것일 수 있다. 또한 여성에 대한 남성의 폭력이 권력과 통제를 주장하는 수단이라고도 주장한다.

(4) 공격성의 개인차

① 자기애성향

자존감이 높아 보이는 사람은 실제로 높을 수도 있지만 내면으로는 취약하고 자기상을 보호하려는 사람들일 수 있다. 자존감이 낮은 사람들은 폭력적인 양상을 보인다고 알려져 있지만 공격적인 행위를 보이는 경우는 드물다. 오히려 자존감이 높은 아이들이 공격적인 행위를 보이는 경우가 많은데 이들은 자기애적이며, 남들보다 우월하다고 여기고 자신들이 남보다 특권을 누릴 자격이 있다고 여기는 것에서 기인한다.

자기애성향이 강한 사람들이 나쁜 평을 받았을 때 높은 공격적 행위를 드러냈다. 그러나 자존감의 높고 낮음은 공격성에 아무 영향을 미치지 못했다.

공격적인 아동은 잘못된 일에 대해 남 탓을 많이 하는 것으로 나타났으며 그들은 자존감이 높을 수 있지만 안정적이지 못하였다. 유능함과 인격을 갖추고 있지 못하여 자신들의 자존감을 자신의 권력이나 육체적 힘으로 유지하려 하며 남들이 보이는 복종, 두려움을 자존감의 근거로 삼는다. 따라서 자존감의 높낮이가 문제가 아니라 안정성과 자기 통제력이 중요하다는 것을 말해 준다.

② **공격성향**

공격성향척도에서 높은 점수를 받은 사람은 주변에서 공격적이라는 평가를 많이 듣는다. 공격행위와 관련된 조직화된 인지구조가 있는 것으로 보인다. 상대방의 애매한 행동을 접해서 어떻게 반응하느냐는 귀인의 결과이다. 폭력성향이 강한 사람들은 상대방의 애매한 행동을 악의나 적개심을 지니고 행동했다고 귀인하는 적대적 귀인양상이 강한 것으로 나타났다. 적대적 귀인성향자들에게서 무분별한 폭력행사의 가능성과 폭행을 저지른 빈도가 높게 나타남을 발견했다. 공격성이 높은 사람은 상황의 분석보다는 자신이 지니고 있는 선입견, 도식(스키마)을 적용하여 상황판단을 하는 경향이 강하다. 이들은 공격적인 행위가 상대방을 제압하는 데 큰 효과를 지니고 있다고 여긴다.

2 공격성의 유발 요소

(1) 성격적 요인

① **좌절과 공격성**

㉠ 좌절은 공격성의 주된 원인이다. 기대했던 목표나 만족이 방해를 받을 때 좌절이 발생한다.

㉡ 좌절이 공격반응의 확률을 증가시킬 수 있다는 좌절-공격성 이론은 사람들이 본능 때문에 공격적 행위를 하는 것이 아니라 좌절에 의한 심적 충동을 해소하도록 동기화되었으며 공격행위는 그 해소책으로 나타난다는 것이다.

㉢ 좌절이 항상 공격성을 유발한다는 것을 의미하는 것이 아니라 좌절이 결정적으로 불쾌하고 달갑지 않고 통제할 수 없을 때 빈번하게 그렇다는 것이다.

㉣ 좌절을 증가시키는 요인

- 기대가 클수록 공격성이 더 증가하는데 기대는 목표에 접근할수록 높아진다. 길게 늘어선 매표소 줄에서 10번째 자리에 끼어들기를 한 사람보다 2번째에 끼어들기 한 사람의 바로 뒤 사람이 더 공격적이 된다.
- 공격성은 좌절이 예기치 못했을 때 증가한다. 상대가 당연히 승낙할 것이라고 기대했던 일에서 승낙을 얻지 못할 때 기대가 없던 사람보다 더 공격적이 된다.

㉤ 좌절이 분노와 공격성을 항상 유발한다기보다는 공격성을 준비시키는 것으로 보인다.

㉥ 눈앞에 당장 보이는 사람이 분노를 유발할 때보다 보이지 않고 멀리 떨어져 있는 사람에게 즉 내가 누군지 드러내지 않을 때 분노를 표출하기가 더 쉽다.

ⓢ 좌절에 대한 상황이 이해가 되고 정당하며 고의가 아니라는 것을 안다면 공격경향은 감소된다.

ⓞ 좌절이 박탈과 동일하지 않은데 매력적인 장난감들로 가득찬 방에 아이들을 집어넣고 정작 그 장난감을 만지지 못하게 하면(장난감을 갖고 놀고 싶은 욕구를 좌절시키면) 나중에 그 아이들에게 장난감이 주어졌을 때 장난감을 집어 던지거나 발로 밟는 등의 공격적인 행동을 더 많이 하게 된다.

ⓙ 좌절과 결합되어 기대가 방해받을 때 분노와 공격성이 유발되는데 분노와 공격성을 유발하는 것은 절대적 박탈이 아니라 **상대적 박탈**이다. 즉 자신이 가진 것과 가질 것이라고 기대한 것 사이에 차이가 있을 때 발생한다.

② **도발과 보복**

㉠ 도발은 피해자가 자신이 입은 손상을 가해자의 내적 의도에 귀인하면서 그러한 의도가 부당한 것이라고 지각하는 경우에 경험하는 정서상태이다.

㉡ 공격성은 다른 사람의 공격적 행동에 보복하고 싶은 욕구에서 비롯된다.

㉢ 보복할 기회가 제공되었을 때 친절한 비판을 받은 사람보다 가혹한 비판을 받은 사람이 더 가혹하게 보복할 가능성이 있다.

㉣ 사람들은 타인의 모욕적이고 비판적인 행동에 항상 보복하는 것은 아니다. 분노를 경험했을 때 약 10%의 경우 신체적인 폭력으로 이어진다. 정상 참작상황이 있다면 대부분 보복하지 않을 것이다.

㉤ 상대방의 공격적 행위를 이해할 수 있는 정보가 사전에 입수되면 분노가 덜 일어난다. 그러나 이미 분노가 촉발된 상태에서 공격이나 모욕을 받는다면 분노가 경감되기는 어렵다.

③ **흥분과 폭력**

㉠ 흥분전이 가설에 따르면 사람들에게는 여러 가지 요인에 의한 흥분이 누적적으로 작용하여 공격적 행위를 더욱 부추길 수 있다.

㉡ 분노뿐 아니라 질투심, 우울감 등 부정적인 정서가 누적적으로 작용하여 공격행위에 영향을 준다는 것이다.

㉢ 한 가지 이유로 흥분이 채 가라앉지 않은 상태에서 다른 이유로 새롭게 분노가 유발되면 더욱 흥분하게 된다.

㉣ 흥분전이에 의한 공격은 흥분의 원인이 불분명한 경우에 나타나기 쉽다. 자신이 흥분한 이유가 누구에 의한 모함이나 고의적인 것이 아니라는 것이 명백하면 공격행위는 일어나지 않는다.

④ **섹스와 폭력**

㉠ 성적인 자극은 흥분을 증가시키고 그것을 접한 사람의 정서상태에 영향을 준다.

㉡ 일반적인 성적 자극은 사람을 약간 흥분시키고, 기분을 즐겁게 해주므로 공격성을 낮추는 효과를 가져온다.

㉢ 강한 성적 자극은 강한 흥분을 일으키고 혐오감과 같은 불쾌한 정서를 야기하며, 공격성을 높이게 된다. 이것이 질투로 인한 살인이나 폭력성의 근거가 되며, 강한 성적 자극을 주는 포르노에 과다하게 노출되면 모방효과와 더불어 성폭력이 증가한다는 것이 수용되고 있다.

⑤ **공격적 자극과 폭력**

㉠ 총과 같이 공격적 반응과 연합되고 그것의 단순한 존재가 공격의 확률을 증가시키는 대상을 공격적 자극이라고 한다.

㉡ 공격적 반응과 연합된 대상의 단순한 존재가 공격의 확률을 증가시킬 수 있다.

㉢ 15분간 총을 만지게 한 남자 대학생들은 같은 시간 동안 아동용 게임을 한 학생들보다 테스토스테론 수치가 더 높았다.

㉣ 실험에서 총 앞에서 분노한 사람들은 테니스라켓 앞에서 분노한 사람들보다 더 강한 폭력성을 보였다.

㉤ 총을 포함한 폭력은 미국 사회에서 중요한 부분이고 다른 국가의 10대들에 비해 미국의 10대들이 폭력적이라는 결론이 자주 예측되었다.

용어 설명

상대적 박탈: 내가 받을 만한 것보다 덜 가졌고, 내가 기대했던 것보다 덜 가졌고, 나와 비슷한 사람들이 가진 것보다 덜 가졌다는 지각

(2) 상황적 요인

① **기온과 공격**

㉠ 더위, 습기, 공기오염, 인구과밀, 악취 등은 다른 형태의 신체불편감 또한 공격행동을 증가시키는 요인이 된다.

㉡ 더위가 보복적인 행위를 촉발시킨다는 여러 연구들이 존재한다. 사막의 도시에서 에어컨이 없는 차의 운전자들이 차가 막힐 때 경적은 더 많이 울렸으며, 메이저리그 야구경기에서 기온이 32도 이상으로 상승하면 타자들의 몸에 맞는 공의 수가 유의미하게 증가하였다. 북반구의 여러 지역에 걸친 폭력범죄는 더 더운 날, 더 더운 계절, 더 더운 해에, 더 더운 지역에서 많이 일어났다. 앤더슨(Anderson) 등(2012)은 온도가 2℃ 올라가면 미국에서만 매년 최소한 5만 건의 강력범죄가 증가할 것이라고 예상했다.

㉢ 그러나 다른 연구(Rotton & Cohn, 2000)에서는 한 도시에서 범죄빈도와 온도를 2년간 분석한 결과 낮 기온이 올라가면서 폭행이 증가하지만 정점을 지나치게 되면 폭행건수가 떨어지는 모습을 보이는 것으로 나타났다. 기온과 공격행위의 강도는 정적인 단순상관관계가 아니라 ∩모양의 관계임을 보인다고 하였다. 이것은 보통의 기분에서 기온이 상승하면 불쾌해지고 이는 작은 도발적 상황에도 공격성향을 증가시키지만 기분이 나쁜 상태에서 기온의 증가는 공격성향을 촉발시키는 최대 행동준비자세를 지나치게 만들어 공격성향을 오히려 줄인다는 것이다. 즉 이런 상태가 되면 사람들은 우선 그 상황을 벗어나고자 한다는 것이다.

㉣ 실험실에서 높은 온도가 흥분을 높이고 적대적 생각과 감정을 증가시키는 것으로 나타났다. 그렇지만 다른 요인들이 그러한 결과를 만들었을 가능성도 있다. 공격성의 증가가 온도 자체로 인한 것일 수도, 더운 날에 사람들이 야외로 나가기 쉽다는 사실 때문일 수도 있다.

ⓜ 혹은 숨 막히는 더위가 오히려 폭력을 자제하게 하는 원인이 될 수도 있다. 또한 지구온난화가 공격성에 영향을 줄 것이라고 예측하기도 하다.

② **알코올과 폭력**

㉠ 알코올은 중추신경을 이완시키는 작용을 하기 때문에 충동을 제어하는 이성적 사고를 마비시켜 불안을 감소시키고 사회적 억제를 낮추어 우리를 평소보다 덜 조심스럽게 만든다.

㉡ 알코올은 행동을 계획하고 통제하는 데 관여하는 뇌 부위를 손상시킴으로써 평소와 같이 정보를 처리하는 방식을 방해한다.

㉢ 음주를 하게 되면 사람들의 의식 초점은 자신의 내부에서 외부상황에 맞추어지게 된다. 따라서 자신의 행위에 미치는 내적 규범과 기준의 영향력이 느슨해지게 된다. 술이 취한 상태에서 누군가 나의 발을 밟는다면 그 행동에만 초점이 맞추어지기 때문에 폭력적이 될 수 있다.

㉣ 알코올이 공격성을 조장하는 것에 대한 또 다른 이유는 씽크-드링크(Think-Drink)효과를 통해 설명할 수 있다.

ⓜ 사람들이 더 많은 술을 마셨다고 믿을수록 그들의 행동은 더욱 공격적이 되었다.

ⓗ 알코올이 인지와 행동에 강력한 생리적 효과를 발휘하는 것은 맞지만 술이 공격적으로 행동하는 것에 대한 변명거리를 제공한다거나 음주 후 어떤 기분을 느낄 것으로 기대하는지와 같이 사람들이 알코올에 대해 배운 것과 상호작용한다.

ⓢ 사람들은 음주를 하더라도 다른 사람들의 행위에 적절히 반응할 수 있으며, 적절한 사회규범이나 내적 기준에 맞추어 행위를 보일 수 있다. 그런데 많은 술자리에서 사람들의 의식이 주위에 쏠려 있거나 대중 속에서 익명성을 느끼는 경우 자신의 내부기준보다는 상황의 즉흥적인 분위기에 휩싸여 행동하기가 쉽다.

③ **고통**

쥐에게 전기충격을 주는 실험을 하였다. 쥐들은 고통을 느끼자마자 실험자가 전원을 끄기 전에 서로 공격하였다. 비슷한 양상은 여러 종의 동물에게서 나타났다. 고통은 인간에게도 공격을 일으킨다. 혐오적 자극은 적대적 공격의 기본적인 방아쇠라고 주장한다. 좌절, 기대, 모욕, 신체적 고통 어떤 형태의 혐오적 사상이든 감정적 폭발을 일으킬 수 있다.

④ **영양결핍**

영국의 죄수들을 대상으로 한 연구에서 영양보충제를 섭취한 집단이 35% 낮은 폭력을 보였다. 칼슘이나 오메가-3 지방산 같은 주요 영양요소의 결핍이 충동성을 일으키는 요인이 되기도 한다.

⑤ **생물학과 행동의 상호작용**

테스토스테론, 세로토닌 그리고 행동 사이에는 양방향적 관계가 있다. 테스토스테론은 지배성과 공격성을 촉진시킬 수 있지만 지배적이고 파괴적인 행동도 테스토스테론 수준을 높여준다. 신경계, 유전자, 그리고 생화학 물질들은 갈등과 도발을 받았을 때 공격적인 반응을 하도록 타고나는 것으로 보인다.

(3) 사회적 요인 : 미디어 속 폭력

① 공격적 행동의 학습

㉠ 사회학습이론에 따르면 우리는 공격성에서 이타주의에 이르는 사회적 행동을 대개는 타인을 관찰하고 모방함으로써 배운다고 한다. 따라서 존경받는 사람이나 단체가 공격성을 인정하면 그것이 많은 사람들의 태도와 행동에 영향을 줄 것이다.

㉡ 공격성의 모방이 일어난다면 타인의 영향력은 종교와 같은 권위 있는 기관에 한정되지 않는다. 거의 모든 사람이 모방할 것이고, 아동은 특히 영향을 받기 쉽다.

㉢ 아동이 그들의 부모나 다른 어른들의 폭력적인 행동을 긍정적으로 판단하는 것을 보면 아이들은 그 행동을 모방할 가능성이 높다.

② TV와 인터넷

아동들이 자신이 본 폭력성을 모방하고 정서적으로 영향을 받을 것인가? 이에 대하여 알아보기 위하여 1994년에서 1997년까지 전국 TV 폭력에 관한 연구(1997)에서 주요 방송망의 1만개 프로그램을 분석하였다. TV 프로그램의 10개 중 6개는 폭력성을 포함한 것이었다. 폭력 장면의 73%는 공격을 가해도 벌을 받지 않았으며 피해자의 56%는 고통을 보이지 않았다. 아동이 보는 프로그램에서 5%만 폭력에 대해 벌을 받았고 2/3는 폭력을 재미있는 것으로 표현하였다.

㉠ 행동에 미치는 효과

- 8세 때 폭력물을 보는 것과 성인이 된 후에 배우자를 학대할 가능성의 상관이 있다.
- 청소년기 폭력물 시청과 후에 폭행, 강도, 상해 위협 가능성 간의 상관이 있다.
- 초등학생들의 폭력적 매체 접촉 2~6개월 후에 다툼이 자주 있었다.
- 인터넷은 TV보다 더 다양한 폭력물의 시청기회가 된다.
- 유럽 성인들의 1/3이 폭력적이고 혐오스런 콘텐츠를 온라인으로 받은 경험이 있다.
- 미국 청소년들은 폭력사이트를 통해 5배나 많은 폭력행동이 증가하였다.
- 앤더슨 등(2003)에 따르면 매체폭력에 노출되면 공격성이 현저하게 증가하고 폭력적인 행동 가능성이 증가하는데, 그 증거들은 압도적이고 일관적이라고 했다.
- 미디어 폭력노출이 이러한 효과를 가지는 이유는
  - 생리적 각성과 흥분이 증가하고 억제력이 낮아지며,
  - 적대적 또는 폭력적 캐릭터를 모방하는 자동적 경향을 촉발하게 되며(친사회적 행동을 하는 TV 프로그램은 아이들에게 긍정적인 교훈을 배우도록 할 수 있으나 TV 프로그램에서 폭력적인 행동이 긍정적인 행동보다 4배나 많이 나온나),
  - 기존의 공격적 생각과 기대를 활성화시켜 공격적인 행동을 점화시키기 때문이다.

㉡ 사고에 미치는 영향

- 둔감화
  - 잔인한 권투경기를 습관적으로 본 학생들은 그렇지 않은 학생에 비해 잔인한 장면을 가볍게 넘기며 무시하는 경향이 있었다.
  - 청소년에 대한 조사에서 1977년 응답자의 42%, 2003년에는 27%가 영화에서 폭력이 크게 줄었다고 대답했다. 이것은 실제 영화의 폭력성이 줄어든 것이 아니라 아이들이 체감하는 폭력성의 정도라고 할 수 있다.

- TV와 영화에서 점점 선정적인 표현이 많아졌지만 매체에서 섹스표현을 걱정하는 10대는 줄었다.

• 사회적 각본
청소년들은 수많은 영화를 본 후 현실적 갈등에 부딪치면서 사용할 각본을 습득하게 된다. 따라서 TV나 영화에서의 나오는 폭력적이고 성적인 행동들은 실제로 청소년들이 사회에서 타인과에 교류에 적용하는 각본이 될 것이다. 매체에서의 묘사는 **사회적 각본**을 만든다.

• 지각의 변화
TV 시청을 많이(하루 4시간 이상)하는 집단이 적게(하루 2시간 이하)하는 집단에 비해 주변세상의 폭력빈도를 더 과장하였고, 개인적 피해에 대한 걱정도 더 많이 하였다. TV를 많이 보는 사람에게 이 세상은 무서운 것이었는데 매체묘사는 현실에 대한 지각이 된다.

• 인지적 점화
폭력적 비디오를 보게 하면 공격과 관련된 연결망을 활성화시킨다는 증거가 있다. 사람들은 폭력물을 보고 난 후에 다른 사람들의 행동을 더 적대적으로 설명하였다. 또한 공격적인 단어들을 더 빨리 인식하는 경향이 있었다(예 'Punch'라는 단어에 대하여 '때리다'로 인식. 이 단어는 '음료수'라는 의미도 있음).

• 시간낭비
TV를 보는 것은 사람들의 에너지를 빼앗고 기분을 가라앉게 하는데 해마다 사람들의 생활에서 천여 시간 이상 다른 활동을 할 시간을 TV가 빼앗고 있는 것으로 나타났다.

③ **비디오 게임**

㉠ 게임의 부정적 영향에 대한 근거
연구자들은 폭력적인 TV보다 게임이 더 유해한 영향을 줄 수 있다고 주장하면서 논리적인 이유들을 제시하였다.

• 폭력적인 주인공의 역할을 하고 그 주인공과 동일시한다.
• 폭력을 수동적으로 보기만 하지 않고 적극적으로 폭력을 연습한다.
• 피해자를 선택하고, 무기와 실탄을 획득하고, 피해자를 추적하고, 무기를 조준하고 방아쇠를 당기는 전체의 폭력과정을 실제로 시행한다.
• 지속적으로 공격의 위협을 받고 폭력에 대처하여 싸운다.
• 계속해서 폭력적 행동을 반복한다.
• 효과적인 공격을 하면 상을 받는다.

㉡ 여러 연구들이 제시한 폭력게임의 영향
• 흥분을 증가시킨다.
• 심장 박동률과 혈압이 상승한다.
• 공격적 사고를 증가시킨다.
• 공격적 느낌이 증가하여 좌절수준이 올라가면 적대감의 표현이 증가한다.
• 공격적 행동을 증가시킨다(적대감 점수가 낮은 사람도 폭력게임에 익숙해지면 게임을 하지 않은 사람에 비해 싸우는 비율이 10배가 된다).

• 친사회적 행동의 감소로 사람들을 돕거나 협동하기보다 착취하는 성향이 높아졌다.
• 정서와 관련된 뇌 활동이 줄어들어 폭력에 둔감해졌다.

㉢ 폭력적 게임은 더 많이 할수록 영향을 더 많이 받는다. 폭력을 연습하면 폭력이 방출되어 사람을 진정시키는 효과가 있다는 주장과 달리 폭력을 만들어 낸다는 연구가 더 많은 지지를 받고 있다.

④ **음란물 시청**

㉠ 포르노물이 나체와 같이 단순히 선정적인 것일 경우 성적 욕망을 증가시키지만 오히려 공격성을 낮추는 효과가 있다는 것으로 나타났다.

㉡ 성폭력 포르노물의 시청은 성행위에 대한 그릇된 관념인 강간통념을 당연한 것으로 받아들이게 하는 효과가 있다. 또한 여성에 대한 남자의 공격적 성행위를 부추기는 효과가 있는 것으로 나타났다.

㉢ 포르노와 성폭력의 인과관계를 설명하기는 어렵지만 상관은 높은 것으로 나타났다.

㉣ 성폭력 영화의 시청이 여성에 대한 폭력을 증가시킬 가능성이 높은 것으로 나타났다.

㉤ 성범죄자들이 일반인보다 포르노물의 애호가인 것으로 나타났다.

㉥ 따라서 포르노의 영향은 정상인보다는 공격성이 강한 사람들에게 매우 나쁘게 나타난다고 할 수 있다.

⑤ **기타 견해**

㉠ 통상적으로 폭력물의 시청이 사람들을 더 공격적으로 만든다는 것이지만 공격적인 사람들이 폭력물 시청에 끌리는 것일 수도 있다.

㉡ 몇몇 종단연구는 폭력 미디어의 폭력노출이 이미 소인이 있는 아이들에게 가장 강력한 관계가 있음을 보여주었다.

㉢ 폭력 미디어가 대체로 아동과 청소년들에게 영향을 주지만 이미 폭력적 행동을 하는 경향이 있는 사람에게 그 영향이 가장 크다고 할 수 있다.

㉣ 폭력 미디어를 시청한 결과로 인하여 모든 사람, 심지어 상당한 사람들이 폭력을 저지르도록 동기화되는 것은 아닌 것 같다.

㉤ 폭력 미디어 시청은 단순히 공격적인 사람들이 공격성향을 표현하는 것을 허용하도록 작용하는 것일 수 있다.

용어 설명

사회적 각본: 여러 상황에서 어떻게 행동할지에 대해서 문화권 별로 마련된 정신적 지침서

(4) 여성에 대한 성적 폭력

① 공격성에서 특히 문제가 되는 것은 성적 폭력이다.

② 일부 남성은 희생자들을 지배하거나 굴욕감을 주고 한국사회에서 강력범죄의 발생 건수는 대부분 줄어드는 추세이지만 성폭력만은 계속 증가추세에 있다.

③ 사회심리학자들은 사람들이 성폭력에 대하여 어떤 인식을 하고 있는지 알기 위해 강간통념척도를 만들었다.

④ 강간통념은 사람들이 지니고 있는 강간 및 성폭력에 대한 편견이나 잘못된 신념으로 성폭력을 부분적으로나마 정당화시키는 논리를 제공한다.

강간통념척도

1. 여자가 키스, 애무를 허용하는 것은 성관계를 허용하는 것이다.
2. 여자가 처음 만난 남자의 집을 따라가는 것은 그와의 성관계를 허용한다는 뜻이다.
3. 여자보다 남자는 성충동이 일어나면 이를 통제할 수 없기 때문에 해소하여야 한다.
4. 만일 여자가 목을 껴안고 애무하다 사태를 걷잡을 수 없게 되어 남자가 성폭행을 했다면, 잘못은 여자에게 있다.
5. 여자가 모임에서 술에 취해 처음 만난 남자와 성관계를 가졌다면, 농락당하기 쉬운 상대이다.
6. 여자를 식사 등으로 지극히 대하면 대개 섹스를 허용한다.
7. 여자가 알지 못하는 사람의 차를 얻어 타려다 강간을 당했다면, 그녀는 당할 만하다.
8. 여자가 친근감이 있게 대하는 것은 성관계를 허용한다는 것이다.
9. 끼 있는 여자는 늦은 밤에 혼자 길을 걷는다.
10. 남자가 성관계를 요구할 때, 여자가 '안 돼'라고 응답하는 것은 허락한다는 뜻이다.

[출처 : 성에 관한 진실과 오해 : 성범죄자 심리 보고서. 유재두, 한국학술정보, 2010년]

⑤ 강간통념이 강한 사람들은 강간의 책임이 가해자에게만 있는 것이 아니라 피해자에게도 있다고 여기며, 피해자를 비하하는 양상을 보인다.

⑥ 또한 이들은 성폭행을 할 가능성이 높은 것으로 나타났다.

⑦ 음란물 시청이 강간통념에 미치는 효과는 친구 및 가족, 동료 간의 교류가 낮은 집단에서 특히 강하게 나타났지만 이런 교류가 활발한 경우에도 무시할 수 없는 영향을 미치는 것으로 나타났다.

⑧ 강간범이나 강간미수범의 약 85%가 낯선 사람에 의한 공격이 아니라 희생자가 가해자를 알고 있는 면식범에 의한 강간이나 또는 희생자가 가해자와 관계를 맺고 있는 데이트 강간의 사례이다.

⑨ 이런 행위를 저지른 남성은 때때로 자기애적이고 여성을 공감하지 못하고 여성을 향한 적대감과 경멸을 느낄 수 있으며 그들이 어떤 여성을 선택하든 그녀와 성관계를 가질 특권이 있다고 생각한다.

⑩ 강간범은 다른 사람들에 비해 더 폭력적인 가정에서 성장했고 남성의 폭력에 더 수용적이었으며 성에 대한 동기로서 사랑을 덜 인정하는 경향이 있었다.

⑪ 미국의 조사에 따르면 여성의 1/4이 원치 않는 성행위를 했다고 하는 반면 남성의 3%만이 여성에게 성행위를 강요한 적이 있다고 말했다.

(5) 공격행위의 일반모형

① 앤더슨 등(Anderson, 1997; Anderson & Bushman, 2002)은 사회적 공격행위에 영향을 미치는 다양한 요인들을 포함한 모형을 구성하여 공격의 일반모형을 제시하였다.

② 공격적 행위가 상황적 요인에 접하여 폭력을 용이하게 하는 흥분, 사고, 감정을 갖게 되면서 사회문화적인 역할과 규범을 고려한 판단 및 자기조절이 작용하고 이에 개인적 성향이 작용하여 공격행위가 나타난다.

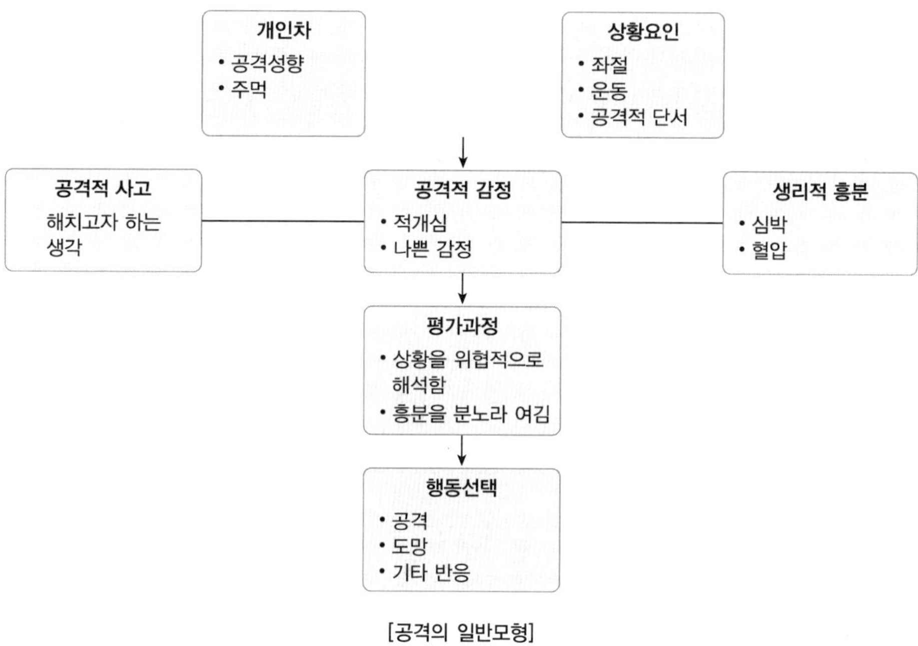

[공격의 일반모형]

3 공격행동의 학습과 감소

(1) 강화와 처벌

① 행위자에게 보상(강화)을 가져오는 행위는 유사한 상황에서 반복적으로 나타나기 쉽다.

② 어린 아이들에게 남들과 잘 어울리는 행동을 하면 보상을 주고 난폭한 행동은 외면하게 되면 바람직하지 않은 행동을 상당히 감소시킬 수 있다.

③ 아동이나 성인의 공격성을 감소시키기 위해 가혹한 처벌을 사용하는 것은 여러 이유에서 역효과가 난다. 특히 가정에서의 아동훈육을 가장한 체벌이 종종 학대로 이어질 가능성이 높다. 아이들이 겪은 폭력은 모델이 되어 그들이 성인이 되어 공격행동을 모방하도록 한다.

④ 심각하고 극단적인 물리적 처벌은 아동에게 우울증, 낮은 자존감, 폭력적 행동 등 많은 문제들을 발달시키는 위험요소가 된다.

⑤ 많은 심리학자들은 심한 처벌이 공격성이나 다른 바람직하지 않은 행동을 제거하는 데 좋지 않은 방법이라고 믿는다.

⑥ 가상의 괴롭힘은 어떤가? 사이버 괴롭힘은 단순히 그 충동을 새로운 기술로 전환하는 것일 뿐 그 위험성이나 상대가 느끼는 공포나 두려움은 현실의 공격과 다를 바가 없다.

⑦ 그렇다면 폭력적 성인에게 처벌을 하지 말아야 할 것인가? 처벌이 실제로 효과를 발휘하려면 두 가지 조건이 충족되어야 한다. 처벌은 즉각적이고 확실해야 한다는 것이다. 그러나 이것은 이상적인 조건으로 사회에서 충족되기 어려운데 즉각적인 처벌이 현실에서는 불가능하다는 것이다.

⑧ 사형선고의 폐지가 범죄를 증가시키지 않았다. 또한 사형제도의 부활이 살인을 감소시킨다는 조짐도 보이지 않았다. 따라서 중한 처벌이 현실에서는 억제력을 가질 수 없다.

⑨ 처벌의 일관성과 확실성이 사형제도를 포함한 중한 처벌보다 폭력적 행동의 억제에 더 효과적이라고 말할 수 있다.

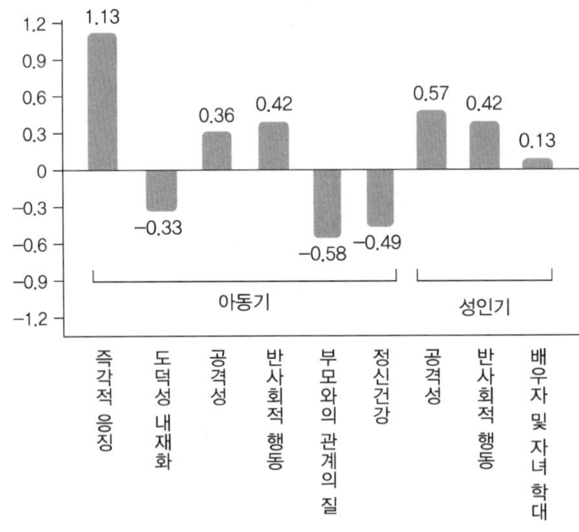

[아동에 대한 체벌이 아동기와 성인기에 미치는 각종 영향력의 방향과 크기의 상대적 비교]

(2) 분노의 표출과 공격성

프로이트(Freud)의 카타르시스 이론은 분노를 분출함으로써 미래에 공격적인 행동을 할 가능성이 적어진다는 것으로 많은 사람들이 분노를 느낄 때 소리를 지르고 폭력적인 행동을 하면 그 후에는 일시적으로 해소가 된다는 것이다. 그러나 그러한 행동이 우리가 공격성을 드러낼 기회를 감소시키지는 않는다.

① 공격적 행동이 이후의 공격성에 미치는 효과

㉠ 프로이트를 뒤이은 정신분석학자들은 경쟁적 놀이가 공격적 에너지를 무해하게 발산한다고 믿었지만 경쟁적 게임은 참가자와 관찰자 모두를 공격적으로 만든다.

㉡ 사람들이 공격행동을 범할 때 그런 행동은 미래의 공격성에 대한 경향성을 증가시킨다. 많은 사람들이 분노를 접한 후에 신체적으로 정신적으로 기분이 나빠진다.

㉢ 사람들이 자신의 분노를 되새기고, 반추하며, 다른 이에게 분노한 과정을 쉼 없이 말하고 그들의 기분을 적대적 행위로 드러내고 보다 더 분노하게 되어 더 공격적으로 행동한다.

㉣ 사람들이 자신의 기질을 통제하고 분노를 건설적으로 표현하도록 학습하면 그들은 나빠지기보다 더 좋은 기분을 느끼고 더 차분해진다.

② **공격 합리화하기**

㉠ 공격적인 행동이나 적대감의 표현을 하고 난 이후 두 번째는 그것을 하는 것이 더 쉬워진다.

㉡ 공격행위를 하는 것은 상대에 대한 느낌을 변화시키고 이는 그 사람에 대한 부정적인 느낌을 증가시켜 공격성을 더 부추기게 된다.

㉢ 어떤 사람을 해치면 인지부조화가 일어나고 잔혹한 행위를 정당화하는 목적의 인지과정이 작동한다.

㉣ 인지부조화를 감소시키는 좋은 방법은 자신에게 ○○을 해치는 것은 나쁜 일이 아니라고 확신을 하는 것이다.

㉤ 또한 그 피해자가 좋은 사람이 아니어서 해를 끼쳐도 되며 자업자득이라고 생각한다.

㉥ 이러한 생각이 부조화를 감소시키는 것은 사실이지만 이것은 이후의 공격성을 위한 단계가 되는데 싫은 사람에 대한 이유를 계속해서 찾기 때문에 다시 그 피해자에게 해를 끼치기 쉬워진다.

㉦ 공격성의 표현은 적대감은 증가시키고 사람들은 분노할 때 자주 과잉된 반응을 하는 것으로 보인다.

(3) 공격성을 감소시키는 방법

① **발산 vs 자기지각**

분노의 소멸이 관계성을 위한 최선은 아니다. 상대가 나를 분노하게 만들었다면 잠시 시간을 둔다(10까지 센다). → 내가 분노를 느끼고 있다는 사실을 비판단적으로 분명하고 차분하게 말한다. → 그러한 진술이 기분을 좋게 만들고 '오해를 풀게' 하고, 행동을 정당화하는 인지과정을 유발하지 않는다. → 이러한 과정에서 나와 상대의 상황에 대한 인식 차이와 서로의 의도 및 도식이 다르다는 것을 알게 되고 둘 사이의 관계가 명료해지고 개방적이 된다. → 상호이해와 우호관계의 강도가 더 커지게 된다.

상대가 존재하지 않아 대화를 할 수 없는 경우에 자신의 느낌에 대해 일기를 쓰는 것이 도움이 된다. '마음 터놓기'의 이점은 느낌의 표출뿐 아니라 주로 자기폭로에 동반된 통찰이나 자기자각을 동반하기 때문이다.

② **사과를 통한 분노해소**

내가 타인에게 분노를 유발하게 했다면 진지한 사과를 하고 가해자가 모든 책임을 감수하는 경우에는 공격성을 감소하는 데 효과적이다. 사과는 남자와 여자의 성차가 존재한다. 여자는 남자보다 사과를 더 많이 한다. 남자는 사과를 해야 하는 상황에 대해 덜 심각하게 느끼고 사과를 해야 하는 공격상황에 대한 역치가 비교적 높다. 따라서 여자는 충분히 사과를 해야 하는 공격임에도 남자가 알아채지 못하여 분노를 느끼거나 업신여긴다고 생각하며, 남자는 그녀가 과민하고 예민하다고 분노를 느낄 수 있다.

③ **의사소통과 문제해결기술의 훈련**

살면서 좌절, 부인, 분노, 혹은 갈등과 같은 느낌을 경험하지 않는 것은 불가능하다. 모든 사회에서 관계성의 문제를 폭력적으로 해결하려는 사람은 사회적 기술이 부족한 사람으로 여겨진다. 폭력을 감소시키는 한 가지 방법으로 분노와 비판을 발전적으로 해결하는 방법, 갈등상황에서 협상과 타협을 어떻게 하는지 다른 사람의 필요와 욕구에 보다 민감하게 반응하는 방법에 대한 기술들을 가르치는 것은 효과적이다. 자신이 좌절이나 분노를 느낄 때 건설적인 방법으로 행동하도록 배운 아동은 다른 집단의 아동보다 훨씬 덜 공격적이었다.

④ **비인간화 대응하기**

대부분의 사람들은 자신의 공격행동을 정당화하는 방법을 찾기 전까지 타인을 공격하기가 어려우며 정당화의 가장 보편적인 방법은 피해자를 비인간화하는 것이다. 상대에 대한 비인간화는 공격을 정당화하게 한다. 사람들 간의 공감형성은 공격적인 행위를 더 범하기 어렵게 만들 것이다. 공감훈련은 타인의 관점을 이해하게 하여 공격행위를 줄여준다.

⑤ **폭력사건 미디어 보도의 통제**

모방적 폭행을 줄이기 위해서는 그러한 공격적 행위의 모델이 대중매체에 나타나지 않도록 통제하는 것도 한 방법이다. 하지만 이것은 실행 불가능한 것이다. 미디어 속의 폭력은 성장하는 아동에게 폭력의 사용을 정당화시키고 많은 갈등상황에서 폭력사용을 점화시키는 효과를 가져온다. TV 시청 후 주기적으로 만남을 통해 폭력장면들에 대한 논의를 하고 비폭력적인 해결을 모색하도록 권장하고 생각하는 모임을 가졌을 때 이들의 폭력사고와 행동양상이 현저히 떨어진 것으로 나타났다. 이러한 방법에 더해 갈등의 해결방법으로 비폭력적인 행위를 모색하는 주인공 모델을 자주 제시하는 것도 바람직할 것으로 보인다.

⑥ **방범적 사회환경 조성**

방범적 사회환경 조성은 폭력을 포함한 일반 범죄의 발생에 방지효과를 가져올 수 있다. 그중 하나가 거리의 조명이다. 사람들은 **각광효과**의 착각으로 밝은 조명 밑에서 나쁜 짓을 못 저지른다. 많은 범죄자들이 욕구의 자제력이 약하고 충동적인 특징을 지니고 있기도 하지만 이들의 충동이 발현되게 만드는 상황의 조성이 없어야 할 것이다. 또 하나는 깨끗하고 질서 있는 거리환경의 조성이다. 사람들은 자신이 처한 환경에서 작용하는 규범에 걸맞은 행동을 보인다. 지저분한 곳에서 어지럽히는 행동을 보이며 잘 정돈된 환경에서는 그에 맞게 행동한다. **깨진 유리창의 법칙**은 범죄의 발생에 이 논리를 적용시킨 상황론적 범죄발생이론이다.

용어 설명

- **각광효과**: 연극 무대의 주인공처럼 좋은 일이나 치장을 했을 때 남들이 이를 알아주기를 바라고 나쁜 일을 저질렀을 때에는 남들이 이를 알아챌까봐 걱정하는 현상
- **깨진 유리창의 법칙**: 경범죄처럼 사소한 것을 방치할 경우 추후 더 큰 범죄로 이어질 수 있다는 이론

(4) 테러리즘

9·11에 대한 보복으로 전개된 이라크 전쟁 이후 등장한 Islam State(IS)는 전 세계 국가들을 대상으로 무차별 테러행위를 저지르며, 여성과 아동까지 자살폭탄테러에 동원하고 있다. 자신들의 목적을 위해 임무를 수행하는 사람이나 또 그 임무에 자원하는 사람들은 정신적으로 문제가 있는가? 거기에 대한 어떠한 증거도 찾지 못하고 있는데 그들은 자신의 종교에 대한 신앙심이 깊다는 것 외에 특정의 사회적 지위나 심리적 특성을 공유하지 않는 것으로 나타났다.

팔레스타인에 거주하는 사람을 대상으로 한 조사에서 자살폭탄 같은 행위를 용납하는지의 질문에 23%가 용납한다는 응답을 하였는데 이를 수용하는 사람들은 기도를 자주하는 사람이기보다는 집회활동을 열심히 하는 사람들로 나타났다. 연구에 따르면 종교적 신앙심이 문제가 되는 것이 아니라 첨예한 분쟁 상황에 처해 있는 사람들이 모여서 자신들의 생존을 도모하는 단합을 부추기는 규범을 조성하고 헌신할 것을 요구하는 활동이 자살폭탄과 같은 극단적인 행위를 정당화시키는 것임을 보여준다. 테러리즘과 집단학살에는 상대집단에 대한 증오심리가 중요한 역할을 한다.

① 증오

㉠ 증오는 상대에 대한 극심한 미움의 상태로 상대를 없애거나 해치고 싶은 정서상태이다.

㉡ 스턴버그(Sternberg, 2003)는 사랑의 삼각형 이론 구조를 적용시켜 증오의 삼각형 이론을 제시하면서 증오심의 요인을 혐오감, 분노, 맹세로 분류하였다.

㉢ 혐오감은 상대와 거리를 두고자 하는 마음으로 교육에 의해 갖추어지며 상대방을 비인간화하는 심적 기제로 작용한다.

㉣ 분노는 타오르는 화와 상대의 위협에 대한 두려움이 결합된 정서로 자기 집단의 생존을 위협하는 존재에 대한 강한 반발과 보복의 심리이다.

㉤ 맹세는 상대방에 대한 비하와 경멸로 상대방을 처치하겠다는 의지를 갖고 내외적인 맹세를 하는 것을 말한다. 이 맹세는 상대집단에 대한 부정적인 정보와 인지도식을 갖추게 하며 이는 상황의 변화에 따라 민감하게 변할 수 있다.

㉥ 테러는 상대집단에 대하여 느끼는 혐오감과 분노가 상황과 결부되어 강도가 변하는 맹세와 결합하여 행동으로 나타나는 것이다.

② 도덕적 면책

㉠ 사람들은 자기(혹은 집단)의 이익을 위해서 취한 행위가 파괴적인 결과를 초래할 수 있는 경우에 사람들은 자신의 행위가 가져올 결과로부터 도덕적으로나 정서적으로 초연한 자세를 유지한다.

㉡ 이 상태를 도덕적 면책이라고 한다.

㉢ 사람들은 자신의 행위가 초래할 반사회적 결과를 그럴듯한 이유로 정당화시킨다.

㉣ 행위의 도덕적 면책심리가 작용하면 사람들은 자신의 행위에 대한 죄책감을 못 느끼고 친사회적 행위를 취할 가능성이 약해지며 자기규제가 해이하게 되고 상황의 영향을 크게 받는다.

③ 비인간화 심리

㉠ 도덕적 면책상태에서 사람들은 피해자를 비하한다.

㉡ 전쟁 중 사람들은 상대편 사람들을 비인간화시켜 인간적 대접을 받을 수 없는 존재로 여기며 자신들의 파괴적인 행동을 정당화시킨다.

㉢ 상대방에 대한 비인간화는 상대에 대한 호칭에서부터 나타나는데 피해자를 번호로 호칭하거나 물건, 동물 등으로 칭하는 것이 그 예이다.

㉣ 비인간화 심리가 인간을 잔혹한 학살자로 만드는 반면 인간화심리는 인간을 도덕적 행위자로 변모시킬 수 있다.

④ **책임의 전가와 분산**

㉠ 테러행위자는 그 행위를 수행하는 것에 대한 책임을 개인적으로 지지만 이 책임은 도구적 수행에 대한 책임이지 행위의 결과에 대한 책임이 아니다.

㉡ 자신의 행위는 상대집단이 원인을 제공한 것이라 여기며 행위의 궁극적 결과는 신의 섭리 혹은 의지가 작용한 것이라는 식의 생각을 함으로써 결과에 대한 책임을 피해자와 자신을 초월하는 권위적 존재에게 전가한다.

㉢ 따라서 자기의 행위에 대한 도덕적 검열기제가 작동하지 않는 것이다.

⑤ **사회적 상황의 힘**

미국의 많은 학교에서 총기사고는 매우 심각한 사회문제이다. 2007년 버지니아대학에서 32명의 동료학생을 살해한 사건이 있었다. 가해자 조승희는 정신적 문제를 가지고 있었고 일탈행동을 하였다. 사건 이전 해에는 상태가 악화되었다고 한다. 이렇게 총기사고의 범인은 정신질환자라는 인식이 일반적이다.

그러나 1999년 컬럼바인 고등학교에서 일어난 총기사건을 일으킨 해리스와 클리볼드는 어떤 심각한 문제를 보이는 학생이 아니었다. 이러한 행위를 단순히 정신적 질병으로 치부하는 것은 유사한 비극을 예방하는 중요한 무언가를 놓치는 것이다. 바로 사회적 상황의 힘이다. 두 학생은 학교에서 배척당하고 조롱받고, 비웃음의 대상이 되었었고, 이런 환경을 만드는 학교 분위기에 극단적인 방법으로 반응하여 많은 학생에게 피해를 입혔다. 대부분의 광란적 살인에 내재된 동기는 수치심과 굴욕감을 자긍심의 느낌으로 전환하려는 것이라고 정신과 의사들은 말한다. 15개 학교의 총기사고를 조사한 연구에서 13개 학교에서 가해자가 따돌림과 사회적 거부에 분노했다고 보고한다.

이러한 분위기는 비단 미국만의 문제가 아니다. 우리나라의 학교에서 집단 따돌림 현상은 매우 심각한 수준이며, 피해자가 자살을 선택하는 경우가 자주 보도되고 있다. 우리는 다른 모든 사람들 수용하는 법을 배워야 한다. 그리고 우리의 아이들에게 그것을 가르쳐야 한다. 부정적이고 배타적인 사회적 분위기를 변화시킴으로써 아이들의 학교를 안전하고 더 즐겁고 인간적으로 만들 가능성이 있을 것이다.

제 3 장 실전예상문제

01 매력이 유발될 상황들에 대한 설명으로 틀린 것은?

ㄱ. A와 B는 스터디를 위해 한 주에도 여러 번 만난다.
ㄴ. A와 B는 둘 다 홀로 자취하는 직장인으로 서로 비슷한 생활양식을 보인다.
ㄷ. 지인들의 생각과는 다르게 A와 B는 서로가 닮았다고 믿는다.
ㄹ. A에게 호감을 갖게 된 B는 적극적으로 마음을 표현했다.

① ㄱ은 근접성의 효과가 생길 것이다.
② 우리는 ㄴ처럼 서로 유사한 상대에게 끌리곤 한다.
③ 서로가 닮았다고 믿는 것은 실제로 효과를 나타낸다.
④ 신체적 매력은 상호 호감을 물리칠 정도로 강력하다.

01 상호 호감은 신체적 매력에 끌리는 본능적 경향을 무효화시킬 정도로 강력한 요인이다.
ㄱ. 근접성: 서로 더 많이 만나고 상호작용할수록 친구가 될 가능성이 높다.
ㄴ. 유사성: 상대방과 얼마나 유사한 생활태도를 지니는가로 상대방에 끌린다.
ㄷ. 지각된 유사성: 유사성이 존재하지 않더라도 서로가 닮았다고 느끼고 믿는 것에서 효과가 나타나기도 한다.

02 신체적 매력에 대한 설명으로 옳지 않은 것은?

① 매력적인 용모를 가진 사람은 똑똑하거나 친절하다는 등의 긍정적인 면을 가질 것이라고 여겨진다.
② 매력적인 얼굴을 합성한 '평균화된 얼굴'은 오히려 호감을 떨어뜨린다.
③ 매력적이지 않은 사람과 어울리는 것보다 매력적인 사람과 어울리는 것이 방사효과로 인해 다른 사람에게 더 호감을 사는 것으로 나타난다.
④ 신체적 매력은 서로에게 호감을 느끼도록 할 수 있는 수많은 특성 중 가장 중요하다.

02 평균화된 얼굴은 더욱 친숙하며, 신체적으로 매력적으로 보이게 만든다.

정답 01 ④ 02 ②

03 '케빈의 6단계 법칙'에서 영감을 받아 인터넷상에서 친밀한 관계 형성을 검증한 연구의 의의로 옳지 않은 것은?

① 인터넷상에서도 케빈의 6단계 법칙이 적용되었다.
② 컴퓨터 기술의 발달은 근접성을 크게 발달시켰다.
③ 현실과 다르게 온라인에서 인기가 높은 사람들은 인기가 낮은 사람들과 접촉하는 비율이 높아 유사성의 법칙이 적용되지 않았다.
④ 상대에 대해 알아가며 처음 프로필과 일치하지 않는다는 것을 인식할수록 호감도는 감소한다.

03 Tayler 등(2011)의 연구에 따르면 온라인 사이트에서 인기가 많은 이용자는 인기 많은 이용자와, 그렇지 않은 이용자는 그렇지 않은 이용자와 접촉을 많이 하는 것으로 나타났다. 사람들은 비슷한 수준의 인기를 가진 타인을 선택하고, 선택받으며, 인기가 비슷한 상대와 짝이 되려는 경향이 컸는데 이는 남녀 간에 차이가 없었다.

04 피스케(Fiske, 1992)가 서아프리카 모사이 부족을 관찰 연구한 관계유형론에 대한 설명으로 옳지 않은 것은?

① 공동체적 공유관계 : 개인보다 공동체의 성원의식이 관계맺음에 중요한 요인으로 작용하며 친밀한 연인이나 친구관계가 이에 해당한다.
② 권위적 서열관계 : 집단 내에서 신분과 서열에 의해 역할이 구분되고 관계가 맺어지는 형태로, 목표달성을 위한 효율성을 추구하는데 군대, 관료조직 등이 이에 해당한다.
③ 대등적 상응관계 : 대등한 관계에서 서로 경쟁하는 관계로 라이벌이 이에 해당한다.
④ 시장적 가치관계 : 교류의 형평성을 중시하는 대부분의 거래관계로, 목적을 위해 만나는 사람들이 이에 해당한다.

04 대등적 상응관계 : 대등한 관계에서 호혜적 상응교류가 규범으로 작용하며 대부분의 동료, 친구관계가 이에 해당한다.

정답 03 ③ 04 ③

05 다음 글에 대한 설명으로 틀린 것은?

> ㄱ. 주 양육자가 아이의 감정표현에 부정적이고 안아주는 등의 신체적 접촉을 거부한다.
> ㄴ. 주 양육자가 아이에게 일관적으로 반응하지 않거나 더 많은 지지와 자극을 주는 모습을 보인다.
> ㄷ. 주 양육자가 아이의 신체적 · 감정적 불편과 스트레스에 민감하고 적절한 반응을 보인다.

① 애착이론에 따르면 우리가 유아기에 학습한 애착양식은 전 생애에 걸쳐 지속되며 다른 사람과의 관계에 일반화된다.
② ㄱ을 경험한 사람은 성인기에 다른 사람들을 잘 믿지 못하고 친밀한 관계를 형성하기 어려워하는 경향이 있다.
③ ㄴ을 경험한 사람은 파트너와의 친밀한 관계를 원하지 않는다.
④ ㄷ을 경험한 사람은 성인기에 성숙하면서 지속적인 관계를 발달하기 쉽다.

05 ㄴ은 양가적 불안정애착에 대한 설명이다. 이를 겪은 사람은 파트너와의 친밀한 관계를 원하지만 상대가 그들의 애정을 돌려주지 못할까 걱정한다.
② ㄱ은 회피형 불안정애착에 대한 설명이다.
④ ㄷ은 안정애착에 대한 설명이다.

06 애착양식에 대한 설명으로 옳지 않은 것은?

① 안정애착 : 부모가 아이의 신체적 · 감정적 불편함과 스트레스에 민감하고 적절하게 반응하며 양육했을 때 보이는 애착유형이다.
② 회피형 불안정애착 : 부모가 아이의 감정표현에 부정적 반응을 보이고 신체적 접촉과 위안을 원할 때 받아주기보다 불편해하고 회피하며 양육했을 때 보이는 애착유형이다.
③ 양가형 불안정애착 : 이 애착유형의 유아는 양육자가 그들의 욕구에 언제, 어떻게 반응할지 예측하지 못해 대개 불안하게 된다.
④ 애착양식 : 어린 시절의 주 양육자와의 관계에서만 형성되므로 이 시기를 놓치면 애착양식이 변화하지 않는다.

06 어린 시절 불안정한 애착관계를 형성한 사람이라 하더라도 파트너와 커플 등 새로운 관계에서 불안정한 애착양식을 긍정적으로 변화시킬 수 있다.

정답 05 ③ 06 ④

07 사랑의 삼각형 이론에 대한 설명으로 틀린 것은?

① 사랑의 삼각형은 친밀감, 열정, 헌신·결심의 세 요인으로 이성관계를 분석하였다.

② 함께 보낸 절대적 시간이 어느 정도 되며 깊은 대화를 나누어야 한다.

③ 보통 우리의 '첫 눈에 사랑에 빠졌다.'라는 표현에 대하여, 이는 사랑의 요인으로 볼 수 없는 것으로 사랑의 삼각형에는 포함되지 않는다.

④ 어떤 사람을 사랑하는 것에는 상대의 단점에도 함께 맞춰나가고 포용하겠다는 본인의 의지가 필요한 요인도 있다.

07 ③은 열정에 대한 설명으로 사랑의 삼각형 이론의 세 요인 중 하나이다.
② 친밀감에 대한 설명이다.
④ 헌신·결심에 대한 설명이다.

08 다음 설명과 가장 관련 깊은 용어는?

> 관계에 대한 느낌이 관계의 보상과 비용에 대한 지각, 가치 있는 관계의 종류, 그리고 누군가와 더 좋은 관계를 맺을 수 있는 기회에 따라 달라진다는 견해

① 사회교환이론 ② 애착이론
③ 공정성이론 ④ 사회학습이론

08 ② 사람은 유아기에 주 양육자와 맺은 애착관계에 기초하여 타인과의 관계를 발달시킨다.
③ 사람은 관계가 공평하다고 느낄 때 만족하며 불공평하다면 불만을 느낀다.
④ 우리가 공격성에서 이타주의에 이르는 사회적 행동을 대개 타인을 관찰하고 모방함으로써 배운다.

09 헤어짐에 대한 설명으로 옳지 않은 것은?

① 덕(Duck)에 의하면 관계의 끝은 단일사건이 아니라 여러 단계를 걸친 과정이다.

② 가트만(Gattman)은 결별을 가져오는 비판, 방어적 태도, 모르쇠 태도, 경멸적 감정의 강력한 4가지 요인을 식별했다.

③ 이별을 당한 사람이 이별을 고한 사람보다 더 높은 수준의 부정적 반응을 보였다.

④ 상호합의로 이별을 한 사람들은 혼자 관계를 끝내기로 결정한 것보다 스트레스가 훨씬 적었다.

09 상호합의로 이별을 한 사람들 중 60%가 신체증상을 보고하는데, 이에 따르면 연인관계에 대해 함께 내린 결론이 단순히 혼자 관계를 끝내기로 결정한 것보다 더 큰 스트레스가 되는 것이다.
① 덕은 관계파경의 4단계를 주장했다.

정답 07 ③ 08 ① 09 ④

10 배우자의 선택에 대한 내용으로 틀린 것은?

① 진화심리학자들은 자손을 키우는 데 있어 남녀의 역할이 다르기 때문에 남성과 여성의 배우자 선택에서 매우 다른 양상을 보인다고 주장한다.

② 양육부담설에 따르면 자녀양육에 많이 투자하고 부담을 느끼는 사람이 배우자 선택에서 선택권을 행사하며 성 관련 행위에 더 신중한 모습을 보인다.

③ 남성이 상대의 신체적 매력을 중시하는 것은 진화된 경향성 때문이 아니라 그들이 그것을 중요시하는 사회에서 학습되었기 때문일 수도 있다.

④ 사회적 학습은 배우자 선택에서 진화적 관점과 유사한 입장을 취한다.

10 사회적 학습접근에서 여성이 더 많은 경제적 권력을 가질수록, 남성의 신체적 매력을 더 우선시하는 경향이 있다는 연구가 있다.

11 공격성에 대한 설명으로 틀린 것은?

① 진화론적 주장에 따르면 남성에게는 신체적 공격성이 유전적으로 프로그램되어 있다.

② 여성은 신체적 공격성보다 험담이나 따돌림, 회피 등의 내현적 행동으로 관계를 조종하는 공격성을 더 많이 보인다.

③ 문화적 주장에 따르면 인류에게 사회적 상황은 호르몬이나 유전적 소인보다 더욱 중요하다.

④ 농경문화권이든 목축문화권이든, 공격성은 비슷한 수준으로 나타나는 것으로 관찰된다.

11 문화권에 따라 공격성은 다르게 나타난다. 예를 들면, 가축의 도난이 생계와 직결되는 목축문화권에서 살인율이나 폭력사건의 비율은 다른 지역보다 더 높다.

정답 10 ④ 11 ④

12 좌절-공격성이론은 사람들이 본능이 아니라 좌절에 의한 심적 충동의 해소를 위해 공격적 행위를 한다고 주장한다.

12 공격성이 유발되는 성격적인 요소에 대한 설명으로 틀린 것은?

① 목전에 다다른 목표가 무산되었을 경우, 사람은 본능적으로 공격적 행위를 하게 된다.
② 자신이 입은 손상을 가해자의 내적 의도에 귀인시키며 그것이 부당하다고 지각하는 경우 경험하는 정서 상태이다.
③ 흥분전이에 따르면 한 가지 이유로 흥분한 상태에서 다른 이유로 새롭게 분노가 유발되면 더욱 흥분하게 된다.
④ 성적인 자극은 흥분을 증가시키고 그것을 접한 사람의 정서 상태에 영향을 준다.

13 테스토스테론은 공격성을 촉진하지만 공격적인 행동이 테스토스테론 수준을 높이기도 한다. 이는 생물학적 요인 및 행동이 상호작용을 한다는 것이다.

13 공격성의 상황적 요인에 대한 설명으로 틀린 것은?

① 음주자들은 자신들의 내부기준보다 즉흥적인 분위기에 휩싸이는 경우가 많다.
② 전기충격을 받은 쥐들은 고통을 느끼자마자 서로 공격하기 시작했다.
③ 영국의 죄수대상 실험에서 영양보충제를 섭취한 집단이 35% 낮은 폭력을 보였다.
④ 테스토스테론에 의한 공격성 같은 생물학적 요인은 상황적 요인에 일방적인 영향을 미친다.

14 좌절에 의한 상황을 이해하고 그것이 정당하다는 것을 받아들이면 공격성이 감소하게 된다.

14 좌절에 대한 설명으로 틀린 것은?

① 기대했던 목표나 만족이 방해를 받을 때 발생한다.
② 좌절은 공격성의 주된 요인이지만 항상 공격성을 발생시키는 것은 아니다.
③ 좌절에 의한 상황이 정당하여도 공격성은 증폭된다.
④ 예기치 못한 좌절이 사람을 더욱 공격적으로 만든다.

정답 12 ① 13 ④ 14 ③

15 다음 속담들과 관련된 용어는?

- 옆 집 잔디가 언제나 더 푸르다.
- 남의 떡이 더 커 보인다.
- 사촌이 논을 사면 배가 아프다.

① 차별
② 박탈
③ 질투
④ 경쟁

15 질투는 남을 부러워하는 감정으로 특히 사랑과 관련이 깊다.
② 상대적 박탈은 내가 가질 것이라 기대했던 것과 현실에 차이가 있을 때 발생하는 감정이다.

16 다음 내용에서 괄호 안에 들어갈 용어는?

- 앤더슨 등(Anderson, 1997; Anderson & Bushman, 2002)은 사회적 공격행위에 영향을 미치는 다양한 요인들을 포함한 모형을 구성하여 (　　)을 제시하였다.
- 공격적 행위가 상황적 요인에 접하여 폭력을 용이하게 하는 흥분, 사고, 감정을 갖게 되면서 사회문화적인 역할과 규범을 고려한 판단 및 자기조절이 작용하고 이에 개인적 성향이 작용하여 공격행위가 나타난다.

① 공격행위의 일반모형
② 사회적 각본
③ 투자모델
④ 계획행동이론

16 ② 여러 상황에서 어떻게 행동할지에 대해서 문화권별로 마련된 정신적 지침서를 말한다.
③ 관계에 대한 보상, 비용, 비교수준에서 관계에 대한 만족도와 대안에 대한 비교수준뿐만 아니라 관계를 떠나면 잃게 될 관계에 대한 투자량에 따라 달라진다는 이론을 말한다.
④ 사람의 의도는 그들의 의도적 행동의 최상의 예견자이며 행동태도, 주관적 규준, 지각된 행동통제에 대한 태도로 결정된다는 견해이다.

정답 15 ③ 16 ①

17 공격성을 감소시키기 위한 방법으로 틀린 설명은?

① 상대가 나를 분노하게 만들었다면 본인이 느낀 점을 즉시 말하도록 해야 한다.
② 내가 분노를 느끼고 있다는 사실을 비판단적으로 분명하고 차분하게 말한다.
③ 분노에 대한 비판단적 진술이 기분을 좋게 만들고 오해를 풀어주며 행동을 정당화하는 인지과정을 유발하지 않는다.
④ 분노에 대한 비판단적 과정을 통해 나와 상대의 상황에 대한 인식차이와 서로의 의도, 도식이 다르다는 것을 알게 되어 둘 사이의 관계가 명료해지고 개방적이 된다.

17 상대가 나를 분노하게 만들었다면, 우선 약간의 시간을 두고 마음을 가다듬는다. 예를 들면 마음속으로 10초를 센다.

18 다음 내용과 가장 관련 깊은 용어는?

> 1980년대 중반 뉴욕은 시 정부와 경찰의 방치로 인해 범죄가 끊이지 않았다. 그러나 1995년 뉴욕 시장에 취임한 루돌프 줄리아니(Rudolf Giuliani)는 강력한 의지로 뉴욕시 정화 작업에 돌입했다. 공공시설 정비, 범죄의 완벽한 소탕 등 시 정부의 강력한 의지를 본 사람들은 점차 과거의 모습을 버리기 시작했다.

① 도덕적 면책
② 점화효과
③ 깨진 유리창의 법칙
④ 착각적 상관

18 ① 자기(혹은 집단)의 이익을 위해 취한 행위가 어떤 결과를 가져올지라도 그 결과로부터 도덕적, 정서적으로 초연한 자세를 유지하는 상태를 말한다. 이들은 그럴듯한 이유로 정당화시킨다.
② 시간적으로 선행한 자극이 사건에 의해서 이와는 무관하지만 이어서 발생한 자극이나 사건이 처리되는 과정에 무의식적으로 영향을 주는 현상을 말한다.
④ 관계가 없는 두 사건 간의 관계를 관계가 있는 것처럼 파악하는 경향을 말한다.

정답 17 ① 18 ③

19 **폭력성과 사회적 요인 간의 관계에 대한 설명으로 틀린 것은?**

① 폭력성은 개인에게 잠재된 성향이 크므로 타인의 행동으로부터 배우는 것이 어렵다.
② 권투시합 등 폭력적인 장면을 자주 접한 학생들은 그렇지 않은 학생에 비해 잔인한 장면을 가볍게 넘기는 경향이 있었다.
③ 여러 상황에서 어떻게 행동할지에 대한 지침은 문화권별로 모두 다르다.
④ 공격적 행위가 상황적 요인에 접하고 이에 개인적 성향이 작용하여 공격행위가 나타난다.

19 사회학습이론에 따르면 우리는 대개 타인을 관찰하고 모방하여 배운다.
② 폭력적인 자극에 둔감화되는 것이다.
③ 사회적 각본에 대한 설명이다. 매체의 묘사를 접하게 된 청소년들은 실제 사회에서도 이를 적용하여 행동하게 된다.
④ 공격행위의 일반모형에 대한 설명이다.

20 **강화와 처벌을 통해 공격성을 감소시키는 방법에 대한 설명으로 틀린 것은?**

① 바람직한 행위에 보상을 주고 바람직하지 않은 행위는 외면하게 되면 후자를 상당히 감소시킬 수 있다.
② 행위자에게 보상을 가져오는 행위는 유사한 상황에서 반복적으로 나타난다.
③ 심한 처벌은 공격성이나 바람직하지 않은 행동을 제거하는 데 좋지 않고 오히려 역효과를 불러올 수 있다.
④ 사형제도 등 중한 처벌은 폭력적 행동을 억제하는 것에 효과적이다.

20 사형선고의 폐지나 부활은 살인을 감소시키지 못한다. 처벌의 일관성과 확실성이 폭력적 행동의 억제에 더 효과적이다.

21 **스턴버그의 증오의 삼각형 이론 중 증오심의 요인이 아닌 것은?**

① 혐오감
② 분노
③ 맹세
④ 파괴

21 혐오감, 분노, 맹세는 상대와 거리를 두고자 하는 마음이다. 이는 교육으로 인해 갖춰지며 상대방을 비인간화하는 심적 기제로 작용하게 된다.

정답 19 ① 20 ④ 21 ④

22 테러리즘에 대한 설명으로 틀린 것은?

ㄱ. 오랫동안 집단 따돌림을 당한 A는 총기사고를 일으켰다.
ㄴ. 타 종교에 폭탄테러를 일으킨 신도 B는 감옥에서 이는 신의 섭리라는 말만 되뇌었다.
ㄷ. 군 포로수용소 내의 비인간적인 대우가 밝혀져 충격을 주었다.

① A는 수치심과 굴욕감을 자긍심으로 전환하기 위해 광란적인 테러를 저지른 것으로 보인다.
② B는 테러 이유를 상대의 잘못으로 돌리거나 신의 섭리인 것으로 생각함으로써 자신의 책임을 전가한다.
③ ㄷ은 상대편 사람들을 비인간화시켜 자신들의 행위를 정당화한다.
④ ㄱ, ㄴ, ㄷ의 테러리즘에는 사회적 상황보다 개인의 특성이 더 큰 영향을 미친다.

22 테러는 정신질환자, 광신도 등이 많이 일으킨다는 인식이 있다. 그러나 사회적 상황의 힘은 정상인을 정당화시키는 등으로 이러한 테러를 하도록 만들 수 있다.

23 관계를 설명하는 이론 중 사회교환이론에 관한 설명으로 틀린 것은?

① 함께 있는 사람이 우리에게 제공하는 사회적 보상이 클수록 그 사람을 더 많이 좋아하게 된다.
② 관계에 대한 만족에 영향을 미치는 요인은 보상, 비용, 대안에 대한 비교수준이다.
③ 보상과 손실을 물질적인 재화에 국한해서 설명하는 이론이다.
④ 대안에 대한 비교수준이 낮은 사람은 비용이 큰 관계에서도 그 관계에 머물 가능성이 있다.

23 사회교환이론은 보상과 손실을 물질적인 재화에만 국한하지 않고 심리적인 것까지 포함한다. 보상은 관계를 가치 있게 만들고 강화하는 관계의 만족스러운 측면을 의미하며 파트너의 행동, 개인적 특성의 유형, 외부자원(돈, 지위, 활동, 관심 있는 타인의 접근 등)을 얻는 우리의 능력 등을 포함한다.

정답 22 ④ 23 ③

24 **부부문제를 연구한 카트만에 따르면 부부관계를 파경으로 이끄는 요인에 해당하지 않는 것은?**

① 비판적 태도
② 방어적 태도
③ 모르쇠 태도
④ 권위적 태도

24 부부들을 관찰하고 분석한 결과 결별을 가져오는 4개의 강력한 요인을 식별해 냈는데 '비판', '방어적 태도', '모르쇠 태도', '경멸적 감정'이다. 특히 이혼을 하게 되는 부부의 경우 경멸적 감정의 표현 횟수가 관계를 유지하는 부부의 경우보다 2배 이상 많았다.

25 **미디어가 사고에 미치는 영향이 아닌 것은?**

① 잔인한 장면을 습관적으로 본 학생들은 그렇지 않은 학생에 비해 잔인한 장면을 가볍게 넘기며 무시하는 경향이 있었다.
② TV나 영화에서 나오는 폭력적이고 성적인 행동들은 실제로 청소년들이 사회에서 타인과에 교류에 적용하는 각본이 될 수 있다.
③ 폭력적 비디오를 보게 하면 공격과 관련된 연결망을 활성화시킨다.
④ TV 시청을 많이 하는 집단은 비현실 세계와 현실세계를 구분하는 지각능력이 뚜렷해진다.

25 TV 시청을 많이(하루 4시간 이상)하는 집단이 적게(하루 2시간 이하)하는 집단에 비해 주변 세상의 폭력 빈도를 더 과장하였고, 개인적 피해에 대한 걱정도 더 하였다. TV를 많이 보는 사람에게 이 세상은 무서운 것이 되어가고 있는데 매체의 묘사는 현실에 대한 지각이 된다.

26 **공격성을 감소시키는 방법에 해당하지 않는 것은?**

① 공감훈련을 통한 타인의 이해
② 미디어를 활용한 폭력사건 보도를 통한 예방
③ 거리의 조명 밝게 하기
④ 의사소통과 문제해결기술의 훈련

26 미디어 속의 폭력은 성장하는 아동에게 폭력의 사용을 정당화시키고 많은 갈등상황에서 폭력 사용을 점화시키는 효과를 가져 온다.

정답 24 ④ 25 ④ 26 ②

27 갈수록 늘어가고 있는 총기사고와 같은 폭력사건을 통해 얻을 수 있는 교훈이라고 할 수 있는 것이 아닌 것은?

① 우리와 다른 모든 사람을 수용하는 법을 배워야 한다.
② 자율적인 학교 분위기를 엄격하게 바꿔야 한다.
③ 부정적이고 배타적인 사회적 분위기를 변화시켜야 한다.
④ 폭력사건의 범인은 정신질환자와 같은 사람이라는 인식을 변화시켜야 한다.

27 엄격한 분위기가 총기사고 등의 폭력사건을 줄일지는 미지수이다.

28 관계를 설명하는 이론에 대한 설명으로 옳은 것은?

① 개인이 관계에 투자한 것이 크면 만족도가 낮고 다른 대안이 확실할 때조차 결별할 가능성은 적다.
② 오래된 친분에서 상호작용은 공정성 주제에 의해 좌우되며 이를 교환관계라고 부른다.
③ 연인 사이에서 교환의 규범을 쓰는 정도가 높아질수록 교류만족도는 높아진다.
④ 공동의 관계에 있는 사람들은 공정성에 무심하기 때문에 관계의 불균형이 계속되어도 유지될 수 있는 관계이다.

28 ② 가벼운 관계에서 보통 사람들은 '동등한 것'을 주고받는다. 새로운 친분에서 상호작용은 공정성 주제에 의해 좌우되며 이를 교환관계라고 불린다.
③ 연인 사이에서 교환의 규범을 쓰는 정도가 높아질수록 교류만족도는 낮아진다.
④ 공동의 관계에 있는 사람들이어도 그들의 관계가 공정하지 않다고 믿는다면 불편감을 느끼게 될 것이고, 불균형이 계속해서 존재한다고 느낀다면 관계는 궁극적으로 깨질 것이다.

정답 27 ② 28 ①

제 4 장

집단 속의 개인

지식에 대한 투자가 가장 이윤이 많이 남는 법이다.

– 벤자민 프랭클린 –

제 4 장 집단 속의 개인

[학습목표]
우리가 집단 속에 있을 때 우리의 행동은 오로지 우리의 생각과 태도만으로 결정되지 않는다. 집단은 우리 행동의 중요한 원인을 제공한다. 이번 장에서는 집단 내에서 우리의 행동은 어떤 특징을 보이고 왜 그러한 현상이 발생하는지 알아보겠다. 또한 타인의 존재가 우리의 수행에 어떠한 영향을 미치는지 집단의 의사는 얼마나 현명한 것인지 등에 대해서도 살펴 볼 것이다. 이러한 개인의 의사결정과 관련된 이론들을 통하여 우리의 실생활에서 타인을 설득하는 효과적인 방법들도 알아볼 것이다.

제1절 사회적 영향

1 동조현상

(1) 동조의 개념

동조란 집단의 압력이 있을 때 집단이 기대하는 바대로 개인의 생각이나 행동을 바꾸는 것을 의미한다. 다시 말해, 주위의 사람들이 하는 것을 자발적으로 따라하는 행위를 동조라고 한다. 유행을 따르는 행위나 결정이 어려울 때 주변의 많은 사람이 내리는 결정을 따르는 것 등이 동조에 해당한다. 일부 종교집단에서 수많은 사람들이 집단자살을 택하는 경우도 극단적인 동조현상이라고 볼 수 있다. 우리 대부분도 지속적이고 강력한 동조의 압력 하에 있다면 이러한 행동을 했을 수 있다. 애쉬(Asch)는 개인의 태도와 견해의 변화에 미치는 사회적 영향을 실험을 통하여 보여 주었다. 이후 학자들에 의해 다양한 상황의 변화가 동조에도 영향을 미친다는 것이 밝혀졌다.

1968년 3월 16일 베트남에 파병된 미국병사들이 조종사의 잘못으로 적군이 없는 '마이라'라는 마을에 도착했다. 소대장은 병사 한 명에게 마을 주민을 죽이라고 명령했는데 곧 다른 병사들도 함께 총을 쏘기 시작해 무고한 민간인 여성과 아이들, 노인들에게 무참히 총격을 가하여 450~500여 명의 베트남 주민이 죽임을 당했다. 이 밖에 1961년 미국 시민운동가들은 인종분리를 반대하는 데모를 비폭력주의로 진행하였다. 수천 명의 남부 흑인들, 소수의 북부 백인들, 많은 대학생들 등 시민 운동가들이 구타와 강간, 심지어 죽임을 당하기까지 하면서 비폭력 시위에 동조함으로써 미국이 인종평등을 위해 싸우는 새로운 시대를 열게 했다. 이러한 사건들이 사회적 압력에 의한 동조의 결과라고 할 수 있다.

위의 예들에서 사람들은 사회적 영향 아래에 있었다. 그 결과 그들은 자신의 행동을 바꾸고 다른 사람의 기대에 따라 행동했다. 이것이 동조의 핵심이라고 사회심학자들은 말한다. 동조의 결과는 유용하고 용감한 행동에서부터 정신병적이고 비극적인 행동에 이르기까지 다양하다.

(2) 동조의 두 차원

① **개인적 수긍**
사람들이 다른 사람들은 옳다고 순전하게 믿기 때문에 다른 사람의 행동에 동조하는 것을 말한다.

② **공적인 순응**
다른 사람들이 하는 말이나 행동을 믿는 것과 상관없이 다른 사람의 행동에 겉으로 동조하는 것을 말한다. 이것은 집단에서 튀지 않기 위해서 또는 바보처럼 보이지 않기 위해서 그럴 수 있다. 사람들은 현실을 해석하기 위해 서로에게 의지하며 집단의 추측을 개인적으로 받아들인다는 것을 의미한다.

2 정보적 영향 기출

정확하고 좋은 결정을 내리고자 하는데 아는 것이 없다면 어떻게 해야 할까? 유용하고도 강력한 지식의 원천이 바로 다른 사람의 행동이다. 다른 사람들이 어떻게 생각하는지를 묻거나, 그들이 어떻게 행동하는지를 보면 우리는 상황에 대해 이해하는 데 도움이 된다. 이렇게 우리가 다른 사람과 비슷하게 행동하게 될 때 그것은 우리가 동조하고 있는 것이다. 우리는 애매한 상황에 대해 다른 사람의 해석이 우리보다 더 정확하다고 생각하며 우리가 적절한 행동을 할 수 있게 도울 것이라고 믿는다. 이것이 동조를 만들고, 다른 사람의 행동을 정보의 원천으로 삼아 자기의 행동을 결정하는 이유가 된다. 이것을 정보적 영향이라고 한다.

(1) 정보적 영향의 중요성

세리프(Sherif, 1936)는 다른 사람들의 행동이 정보의 제공원으로 사용되는 것을 알아보기 위한 실험을 하였다. 참가자는 어두운 방 안에 앉아서 15피트(약 4.6m) 떨어진 곳에 있는 불빛 한 점에 초점을 두도록 하고 그 불빛이 어느 정도 움직이는지 가늠해 보라고 했다. 이 불빛은 **자동운동효과**라는 착시 때문에 움직이는 것처럼 보이지만 실제 전혀 움직이지 않는다. 한 사람씩 보게 하고 측정을 할 때 사람마다 대답하는 거리는 매우 다양했지만 여러 사람이 함께 실험에 참여하여 추측을 하게 될 때는 사람들은 집단 공통의 추측치를 하나 가지게 되었고 참가자들은 그 추측치에 동조했다. 세리프의 실험은 사람들이 다른 사람들을 정보의 원천으로 삼는다는 것을 보여준다.

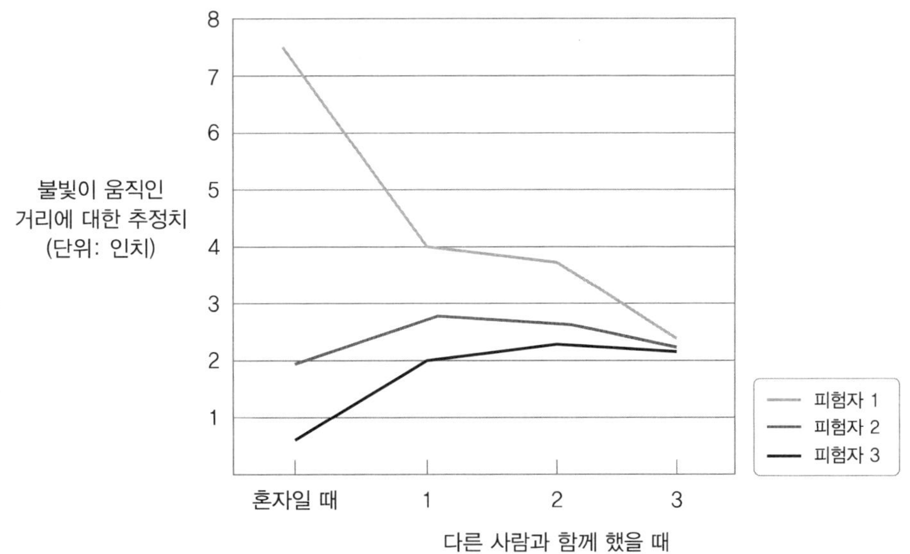

[세리프(Sherif)의 자동운동효과 연구에서 한 집단의 응답결과]

어두운 방에서 사람들은 불빛 한 점이 어느 정도 움직인 것으로 보이는지 추정하였다. 혼자서 그 불빛을 보았을 때 추정치는 다양하게 달랐다. 참여자들은 여럿이 함께 모여 다른 사람들의 추정치를 서로 공유하였을 때 개인들은 다른 집단 구성원들이 제공한 정보에 근거해 그들의 개인적인 믿음을 조정함으로써 동조하였다.

용어 설명

자동운동효과 : 어두운 곳에서 밝은 빛을 뚫어지게 본다면 그 빛이 앞뒤로 움직이는 것처럼 보이는 것으로 이것은 그 불빛이 어느 지점에 있는지 가늠할 고정된 참조점이 없기 때문에 일어나는 착시현상

(2) 정확성

① 범인을 찾는 한 실험을 통해 중요한 상황으로 설정했을 때와 중요도가 낮은 조건으로 했을 때 사람들의 동조 정도를 알아본 결과 높은 중요도 조건에서 더 높은 동조를 보였다.

② 사람들은 자신이 보지 못한 상황에 대해서도 타인이 본 것을 가지고 자신의 기억인양 허위로 보고하는 경향을 보였다. 이러한 결과는 다른 사람에게서 정보를 얻을 때 발생하는 위험성에 대해 경고한다. 다른 사람을 정보의 원천으로 사용하는 것은 위험을 수반하는 전략이다. 따라서 경찰 조사에서 목격자들은 개인적으로 인터뷰를 진행하며, 용의자 사진도 개별적으로 보게 된다.

③ 정보적 영향은 위기상황에서 극적인 형태로 일어난다. 두렵고 위험할 수 있는 상황을 만나고 어떻게 대처해야 할지 전혀 모르고 있을 때 특히 사람들의 안전과 관련된 문제라면 다른 사람들의 행동은 아주 중요한 정보가 된다. 그러나 다른 사람들의 정보가 정확하다는 근거는 없다. 따라서 다른 사람에게 의존하는 것은 상황을 정의하는 데 위험할 수 있다.

④ 별다른 이유 없이 비슷한 신체적 증상이 한 집단의 사람들에게 일어나는 것을 '집단적 심리질병'이라고 한다. 사람들이 애매한 상황에서 다른 사람의 해석에 더 의존하게 되면 정서와 행동이 빠르게

퍼져가는 '감염'에 의해 이러한 현상은 일어나게 된다. 오늘날은 어떤 사건 사고를 알게 되기까지 인터넷을 통해 몇 분이 채 걸리지 않는다. 대중매체가 애매한 사건에 대한 좀 더 논리적인 설명을 덧붙임으로써 감염이 빨리 소멸되기도 하지만 부정확한 정보에 동조하는 것은 효율적이라는 장점에 비해 심각한 부작용을 초래하는 것 또한 사실이다.

(3) 정보적 영향에 따른 동조

① **상황이 불확실할 때**

상황의 불확실성은 사람들이 어느 정도로 서로를 정보의 원천으로 삼을 것인가를 정하는 데 있어 가장 중요한 요인이다. 정확한 대답, 적절한 행동이나 올바른 생각에 대해 확신이 없을 때 사람들은 다른 사람을 보게 된다. 상황이 더 불확실할수록 사람들은 다른 사람에게 더욱 의존하게 된다.

② **상황이 위기일 때**

위기상황에서 사람들은 보통 어떠한 행동을 취해야 할 것인가에 대해 시간을 두고 생각할 여유가 없다. 이러한 경우는 보통 즉시 행동해야 하는 상황이다. 위급하고 공포스러운 상황에서 무엇을 해야 할지 모른다면 다른 사람들이 어떻게 반응하는지를 보고 그것을 따르는 것은 당연한 일이다. 그러나 우리가 참고하는 그 사람도 그 상황에서 논리적이고 이성적이지 않을 수 있다는 것 또한 사실이다.

③ **다른 사람이 전문가일 때**

일반적으로 전문성이나 지식이 있는 사람이 불확실한 상황에서 가이드 역할을 하게 된다. 어떤 상황의 전문가가 옆에 있다면 우리는 그 사람의 행동이나 말에 따르게 된다.

3 규범적 영향

(1) 사회적 규범

① 규범적 영향은 다른 사람들이 좋아하는 방향으로 행동하고자 하고 다른 사람에게 용납되고자 할 때 일어난다.

② 우리는 집단의 **사회적 규범**에 동조한다.

③ 인간은 본질적으로 사회적 동물이다. 우리는 타인과의 상호작용을 통해서 정서적 지지, 사랑을 받기도 하며 즐거운 경험을 공유한다. 인간관계에서 분리된 개인들은 스트레스를 많이 받고 심리적 고통을 받는 것으로 나타났다.

④ 인간이 타인에게 용납받기를 원하는 기본적 욕구는 다른 사람을 따라하는 행동을 하도록 하며 이것이 사회적·규범적 이유로 일어나는 동조라고 할 수 있다.

⑤ 일부 10대들 중에 목숨이 걸린 위험한 행동을 하거나, 자신의 무리와 다르다고 여겨지는 한 학생을 따돌리는 경우가 많은데 이것은 자신들만의 사회적 규범에 따른 동조현상이다.

⑥ 사람들이 때로 다른 사람에게 용납되고 잘 보이기 위해서 동조한다는 것은 놀라운 일이 아니다. 그러나 타인에게 피해를 주는 행위에 있어서 동조의 압력을 받는다면 우리는 이것에 저항해야 한다. 어떤 행동이 옳은 것인지에 대해서 확실히 알고 있을 때 우리는 당연히 동조하지 않는다. 또한 나에게 중요한 일에서는 우리가 별로 중요하게 생각하지 않는 집단으로부터 오는 압력에도 동조하지 않는다.

용어 설명

사회적 규범 : 어떤 상황에 관해 집단이나 사회가 성원들에게 기대하고 있는 의견, 태도, 행동의 비교적 지속적인 규칙을 뜻하며 사회적 기준이라고도 함. 집단 또는 사회에 있어서 그 집단의 표준이 되어 있는 태도나 행동의 형태를 사회적 규범이라 함

(2) 동조와 사회적 승인

① **애쉬(Asch, 1952)의 규범적 영향의 힘을 알아보는 연구**

실험협조자를 포함하여 실험장소에 있는 참여자들에게 아래 그림과 같이 일정한 길이의 표준선을 보여 주고, 서로 다른 세 가지의 선을 계속해서 보여 준 다음, 그중에 표준선과 길이가 같은 선을 고르는 것이 과제이다.

과제의 답은 명백하여, 단독으로 이 과제를 주었을 때 피험자가 틀리는 경우는 거의 없었다. 이 실험의 목적은 실험협조자들이 함께 문제를 풀고 고의로 틀린 답을 말함으로써 피험자가 자신을 제외하고 만장일치를 이룬 집단에서 어떻게 반응하는지를 밝히는 것이었다. 총 18번의 시행에서, 실험협조자들이 정답을 말한 6번의 시행을 제외한 12번의 시행에서 123명의 피험자들 중 76.4%가 적어도 한 번은 동조반응을 보였으며, 평균적으로 검사시행의 36.8%에서 동조를 했다. 다시 말해, 정답이 명백함에도 불구하고 많은 사람들이 자신이 생각하는 답을 바꿔 대답한 것이다. 실험에 주어진 과제는 전혀 어렵지 않았고, 그 과정이 위협적이지도 않았다. 그러나 피험자가 답을 말하기 전에 만장일치를 이룬 다수집단을 보고, 거기에 공개적으로 자신이 생각하는 답을 말해야 했던 상황들이 피험자로 하여금 집단의 영향에 동조하게 만든 것이다.

② **규범적 동조의 이유**

㉠ 사람들은 그들이 하는 행동이 잘못된 것인지 알지만 자신만 특별히 별난 사람으로 보이고 싶지 않았으며 바보같이 보이지 않기 위해 다수를 따른다.

㉡ 규범적 압력은 공적인 순응을 이끌어낸다. 즉, 사람들이 그들이 하는 것에 대해 믿지 못하고 그것이 잘못되었다고 생각할 때라도 집단을 따라간다는 것이다.

㉢ 뇌 이미지 연구에 따르면 사람들이 집단에 반대할 때 불편함과 긴장과 같은 부정적 정서를 느끼기 때문에 규범적 동조가 일어난다.

(3) 정확성

① 불확실한 상황에서 중요한 결정을 내려야 한다면 사람들은 정보적 이유로 더 많이 동조한다. 확실한 상황에서 중요도가 낮을 때는 높을 때보다 2배 정도 더 높은 동조를 보이는 차이를 보이지만 중요도가 높을 때도 사람들은 여전히 동조의 모습을 보인다.

② 집단의 의견이 옳지 않고, 올바른 답이 명확하며, 정확하게 답하면 이득이 있음에도 불구하고 사람들은 사회적 규범에 따르는 경향이 있다.

③ 사람들은 사회적 압력에 저항하기 힘들어하면서 또한 자신들이 규범적 영향을 받았다는 것은 부정한다.

④ 사람들은 종종 규범적 영향의 힘을 과소평가하는 경향이 있다. 그러나 이러한 영향을 부정한다고 해도 그 영향을 막기는 힘들어 보인다.

(4) 규범적 영향

① 내가 집단의 규범을 계속 무시하고 동조하지 않으면 사람들은 내가 동조하도록 설득하거나 반대로 비아냥거리며 나에 대해 부정적인 말을 할 가능성이 높다. 그리고 나를 집단에서 제외시키기 시작할 것이다.

② 규범적 영향은 우리 일상의 여러 부분에서 작동하고 있다. 유행을 따르는 것도 이러한 영향의 한 형태이다.

③ 여성의 신체 선호이미지에 대한 기준은 시간이 지날수록 변화되고 있다. 20세기에 들어설 때 매력적인 여성의 몸매는 볼륨이 있고 뚱뚱한 것이었지만 1920년대는 마른 몸매가, 40년대는 풍만한 여성이, 60년대 이후에는 다시 마른 몸매가 미의 기준이 되고 있으며 2000년대에는 마른 몸매에 대한 기준이 더 강화되고 있는 것으로 나타났다.

마른 체형에 대한 사회문화적 압력은 현대 여성에게 심각한 결과를 초래한다. 다이어트나 운동을 통해 비현실적인 몸매를 가지려는 노력을 하도록 할 수 있기 때문이다. 미국 섭식장애협회가 밝힌 통계에 따르면 12~13세 소녀들 중 1/3이 다이어트나 구토・설사제, 다이어트 알약을 먹는 것을 통해 몸무게를 줄이려는 적극적 노력을 하고 있다고 한다.

④ 남성의 매력에 관한 사회문화적 기대는 최근 몇 십 년간 변해 왔다. 최근 더욱 근육질을 가지는 것이 이상적인 몸매 이미지로 변하고 있다. 청소년과 젊은 남성들이 부모, 동료 그리고 미디어로부터 더욱 근육질이 되어야 한다는 압력을 받는 것이 발견되고 있다. 남성잡지를 더 많이 볼수록 신체에 대한 부정적 감정이 더 큰 것을 발견하였다. 정보적 규범은 사회적 영향이 여성뿐만 아니라 남성에게까지도 작동되어 자신의 매력에 대한 인식에 영향을 미치고 있는 것을 보여준다.

4 사회적 영향과 행동

애쉬(Solomon Eliot Asch, 1907. 9. 14~1996. 2. 20)

폴란드 출신의 게슈탈트심리학자로 미국 사회심리학의 선구자역할을 했다. 펜실베니아대학교 심리학 교수로 재직했으며, 인상형성, 명성제고, 적합성 및 사회심리학 분야의 많은 주제에 있어 획기적인 연구를 진행하였다.

(1) 동조에 영향을 미치는 변인

① 집단의 크기

㉠ 애쉬(Asch, 1952, 1955)는 실험협조자의 수를 1명에서 16명까지 조정하면서 동조율의 추이를 살펴봤는데, 실험협조자가 1명일 때는 동조가 거의 발생하지 않았으며, 2명일 때는 13.6%, 3명일 때는 31.8%로 증가했다.

㉡ 그런데 실험협조자가 4명 이상으로 늘어나면 3명일 때와 큰 차이가 없었다.

㉢ 이를 천장효과라고 하는데, 즉 집단원의 수가 더 커지더라도 동조율에는 더 이상 영향을 미치지 않는 것을 말한다.

㉣ 또한 집단크기의 효과는 집단구성원의 절대적인 수보다는 독립적인 사회적 실체의 수에 좌우되는데, 독립적인 사회적 실체라는 것은 다수집단 내에 독립적으로 행동한다고 생각되는 구성원 집단을 말한다.

㉤ 윌더(Wilder, 1977)는 학생들에게 배심원의 사례를 주었다. 학생들은 판단을 내리기 전에 4명의 실험협조자들이 판단을 내리는 장면의 비디오를 시청하도록 하였다.

㉥ 실험협조자들이 4명으로 된 한 집단을 제시한 경우보다 한 집단이 2명으로 구성된 독립적인 두 집단으로 제시한 경우에 동조율이 높았다. 비슷하게 6명으로 된 한 집단보다 3명으로 된 두 집단에서 동조율이 높았고, 2명으로 된 세 집단으로 제시한 경우는 더 높았다.

② 집단의 강도

㉠ 집단의 강도가 높으면 동조가 많이 일어난다.

㉡ 집단의 강도란 집단이 우리에게 얼마나 중요한가를 말한다. 사람은 사랑이나 존경을 잃는 것에 대해 큰 대가를 치르게 된다.

㉢ 따라서 규범적 압력은 사람들의 우정, 사랑, 존경에서 나온다. 그런데 높은 응집성을 가진 집단에서 내리는 정책결정이 아주 위험할 수 있다는 것이다.

㉣ 서로를 기쁘게 하는데 더 신경을 쓰고 가장 논리적 결정을 내리기보다 갈등을 피하려고 하기 때문이다.

㉤ 집단에 대한 동조를 오랫동안 하게 되면, 독특함에 대한 신용이 부여된다고 말하는데 일반적으로 과거에 친구들의 의견을 따라왔었다면 친구들이 이번에 동조하지 않는 것에 대해서 크게 불편한 감정을 나타내지 않을 것이라는 것이다. 이는 한 번 정도 규범에서 벗어나도 될 신용을 얻었다는 의미이다.

③ 집단의견의 일치성

㉠ 집단의 모든 사람들이 같은 것을 말하거나 믿을 때 규범적 영향이 가장 강력하다.

㉡ 몇몇 실험에 따르면 누군가가 집단의 만장일치를 깨뜨리면 그 집단의 사회적 압력이 약해짐이 나타났다.

㉢ 집단에서 홀로 소수가 되는 것은 쉬운 일이 아니지만 만약 누군가가 제목소리를 내면 함께 있는 사람도 자신의 신념대로 제목소리를 낼 것이다.

㉣ 미국헌법재판소의 결정에 대한 분석에 따르면 가장 많은 결론은 9:0으로 결정된 만장일치였으며, 가장 적었던 판결은 나머지 모든 사람에 대해 8:1로 분할된 결정이었다. 이것은 48년 동안 단 10%밖에 없었다.

④ 집단주의 문화

㉠ 개인주의 문화보다 집단주의 문화에서 동조는 더 가치 있는 것으로 여겨지는데 집단주의 문화에서 다른 사람에게 동의하는 것은 복종이나 겁쟁이와 같은 것으로 비춰지지 않고 요령 있고 센스 있는 것으로 여겨진다.

㉡ 집단주의 문화에서는 집단 안에서의 동조가 조화롭고도 상호의존적인 관계를 촉진한다고 여겨지기 때문이다.

⑤ 공개적 반응

㉠ 피험자들이 자신이 생각했던 답과 다른 답을 말하는 다수집단을 관찰하고 나서 자신이 틀렸다고 생각해서 동조를 하는 것인지, 아니면 자신은 여전히 최초에 생각했던 답이 정답이라고 생각함에도 불구하고 다수집단에 동조하는 것인지 동조실험만으로는 알 수가 없다.

㉡ 전자와 같이 다수집단의 의견을 듣고서 피험자가 실제로 자신의 마음을 바꾸어 동조하는 것을 전향(Conversion)이라고 한다.

㉢ 후자와 같이 외적으로는 동조하지만 내적으로는 다수집단의 의견에 동의하지 않는 것을 응종(Compliance)이라고 한다.

㉣ 애쉬가 실험 이후에 피험자들에게 물어본 결과, 자신의 판단이 틀린 것이라고 생각하고 자신의 답을 바꾼 경우, 즉 전향을 한 경우는 일부에 불과했으며, 대부분은 다수집단이 틀렸다고 생각했음에도 외적으로만 동조, 즉 응종한 것으로 밝혀졌다(Asch, 1955).

㉤ 이 같은 응종은 애쉬의 실험과 같이 자신의 의견을 공개적으로 드러내는 경우에 두드러진다.

㉥ 크러치필드(Crutchfield, 1955)는 자신의 의견을 다수집단 앞에서 공개적으로 말하는 것에 대한 압력을 줄이기 위해 새로운 실험을 고안했다.

- 각각의 피험자들은 칸막이로 구별된 자리에 앉아 실험에 참가했으며, 다른 참가자들을 볼 수 없었다.

- 역시 문제는 답이 명백한 것들로 구성되었으며, 피험자들에게는 앞에 놓인 전구를 통해 다른 피험자들의 대답을 알 수 있다고 했다.
- 그러고는 미리 고안된 제비뽑기를 통해 피험자들이 마지막에 대답을 하도록 했다.
- 그러나 실제 그 전구는 연구자가 조작할 수 있는 것으로, 실험협조자는 실제로는 존재하지 않았으나 여느 동조실험과 마찬가지로 앞에 대답한 사람들이 모두 거짓을 대답했음을 표시했다.

ⓢ 실험결과 애쉬(Asch, 1952)의 실험에 비해 크러치필드의 실험에서는 동조율이 낮았다.

ⓞ 참여자들이 자신의 의견을 다수집단 앞에서 공개적으로 말해야 했던 애쉬의 실험에서와는 달리, 크러치필드의 실험에서 동조하는 사람들의 경우, 집단에 응종한 것이라기보다는 자신의 생각을 바꾼 전향에 가깝다고 해석할 수 있다.

⑥ **지위**

㉠ 지위가 높은 사람의 영향력이 더 큰데, 실제로 사람들은 지위가 낮거나 낙인찍힌 사람들에게 잘 동의하지 않는다.

㉡ 보행자를 대상으로 수행된 무단횡단행동에 관한 연구에서 실험보조자가 무단횡단을 하지 않은 경우는 17%, 무단횡단을 한 경우는 44%로 증가하는 동조현상을 보였다.

㉢ 특히 무단횡단을 하지 않은 사람의 옷차림이 깨끗한 경우, 다른 사람의 무단횡단을 억제시켰다.

㉣ 시드니의 보행자를 대상으로 한 연구에서 허름한 옷을 입은 조사원보다는 옷을 잘 차려입은 조사원이 접근했을 때 보행자들이 조사원의 요구에 더 잘 호응해 주었다.

⑦ **과제의 특성**

㉠ 애쉬(Asch, 1952)의 실험에서 세 가지 선 중에 표준선과 길이가 같은 선을 고르는 과제는 매우 쉽고, 중요도가 떨어진다는 특징이 있다.

㉡ 그렇다면 과제의 난이도가 어렵거나, 중요도가 올라간다면 동조현상이 어떻게 변할까?

㉢ 배런 등(Baron, Vandello & Brunsman, 1996)은 이 같은 의문을 해결하고자 연구를 수행하였다.

- 우선 어려운 과제와 쉬운 과제를 준비하고 피험자들을 4개의 집단으로 나누었다.
- 첫 번째 집단에는 쉬운 과제를 주고 정확도에 대한 요구를 하지 않고, 두 번째 집단 역시 쉬운 과제를 주고 가능한 한 정확한 판단을 요구했다.
- 그리고 세 번째 집단에는 어려운 과제를 주고 정확도에 대한 요구를 하지 않았으며, 네 번째 집단에는 역시 어려운 과제를 주고 가능한 한 정확한 판단을 요구했다.

㉣ 연구결과, 우선 쉬운 과제에서는 정확도를 요구하지 않은 경우 33%만이 동조했으며, 정확도를 강조한 경우 16%만 동조했다.

㉤ 흥미롭게도 어려운 과제에서는 반대의 결과가 나왔는데, 중요하지 않은 과제의 경우 35%의 동조율을 보였고, 정확도를 강조한 경우 무려 54%가 동조하는 결과가 나왔다.

ⓑ 과제의 난이도와 정확도 요구에 따른 동조율(%)

과제 난이도 \ 중요도	중요한 과제 (정확도 요구)	중요하지 않은 과제 (정확도 요구하지 않음)
어려운 과제	54	35
쉬운 과제	16	33

⑧ **상황의 해석**

㉠ 애쉬(Asch, 1952)의 선 과제에서 다른 사람들이 틀린 답을 제시할 때 사람들은 '저들이 왜 저런 대답을 할까?'라는 의문을 갖게 된다. 이런 의문을 가지고 상황을 파악하려 하지만 정확한 이해는 되지 않는다.

㉡ 이렇게 상황파악이 안 되는 경우에 일치된 타인의 의견을 따라할 가능성이 높다.

㉢ 애쉬와 비슷한 연구에서도 같은 결과를 보였다. 사람들은 비록 객관적으로 무엇이 맞는지 알지 못하더라도 다른 사람들이 똑같이 다른 판단을 하고 있고 이에 대한 적절한 설명을 찾지 못하면 자기 소신대로 행동하기가 어렵다는 것이다.

㉣ 다른 사람의 틀린 답을 설명할 수 있으면 타인의 영향을 덜 받고 소신을 보일 수 있다.

⑨ **성격적 영향**

㉠ 동조자들에 비해 비동조자들이 어떤 성격 특징을 지니고 있는지에 대해서는 그리 알려진 바가 없다.

㉡ 초기 연구에 따르면 동조할 가능성이 낮은 사람들이 지닌 특징은 리더성향을 지니고 있는 경우 혹은 자기인식 수준이 높고 자존감이 강한 사람들의 경우 등이었다. 그 이유는 자신의 의견에 대한 확신이 있어서 다른 사람들의 승인을 받을 필요성을 강하게 느끼지 않기 때문일 것으로 여겨진다.

㉢ 특히 자존감은 동조에 저항하는 강력한 힘을 보이는데 이는 다른 사람들이 중요하게 생각하는 것이 아닌 자신이 실제로 어떤 사람인지에 기초해서 자기가치감을 느낄 때 동조에 저항하는 힘이 크다.

(2) 소수의 영향

① 다수의 의견은 동조압력으로 작용한다. 그러나 소수의 영향을 무시할 수는 없다. 소수의 개인이나 집단이 다수의 행동이나 믿음을 바꿀 수 있다. 이것을 소수의 영향력이라고 부른다.

② 단, 소수는 일관되고 확신 있게 주장하되 융통성이 있어야 한다.

③ 소수는 다수 측에서 입장을 바꿔 전향한 사람이 있을 때, 내집단으로 인식될 때 영향력이 크다.

④ 주류의 사람들은 규범적 영향을 통해 사람들을 동조하게 만들 수 있다. 규범적 영향은 개인의 수긍 없이 공적인 순응을 이끌 수 있다.

⑤ 그러나 소수의견을 가진 사람들이 규범적 동조로 다른 사람에게 영향을 미친다는 것은 거의 불가능한 일이다.

⑥ 소수의견자들은 정보적 영향을 통해서 집단에 영향을 미치는데 기대하지 않았던 새로운 정보를 집단에게 알려준 후 집단이 그 이슈를 더 자세하게 검토하게 만들 수 있다.
⑦ 또한 다수의 영향이 규범에 따르는 행동을 야기하는 반면에 소수의 영향은 드러난 행위뿐만 아니라 내면적인 태도변화까지를 수반하는 경우가 많다는 점에서 다수와 소수의 영향력은 질적으로 다르다는 것을 알 수 있다.
⑧ 소수의 영향력에 대한 연구들을 분석한 연구에 따르면 다수의 영향력은 영향을 주려는 행위가 드러나고 직접적으로 작용하는 것과는 달리 소수의 영향력은 은밀하고 사적이고 간접적인 행동이라는 것을 보이고 있다.
⑨ 비록 사람들이 소수와 동일시하기를 꺼리지만 소수입장이 지니는 독특성으로 인해 소수주장에 주의를 기울이고 그것을 신중하게 고려한다. 이를 통해서 변화된 태도는 오래 지속된다.
⑩ 소수의 영향력을 행사하는 사람에 대해서 사람들은 자신과 같은 부류로 동일시하는 과정을 통해서 그들의 영향력을 수용하는 것이다.
⑪ 또한 다수는 소수의 주장을 의아해하고, 의아함을 해소하는 과정에서 독창적인 사고와 다양한 문제해결 전략들을 발굴할 수 있게 된다.
⑫ 즉 다수는 종종 규범적 영향으로 공적인 순응을 하게 되는 반면 소수의견자들은 정보적 영향으로 개인적 수긍을 이끌어 내는 경향이 있다.

(3) 도덕적 규범과의 대립

① 우리는 불법적인 청탁이나 뇌물은 잘못된 것이라고 당연히 생각하고 뇌물이나 청탁과 관련된 사건이 보도되면 분노를 감추지 못한다.
② 여기서 우리는 두 가지 유형의 규범이 대치하는 것을 알 수 있다. 뇌물을 주고받는 행위가 잘못이라고 규정하는 도덕적 규범과 그럼에도 불구하고 다수의 사람들이 저지르고 있다는 관행적 규범이다.
③ 연구에 따르면 사람들의 선택에 영향을 주는 것은 도덕적 규범이라고 믿지만 생각보다는 관행적으로 행해지고 있는 규범이 영향을 준다는 것이다.
④ 도덕적 규범이 행동에 영향을 미치는 경우는 어떤 상황이 대다수의 관행과 일치할 때이다.
⑤ 도덕적 규범과 관행이 대립하는 경우에 사람들은 관행에 더 큰 영향을 받는다.
⑥ 아마도 사람들은 진화과정에서 많은 이들이 저지르는 비행보다는 소수가 저지르는 비행이 처벌받기가 쉬웠음을 학습했을 것이며 따라서 도덕적 규범보다는 관행을 따르는 양상을 보이는 것으로 생각된다.

(4) 순종과 복종

동조는 종종 암묵적인 압력을 수반한다. 그러나 동조는 타인의 행동을 변화시키려는 명시적인 목표를 지니고 있는 사람들과 일대일로 만난 상황에서도 일어날 수 있다. 이 점은 순종과 복종이라는 현상에 관한 연구와 관련이 있다. 복종의 경우 사람에게 어떻게 행동하라고 명령을 내리면 된다. 이러한 명령은 타인에 비해 권위를 지니고 있을 때 매우 효과적이다. 그러나 권위나 세력이 없는 경우 나의 요구에 타인이 순응하도록 할 수도 있다.

① **순종** : 자기지각과 공약

벰(Bem, 1967)의 자기지각이론에 따르면 우리는 일단 어떤 행동을 하고 나면 그 행동과 일관된 태도를 받아들인다. 또한 **사회적 공약규범**은 협조적인 관계를 지탱하는 중요한 요소 중 하나인 강력한 신뢰감의 토대가 된다. 우리는 남에게 일관성 있는 사람으로 보이고 싶어 하는 동기가 있는데 이것이 우리가 약속한 바를 지키도록 하는 데에도 기여한다.

㉠ 문간에 발 들여놓기 효과(Foot-in-the-Door Technique) 기출

- 보다 큰 요구에 앞서 작은 요구에 동의하게 하는 기법으로 이 효과는 우리가 처음에 타인의 작은 요구를 들어주고 나면 이후에 그보다 큰 요구도 들어줄 가능성이 높음을 의미한다.

> **예**
>
> Freedman과 Fraser(1966) : 한 마을의 주부들에게 안전운전위원회에서 나왔다고 하면서 국회에 제출할 안전운전 진정서에 서명(작은 요구)을 해 줄 것을 부탁했다. 부담도 가지 않고 사회적으로 바람직한 일이기도 하기 때문에 대부분 흔쾌히 서명하였다. 몇 주 후 다른 실험자들이 서명한 주부들을 다시 방문하여 '조심스럽게 운전합시다'라고 적힌 크고 보기 흉한 표지판을 집 앞에 설치(큰 요구)하도록 요구한 결과 55%가 동의했다. 그러나 서명을 부탁한 적이 없는 새로운 주부들을 방문해서 표지판 설치를 요구한 결과 단지 17%만 동의했을 뿐이었다.

- 우리가 일단 작은 요청을 받아들이고 나면 스스로 남을 잘 도와주는 사람이라고 지각하거나 해당 이슈에 관심이 있는 것으로 생각한다. 이러한 자기지각에서의 변화 때문에 이후에 보다 큰 요구에 순응하기가 쉽다. 일단 이처럼 자신에 대해서 새로운 생각이 자리 잡고 나면 두 번째 요구를 받아들이지 않을 경우 인지부조화를 일으킬 가능성이 있다. 즉, 큰 요구를 들어주는 것이 자기상과 일치된다면 그렇게 행동하게 된다는 것이다.

㉡ 낮은 공 기법(Low-Ball Technique)

- 불완전한 정보를 제시하여 동의를 얻은 다음 완전한 정보를 알려주는 기법으로서 일종의 속임수라고 할 수 있다. 사람들이 처음에 동의하고 나면 이후에 부수적인 비용이나, 처음에 생각하지 못한 부정적이 상황이 나타나더라도 처음 약속한 것을 깨지 못하는 것을 의미한다.

> **예**
>
> Cialdini, Cacioppo, Bassett와 Miller(1978) : 피험자들에게 그냥 실험에 참가해 달라고 부탁하여 일단 동의를 얻은 다음, 아침 7시까지 실험실로 올 것을 요구한 결과 피험자의 55%가 이에 동의하였고 실험에 실제로 참가하였다. 반면에 아침 7시에 실험을 시작한다는 사실을 처음부터 밝히고 실험에 참가해 주기를 부탁했을 때는 피험자의 25%만이 동의하고 실험에 참가하였다. 사람들은 어떤 일에 일단 개입하게 되면 기본 조건이 바뀌더라도 그 일에서 손을 떼기를 꺼려하는 경향이 있기 때문에 이 기법은 효과가 있는 것 같다.

- 자동차 세일즈맨은 기본사양 가격만 제시하여 구매동의를 얻은 후 여러 옵션과 각종 부대비용을 추가로 제시하거나, 결혼중매인들은 신부감이나 신랑감의 장점만 전하고 혼인이 성사된 후 단점을 제시하는 것 등이 이 기법의 예라고 할 수 있다.
- 낮은 공 기법은 처음에 자신의 이미지에 영향을 미칠 행동을 할 필요 없이 일단 동의만 얻으면 된다는 점에서 문간에 발 들여놓기 기법과 다르다. 문간에 발 들여놓기에서는 시초 요구에 응

하는 것이 자기 이미지에 있어서 변화를 유발하기 때문에 사람들은 이후 더 큰 요구가 또 다른 사람에게 나올 때조차도 그 요구를 받아준다.

- 반면에 낮은 공 기법은 시초의 동의 당사자가 아닌 다른 사람이 추가적인 비용을 얹거나 다른 상황을 제시하면 잘 설득되지 않는다. 따라서 낮은 공 기법이 상대에 대한 순종을 더 잘 유발한다고 할 수 있다.

ⓒ 상호성

- 상호성 규범은 그 힘이 강력하기 때문에 순종을 유발하는 전략으로 사용되기도 한다. 만약 내가 어떤 단체에게 선물을 받고 나서 그들이 나에게 기부를 요청한다면 이것은 거절하기 힘들다.
- 누군가 우리에게 호의를 베풀면 우리는 그 사람을 좋아하게 되거나 기분이 좋을 것이고 이러한 요인들이 상호성 규범의 효과를 일으키는 요인들이 된다. 그러나 내가 타인에게 호의를 베풀었다고 해서 그 사람이 나를 위해서 비도덕적인 일까지 해 주지는 않는다.
- 또한 상호성을 향한 규범은 협상상황에서도 중요한 역할을 한다. 내가 연봉협상에서 1000만 원을 올려달라고 했을 때 이 요구는 거절 될 수 있지만 500만 원으로 요구를 줄이게 되면 거절의 미안함으로 500만 원은 올려줄 수 있다. 이것을 문전박대 효과라고 부른다.
- 이 효과는 사람들이 처음에 큰 요구사항을 거절하고 나면 그보다 작은 요구는 들어 줄 가능성이 높음을 뜻한다.
- 상호성이 작동하는 이유는 처음에 받아들이기 힘든 요청을 했던 사람이 한 발 물러서 작은 요구를 하면 요구를 받은 사람은 그에 상응하는 양보를 해야 한다고 느끼기 때문이다. 즉, 요구를 줄여주는 것을 호의를 베푸는 것으로 느낀다는 것이다.

ⓔ 사회적 증거

- 이 기법은 사람들이 타인의 생각과 행동에 동조하는 경향성을 이용한 것이다.
- 이 전략에서 중요한 점은 자신과 유사하고 존경을 받는 다른 사람들에 관한 정보는 특별한 가치를 지닌다는 점이다.

ⓜ 희소성

- 사람들은 희소한 것을 가지고 싶어 하는데 그것이 가치 있게 여겨지기 때문이다.
- 백화점 한정세일에 마음을 빼앗기는 이유가 희소성 때문이다.

ⓑ 정신줄 놓기

- 이것은 사람들이 종종 별 생각 없이 일상을 보낸다는 사실을 이용한 것이다.
- 복사를 하려고 서 있는 줄에 끼어들기를 하면서 급한 사정이 있다고 말을 하면 대부분의 사람들은 그렇게 하도록 용인해 준다는 것이다.
- 반면 아무런 설명 없이 끼어들기를 하는 경우에는 훨씬 적은 사람들이 용인을 해 주었다.
- 줄을 서 있는 사람들에게 끼어들기를 한 그 사람의 이유는 별 의미 없는 설명이라고 하더라도 표면적으로는 하나의 이유처럼 들리고 그럴만한 이유가 있을 것이라고 생각하도록 만드는 도식이 활성화되기 때문이다. 우리는 때로 아무런 의미가 없는 요구에도 순응하게 된다는 것이다.

② 권위에의 복종 기출

복종이란 자신의 의사와는 상관없이 남의 명령에 따르는 것을 말한다. 군대에서 상관의 명령에 부하들이 따르는 것이 대표적인 예이다. 그러나 권위에 복종하는 것은 위계서열이 강한 조직이나 집단에서만 일어나는 현상이 아니라, 일상생활에서도 얼마든지 나타난다. 예를 들어, 선생님이 조용히 하라고 할 때 학생들이 조용히 하는 것이나, 경찰관이 불심검문으로 신분증을 요구할 때 신분증을 제시하는 행동 등도 권위에 복종하는 행동이라고 할 수 있다. 2차 세계대전 당시 독일을 이끌었던 히틀러는 유대인 박해 정책을 추진했고, 이 기간 동안 약 600만 명의 유대인들이 죽었다. 홀로코스트에 관여한 당시 관료들은 전쟁 후 재판에서 반복적으로 다음과 같이 말했다. "나는 단지 명령에 따랐을 뿐이다." 그들이 잔인하고 비열했기 때문에 학살에 관여했을 수도 있고 그들의 말대로 명령에 따랐을 뿐일 수도 있다. 1960년대 초반에 예일 대학에서 스탠리 밀그램(Stanley Milgram)이 주관한 복종실험은, 권위 앞에 섰을 때 인간의 모습이 어떤지 생각하게 만드는 연구로 널리 알려져 있다.

㉠ 밀그램(Milgram) 실험

- 밀그램(Milgram, 1963, 1974)은 광고를 통해 처벌의 강도와 학습과의 관계를 알아내기 위한 실험이라고 설명하여 다양한 연령대(20~50대)의 다양한 직업을 가진 각계각층의 사람들을 모집했다.
- 모집한 사람들은 두 명이 한 조가 되어 실험에 참가하는데, 제비뽑기를 통해 한 명은 선생이 되고 나머지 한 명은 학생의 역할을 한다.
- 그리고 실험자는 선생과 학생에게 과제를 낸다. 선생에게 주어진 과제는 학생에게 몇 가지 단어조합을 읽어 주어 외우도록 학습시키는 것이다.
- 그러고 나서 단어조합의 첫 단어를 읽어 주고, 학생에게 몇 가지 선택지를 주어 답을 고르게 한다. 예를 들어 '파란 하늘'을 읽어 준 후 나중에 '파란'이라는 단어를 말하고, 그 다음에 나오는 조합이 어떤 것인지 '바다', '하늘', '안경' 중에 고르라는 식이다. 이로써 학생의 회상능력을 검사하고, 만약 학생이 틀린 답을 말하면 선생이 전기충격을 주라고 했다.
- 실험자는 선생과 학생에게 각자의 역할을 알려 준 후에 실험실로 데려간다. 이때 선생은 학생이 실험이 진행되는 동안 움직이지 못하게 하도록 의자에 묶이는 모습을 보게 되며, 실험자가 학생에게 이 전기충격이 매우 고통스럽기는 하지만 결코 건강에 치명적인 영향은 주지 않는다는 정보를 듣는 과정 또한 지켜본다.
- 이후 실험자는 선생을 전기쇼크 발생기가 있는 다른 방으로 이동시킨다. 밀그램이 직접 고안한 쇼크 발생기에는 전기충격 강도와 연결된 30개의 스위치가 있는데, 최저 15볼트에서 최대 450볼트까지 전기충격을 줄 수 있다. 선생과 학생은 인터폰으로만 이야기를 나눌 수 있고 서로를 보지는 못한다.
- 사실, 이 실험에서 선생역할을 맡은 사람만이 피험자이고, 학생은 사전에 실험의 진짜 목적에 대해 설명을 들은 실험협조자이다. 선생이 쇼크 발생기의 스위치를 누르더라도 학생에게는 아무런 충격이 가해지지 않지만, 실험협조자는 마치 고통을 받는 것처럼 연기했다.
- 실험이 시작되고 학생은 일부러 실수를 하게 된다. 선생은 학생이 실수를 할 때마다 처음 15볼트부터 서서히 강한 수준의 전기충격을 줘야 하는 상황에 처한다. 300볼트 정도의 충격이 가해졌을 때 학생은 충격에 고통스러워하며 벽을 두드리는 등의 반응을 했다.

• 선생(피험자)은 이에 더 이상 실험을 진행하지 않기를 바라지만, 실험자는 단호하게 실험을 계속 진행할 것을 명령한다. 이때 피험자는 학생에게 해가 될 수도 있는 전기충격을 계속 주면서 실험을 계속 이어 나갈 것인가, 아니면 실험자의 권위에 맞서 전기충격을 멈추고 실험을 그만할 것인가 고민하게 된다. 밀그램(Milgram, 1963, 1974)의 실험은 이 상황에서 피험자들이 어떤 행동을 하는지 보는 것이 목적이었다.

• 실험 전 밀그램 자신을 포함한 당시 심리학자 등 많은 사람들은 당연히 피험자들이 중간에 전기충격을 주는 것을 멈추고 실험을 그만할 것이라고 생각했다. 피험자들이 단지 실험 상황에서 학생이 고통 받는 것을 보며 실험을 계속할 이유가 없기 때문이다.
따라서 많아야 150볼트 정도에서는 그만둘 것이고, 쇼크 발생기에서 최고로 높은 충격을 줄 사람은 없을 것이라고 생각했다.

• 그러나 실험결과는 예상과 전혀 달랐다. 실험에 참가한 40명 모두 300볼트까지 전기충격을 주었고, 65%나 되는 피험자가 가장 강한 충격인 450볼트까지도 전기충격을 주었다(Milgram, 1974).

• 실험에 참여한 피험자들은 결코 심리적으로 비정상적인 사람들이 아니었다. 그들이 실험자의 권위와 학생의 고통 사이에서 갈등을 겪으며 고통스러워한다는 것이 실험 중에 땀을 흘리거나 말을 더듬는 등의 언행을 통해 드러났다(Milgram, 1963).

• 이 실험은 권위자가 명령을 할 때, 명령을 받은 사람들이 그 권위를 거부하지 못하고 얼마나 그것에 취약한지를 생각해 보게 한다.

ⓛ 사회적 영향의 역할

• 규범적 영향
어떤 사람이 우리에게 무엇을 하라고 요구할 때 싫다고 말하기는 힘들다. 특히 그 사람이 권위적인 인물일 때 더욱 그렇다. 추가적인 밀그램 실험에서는 실험보조자가 계속하기를 거부하는 모습을 보이는데 이것을 본 실제 참여자들도 쉽게 불복종하였다. 결국 10%의 참가자만이 최대치의 전기충격을 주었다. 이러한 결과는 다수에게 저항하는 한 사람만 있어도 동조는 사라진다는 것을 보여준다.

• 정보적 영향
정보적 영향은 상황이 불확실하거나, 위기이거나, 다른 사람들이 전문성을 가질 때 특별히 영향력이 있다. 이 세 가지 특징이 밀그램 실험의 참여자들이 마주했던 상황을 잘 설명해 준다. 또 다른 밀그램 실험에서 비전문가가 전기충격을 더 올리라는 제안을 해도 여기에 따르는 모습을 보이는데 사람들은 불확실한 상황에서 어떤 행동을 해야 하는지 모를 때 비전문가의 가이드를 이용한다는 것을 알 수 있다. 또한 권위자가 확신이 없을 때 참여자들은 동조를 멈추었다.

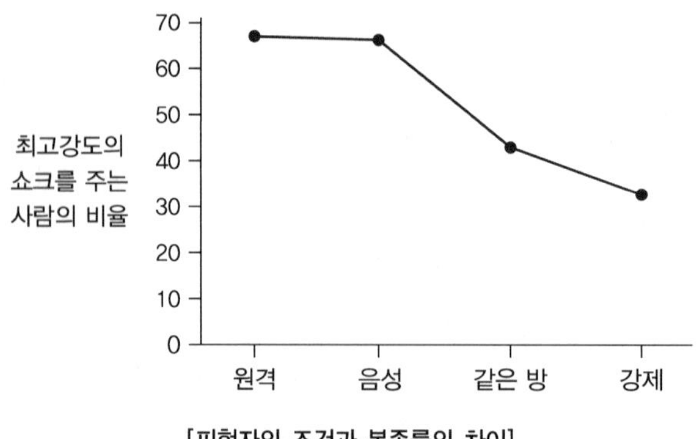

[피험자의 조건과 복종률의 차이]

원격조건은 피해자의 모습이나 고통을 보거나 들을 수 없는 상황, 음성조건은 피해자를 볼 수는 없으나 신음소리와 항의하는 소리를 들을 수 있는 상황, 같은 방조건은 학생과 선생이 같은 방에 옆에 앉아 실험을 수행하는 상황, 강제조건은 선생이 학생의 손을 전기쇼크판에 가져다 눌러야 하는 상황이었다. 결과는 자신의 행동이 초래하는 피해자의 고통에 대한 지각이 클수록 복종률이 떨어졌다.

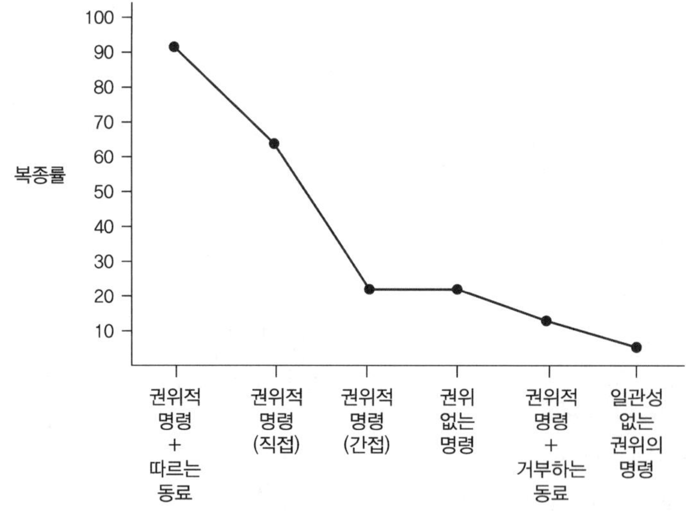

[다양한 상황에서의 복종률]

자신의 행위에 대한 책임을 져야 하는 경우 피해자의 고통이 피부로 느껴지는 정도가 강할수록 권위자의 권위, 전문성, 판단 등의 적합성이 의심을 받을 때는 복종을 덜 하게 된다. 그러나 상대방의 고통에 대한 인식이 약하거나 다른 사람들이 그런 행동을 하고 있을 때에는 쉽게 타인에게 고통을 주는 명령을 내릴 수 있다.

ⓒ 복종의 다른 이유

• 생각할 여유가 없을 때

밀그램의 실험에서 피험자들은 그들의 규범이 서로 대립되는 상황에 처했다. 그리고 그 대립되는 규범 중 어느 것을 따라야 하는지 결정하는 것이 어려웠다. 또한 그 연구는 빠른 속도로 진행되어 피험자들이 자기가 무엇을 하고 있는지 생각할 틈이 없었다. 만약 피험자들이 자기들만 홀로 남겨졌었다면 많은 피험자들이 상황을 제대로 파악하게 되어 전기충격 계속하기를 거부했을지도 모른다.

- 자기합리화
  복종의 중요한 상황적 측면은 실험자가 피험자들에게 전기충격을 아주 조금씩 올리도록 요청했다는 것이다. '더 올릴까 말까 올려도 되나 안 되나'라는 생각을 하면서 결정을 해야 했다. 이러한 상황은 사람들에게 인지부조화를 경험하게 하는데 그것을 줄이기 위해 효과적인 방법인 결정의 합리화를 하는 것이다. 인지부조화를 줄이면 그 행위를 계속할 수 있는 합리화가 되므로 때로 그것은 사람들이 이미 선택된 활동을 계속하도록 만든다.
- 개인적 책임의 부재
  피험자들은 실험자라고 하는 권위자의 지시에 따르는 꼭두각시일 뿐이었다는 것이다. 실험자는 무엇을 해야 하는지 말해주고 그 결과에 대한 책임은 그들에게 있는 것이다. 밀그램은 개인이 한 행동에 대한 책임의 부재를 강조했고 그것이 복종 실험의 결과를 설명하는 핵심 요소라고 설명했다.

용어 설명

사회적 공약규범: 일단 공개적으로 동의를 표하고 나면 상황이 바뀌더라도 그 동의를 계속 지켜야 한다는 믿음

제2절 집단수행

1 집단의 구성과 기능

집단(Group)이란 3명 이상의 사람들로 이루어져 있고 공통의 필요나 목표가 있어 서로 영향을 미치는 상호의존적인 사람들이다. 지역사회의 문제를 해결하기 위해 모인 시민들, 파티를 하려고 모인 사람들, 캠퍼스 동아리, 정치적 조직, 스포츠 팀 등은 집단이라고 할 수 있다. 이들은 어떠한 공통의 목적을 위해 모인 사람들이기 때문이다.

집단은 숫자적인 측면에서 매우 다양한데, 대부분의 집단은 일반적으로 3명에서 6명으로 구성된다. 집단의 또 다른 중요한 측면은 구성원들이 나이, 성별, 믿음, 견해 등에서 비슷하다는 것이다. 이러한 이유는 첫째, 이미 비슷한 사람들끼리 모이는 경향이 있다는 것이고 두 번째 집단은 구성원들 간 유사성을 증가시키려는 경향이 있다는 것이다.

다른 사람들과 관계를 형성하는 것은 인간의 기본적 욕구 중 하나이다. 진화론적 관점에서 다른 사람과의 유대를 형성한 사람은 생존 확률이 높았을 것이라고 한다. 소속되고자 하는 욕구는 본능적인 것이며 모든 사회에 존재한다고 말한다. 모든 문화의 사람들은 다른 사람과 관계를 형성하고자 하고 이러한 관계로부터 소외되기를 거부한다.

사람들은 사회적 집단에 속하는 느낌 즉, 소속감을 원하고 또 같은 집단에 속하지 않은 사람들과 구별되고자 하는 차별화의 욕구도 가지고 있다. 큰 집단의 구성원이 되는 것은 다른 사람과 차별화되지 못한다. 따라서 비교적 작은 집단에서 소속감과 내가 특별하고 구별된다는 느낌 두 가지가 다 충족된다. 그래서 사람들이 대학 내의 동아리 같은 작은 집단을 선호하는 것이다.

집단의 또 다른 중요한 기능은 집단이 개인의 정체성을 정의하는 데 도움을 준다는 것이다. 다른 사람들은 중요한 정보의 원천이며, 사회의 상황에 대한 불확실성을 해결하는 데 도움을 주기 때문이다.

(1) 사회적 규범과 역할

① 사회적 규범

사회적 규범은 우리의 행동을 결정하는 강력한 요인이다. 모든 사회에는 어떤 행동이 바람직한지에 대한 규범이 있는데, 그중 일부는 모든 구성원들이 따르도록 기대되는 것이 있고(예 도서관에서는 조용히 한다) 또 어떤 것은 집단마다 다른 것이 있다(예 종교집단이 가지고 있는 규범들). 우리 동아리에서 요구되는 규범은 다른 동아리와는 다른 규범일 것이다. 내가 속한 집단의 규범을 어기게 되면 우리는 그 집단의 구성원들에게 거부되고 극단적인 경우에는 그 집단을 떠나도록 압력을 받을 수도 있다.

② 사회적 역할

대부분의 집단에는 다양한 사회적 역할이 있다. 그것은 집단 내에서 사람들이 어떻게 행동해야 하는지에 대한 공통의 기대를 말한다. 규범이 집단구성원 모두가 어떻게 행동해야 하는지에 대해 규정하는 것이라면 역할은 집단 내에서 특정위치를 가진 사람들이 어떻게 행동해야 하는지에 대한 규정이다. 예를 들어, 보스와 직원은 각자 다른 역할을 가지고 있기 때문에 특정상황에서 다른 방식으로 행동하도록 기대된다. 집단 내의 구성원들이 명확히 규정된 규칙을 따를 때 그들은 만족하고 또 잘 수행하게 된다. 그러나 그 역할에 너무 몰입하게 되면 사람들은 자기의 정체성이나 성격을 잃어버리게 된다.

㉠ 짐바르도(Zimbardo)의 감옥실험(1973)

사회적 역할이 개인의 정체성을 뛰어넘을 것인지에 대한 짐바르도의 감옥실험에서 연구자들은 실험에 참여한 학생들을 실제로 간수와 죄수처럼 행동하는지 보기 위해 2주간 그들을 관찰하는 실험을 계획하였다. 학생들은 빠르게 자신의 역할에 몰입하게 되었고 너무 지나치게 역할에 몰입하게 되어 실험자는 그 실험을 6일 만에 끝내야 했다. 죄수역을 맡은 학생들 중에는 실제로 심한 불안과 우울증세를 보이게 된 경우도 있었다. 사람들이 자신에게 주어진 역할에 지나치게 몰입하게 되면 어느 순간 자신의 정체성이나 품위를 잃어버리게 된다.

㉡ 아부 그레이브에서의 죄수 학대

2004년 미국 군인들이 이라크에 있는 아부 그레이브 감옥에서 죄수들을 학대한 것이 세상에 알려졌다. 보고에 의하면 많은 신체적 구타, 성적 학대, 심리적 모독행위가 일어났다고 한다. 벌거벗겨진 이라크 죄수들 앞에서 포즈를 취하며 웃고 있는 미군의 사진은 충격적이었다. 죄수복의 부족으로 많은 죄수들이 나체로 있는 상황에서 이들은 쉽게 비인간화되었다. 한 간수는 “그들을 인간 이하로 보기 시작하면, 당신이 이전에 생각지도 못한 방법으로 그들을 대하기 시작할 것이다.”라고 말했다. 모든 사람이 사회적 역할에 사로잡혀서 그 힘에 저항할 수 없었던 것은 아니다.

거기서도 죄수들을 잘 대우하는 간수들도 있었다. 그러나 많은 사람들이 짐바르도나 밀그램의 실험에서와 마찬가지로 사회적 영향에 저항하지 못한 채 평소에는 절대 못할 것이라고 생각했던 일까지도 하게 될 수 있다.

(2) 성역할

① 모든 사회에는 남성과 여성의 역할에 대한 기대가 있다. 많은 사회에서 여성들은 아내의 역할과 엄마의 역할을 하도록 기대된다. 그리고 전문직 일자리에 대한 기회는 제한적이다.

② 과거에 비하면 여성들은 더 많은 기회를 제공받고 있지만 역할에 대한 사회적 기대는 바뀌어도 주위 사람들의 기대는 바뀌지 않을 때 갈등이 야기될 수 있다. 많은 남편들은 전업주부가 아닌 직업이 있는 아내에게도 전통적인 역할, 즉, 아이를 기르고 집안일을 하기를 기대한다.

③ 결과적으로 많은 여성들이 그 모든 것을 해내도록 기대되기 때문에 갈등이 일어난다. 성역할은 나라마다 다르고 한 나라 안에서도 시대에 따라 다르다.

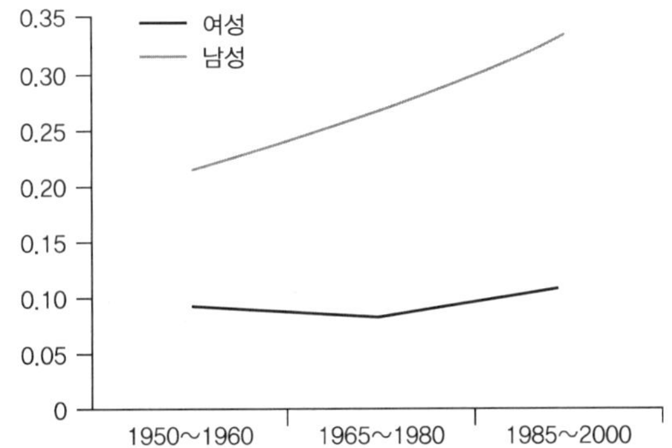

[시간에 따라 여성과 남성이 종속적인 역할로 나오는 광고의 비율]

연구자들은 1950년에서 2000년까지 미국잡지에 등장하는 광고를 분석하여 매해 여성과 남성이 종속적인 역할(다른 사람을 부러워한다든지 또는 다른 사람의 보호를 받는 역할)로 나오는 비율을 알아보았다.

④ 미국의 한 연구에서는 여성의 지위는 여성 자신이 얼마나 적극적이라고 느끼는가와 관련이 있다고 보고했다. 1931년~1945년 사이에 여성들의 사회적 지위는 높아졌다. 대학학위를 취득하고, 직업을 가지는 여성의 수가 늘어났다. 같은 시기 여성들은 자신의 적극성에 대한 평가수치도 높아졌다. 그러나 1946년~1967년 사이 집에 있는 엄마가 사회적 규범이 되었다. 여성들은 인력에서 제외되었고, 소수의 여성만이 대학에 가게 되었다. 이 시기에 여성들의 적극성에 대한 평가지수는 낮아졌다. 1968년~1993년 사이 여성운동의 영향으로 여성의 지위가 다시 향상되었다. 1990년 초에 이르러 여성의 대학졸업자 수가 남성보다 많아졌으며 자신의 적극성 평가지수도 다시 올라갔다.

⑤ 이 연구는 집단 안에서 기대되는 역할, 크게는 사회가 기대하는 역할이 사람들의 기분, 행동, 성격을 결정하는 강력한 요인이 된다는 것을 보여준다.

⑥ 여성역할의 사회적 규범에 따른 자기 적극성 평가지수 변화

시대	1931~1945	1946~1967	1968~19993
여성에 대한 사회적 규범	여성의 사회적 지위 높아짐	가정주부가 여자들의 사회적 규범이 됨	여성운동의 영향으로 여성지위 향상
적극성 평가지수	높아짐	낮아짐	높아짐

(3) 집단응집성

집단구성원들이 집단에 남아 있도록 하는 모든 힘의 합 또는 구성원들이 느끼는 집단의 매력을 집단응집성이라고 한다. 집단을 구성하는 또 다른 중요한 측면은 그 집단이 얼마나 응집성이 있느냐 하는 것이다.

① 사회적인 이유로 형성된 집단은 응집성이 클수록 좋다. 내가 여가시간을 보내는데 서로 관심이 있고 구성원들 서로에게 헌신된 사람들과 함께 하는 것이 좋은 것은 당연하기 때문이다.

② 집단이 응집성이 있을수록 사람들은 그 집단에 머무를 확률이 높아지며 집단활동에 더 참가하며 새로운 비슷한 구성원을 영입하는 데 더 힘쓰는 경향이 있다.

③ 응집력이 강한 집단에서는 내집단 압력이 강해져 비판적 사고를 억압하기 쉽다. 내집단 압력이 강해지면 집단구성원들은 의사결정 과정에서 결정에 반대하는 발언을 자제하고, 언쟁을 피하며, 우호적이고 좋은 관계를 유지하려 한다. 이 경우 논쟁이나 의견 충돌이 없으므로 겉보기에는 분위기가 매우 좋고 아무런 문제도 없어 보이지만, 실상은 집단사고에 취약하기 쉽다.

④ 높은 응집력을 가진 집단에 집단사고를 유발하는 기타 여건이 결합되면 집단사고현상이 나타난다고 했다. 번탈과 인스코(Bernthal & Insko, 1993)는 집단사고가 집단응집성의 본질과 관련이 있다고 했다.

⑤ 구성원들 사이의 개인적 관계가 아닌 과제에 대한 성실성에 기인한 응집성은 집단사고를 덜 유발하는데 집단의 기능이 함께 일하며 문제해결을 위한 것이라면 업무를 잘하는 것이 그 집단을 더욱 응집되게 한다.

⑥ 그러나 응집성이 높은 집단이 일을 더 잘하는 것은 다른 문제이다. 대인 간 관계에 기인한 응집력은 집단사고의 발생 가능성이 더 크다는 것이다.

⑦ 1995년 발생한 삼풍백화점 붕괴사고는 국내에서 집단사고가 초래한 최악의 참사 중 하나일 것이다. 특히 붕괴 직전 백화점 간부회의 과정을 살펴보면, 강력한 집단응집성이 집단사고에 미치는 악영향이 여실히 드러난다. 삼풍백화점 간부들은 대부분 회장의 친인척이었고, 따라서 대인관계에 기인한 응집성이 매우 강했다. 당시 간부들은 조직의 최고 권위자인 회장이 걱정할 것을 우려한 나머지 건물붕괴의 위험성을 보고받고서도 영업을 중지할 것을 건의하지 못했다. 또한 적절한 대처전략을 적극적으로 고려하지 않았고, 백화점의 보수시기와 방법만을 탁상에서 논의하다가 결국 붕괴에 이르게 되었다(한덕웅 등, 2010).

⑧ 부시 대통령과 그의 참모들이 가졌을 응집성이 이라크 침공을 결정하기 위한 합리적인 사고과정에 방해가 되었을 수도 있다.

2 집단에서 개인의 행동

(1) 사회적 촉진

① 우리는 혼자 무엇을 수행하는 것보다 다른 사람과 같이 할 때 더욱 힘이 난다. 집단 속에서 개인별로 수행하는 작업의 수행력이 개인이 홀로 하는 상황에서의 수행력보다 높게 나타나는 현상을 사회촉진현상이라고 한다.

② 이러한 현상은 사람뿐 아니라 새, 쥐, 바퀴벌레, 개미 등에서도 나타나는 것으로 관찰되었다. 바퀴벌레가 미로를 통과하는 시간을 측정하였다.

㉠ 한 마리가 수행할 때와 다른 바퀴벌레와 함께 할 때를 비교・측정하였는데 단순한 미로를 통과하는 데 걸리는 시간은 다른 바퀴벌레와 함께 할 때 더 짧게 나타났다. 과제가 비교적 쉬울수록 그리고 숙달된 과제일수록 타인의 존재가 수행을 향상시킨다는 것이다.

㉡ 반대로 어려운 과제를 수행할 때는 반대의 결과가 나왔다. 바퀴벌레는 혼자 있었을 때보다 다른 바퀴벌레와 함께 있었을 때 그것을 빠져나오는 데 시간이 오래 걸렸다.

㉢ 사람과 동물을 대상으로 한 많은 후속연구들에서 이 연구들의 결과는 일관적이었는데 과제가 어려울 때 다른 사람의 존재가 수행을 저하시키는 것으로 발견되었다.

㉣ 타인의 존재는 물리적 각성을 일으킨다. 그러한 각성상태가 이미 우리가 잘 하는 반응은 쉽게 하지만 복잡하거나 새로운 것은 하기가 더 어려워진다는 것이다.

㉤ 타인의 존재에 따른 수행 차이

쉽고 숙달된 과제	→	수행향상
어려운 과제	→	수행저하

③ 타인의 존재가 각성을 야기하는 이유를 세 가지로 정리할 수 있다.

㉠ 타인의 존재는 개인을 더 깨어 있게 한다는 것이다. 우리가 누군가와 함께 있으면 그 사람이 보일 행동은 우리에게 **추동** 또는 동기를 발생시키며 이 추동이 익숙한 행위의 출현 가능성을 증가시키므로 수행의 촉진이나 저해는 과제의 성격에 따라 달라진다. 즉, 과제가 잘 학습되었거나 지배적인 반응을 요구하는 경우에는 수행촉진현상이 나타난다. 마라톤과 같은 단순한 경기는 혼자 연습을 하는 것보다 함께 경기를 하는 것이 수행력이 높다. 그러나 제대로 학습되지 않았거나 고난도의 수행을 요하는 과제의 경우에 타인의 존재는 수행을 떨어뜨린다(Zajonc, 1965).

㉡ 타인의 존재는 과제에의 집중력과 타인에 대한 생각 간의 갈등을 야기하며 과제가 간단하고 숙련되었을 경우에는 과제에의 집중력이 떨어져도 수행에 문제가 없으며 타인의 인식 때문에 더욱 노력을 해서 수행이 증진될 수 있다. 그러나 비숙련 과제나 어려운 경우에는 타인에게 쏠리는 주의가 과제에 쏠려야 하는 주의를 일부 빼앗기 때문에 수행에 지장을 받는다(Baron, 1986).

㉢ 우리는 다른 사람이 우리를 어떻게 평가하는지에 대해 신경을 쓴다. 다른 사람들이 내가 어떻게 하고 있는가 보게 될 때 긴장이 발생한다. 이것은 다른 사람들이 나를 평가하고 있는 것처럼 느끼게 해서 내가 잘못하면 부끄러움을 느끼게 되고, 잘하면 기뻐하게 된다. 당사자에게 타인에 의한 평가불안을 가져오며, 이 평가불안이 익숙한 과제에 대한 수행을 촉진시키는 동인으로 작용한다(Blascovich et al., 1999).

용어 설명

추동(Drive) : 동물의 생리적 욕구에 대한 반응으로 생겨나는 내적 상태[헐(Hull)]
- 유기체는 체온이나 에너지 공급 같은 생물학적 상태를 평형의 상태로, 즉 항상성을 유지하고자 하는 상태로 있으려고 함
- 하지만 결핍으로 인해 이 균형상태가 깨지게 되면 추동들이 유기체로 하여금 긴장감소(tension reduction)를 하려는 방향으로 움직이게 만들게 됨
- 오랫동안 굶주린 동물은 이 항상성이 깨진 상태이기 때문에 평형상태를 만들기 위해 '음식을 찾아 움직이는 행동'을 보이게 됨
- 이 행동을 유발하는 내적 상태가 바로 추동

(2) 사회적 태만 기출

① 타인과 같이 일을 하는 경우에 추가적인 동기가 생겨 사회촉진현상이 일어나는 것과는 대조적으로 동기가 위축되어 개인의 수행이 떨어지는 현상도 나타난다. 이것에 처음으로 주목한 사람이 프랑스의 공학자인 링겔만(Max Ringelmann)이다. 그는 학생들에게 밧줄을 주고 이를 당기는 힘을 측정하였는데 개별적으로 할 때보다 여러 명이 동시에 당길 때 1인당 평균 힘의 크기가 감소하는 것을 발견하였다. 이 현상을 그의 이름을 따서 링겔만 효과 또는 사회태만현상이라고 한다.

② 이 현상은 단순과제뿐 아니라 지적인 과제에서도 관찰되었다. 사회적 촉진과는 반대로 사회적 태만은 사람들이 다른 사람들과 함께 있을 때 그리고 자신의 개인적 수행이 평가될 수 없을 때 태만해져서 단순과제의 수행이 저하되고 복잡한 과제의 수행이 향상되는 경향을 보인다.

③ 사람들이 집단 속에서 꾀를 부리는 가장 큰 이유는 자신이 노력을 들여야 한다는 책임감을 덜 느끼기 때문이다. 두 번째, 여기에 더해서 사람은 다른 사람도 똑같이 태만할 것이라고 믿기 때문일 수 있다. 세 번째는 집단 속에서 사람은 자신의 노력이 집단의 성과에 중요한 영향을 미치지 않는다고 느낄 수 있다는 것 때문이다.

④ 사회적 태만은 모든 사람에게서 나타나지만 여자보다 남자에게서, 상호의존적 자기를 가지고 있는 아시아 사람들보다 서구 문화에서 더 나타나는 경향이 있다.

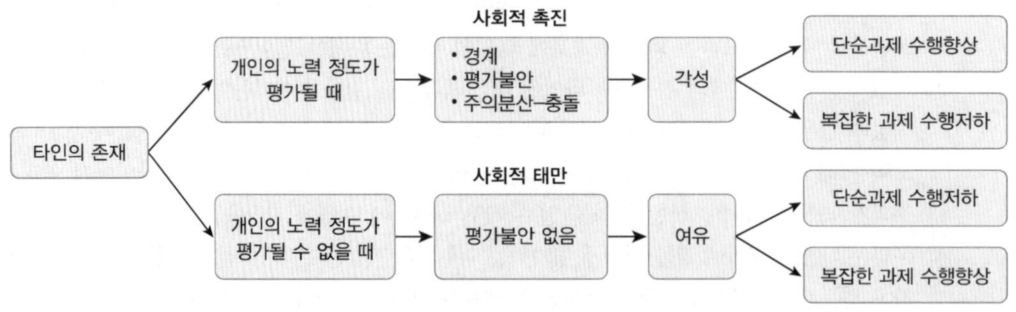

[사회적 촉진과 사회적 태만]

(3) 몰개성화(Deindividuation)

① 몰개성화(탈개인화)는 집단으로 행동하는 상황에서 구성원 개개인의 정체성과 책임감이 약화되어 집단행위에 민감해지는 현상을 말한다. 몰개성화일 때 사람은 익명성을 느끼며 그들의 행동은 그들이 당면해 있는 상황에서 특출하게 보이는 단서에 의해 보다 더 쉽게 영향을 받는다.

② 군중 속에서 사람은 그들 주변에 있는 사람들이 하는 행동을 따라하기 더 쉬운데 이는 그들의 행동이 자신의 내면화된 태도나 기준과 배치되는 경우에도 그러하다.

③ 몰개성화는 충동적이고 폭력적인 행동을 하게 만드는데 어떤 한 개인이 부각되어서 비난받는 것이 아니기 때문에 사람들이 자신의 행동에 대해 책임감을 덜 느끼게 되는 것이다.

④ 몰개성화는 집단의 규범에 복종하는 정도를 증가시킨다. 집단구성원이 함께 있고 탈개인화되면 그들은 더욱 자기 집단의 규범에 따라 행동하게 된다. 따라서 몰개성화가 긍정적 행동을 이끄느냐 또는 부정적 행동을 이끄느냐를 결정하는 것은 집단의 규범이다.

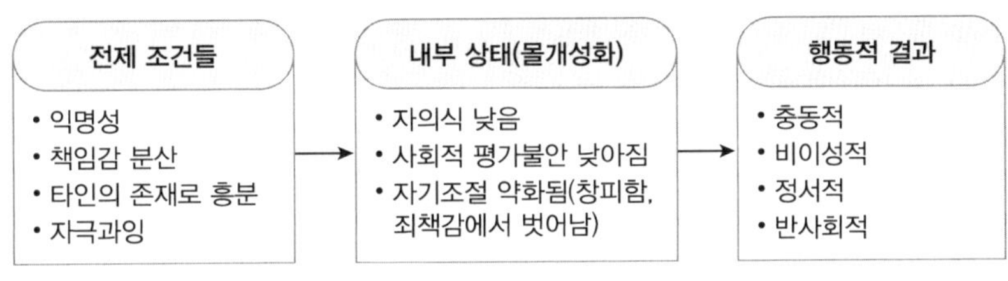

[몰개성화 이론의 과정]

(4) 규범부상이론

① 몰개성화 이론에 대한 대안으로 제시된 것이 규범부상이론이다.

② 이 견해에 따르면 개인이 무리 속에서 어떻게 행동하느냐는 당시 상황이 촉발하는 규범에 의해 더 잘 설명된다고 보는 것이다.

③ 즉, 경찰과 대치하고 있는 시위대가 폭력성을 띠기 쉬운 이유는 이들에게서 스스로를 보호해야 하는 필요성이 부각되기 때문이다.

④ 몰개성화 현상은 개인정체감에 대한 주의가 감소하고 상황에서 작용하는 상황규범과 집단정체감에 의해 촉발되는 집단규범에 동조하며 일반적 규범의 제약에서 벗어나는 현상이다.

⑤ 이 이론은 일반적인 사회규범보다는 그 상황에 작용하는 상황규범이 사람들의 행위에 큰 영향력을 지니고 있음을 강조하며 집단의 행위가 항상 반규범적이 아니라는 점을 설명하고 있다.

(5) 책임감 분산

① 1964년 뉴욕에 거주하던 제노비스라는 이름의 젊은 여성이 새벽에 귀가하던 중 자신의 아파트 근처에서 칼을 든 강간범에 의해 살해당하는 사건이 발생했다.

② 보도에 의하면 38명의 이웃 주민이 비명 소리를 들었고, 도망치기 위해 사투를 벌이는 그녀의 모습을 35분 동안 창문을 통해 지켜보았다.

③ 그러나 주민들 중 누구도 경찰에 신고하거나 도움을 요청하지 않았다. 그녀를 공격한 범인은 도망갔다가 두 차례나 다시 돌아와 공격을 했는데, 범인이 사라졌을 때 누군가가 그녀를 건물 안으로 들여보내 주었다면 그녀가 살 수 있었을 것이라고 한다. 몇몇 증인들은 이것이 연인들의 다툼이라고 생각해 개입하지 않았다고 해명했다.

④ 『뉴욕 타임스』는 이 사건에 대해 "38명의 살인 목격자 중 아무도 경찰을 부르지 않았다(Thirty-Eight Who Saw Murder Didn't Call the Police)"라는 헤드라인의 기사를 내보냈다. 언론에서는 대도시 거주자들에게 만연되어 있는 무관심, 산업시대의 사회병리현상 탓으로 설명을 했다.

⑤ 그러나 심리학자는 도움을 줄 다른 사람이 있다는 인식이 나서서 돕는 것을 주저하게 만들었을 가능성을 제시했다. 즉, 타인의 존재에 대한 인식이 각 개인이 상황에 대하여 느끼는 책임감을 희석시킬 수 있다.

⑥ 이것은 방관자 효과라고도 불리는데 이러한 책임감의 분산은 사람이 많을수록 강하게 나타나 목격자가 적은 경우보다 많은 경우에 상황개입이 늦어지는 경우가 많다.

제3절 집단의사결정

많은 중요한 의사결정은 개인보다는 집단으로 이루어진다. 이론적으로는 의사결정을 하는 데는 개인보다 집단이 훨씬 더 이점이 많다. 여러 명이 하나의 문제를 논의한다면 각자의 지식과 경험을 결합할 수 있고 다양한 시각으로 고려할 수 있으며 어떤 것이 가장 좋은 것인지 결정하기 위한 여러 가지 행동방안을 분석할 수 있다. 이러한 면만 고려한다면 개인적으로 하는 것보다는 합동으로 할 때 더 나은 결정을 할 것이라고 예측할 수 있다. 그러나 현실에서는 명석하게 사고하는 것을 방해하는 두 가지의 심리적 과정에 의해 집단의사결정이 망가질 수 있다.

1 집단극화 기출

사람들은 개인적으로 결정할 때보다 집단적으로 결정할 때 더 극단적으로 결정하는 경향을 보인다. 이러한 현상을 집단극화라고 한다. 특정한 주제에 대해 집단구성원들의 최초 의견이 평균적으로 모험적이면 그 집단의 의사결정은 더 모험적으로 되는 반면, 최초에 신중한 쪽이면 그 집단은 더욱 신중한 쪽으로 결정을 내리게 된다. 이것은 동조와 다른 결과를 말하는 것인데 동조는 자신이 가지고 있던 판단을 버리고 타인의 의견에 따르는 것이고 집단극화는 집단구성원 개인의 판단이 더 극적인 결정을 하게 만든다는 것이다. 왜 집단은 개별 구성원들의 평균 의견보다 더 극단적인 입장을 취하게 되는 것일까?

(1) 정보적 영향

이것은 내가 모르는 것을 다른 사람이 알고 있다고 믿기 때문에 다른 사람의 행동이나 태도에 동조할 때 일어난다. 사람은 자신의 최초의 의견이나 태도를 지지하는 그럴 만한 주장을 적어도 하나는 갖고 시작하지만 관련되는 모든 지지 주장을 다 갖고 있지는 않을 것이다. 집단토론을 통하여 집단구성원은 그들이 이미 선호하고 있는 입장을 강화시켜 주는 새로운 주장을 상대방으로부터 알게 된다. 그 결과 그 집단은 전체적으로 더 극단적인 입장을 채택하게 되는 것이다. 설득주장에 의한 극화는 대면 상호작용이 아니어도 일어나는데 나와 같은 생각을 갖고 있는 사람들이 집단으로 토론하는 것을 듣거나 다른 사람이 한 주장의 목록을 읽기만 하여도 더 극단적인 입장을 채택하게 된다.

(2) 규범적 영향

규범적 사회영향은 호감을 사기 위해서 다른 사람의 행동이나 태도에 동조할 때 일어난다. 사람들이 의사결정을 하기 위해 함께 모이면 많은 경우 다른 구성원들이 해당문제에 대해 어떤 입장을 취하고 있는지 알아보기 위해 주변을 살펴보게 된다. 집단이 어떤 입장으로 기울어지는지가 확실해지면 그 입장에 더 강한 입장을 취함으로써 자신을 더 나은 구성원이 되기 위해 다른 구성원과 호의적으로 비교한다. 이렇게 개인은 집단의 가치를 지지하고 자신을 긍정적으로 보이고자 한다. 이러한 순환은 그 집단이 보다 더 극단적인 입장으로 옮겨가게 된다는 것이다.

(3) 일상생활 속의 집단극화

일상생활 속에서 사람들은 주로 자신과 태도가 비슷한 사람끼리 서로 어울려 지낸다. 같은 생각을 지닌 친구들 간의 상호작용은 이미 공유한 태도를 강화시킨다. 남성집단에 들어간 소년들은 더욱 경쟁적, 실천 지향적으로 바뀌었고, 여성 집단에 들어간 소녀들은 더욱 관계 지향적으로 바뀌었다.

① 학교에서의 집단극화

실제 생활과 실험실현상이 같은 것 중 하나가 교육연구자들이 '가속현상'이라 부르는 현상이다. 즉 시간이 지날수록 대학생 집단 간의 초기 차이가 더 가속화되는 현상이다. 만약 A대학의 학생들이 B대학의 학생들보다 처음에 더 우수한 학생들이었다면 그 차이는 대학시절에 더 커질 가능성이 높다. 마찬가지로 여러 학생회에 가입된 학생들과 비교해 볼 때 학생회에 가입하지 않은 학생은 정치적으로 진보적 태도를 지니는 경향이 있고 이런 차이는 대학을 거치면서 더 커진다. 연구자들은 이런 결과를 부분적으로 집단성원들이 공유하고 있는 성향을 서로 강화해 주기 때문에 나온 것으로 보고 있다.

② 공동체에서의 집단극화

극화는 이미 공동체로 묶여있는 사람들에게서 발생할 수 있다. 특히 이러한 모습은 정치적인 결집에서 볼 수 있는데 A대통령을 지지하는 사람들은 더욱 그러한 의견을 고수하며 극화되고 B대통령을 지지하는 사람들 역시 더욱 B대통령을 지지하며 극화되어 간다. 이러한 결과는 더 분리된 나라가 되는 결과를 만들기도 한다. 운동선수들 역시 게임을 할 때, 개인들이 흔히 보이는 경쟁적 관계와 불신은 선수들이 집단일 때 종종 더 악화된다. 실제적으로 공동체가 갈등문제를 가지고 있으면 생각이 같은 사람들이 점차 연합하게 되고 그들이 공유한 경향성은 더 증폭된다. 비행청소년이 다른 비행청소년과 집단을 이루면 문제행동의 비율이 훨씬 증가한다.

③ **인터넷상의 집단극화**

전자메일과 인터넷 채팅룸도 같은 생각을 지닌 사람을 알게 해 주고 사회적 분열과 극화를 증가시키는 집단상호작용을 유발하는 잠재적으로 새로운 매체이다. 인터넷상의 수많은 가상집단은 관심사가 같은 사람끼리 모여 자신들의 관심, 흥미, 의혹을 서로서로 지지한다. 대면상태의 비언어적 뉘앙스가 없는 상태에서의 이런 토론도 집단극화를 만들 수 있을까 하는 질문에 라잇(Robert Wright, 2003)은 "작은 집단은 생각이 비슷한 사람들을 쉽게 모으고 산재된 증오를 결집하여 치명적인 힘으로 만들 수 있게 해 준다."라고 하였다. 그는 인터넷이 광역화됨에 따라 인터넷을 타고 퍼지는 극화는 증가할 것이라고 하였다.

④ **테러조직의 집단극화**

맥컬리와 시갈(McCauley & Segal, 1987)은 전 세계의 테러조직을 분석한 결과 테러가 갑자기 나오는 것이 아니라는 것을 알게 되었다. 테러는 불공평을 공유한 사람들 사이에서 생겨나게 되며 그들끼리만 상호작용하며 영향을 주게 되면 점차 극단적이 된다. 여기에 사회적 증폭기가 신호를 더 강하게 키우는 것이다. 결과는 개인들이 결코 할 수 없는 폭력행위이다. 테러리스트가 되는 과정은 개인들을 다른 신념체계와 분리시키고 잠재적 표적을 비인간화하고 어떠한 반대도 용인하지 않는다고 한다. 그들은 세상을 '우리'와 '그들'로 범주화한다. 자살테러 전문가 메라리(Ariel Merari, 2002)는 자살테러를 만드는 핵심은 집단과정이며, 개인적 기분으로 저지른 자살테러는 단 한 건도 없다고 주장했다. 많은 테러리스트들을 면접한 결과 한 번 그 집단에 있었던 사람을 변화시키기는 어렵다고 한다. 따라서 가장 효과적인 반테러정책은 테러집단에 첫 발을 담그지 않도록 잠재적 모집을 금하는 것이다.

2 집단사고

(1) 바른 결정의 방해

① **과정 손실과 정보공유의 실패**

집단에서 나의 의견을 따르게 설득하는 것은 매우 힘들다. 우리는 대부분 잘못되었다는 것을 인정하기 싫어하기 때문이다. 좋은 문제해결을 가로막는 집단 내 상호작용을 과정손실이라고 하는데 이것은 여러 가지 이유로 나타날 수 있다. 집단 내 의사소통에 문제가 있을 때, 사람들이 서로의 의견을 들으려 하지 않을 때, 한 사람이 토론을 장악하는 경우에 그러하다. 집단은 가장 능력 있는 사람을 찾으려 하기 보다는 자신이 어떤 말을 하는지 제대로 알지도 못하는 사람의 의견에 따라 결정을 내릴 수도 있다.

사람들은 상황 혹은 사람을 판단하고 결정을 내려야 할 때 공유된 정보에만 집중하고 몇몇에게만 알려진 사실은 무시하는 경향이 있다. 후보자 지지에 관해 토론하고 선택을 하는 실험에서 피험자들은 공유된 정보에만 집중하고 각각이 가진 고유한 정보에 대해서는 집중하지 않는 모습을 보였다. 따라서 집단구성원 일부에게 알려진 자료가 전체 공유되지 않을 때에는 사람들이 서로 다른 종류의 정보를 책임지게 한다든지 비공유된 정보가 토의될 수 있도록 충분한 시간을 가지는 것과 같은 방법으로 문제를 극복할 수 있다. 또한 **교류(분산)기억**을 활용한 시스템을 만들어 업무의 각기 다른 부분을 서로 분담해서 기억하게 한다면 정보공유를 효율적으로 할 수 있다.

② **집단사고와 선행조건** 기출

㉠ 집단사고란 집단의사결정 과정에 존재하는 동조압력으로 인해 충분한 논의가 이루어지지 못한 상태에서 합의에 도달하는 현상이다.

㉡ 집단사고가 나타나기 위한 전제조건은 집단의 응집력이 높아서 반대 의견이 없을 때, 자기의 바람을 밝히는 지시적인 리더가 있을 때, 집단이 분리되어 있고 다른 관점에 대하여 들을 수 없게 되어 있을 때, 구성원들이 집단을 향한 위협을 인지하고 있을 때, 다양한 관점을 고려할 표준화된 과정이 없을 때이다.

㉢ 이러한 전제조건이 충족될 때 그 집단은 자기들의 결정이 완벽하기 때문에 나쁘게 될 가능성이 없다고 생각한다.

㉣ 그러나 이러한 요건이 모두 충족되지 않더라도 집단사고는 일어날 수 있는데 집단에 대해 강하게 인식하고 그 집단이 무엇을 해야 하는지에 대한 명확한 규범을 가지고 있고 집단이 그 문제를 해결할 수 있다는 신뢰가 낮으면 집단사고는 충분히 일어날 수 있다.

㉤ 집단사고는 모든 가능한 대안에 대해서 고려하지 않고 만약의 사태에 대비한 계획도 세우지 않으며, 선호하는 선택에 대한 위험 정도를 적절하게 고려하지 않기 때문에 집단사고의 위험한 상태는 효율적 의사결정 과정을 저해한다.

용어 설명

교류(분산)기억: 한 집단의 사람들이 갖고 있는 정보의 총합으로 한 사람이 뭔가를 기억해 내려고 애쓸 때 잘 떠오르지 않는 기억의 조각을 다른 사람이 채워 주는 방식

(2) 집단사고의 증상

집단사고의 증상들은 결정과 상반되는 정보와 대안들을 찾고 논의하지 못하게 만들 수 있다. 재니스(Janis, 1982)는 역사기록과 참여자 및 관찰자들의 기억에 근거하여 집단사고의 8가지 증후를 찾아냈다. 이 증후들은 집단성원들이 자신의 집단이 위협에 처해 있을 때 긍정적 집단감정을 유지하기 위해 부조화 감소 노력의 집합적 형태를 띠고 있다.

① **완전무결의 착각**

모든 집단들은 자기집단이 위험에 처하게 될지 모른다는 생각을 하지 못하게 만드는 과도한 낙관론이 팽배해 있었다.

② **자기집단의 도덕성에 대한 확고한 신념**

집단성원들은 자기집단이 원래 도덕적이라고 생각하며 윤리적·도덕적인 문제들은 염두에 두지를 않는다. 또한 집단성원들은 폐쇄적 마음을 갖게 된다.

③ **합리화**

집단은 집합적으로 자신의 결정을 정당화함으로써 그 결정에 대한 도전들을 평가절하한다.

④ **상대에 대한 고정관념적 관점**

집단사고에 참여한 집단의 사람들은 그들의 상대에 대해 너무 비합리적이기 때문에 협상의 대상이 아니거나 너무 무력하고 무지한 집단이라고 생각한다. 따라서 만장일치의 압력을 느낀다.

⑤ **동조압력**

집단성원들은 그 집단의 가정과 계획에 대해 이의를 제기하는 사람에 대해서는 논쟁을 통해서가 아니라 그를 개인적으로 비꼼으로써 이의를 제기하였다.

⑥ **자기감찰(검열)**

집단성원들은 의견충돌이 서로 불편하고, 합의가 이뤄지기를 바라기 때문에 그들이 염려하는 바를 철회하거나 애써 무시하였다.

⑦ **만장일치의 착각**

합의를 깨지 않으려는 자기검열과 압력은 만장일치의 착각을 만들어낸다. 더욱이 분명한 합의는 집단결정을 확고하게 만든다. 아무도 반대하지 않는 것을 만장일치라고 착각하는 것이다.

⑧ **정신경호원**

어떤 집단성원들은 집단의 결정에 대한 효율성이나 도덕성에 의문을 제기할 수 있는 정보를 차단시킴으로써 집단을 보호한다.

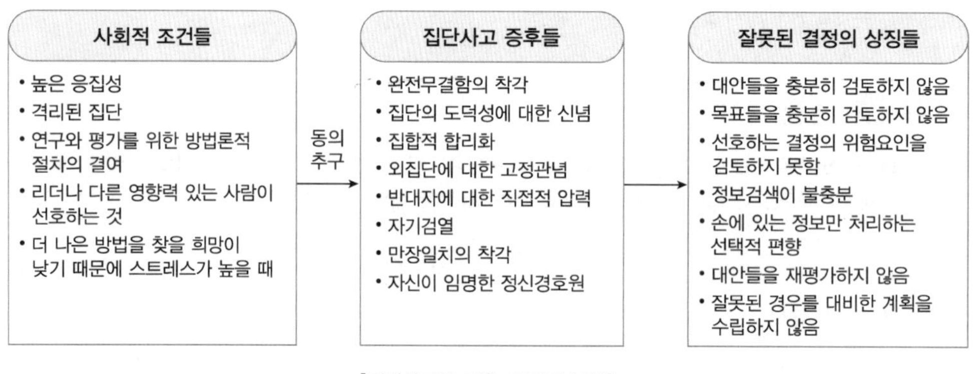

[집단사고에 대한 이론적 분석]

용어 설명

자기감찰(검열) : 아무도 강제하지 않지만 위협을 피할 목적 또는 타인의 감정이 상하지 않게 할 목적으로 자기 자신의 표현을 스스로 검열하는 행위 기출

(3) 집단사고의 비판과 예방

① **후속연구의 시사점**

재니스(Janis)의 집단사고에 대한 생각과 관찰이 많은 주목을 받았지만 일부 연구자들은 회의적 입장이다. 후속실험들은 다른 사실들을 시사하였다. 학과 동료 학생들은 "동료애는 집단사고를 키우지 않는다.", "든든하고 응집성이 높은 집단에서 구성원들은 흔히 자유롭게 다른 의견을 제시할 수 있다.", "응집성 높은 집단의 규범이 합의를 옹호할 수도 있고 그것을 방지하는 비판적 주장을 옹호할 수도 있다."와 같은 보고서 초고를 서로 돌려보며 잘못된 부분을 알려달라며 비평을 요구하기도 한다. 자유로운 분위기에서 응집성은 효과적인 팀워크를 향상시킨다. 그러나 역사적 사례들을 살펴본 결과 때로는 집단절차가 분명하고 좋은 경우에도 불행한 결정이 나오기도 한다는 사실이 밝혀졌다.

② **집단사고의 예방**

효과적인 집단절차를 통합한 집단사고의 방지책은 다음과 같다.

㉠ 공평해야 한다. 어떤 입장을 전적으로 신뢰하지 말아야 한다.
㉡ 비판을 장려한다. 악마 역할자를 만들고 더 좋은 것은 진짜 반대자를 환영하고, 원안을 자극하도록 하며, 집단이 반대 견해에 대해 개방적이 되도록 만들어야 한다.
㉢ 때로 집단을 나누고 그 후에 분위기 차이를 재결합한다.
㉣ 외부 전문가와 관련자의 비판을 수용한다.
㉤ 계획을 이행하기 전에 미심쩍은 부분을 되짚어 보기 위한 2차 회의를 소집한다.

(4) 집단의 탈퇴

생존증진, 불확실성의 감소, 자존감 증진, 죽음에 대한 공포 관리는 사람으로 하여금 집단에 가입하고 동일시하게 만드는 동기이다. 또한 그 집단에의 소속 자체가 이러한 욕구를 훼손하는 위협으로 작용할 때 그 집단을 탈퇴하게 만들 수 있다.

① **생존증진**

어떤 집단에 소속하는 것이 상해나 죽음의 위험성을 증가시킨다는 것을 감지하게 되면 사람은 그 집단으로부터 이탈한다.

② **불확실성 감소**

모집단이 그들에게 확실성을 제공해 주는 핵심가치를 위배하는 것을 보이면 하위집단은 모집단으로부터 이탈해 나갈 수 있다.

③ **자존감 증진**

집단구성원이 자신의 집단을 긍정적으로 볼 수 없게 되면 그 집단에의 소속이 자존감을 저하시키고 따라서 그 집단을 떠나게 만든다.

④ **죽음에 대한 공포관리**

집단이 의미와 가치를 제공해 줌으로써 죽음에 대한 공포를 완충시켜 주는 기능을 더 이상 하지 못하게 되면 집단 구성원들은 그 집단과 결별하게 되는데 이것은 특히나 그 집단이 일시적인 소속으로 생각될 때 더 그러하다.

3 집단의 위계

(1) 리더십

① 리더십과 성격

리더십에 대한 연구는 많이 되고 있지만 리더십에 대한 정의는 합의된 것이 없다. 또한 리더십이 타고나는 것인지 학습된 것인지에 대해서도 어느 한쪽의 의견이 더 우세한 설명력을 가지지는 못한다. 리더는 타고난 자질과 상황에 대한 고려를 모두 해야 한다. 많은 연구들에서 성격과 리더십 능력에 약한 상관성을 발견했다. 즉, 리더십 효과와 강한 상관을 보이는 성격적 특징은 거의 없다는 것이다.

② 리더십 스타일

위대한 리더들이 특정 성격을 가지지는 않지만 특정한 리더십 스타일은 가지는 것으로 보인다.

㉠ 거래적 리더는 명확한 단기적 목표를 세우고 그 목표를 달성하는 사람에게 보상을 준다.

㉡ 변혁적 리더는 사람들이 공통의 장기적 목표에 집중할 수 있도록 고무시킨다.

㉢ 이러한 리더십 스타일은 타고나는 것이 아니며, 상호배타적인 것이 아니다. 대부분의 효과적인 리더들은 두 가지 스타일을 모두 가진 사람들이다.

③ 리더십 상황이론

리더, 팔로워(리더를 따르는 사람), 그리고 상황 모두를 고려한 리더십의 총체적 이론 중 하나는 리더십 상황이론이다. 리더십의 효율성은 일 중심적인지 관계 중심적인지 그리고 리더가 집단에 대해 얼마만큼의 통제력과 영향력을 가지고 있는지 모두에 달려 있다고 주장하는 이론이다. 일 중심 리더는 사람들의 감정이나 관계보다 임무를 완수하는 데 관심이 많으며 통제가 많이 필요한 상황이나 낮은 통제가 필요한 상황 모두에서 성공적이다. 관계 중심 리더는 사람들의 감정이나 관계에 더 신경을 쓴다. 보통의 통제가 필요한 상황에서 효과적이다.

④ 성별과 리더십

2011년 포춘지가 선정한 500개 회사에서 여성 CEO는 단지 12명뿐이었고 미국기업의 주주 중 16%만이 여성이었다. 여성이 리더십을 가지기 힘든 이유 중 하나는 많은 사람들이 좋은 리더는 관리자적인 특성(적극적, 통제적, 지배적, 독립적, 자신감)을 가져야 한다고 믿기 때문이다. 이러한 특성은 대체로 남성과 관련이 있다. 반대로 여성은 공동체적(복지, 도움, 친절, 다정)일 것이라고 생각된다. 따라서 위기에 잘 대처할 것이라고 여겨져 성공률이 낮고 위험부담이 큰 위치에 여성을 배치한다는 점에서 여성은 불리하다. 그러나 여성 리더에 대한 편견은 시간이 지날수록 덜해지는 것으로 보인다. 효과적인 리더는 남성적 고정관념을 따르는 방식뿐만 아니라 여성적 고정관념을 따르는 방식의 행동도 할 수 있어야 한다는 인식이 커지고 있다.

⑤ 문화와 리더십

대부분 리더십 연구는 서구국가들에서 이루어졌다. 62개국의 리더들에 대한 조사에서 문화권마다 각기 다른 성격을 리더의 자질로 가치 있게 여기는 것이 발견되었다. 그러나 카리스마와 팀 중심적 성격은 공통적으로 가치 있게 평가되는 항목이었다.

(2) 권력의 이기심

① 권력의 남용

권력이 많은 직위에 있는 사람은 접근적 행동(긍정적인 결과나 보상의 달성을 지향)을 하고 권력이 낮은 사람은 회피적 행동(부정적인 결과나 처벌의 회피를 지향)을 하게 되는 심리를 만들어 낸다. 접근과 회피는 사람의 일반적인 동기적 성향이다. 접근성향을 갖는다는 것은 중도에 놓인 장애물에 대해 지나치게 걱정하거나 의식하지 않고 목표 지향적인 행동에 몰입하는 것을 의미한다. 권력을 가진 사람은 더 많은 것을 성취하고 집단이 당면한 어려운 문제를 해결하는 것을 더 쉽게 할 수 있도록 만들어 주기도 하지만 이것은 또한 권력자로 하여금 권력이 없는 사람을 해치는 행동을 저지르게 하기도 한다.

② 공감저하

부하가 리더 앞에서는 자신의 언행을 조심하며, 권력이 높은 사람은 부하나 불리한 조건에 놓인 사람에 대하여 배려를 더 적게 하는 경향이 있다. 기부행위에 대한 연구에 따르면 낮은 지위의 사람들이 높은 지위의 사람들보다 소득대비 기부율을 정하는 데 있어 더 높은 수치를 보였다. 연구결과 권력이 강한 직위에 있는 사람이 권력이 약한 직위에 있는 사람에 대해 무관심한 경향을 가지고 있다. 또한 권력자는 다른 사람의 고통을 보고 그것에 상응하는 감정을 표현하기가 어려운 것 같으며, 고정관념에 더 의존해서 낮은 지위의 사람들에 대한 인상을 형성하며, 부하의 공로를 평가절하하거나 가로채기가 더 쉽고 암묵적인 편견을 더 갖기가 쉽다. 그러나 그들이 달성하고자 하는 것과 관련이 있는 경우에는 부하의 개성적인 특성을 주의 깊게 들여다 보기도 한다.

(3) 사회집단에서의 위계질서

① 사회적 지배이론

인류사회가 식량과 생활필수자원을 필요 이상으로 생산하기에 충분할 만큼의 규모로 성장하게 되면 노동의 분화는 생물학적 특성에 기반한 집단을 넘어서 문화적으로 정의되는 역할, 속성, 특성에 의해 구분되는 집단을 만들어내는 것으로까지 확장된다. 따라서 한 사회의 문화적 가치에 따라서 이들 집단의 사람 중 일부는 더 높은 지위를 갖게 되고 그들의 활동은 낮은 지위를 차지한 집단의 사람에 비해 더 가치가 있는 것으로 여겨진다. 즉, 대규모 사회는 위계질서를 만들었으며 사람들은 이 위계질서를 정당화하는 신념을 채택하는 보편적인 성향을 갖고 있다는 것이다.

② 체제 정당화 이론

어떤 집단에 부정적 고정관념을 가져다 붙이는 이유 중 하나는 왜 어떤 사람이 다른 사람보다 더 많은 수혜를 받는가를 설명하고 정당화하는 데 도움이 되기 때문이다. 노숙자에게 게으르고 위험하다는 고정관념을 붙인다면 이는 '사람이 왜 길거리에서 살게 되는가'에 대한 설명을 우리에게 제공해 줄 뿐만 아니라 동전구걸을 거절한 우리의 결정이나 그들을 돕기 위한 사회프로그램에 찬성하는 투표를 하지 않는 것을 정당화시켜 준다.

③ **상보적 고정관념**

모든 집단은 긍정적인 특성과 부정적인 특성을 모두 가지고 있다는 것을 의미하는데 집단이 위계질서를 유지하는 데 필요한 하위 계층 사람의 지지를 얻는 한 가지 방법이다. 예를 들어, 노동자 계층이 상류 계층이 세속적이고 냉정하며 부정직하고 우울한 사람들이라고 믿는다면 앞으로도 노동자 계층에 속해 있거나 하루하루 벌어먹고 사는 것이 꼭 나쁜 것만은 아니라고 생각할 수도 있게 되는 것이다.

④ **상대적 박탈감**

개인은 비교가 되는 다른 집단의 상황과 자기 자신의 조건을 비교함으로써 자신이 박탈되고 있다고 생각한다. 또한 자신이 더 유리하면, 이에 따라 상대적 만족을 갖게 되는 것으로 생각한다. 자신이 어느 정도로 박탈되고 있다고 생각하는가는 비교의 기준이 되는 범주와 집단에 의해 달라질 것이다.

제4절 친사회적 행동

1 도움행동의 기본동기

친사회적 행동이란 다른 개인이나 집단에 이익이 되도록 하는 행동을 뜻한다. 떨어뜨린 물건을 주워주는 사소한 행동에서부터 쓰러진 사람에게 심폐소생술을 하는 큰 도움의 행동까지 다양한 행동들이 모두 친사회적 행동이라고 할 수 있다. 도움을 줄 때에 개인적인 비용이나 신체적인 위험을 감수해야 하는 경우도 있으며 반대로 도움을 줌으로써 이익을 얻을 때도 있다. 우리는 다른 사람을 돕고자 하는 바람인 이타주의에 의해 동기화된 친사회적 행동에 관심이 있다. 즉 자신에게 이익이 되는지를 신경 쓰지 않고 순수하게 다른 사람의 이익을 위해 돕는다는 것이다.

(1) 진화심리학

진화론의 핵심가정은 새로운 특성이나 행동경향이 유기체의 유전자가 다음 세대로 전파되는 데 유익할 때 종(種)이 그런 특성을 진화시킨다는 것이다. 진화생물학자는 진화론의 원리를 사용해서 공격성과 이타주의와 같은 사회적 행동을 설명하였다. 몇몇 심리학자들은 이런 생각을 이어나가 진화심리학 분야를 발달시키게 되었다. 이것은 자연선택의 원리에 따라 시간이 흐르면서 진화되는 유전적 요인의 측면에서 사회적 행동을 설명하는 시도라고 볼 수 있다.

① **친족선택**

가까운 친족을 돕는 성향은 인류 진화과정에서 선택된 것으로 보인다. 유전적으로 관련이 적은 사람보다 가까운 친족을 도우려는 자연적인 선택을 친족선택이라고 한다. 사람들은 자신의 자녀들을 갖는 것뿐만 아니라 유전적 친족이 자녀를 갖도록 보장함으로써 그들의 유전자가 전달될 기회를 증가시킬 수 있다. 진화론에 따르면 이런 '생물학적 중요성' 규칙을 따르는 사람들의 유전자는 그렇지 않은 사람의 유전자보다 생존할 가능성이 높다.

② **상호성(호혜성)**

상호성 규준이란 타인을 돕는 것이 미래에 그들이 우리를 돕게 될 가능성을 증가시킬 것이라는 기대이다. 유전적 자기 이해관계는 상호성을 예측하게 해 준다. 유기체는 도움을 주고 나면 다음에 도움을 기대하기 때문에 다른 사람을 돕는다. 또한 생존할 가능성이 높은 사람들은 상호성에 대해 이웃과 이해를 발달시킨 사람들이었다고 주장했다. 즉 우리는 누군가의 도움을 받으면 감사를 느끼며 우리로 하여금 미래에 호의를 되돌려 주도록 동기화된다.

③ **집단선택**

우리는 종종 상호성을 보이기 힘든 사람에게도 도움을 준다. 생존할 가능성을 높이는 특질을 가진 사람은 번식해서 미래세대에게 이런 특질을 전달할 가능성이 높은데 이러한 자연선택이 집단수준에서 작동한다고 주장한다는 것이다. 집단이 경쟁적일 때 상호 지지적인 이타성 집단이 비이타성 집단보다 오래 살아남는다는 것이다. 인간은 '우리'를 지지하고 때로 '그들'과 대항하기 위하여 희생함으로써 내집단 충성심을 보이는 정도가 훨씬 크다.

④ **도움행동의 생물학적 기초**

여러 연구들은 친사회적 성향이 유전된다는 증거를 발견하였는데 이란성 쌍둥이보다 일란성 쌍둥이가 더 큰 상관을 보였다. 또한 어린 나이부터 나타나는 도움행동들은 타인과 관계를 맺으려는 동기가 반영되어 2세 이하의 유아들도 타인이나 인형을 도와주려는 행동을 보인다. 영장류를 포함하여 동물들의 연구에서도 도움행동의 생물학적 기초를 발견할 수 있었다. 여러 연구들을 종합해 보면 우리 종에 친사회적 성향은 내재되어 있는 것으로 보인다.

(2) 사회교환과 사회규범

① **사회교환**

사회교환이론은 우리 행동의 많은 것들이 보상을 극대화하고 비용을 최소화하고자 하는 바람에서 비롯된다는 것이다. 사회교환이론가들은 경제적 시장에서 사람들이 순간손실 대비 순간이익의 비율을 최대화하려고 하듯이 타인과의 관계에서도 사회적 비용 대비 사회적 보상의 비율을 최대화하려고 한다고 가정한다.

누구를 돕는다는 것은 수많은 방식으로 보상적일 수 있다. 우리는 타인을 도움으로써 타인으로부터 사회적 인정과 자기가치감의 증가와 같은 보상을 얻을 수 있다. 사람들이 만족을 얻을 수 있는 방식은 많은데 그중 한 가지 방식이 다른 사람을 도움으로써 감사하게 된다는 것이다. 부자들이 자신이 좋은 기분을 느끼기 위한 방법으로 도움의 행동을 한다고 할지라도 친사회적 행동은 도움을 주는 사람과 받는 사람 모두를 돕는다는 점에서 두 배로 보상적이다. 따라서 그런 행동을 촉진하고 칭찬하는 것은 모든 사람에게 이로운 것이다.

② **사회규범**

흔히 우리는 도움행동이 우리 자신에게 이득이 있기 때문이라고 의식적으로 계산하는 것이 아니라 더욱 미묘한 형태의 자기이해관계 때문에 타인을 돕는다. 우리가 '해야 한다'라고 말하는 우리 생활의 의무는 사회적 기대이다. 규범은 적절한 행동을 규정해 준다. 이타성을 자극하는 두 가지 사회적 동기는 상호성 규범과 사회적 책임규범이다.

㉠ 상호성 규범

사람들은 자신을 도와주는 사람을 해치지 않고 도와줄 것이라는 이 규범은 범세계적인 도덕률이다. 심지어 21개월의 아이들도 자기에게 장난감을 주는 사람을 도와주려고 하는 상호성을 보여주었다. 그러나 사람들은 도움받는 것을 위협과 품위손상으로 느낄 수도 있다. 자부심이 강하고 자긍심이 높은 사람들은 흔히 도움받는 것을 꺼려한다. 청하지 않은 도움을 받는 것은 자긍심의 콧대가 꺾이는 것이라고 생각할 수 있다.

㉡ 사회적 책임규범

상호성을 보일 수 없는 사람들 즉 어린이, 극빈자, 고령자, 장애인들과 같은 경우 또 다른 사회규범이 우리의 도움을 자극한다. 사회적 책임규범은 사람들이 미래의 교환을 고려하지 않고 도움이 필요한 사람을 도와야 한다고 규정한다. 우리보다 약한 사람들에게 우리는 기꺼이 도움을 제공하고 자연재해를 입은 나라에 자원봉사를 가는 것과 같은 도움행동은 사회적 책임규범이 이끄는 것이다.

(3) 공감과 이타주의

사람들은 때때로 다른 사람이 고통스러워하는 것을 보는 것에 대한 자신의 불편함을 완화하기 위해 타인을 돕는다는 이기적인 이유를 가지고 있다. 그러나 또 어떤 사람은 어떤 비용이 들어가더라도 그들의 유일한 목표가 다른 사람을 돕는 것이라는 점에서 사람들의 동기가 때로는 순전히 이타적이라고 한다. 우리는 다른 사람의 입장에서 공감을 느낄 때 순수한 이타주의가 작동하기 쉽다고 한다. 이것을 공감-이타주의 가설이라고 한다.

만약 내가 공감을 느끼지 못한다면 뭔가를 얻는 것이 있어야 타인을 도울 것이다. 그런데 때로는 진정 이타적으로 보이는 행동이 자기이익에 의해 동기화되기도 한다.

공감-이타주의 가설에 따르면 사람들은 공감이 높을 때 이타적 관심에 의해 순전히 동기화되고 나에게 오는 손해와 상관없이 도움을 주며, 공감이 낮을 때는 앞으로 상대방을 볼 일이 있다고 생각할 때 더 많이 도움을 주는 것으로 나타났다. 즉, 공감이 낮을 때 사람들이 돕고자 하는 결정이 자신에 대한 비용과 이익에 기초한다는 측면에서 사회교환 주제가 작동한다는 것을 시사한다.

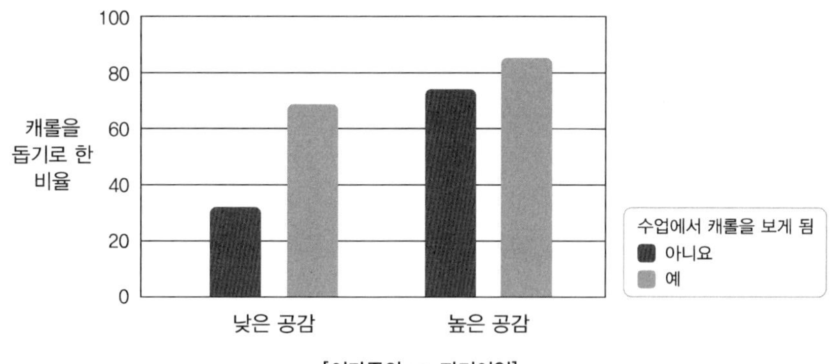

[이타주의 vs 자기이익]

사고로 다리가 부러져 수업에 많은 어려움이 있는 캐롤이라는 학생이 심리학개론 수업을 도와줄 것을 요청하는 테이프를 듣고 높은 공감조건의 피험자와 낮은 공감조건의 피험자의 반응을 보았다. 공감이 높을 때 사람들은 자신에게 올 손해나 보상과 관계없이(즉, 그들이 심리학 수업에서 그녀를 만나게 될지 여부와 상관없이) 도움을 주었다. 공감이 낮을 때 사람들은 자신에게 주어질 보상과 손해에 더 관심이 많았다. 즉 그들은 심리학 수업시간에 캐롤을 만나게 되어 돕지 않는 것에 죄책감을 느낄 때만 도움을 주었다.

용어 설명

공감-이타주의 가설: 우리는 누군가에게 공감을 느낄 때 우리가 얻게 될 것과 상관없이 순전히 이타적인 이유에서 그 사람을 도우려 할 것이라는 견해

2 친사회적 행동의 개인차

(1) 성격특성

몇 년 동안 사회심리학자들은 도움행동을 예측해 주는 단일 성격특성을 찾아낼 수 없었다. 어떤 사람들은 다른 사람보다 확실히 더 많이 돕는 행위를 하지만 성격만이 행동을 결정하지 않는다. 중요한 또 다른 변수는 상황적 압력이다. 도움에 대한 개인차 연구에서 사람에 따라 일관되고 지속적으로 도움행동을 한다는 것이 발견되었다. 또한 긍정적 정서, 공감 및 자기효능감이 높은 사람들은 관심을 가지고 도움을 줄 가능성도 높다. 자기감찰 동기가 높은 사람은 다른 사람의 기대에 맞추려고 하고 그러므로 도움이 사회적으로 보답을 받을 것이라고 생각하면 더 돕는 경향을 보인다. 그러나 낮은 자기감찰 동기를 지닌 사람들에게 타인들의 의견은 덜 중요하다.

(2) 성차

남녀 개인들의 도움을 비교·분석한 연구에 따르면 낯선 이가 도움을 필요로 하는 위험한 상황에 직면했을 때 남자들이 더 많이 돕는다고 했다. 생명을 구했을 때 주는 카네기 영웅 메달의 수령자들 중 91%가 남자였다. 여성은 친구들에게 사회적 지지를 제공하고 타인을 돕는 것을 포함하는 자원봉사활동에

참여하는 경향을 더 많이 보인다. 성차는 상황에 더 의존하는 모습을 보였다. 이러한 결과는 문화적인 차이가 없었다.

(3) 종교적 신앙

종교적 신앙이 이타성을 더 잘 예언해 줄 때는 장기간의 도움에 대한 의도적 선택을 할 때이다. 조사에 따르면 종교활동에 참가하는 사람들이 그렇지 않은 사람보다 자선단체에 더 많은 돈을 기부하고 자원봉사활동에 더 많이 참여한다고 한다. 자원봉사의 이유를 분석한 결과는 일부 동기는 보상에 근거하고 있고, 다른 동기는 종교적, 인도주의적 가치와 타인에 대한 배려였다. 신앙참여와 자원봉사 사이의 관계에서 주당 두 번 이상 종교모임에 참여한 사람들은 비참여자보다 5배 이상 자원봉사에 참여할 가능성이 높았다. 그러나 실제 행동이 되면 종교적인 사람들은 그들을 자기 자신이나 타인에게 좋아 보이도록 하는 상황에서 도움을 주기 쉽고 그들은 자신이 도움을 주었다는 것을 사람들이 알지 못하는 사적인 상황에서는 도움을 더 많이 주지 않는다는 결과도 있었다.

(4) 문화적 차이

사람들은 종종 자신이 구성원으로 속한 집단인 내집단을 선호하고 자신이 속하지 않은 집단인 외집단의 구성원을 차별한다는 증거들이 많이 있다. 우리는 다른 인종, 문화, 성별을 가진 사람을 포함하여 외집단 구성원에 대한 차별과 편견을 가지고 있다. 우리는 도움이 필요한 내집단 구성원들 향해 공감을 느끼는 경향이 있다. 따라서 내집단이 어려움에 처하면 우리는 공감을 느끼고 많이 공감할수록 도움을 주기 쉽다. 그러나 종종 사람들은 외집단 구성원을 돕기 위해 노력을 하는데 다른 이유에서 외집단의 구성원을 돕는 경향이 있다. 우리 자신에 대해 기분 좋게 느끼거나 타인에게 좋은 인상을 남기는 것처럼 우리를 위한 뭔가가 있을 때 돕는 행동을 한다. 문화에 따라서도 친사회적 행동은 차이를 보이는데 친절과 친사회적 행동을 매우 중요하게 생각하는 문화의 사람들은 그렇지 않은 문화의 사람들에 비해 더 많이 돕는 행위를 한다.

(5) 기분

① 좋은 기분 좋은 행동

행복한 사람들은 돕는 사람들이라고 단정할 수 있을 정도로 긍정적 기분이 타인을 돕는 데 긍정적 역할을 한다는 것은 매우 일관적이다. 좋은 기분이 성공에서, 행복한 생각에서, 또는 기타 긍정적 경험에서 온 것인지 여부와 상관없이 이 효과는 어른 아이 모두에게 발생한다. 좋은 기분은 세 가지 이유에서 도움행동을 증가시키는데 첫째, 좋은 기분은 우리를 인생의 밝은 면을 보도록 한다. 즉, 타인의 미심쩍은 면도 선의로 해석하면서 타인의 좋은 면을 보는 경향이 있다. 둘째, 타인을 돕는 것은 우리의 좋은 기분을 지속시키는 훌륭한 방법이다. 도움을 필요로 하는 사람을 돕는 것은 더 좋은 기분을 유발하고 돕지 않는 것은 우리의 좋은 기분을 망치는 결과를 만든다. 마지막으로 좋은 기분은 우리가 우리 자신에게 기울이는 주의의 양을 증가시키고 우리가 우리의 가치와 이상에 따라 행동하게 한다. 기분이 좋을 때 사람들은 긍정적 생각을 가질 가능성이 더 높아지는 것 같다. 그리고 긍정적인 사고자는 긍정적 행위자가 될 가능성이 높다.

② **나쁜 기분 좋은 행동**

사람들은 종종 착한 행동이 나쁜 행동을 상쇄한다는 생각에 따라 행동한다. 특히 죄책감을 느끼도록 만드는 행동을 했을 때 다른 사람을 돕는 것은 죄책감을 감소시키면서 균형을 잡는다. 고해성사를 한 이후보다 이전에 자선단체에 돈을 기부하는 경향이 큰 것으로 발견되었다. 사람들은 슬플 때 기분을 더 좋게 만드는 활동에 참여하도록 동기화된다. 따라서 슬플 때 도움의 증가를 보였는데 나쁜 기분 좋은 행동 효과는 주의가 타인에게 쏠려 있는 사람, 그래서 이타성이 보상인 사람에게 나타난다. 만약 그들이 우울이나 슬픔으로 자기 몰입적이 아니라면 슬픈 사람들은 감수성이 예민해져 타인을 도울 것이다.

3 친사회적 행동결정의 상황요인

(1) 환경 : 시골 vs 도시

작은 마을의 사람들이 더 쉽게 도움을 주는 경향이 있음을 발견하였다. 이러한 이유의 한 가지 가능성은 작은 마을에서 성장한 사람들이 이타적 가치를 더 많이 내재화했다는 것이다. 밀그램(1970)은 도시에 사는 사람들이 끊임없이 자극공세를 받고 그것에 압도당하지 않으려고 남과 잘 어울리지 않는다는 도시 과부하 가설을 제안했다. 더 평온하고 덜 자극적인 환경의 도시거주자라면 그들은 다른 누구만큼 타인에게 관심을 보일 것이라는 것이다. 사람들이 도움을 줄 것인지 예측하기 위해서 그들이 어디에서 성장했는가를 아는 것보다 그들이 현재 시골 또는 도시지역에 있는지를 아는 것이 더 중요하다.

(2) 주거이동성

한 곳에 오래 사는 사람들이 지역사회를 돕는 친사회적 행동에 참여할 가능성이 높다. 한 장소에 거주하는 것은 지역사회에 대한 더 큰 애착, 이웃들과의 더 많은 상호의존, 지역사회의 평판에 대한 더 큰 관심을 유발한다. 사람들이 큰 도시에서 도움을 덜 주는 또 다른 이유는 시골보다 도시에서 주거이동성이 높기 때문이다.

(3) 방관자 효과

사람들이 홀로 있을 때보다 주위에 사람이 많이 있을 때 도움을 필요로 하는 사람에게 도움을 줄 가능성이 더 적어지는 현상을 말한다. 책임감의 분산에서 이미 언급했던 제노비스 살인사건에서 흥미로운 것은 목격자가 38명이라는 것이다. 그리고 그 많은 사람들 중 단 한 사람도 그녀를 돕지 않았다는 사실이다. 이 사건을 계기로 진행된 실험에서 응급상황을 관찰한 방관자들의 수가 많을수록 그들 중 한 명이 도움을 줄 가능성이 낮다는 것이다.

라타네와 달리(Latane & Darley, 1968)는 방관자 효과에 대해 연구했다. 그들은 곧 제노비스 사건과 관련해 도움을 제공하는 것이 정상적이고 자연스러운 반응일 것이라는 논란의 맹점을 발견했다. 대신에 그들은 위기상황에서 도움행동을 제공하기 위해 최소한 다섯 단계를 거쳐야 한다고 설명했다.

① **단계 1** : 상황을 인식하는 단계

사건의 발생을 인식하는 데 장애물은 주의분산이다. 바쁘거나 다른 일에 정신이 팔린 사람은 주위에서 일어나는 일들을 잘 알아채지 못한다. 그러나 우리는 타인이 주위에 있기 때문에 주의가 분산되기도 한다. 라타네와 달리(1968)의 연구에서는 남자 대학생들이 방에서 설문지를 작성하는데 홀로 작성하거나 2명의 타인들과 함께 있는 상태에서 작성했다. 그들이 작업을 하는 동안 벽에 있는 통풍구로 연기가 스며들어왔다. 홀로 있던 학생들은 이러한 연기를 금방 알아차렸지만, 타인과 함께 있던 학생들은 이러한 연기에 반응하기까지 4배의 시간이 걸렸다(5초 vs 20초). 이러한 차이는 화재와 같은 긴급상황에서 매우 치명적일 수 있다.

② **단계 2** : 사건의 의미해석 단계

어떤 사건이 발생하고 있음을 인식했다면, 그 다음 단계는 해당 사건의 의미를 해석하는 단계이다. 이 상황은 위급상황인가, 아닌가? 긴급상황을 정기적으로 맞닥뜨리는 사람은 거의 없으며, 긴급상황은 종종 겉으로 보기에 분명하지 않은 특성을 갖고 있다. 개인이 모호한 상황을 어떻게 해석하는가의 문제는 매우 결정적인 역할을 발휘할 수 있다.

어떤 상황이 긴급상황인지 아는 것은 매우 힘든 일일 수 있다. 1993년 영국에서, 제임스 벌가(James Bulgar)라는 두 살 소년이 10세 소년 두 명에 의해 쇼핑몰에서 끌려나오며 발길질을 당하고 비명을 질러댔다. 이 소년들은 제임스를 쇼핑몰에서 철길까지 2.5마일 동안 끌고 간 뒤 그를 폭행하여 죽음에 이르게 했다. 61명의 사람들이 이들이 아이를 끌고 가는 모습을 목격했지만, 아무도 그 상황에 개입하지 않았다. 한 목격자는 "형들이 동생을 집으로 데려가는 것이라고 생각했다."라고 말했다. 상황이 명백할 때 사람들이 개입할 가능성은 높아진다.

무슨 일이 일어나고 있는지 불확실할 때 우리가 첫 번째로 하는 일은 다른 사람들의 반응을 보는 것이다. 어떤 단서를 타인들은 알고 있을 거라고 생각하기 때문이다. 만약 타인들이 해당사건에 반응하지 않는다면, 우리는 이것이 긴급상황이 아니라고 생각한다. 사실과 달리 모든 사람들이 상황을 확실하게 해석하고 있다고 생각하는 것을 집단적(다원적) 무지(Pluralistic Ignorance)라고 한다. 우리는 타인 역시 행동단서를 찾기 위해 우리를 바라보고 있다는 사실을 종종 망각한다. 이렇듯 모두가 타인을 보면서 타인이 자신보다 더 많은 것을 알고 있으리라 생각하지만, 실제로는 모두가 아무것도 모르고 있기 때문에, 결과적으로는 아무도 행동하지 않는 상황이 벌어진다.

③ **단계 3** : 책임감인식 단계

상황에 대한 인식 다음에 이어져야 하는 단계는 도움행동을 제공하기 위해 스스로 책임감을 느끼는 것이다. 이러한 단계에서 도움행동이 나타나지 않게 만드는 장애물은 책임감 분산(Diffusion of Responsibility)이다. 만약 도움을 제공할 수 있는 잠재적 가능성을 가진 사람들이 주위에 많이 있다면, 개인 각각에게 부여되는 책임감은 감소한다.

긴급상황에서 도움을 제공할 수 있는 사람이 나 혼자뿐이라면 100%의 책임감이 부과되지만, 2명이 존재하는 상황이라면 2명이 각각 50%의 책임감을 갖게 되는 것이다. 4명이 존재한다면 이러한 책임감은 25%로 감소할 것이다. 군중 속에 있을 때 사람들은 "다른 누군가가 도울지도 몰라. 다른 누군가가 이미 도움을 요청했을지도 몰라."라고 생각한다. 모두가 이렇게 다른 누군가가 도움을 줄 것이라고 생각하거나 이미 도왔다고 생각하지만, 실제로는 아무도 도움을 제공하지 않는 상황이 발생하는 것이다.

④ **단계 4** : 어떤 도움을 제공할지 아는 단계

도움을 주기로 했다면 어떤 종류의 도움이 적절할지 결정해야 한다. 이러한 단계에서 도움 제공에 대한 장애물이 되는 것은 유능감(Competence)의 부족이다. 사람들은 자신이 도움을 제공할 만한 자격이나 능력이 부족하다고 느끼거나, 다른 사람이 자신보다 도움제공에 더 적합한 능력을 갖고 있다고 생각할 때 도움행동을 하지 않는다. 직접적인 도움을 제공할 만큼 유능감을 느끼지 못하는 사람들도 타인에게 도움을 요청하는 등의 간접적인 도움행동을 할 수 있다.

⑤ **단계 5** : 도움실행 단계

마지막 단계는 실제로 도움을 주기 위해 행동하는 단계이다. 이 단계에도 개입하지 않기로 결정하는 이유가 존재한다. 전문적인 도움이 필요해서 내가 그 도움을 제공할 자격이 없을 수 있다. 혹은 잘못해서 문제가 더 심해지거나 도움을 주려다가 오히려 자신이 위험에 빠지는 것이 두려울 수 있다.

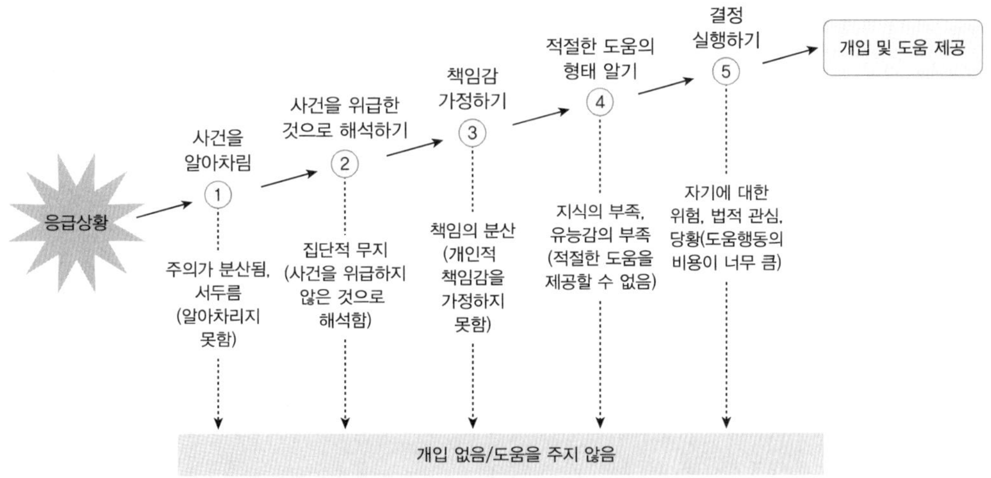

[방관자 개입 의사결정모형 : 응급상황에서 도움행동에 이르는 5단계]

Latane & Daley(1970)는 사람들이 위급한 누군가를 돕기 전에 5단계의 의사결정을 거친다는 것을 보여주었다. 방관자들이 5단계 중 어느 하나를 취할 수 없다면 그들은 도움을 주지 않을 것이다.

(4) 시간적 압박

만일 내가 붐비는 거리를 서둘러 가고 있다면 누군가 출입구에 쓰러져 있다는 것을 알아차리지 못할 것이다. 바쁜 상황에서 도움의 행동을 알아본 실험에서 사람들은 서둘러야 하는 상황에서 도움을 주는 비율이 훨씬 낮았다. 이것은 바쁜 사람이 냉담하거나 도움이 필요한 사람을 무시한 것이 아니라 바쁘고 몰두 상태여서 곤경에 처한 사람에게 맞추어진 시간이 없었다는 것이다.

(5) 유사성

유사성은 호감을 유도하고 호감은 도움을 유도하기 때문에 우리들은 우리와 닮은 사람들을 향하여 더욱 공감하게 되고 도움을 주게 된다. 심지어 자신과 옷차림이 유사한 사람을 도울 가능성도 더 높아진다. 같은 취미를 공유하는 사람끼리도 서로에게 호감을 낳고 도움을 이끌어낸다. 일부 연구에서 동일 인종

편향이 발견되었다. 편견 있는 모습으로 보이기를 원하는 사람은 거의 없을 것이다. 그런데 아마도 사람들은 자신과 같은 인종을 편애하지만 긍정적 이미지를 유지하기 위해서 그 편향을 비밀로 유지한다. 백인여성을 대상으로 흑인여성과 백인여성을 돕는 상황에서 방관자가 존재할 때는 흑인과 백인에게 똑같이 도움을 주었으며 도움을 줄 사람이 없을 때는 흑인여성을 돕지 않았다. 규범이 애매하거나 갈등을 일으키는 것일 때 유사성에 따라 반응을 일으킨다.

(6) 공동체 관계에서의 도움행동

① 친사회적 행동에 대한 연구의 대부분은 낯선 사람들 간의 도움이다. 이러한 연구가 매우 중요하지만 일상생활에서 대부분의 도움은 가족 구성원과 친한 친구 같은 서로 잘 아는 사람들 간에 발생한다.

② 관계를 크게 공동체관계와 교환관계로 구별해 보면, 공동체관계에서 사람들의 일차적인 관심은 다른 사람의 복지이다. 교환관계에서 일차관심은 공정성인데 이것은 관계에서 내가 투자한 것과 얻는 것이 같다는 것을 의미한다.

③ 공동체관계의 사람들은 도움을 줌으로써 그들이 받게 될 이익에 관심이 적고 단지 타인의 욕구를 충족시키는데 관심이 많다. 우리는 대부분 친구들과 공동체관계를 가지기 때문에 우리를 위한 무언가 존재하지 않는다 해도 도움을 주기 쉽다. 우리는 교환관계의 대상보다 공동체관계의 대상에 더 도움을 주고 싶어 한다.

④ 그러나 흥미로운 예외가 존재한다. 우리는 중요하지 않은 과제에 대해서는 낯선 사람보다 친구를 더 도와준다. 그러나 중요한 과제의 경우는 낯선 사람을 더 돕는 경향이 있다. 자아존중감 유지 차원에서 친한 친구가 나보다 중요한 영역에서 더 잘하는 것을 보는 것은 즐겁지 않기 때문이라는 것이다. 우리는 우리가 많이 신경 쓰지 않는 영역에서 친구를 돕는 경향이 더 높다.

(7) 미디어효과

비디오 게임이 행동에 미치는 효과연구에 따르면 친사회적 비디오 게임을 한 사람은 중립적 비디오 게임을 한 사람보다 모든 방식에서 더 많은 도움을 주는 것이 발견되었다. 또한 친사회적 가사의 음악을 듣는 것 또한 효과가 있는 것으로 나타났다. 친사회적 비디오 게임을 하거나 친사회적 노래가사를 듣는 것은 도움을 필요로 하는 누군가를 향한 공감을 증가시키고, 다른 사람을 돕는 것에 대한 생각의 접근가능성을 증가시키기 때문이다.

4 친사회적 행동의 증진 기출

도움을 주고받는 것이 항상 긍정적인 결과를 주는 것은 아니다. 도움을 받는 것이 부적절한 마음과 의존심을 초래할 수 있기 때문에 누군가 도움을 제안할 때 사람들은 항상 긍정적으로 반응하지는 않는다. 사람들은 무능해 보이기를 원하지 않으며, 따라서 사람들은 도움을 받지 않는 것이 성공적으로 과제를 완수할 기회를 낮출지라도 괴로운 선택을 한다는 것이다.

(1) 도움의 방해요소 제거

① 애매성의 감소와 책임 증가시키기

우리는 주변에서 공익을 위한 포스터를 종종 발견한다. 이것의 목적은 사람들에게 친사회적 행동증진을 위한 목적을 가지고 있는 경우가 많다. 그러나 실질적으로 공익포스터는 사람들에게 그다지 효과적이지 않은 것으로 발견되었다. 우리는 의식하지 못하는 사이에 다른 사람에게 많은 영향을 받는다. 주변사람은 행동변화에 중요한 영향원이다. 신참 기부자들은 대개 주변의 사적인 권유에 따른 것이었다는 결과가 있으며, 슈퍼마켓이나 서점에서 도둑질을 목격할 때 누군가 도둑질을 발견하면 그 행위를 바로 진술하는 것이 실질적 범죄의 보고를 높여주는 것이 발견되었다. 또한 친사회적 행동에 대한 방관자의 장벽이라는 사람의 기본심리를 이해하는 것 자체가 방관자 효과를 극복하는 데 도움을 준다.

② 개인화된 호소

방관자를 개인화하는 것, 예를 들면 사적인 요청, 시선접촉, 이름 부르기, 상호작용의 예상 등은 도와주려는 의지를 증가시키는 것에 해당된다. 자의식을 지닌 사람들은 자신들의 이상을 더욱 자주 실천하는데 따라서 자의식을 촉진시키는 상황을 증가시키는 것이 좋다. 만일 위험에 처했다면 단지 "도와주세요"를 외칠 것이 아니라 주변의 특정인을 보고 그 사람에게 도움을 요청하는 것이 훨씬 도움 받을 확률이 높다.

③ 죄책감과 자아상의 염려

㉠ 죄책감을 느낀 사람들은 죄책감을 낮추고 자기가치감을 회복하기 위하여 행동한다.

㉡ 우리는 바쁜 상황으로 이동하는 도중 도움이 필요한 사람을 보고도 지나치게 되면 그 사람을 떠올려 보며 다음에 비슷한 상황이 발생하면 도움을 주리라는 생각을 하게 되고 누군가를 도와야 할 상황이 발생하면 도움을 주게 된다. 따라서 사람들의 죄책감을 깨우는 것이 도움행동을 증가시킬 수 있다.

㉢ 문간에 머리 들이밀기(문전박대효과) 기법은 처음에 큰 부탁을 받고 그것을 거절하면 동일한 요청자가 그보다 작은 부탁을 할 때 수락하게 된다는 것이다. 초콜릿 아이스크림을 먹겠다는 아이의 요구를 거절한 엄마는 "그럼 사탕을 한 개 먹을 게요."라고 말하는 아이의 청은 거절하지 못하는 것이다.

㉣ 또한 아주 사소해서 거절하기 힘든 부탁을 하는 것은 실제적으로 도움행동을 증가시키는 것을 보였는데 적은 액수의 기부금을 부탁받은 사람들이 많은 액수를 부탁받은 사람들보다 기부할 가능성이 더 컸다.

㉤ 연구에 따르면 기부를 청하는 상황에서 "일 페니라도 도움이 됩니다."라고 덧붙이면 기부자의 수가 39%에서 57%로 급증했다. 작은 기부가 더욱 성공적인 것은 이것이 거절하기 힘들기 때문인데 부탁을 받은 사람은 그것을 수락하는 것이 이타적 자아상을 유지하게 해 주기 때문이다.

㉥ 또한 자선기부를 한 여성들에게 "당신은 관대한 사람이다."라는 것과 같이 도움을 잘 주는 존재로 명명하는 것은 이타적 자아상을 강화시킬 수 있다.

(2) 이타성의 사회화

① 도덕적 포함의 교육

이타성을 사회화하는 첫 단계는 가족, 지인을 우선시하는 내집단 편향을 저지하고 관심범위를 넓히는 것이다. 모든 사람들이 우리 가족의 일부라면 사람들은 서로에 대하여 도덕적 권리를 지니고, "우리"와 "그들" 사이의 경계는 희미해진다. 따라서 사람들을 다른 사람의 입장에 서보게 하여 그들이 어떻게 느끼는지를 상상하게 만드는 것이 도움이 된다. 다른 사람이 원하는 행동을 하기 위해서는 내가 바라는 대로 타인들도 원한다는 것을 이해하는 관점을 가져야 한다.

② 이타성 모델화

도움행동을 하지 않고 지켜만 보는 방관자들을 보는 것은 우리가 도울 가능성을 낮추게 한다. 또한 부모로부터 가혹한 방식으로 양육된 아이들은 공감이나 배려의 모습을 훨씬 적게 보인다. 만약 우리가 도와주는 사람에 대하여 보거나 읽게 된다면 도움을 제공할 가능성이 커진다는 것이다.

또한 친사회적 TV 모델은 반사회적 모델보다 훨씬 더 큰 효과를 지녔다. 평균적으로 친사회적 프로그램을 시청하면 시청자는 친사회적 행동이 적어도 일시적으로 상승하는 효과를 보였다. 또한 최근 연구에 따르면 친사회적 비디오 게임을 하고 친사회적 음악을 듣는 것으로도 태도나 행동에 대한 긍정적 효과를 보여준다.

③ 행위에 의한 학습

사람들은 행동함으로써 배운다. 아동들이 도와주는 행동을 할 때 그들은 도움과 관련된 가치, 신념 및 재주를 발달시킨다고 한다. 도움은 또한 긍정적 자기개념의 욕구를 충족시켜 준다. 조사에 따르면 학교 정규과정에 들어있는 봉사학습과 자원봉사 프로그램이 후에 시민참여, 사회적 책임, 협조 및 리더십을 증가시키는 것으로 나타났다. 태도는 행동을 따라간다. 그러므로 도움을 주는 행동은 스스로 배려하고 도와주는 사람이라는 자기지각을 촉진하고 이어서 도움행동을 촉진한다.

④ 도움행동을 이타성에 귀인하기

과잉정당화 효과란 사람들이 이미 좋아하는 일을 하는 것에 보상을 가하면 사람들은 자신의 행위를 내적인 이유가 아니라 외적인 통제 때문에 하는 것이라고 생각한다. 따라서 그 일을 덜 좋아하게 되고 점차 멀리하게 된다는 것이다. 따라서 사람들의 선행을 촉구하기 위하여 외적인 보상을 피하고 그 행위를 스스로 한 것이라는 정당화를 제공함으로써 기쁨을 증가시키는 것이 효과적이라는 것이다. 도움행동에 대한 귀인연구에 따르면 사람들이 단순히 순종이라는 생각으로 도움을 주었을 때와 자신을 스스로 동정적이라는 생각으로 도움을 주었을 때 지역봉사에 참여하는 비율은 스스로 동정적이라고 생각한 사람들이 순종이라고 생각한 사람들의 2배가 훨씬 더 넘었다. 따라서 사람들이 "내가 왜 봉사를 하는 걸까?"라는 궁금함을 가질 때 스스로 "나는 배려심이 있고 기부를 좋아하며 잘 도와주는 사람이기 때문이다."라는 생각을 하도록 유도하는 것이 최선이다.

⑤ 이타성 학습

사람들이 방관자의 존재가 도움을 억제하는지를 이해하게 되면 그들은 집단상황에서 더욱 도와줄 가능성이 커지게 된다는 것이다. 연구자들은 일부 학생들을 대상으로 방관자들의 긴급상황에서 무대응의 영향과 그들의 책임감에 대한 강의를 하였다. 이후 도움행동의 비교에 따르면 강의를 들은 학생들은 듣지 않은 학생들보다 도움을 줄 확률이 2배 높았다.

제 4 장 실전예상문제

01 동조에 관한 설명으로 옳지 않은 것은?

① 집단의 크기는 동조에 영향을 미치는 요인이다.
② 동조는 집단의 강도가 낮을 때 많이 일어난다.
③ 다수집단의 의견을 듣고서 피험자가 실제로 자신의 마음을 바꾸어 동조하는 것을 전향이라고 한다.
④ 외적으로는 동조하지만 내적으로는 다수집단의 의견에 동의하지 않는 것을 응종이라고 한다.

01 집단의 강도가 높으면 동조율이 높다.
① 집단의 크기는 동조에 영향을 미치는 요인인데 3명까지는 동조현상이 높아지지만 그 이상의 인원에서는 차이가 없는 것으로 나타났다. 이것을 천장효과라고 한다.

02 동조에 관한 설명으로 옳은 것은?

① 전향은 자신의 의견을 공개적으로 드러내는 경우에 두드러진다.
② 집단크기의 효과는 집단 구성원의 절대적인 수보다는 독립적인 사회적 실체의 수에 좌우된다.
③ 어려운 과제에서는 중요한 과제가 동조율이 낮았다.
④ 쉬운 과제에서는 중요한 과제가 동조율이 높았다.

[과제의 난이도와 정확도 요구에 따른 동조율(%)]

중요도 / 과제 난이도	중요한 과제 (정확도 요구)	중요하지 않은 과제 (정확도 요구하지 않음)
어려운 과제	54	35
쉬운 과제	16	33

02 집단크기의 효과는 집단 구성원의 절대적인 수보다는 독립적인 사회적 실체의 수에 좌우된다. 독립적인 사회적 실체라는 것은 다수집단 내에 독립적으로 행동한다고 생각되는 구성원 집단을 말한다. 4명으로 된 한 집단을 제시한 경우보다 한 집단이 2명으로 구성된 독립적인 두 집단으로 제시한 경우에 동조율이 높았다.
① 외적으로는 동조하지만 내적으로는 다수집단의 의견에 동의하지 않는 것을 응종이라고 한다. 응종은 자신의 의견을 공개적으로 드러내는 경우에 두드러진다.
③·④ [문제 하단의 표 참고]

정답 01 ② 02 ②

03 다음 실험에 대한 설명으로 옳지 않은 것은?

- 참가자는 어두운 방안에 앉아 약 4.6m 떨어진 곳에 있는 불빛 한 점에 초점을 두고 그 불빛이 어느 정도 움직이는지 가늠해 보는 실험에 참가했다. 이 불빛은 자동운동효과라는 착시로 인해 움직이는 것처럼 보였지만 실제로는 움직이지 않았다.
- 한 사람씩 실험에 참가했을 때는 다양한 거리가 대답으로 나왔지만, 여러 사람이 참가하여 추측을 할 때는 하나의 추측거리에 참가자들이 동조하는 모습을 보였다.

① 사람들은 다른 사람들을 정보의 원천으로 삼아 자신의 행동을 결정한다.

② 자신이 보지 못한 상황에 대해서도 타인이 본 것을 자신의 기억인양 허위로 보고하는 경향을 보이기도 한다.

③ 상황이 위급할 때에는 정보적 영향은 동조에 별 영향을 미치지 못하게 된다.

④ 상황이 불확실할수록 사람들은 다른 사람들에게 더욱 의존하는 모습을 보인다.

03 본 실험은 세리프(Sheriff, 1936)의 정보화영향에 대한 실험이다. 이에 따르면 사람들은 다른 사람들을 정보의 원천으로 삼는다.
위기상황에서 사람들은 어떤 행동을 할지 생각할 여유가 없어 다른 사람의 반응을 그대로 따르는 모습을 보인다.

정답 03 ③

04 다음 중 규범적 영향으로 인한 동조로 적절하지 않은 것은?

① 사람들은 그들이 하는 행동이 나쁜 줄 알아도 별난 사람 혹은 바보처럼 보이고 싶지 않기 때문에 다수를 따른다.
② 규범적 영향은 일상 여러 부분에서 작동하여 사람들 사이에 유행을 일으키기도 한다.
③ 사람들은 집단에 반대할 때 불편함과 긴장 등 부정적 정서를 느낀다.
④ 명백히 다른 답일 경우에는 오히려 불신 등의 역효과를 낸다.

04 애쉬의 실험에서 사람들은 명백한 정답이 있음에도 불구하고 대부분 자신의 생각을 바꾸는 모습을 보였다.

05 다음 설명에 해당하는 용어는?

- 우리가 처음에 타인의 작은 요구를 들어주는 것은 이후에 그보다 큰 요구도 들어줄 가능성이 높음을 의미한다.
- 일단 작은 요구를 받아들이게 되면 스스로 남을 잘 돕는 사람이라고 지각하거나 관심이 많다고 생각하기 쉽기 때문이다.

① 문간에 발 들여놓기 효과
② 낮은 공 기법
③ 사회적 공약 규범
④ 권위에의 복종

05 ② 이는 사람들이 물건 구입 시 처음 가격에 동의하고 나면 이후의 부수적인 비용이 나타나도 처음의 약속을 깨지 못하는 것을 말한다.
③ 공개적으로 동의를 표하고 나면 상황이 바뀌더라도 그 동의를 계속 지켜야 한다는 믿음을 의미한다.
④ 자신의 의사와 상관없이 권위 있는 상대의 명령에 따르는 것을 말한다.

정답 04 ④ 05 ①

06 추가적인 밀그램 실험에서는 거부하는 모습을 본 실제 참가자들은 쉽게 불복종하였다.
② 자기합리화에 대한 설명이다.
③ 개인적 책임의 부재에 대한 설명이다.

정답 06 ④

06 밀그램(Milgram) 실험에서 알아볼 수 있는 복종에 대한 이유에 관한 설명으로 <u>틀린</u> 것은?

- 밀그램은 다양한 연령대의 다양한 직업을 가진 각계각층을 사람들을 대상으로 실험을 진행했다. 모집한 사람은 두 명이 한 조로, 한 쪽은 선생이 한 쪽은 학생이 되었다. 그리고 학생이 올바른 답을 하지 못할 때마다 선생이 전기충격을 주게 하였다. 이 전기충격은 15볼트부터 최고 450볼트였다.
- 사실 이 실험에서 학생은 실험협조자로, 전기충격에 대해 고통 받은 것처럼 연기를 했다. 실험이 시작되고 선생은 학생이 실수할 때마다 아주 조금씩 전기충격을 올리도록 지시받았다.
- 실험결과 선생 역의 피험자들은 실험자의 지시와 학생의 고통 사이에 갈등하면서도 지시에 따르는 모습을 보였다. 밀그램은 실험자들의 대부분이 150볼트에서 멈출 것이고 최고 높은 충격을 줄 사람은 없을 것으로 생각했지만 모든 참가자가 300볼트까지 주었으며 65%는 450볼트까지 주었다.

① 이 실험에서 피험자들은 생각할 틈이 없었기에 어떤 규범을 따라야할지 결정하기 어려웠다.
② 전기충격을 조금씩 올리라는 요청은 '더 올려도 되나 안 되나' 하는 인지 부조화 상태에 빠지게 하므로 결정의 합리화를 불러, 이미 하고 있던 행동을 계속하게 했다.
③ 피험자들은 권위자의 지시에 따를 뿐이었다는 변명 거리가 있었다.
④ 몇몇 소수가 이에 저항하더라도 복종은 깨지기 힘들다.

07 다음 중 순종을 하게 될 이유로 적절하지 않은 것은?

① 타인의 지시가 있을 때는 내 책임이 사라진다고 느끼게 된다.
② 우리는 일관성 있는 사람으로 보이고 싶어 하는 동기가 있다. 어떤 행동을 하고나면 그 행동과 일관된 태도를 받아들인다.
③ 누군가에게 호의를 받으면 그 사람에 대한 호감이 생긴다. 순종을 유발하는 상호성 규범이 일어난다.
④ 자신과 유사하고 존경을 받는 다른 사람의 의견에는 특별한 가치가 있다고 믿는다.

07 ①은 복종에 더 적절한 설명이다.

08 집단을 구성하는 이유라고 보기 어려운 것은?

① 사람들은 공통의 필요나 목표가 있어 집단을 구성한다.
② 다른 사람들과 관계를 형성하는 것은 인간의 기본적 욕구 중 하나이다.
③ 사람들은 소속감을 원해 집단에 소속되고 싶어 하는 것이므로 차별화는 지양한다.
④ 집단의 다른 사람들을 통해 정보를 얻어 불확실성을 해결하는데 도움을 얻을 수 있다.

08 사람은 소속감을 원하면서도 같은 집단에 속하지 않은 사람들과 구별되고자 하는 차별화의 욕구도 함께 가지고 있다.

09 다음 중 사회적 역할에 대한 설명으로 틀린 것은?

① 대부분의 집단에는 다양한 사회적 역할이 있다.
② 자신들에게 주어진 역할에 지나치게 몰입하게 되면 자신의 정체성이나 품위를 잃게 된다.
③ 사회적 역할의 유사한 예로 남성과 여성의 역할에 대해 다른 기대가 적용되는 것이 있다.
④ 집단 내의 구성원들이 명확히 규정된 규칙을 따를 때 불만을 느낀다.

09 집단 내 구성원들은 규정된 규칙을 따를 때 만족하고 또 잘 수행하는 모습을 보인다.

정답 07 ① 08 ③ 09 ④

10 사회적 촉진이 되는 적절한 상황은?

① 육상부인 연지는 마라톤대회 준비를 위해 효영이와 함께 연습을 하기로 했다.
② 철수는 줄다리기 대회 준비를 위해 방과 후 연습을 하기로 했다.
③ A조는 과제 평가 점수를 공평하게 받기 위해 기여도를 없애기로 하였다.
④ 기타 실력이 늘고 있는 현수는 다음 주에 있을 축제에서 기타 연주를 하기로 했다. 짝사랑하는 수지가 축제에 온다고 해서 용기를 낸 것이다.

10 마라톤 같은 단순한 경기는 혼자 연습하는 것보다 함께 경기를 하는 것이 수행력이 높다.
③ 개인적 수행이 평가될 수 없을 때 사회적 태만이 발생하여 수행이 저하되는 경향이 나타난다.
④ 과제가 간단하고 숙련된 경우에는 타인의 인식이 수행의 증진을 일으킬 수도 있지만, 비숙련과제나 어려운 경우에는 타인에게 주의가 쏠리기 때문에 수행에 지장을 받는다.

11 다음 설명에 해당하는 용어는?

> 집단으로 행동하는 상황에서 구성원 개개인의 정체성과 책임감이 약화되어 집단행위에 민감해지는 현상을 말한다. 이때 사람들은 익명성을 느끼고 그들의 행동은 그들이 당면해 있는 상황에서 특출하게 보이는 단서에 의해 보다 더 쉽게 영향을 받는다.

① 사회적 태만
② 몰개성화(탈개인화)
③ 정당화
④ 공적인 순응

11 ① 타인과 일을 하는 경우에서 동기가 위축되어 개인의 수행이 떨어지는 현상을 말한다.
④ 다른 사람들이 하는 말이나 행동을 믿는 것과 상관없이 다른 사람의 행동에 겉으로 동조하는 것을 말한다.

정답 10 ① 11 ②

12 집단의사결정에서 나타나는 모습에 대한 설명으로 틀린 것은?

① 개인적으로 결정할 때보다 집단으로 결정할 때 더 극단적인 선택을 하게 된다.
② 집단의사결정 과정 시 동조압력이 발생하여 충분한 논의가 이루어지지 않는 경우도 있다.
③ 인터넷의 발달은 개인의 관심, 흥미, 의혹을 지지해 주는 상대를 쉽고 넓게 만날 수 있게 하여 극화를 증가시키는 한 요인이 된다.
④ 집단의사결정의 많은 문제점으로 인해 중요한 의사결정은 개인으로 이루어지는 경향을 보인다.

12 이론적으로 의사결정에는 개인보다 집단이 훨씬 이점이 많다. 각자의 지식과 경험을 결합할 수 있고 다양한 시각으로 고려할 수 있기 때문이다.
①·③ 집단극화를 말한다.
② 집단사고를 말한다.

13 집단사고가 나타나는 상황이 아닌 것은?

① 집단이 분리되어 있고 다른 관점에 대하여 들을 수 없게 되어 있을 때
② 구성원들이 집단을 향한 위협을 인지하고 있을 때
③ 자기의 바람을 밝히는 지시적인 리더가 있을 때
④ 집단이 무엇을 해야 하는지에 대한 명확한 규범이 없고 집단이 그 문제를 해결할 수 있다는 신뢰가 높을 때

13 집단이 무엇을 해야 하는지에 대한 명확한 규범을 가지고 있고 집단이 그 문제를 해결할 수 있다는 신뢰가 낮을 때 집단사고는 일어날 수 있다.

14 다음 중 집단사고에 대한 설명으로 틀린 것은?

① 집단사고는 집단 내 구성원들이 어떤 의견에 대해 만장일치를 보이는 현상이다.
② 어떤 집단성원들은 집단의 결정에 대한 효율성이나 도덕성에 의문을 제기할 수 있는 정보를 차단시킴으로써 집단을 보호한다.
③ 집단의 가정과 계획에 대해 이의를 제기하는 사람에 대해서는 그를 개인적으로 비꼼으로써 이의를 제기하였다.
④ 집단에 참여한 사람들은 상대에 대해 비합리적, 무기력, 무지한 집단이라고 생각하거나 협상의 대상이 아니라고 여긴다.

14 합의를 깨지 않으려는 자기검열과 압력은 만장일치의 착각을 만들어 낸다. 더욱이 분명한 합의는 집단결정을 확고하게 만든다. 아무도 반대하지 않는 것을 만장일치라고 착각하는 것이다.

정답 12 ④ 13 ④ 14 ①

15 집단사고의 증상으로 틀린 것은?

① 완전무결의 착각
② 합리화
③ 상대에 대한 고정관념
④ 방관자 효과

15 방관자 효과는 홀로 있을 때보다 주위에 사람이 많을 때 도움이 필요한 사람에게 도움을 줄 가능성이 더 적어지는 현상이다.
① 집단들은 자기집단이 위험에 처할지 모른다는 생각을 하지 못하게 만드는 과도한 낙관론에 사로잡혀 있다.
② 집단원들은 자기 집단이 원래 도덕적이라고 생각하며 윤리적, 도덕적 문제는 염두에 두지 않는다.
③ 집단사고 집단의 구성원들은 상대가 너무 사악하거나 무지하다고 치부하는 경우가 있다.

16 리더십에 대한 설명으로 틀린 것은?

① 위대한 리더들은 특정한 리더십 스타일을 가지는 것으로 나타났다.
② 리더십 상황이론은 리더십은 타고나는 것보다는 상황에 의해 만들어진다는 것이라는 주장이다.
③ 리더십은 타고나는 것이 강하다는 것이 우세적인 주장이며 성격과 리더십은 강한 상관을 보인다.
④ 성격과 리더십 능력에 관계는 약한 상관성을 보이며 리더는 타고난 자질과 상황에 대한 고려를 모두 해야 한다.

16 리더, 팔로워(리더를 따르는 사람), 상황 모두를 고려한 리더십의 총체적 이론 중 하나는 리더십 상황이론이다. 리더십의 효율성은 일 중심적인지 관계 중심적인지 그리고 리더가 집단에 대해 얼마만큼의 통제력과 영향력을 가지고 있는지 둘 모두에 달려 있다고 주장하는 이론이다.

정답 15 ④ 16 ③

17 사회집단에서 위계질서를 만들어내는 이론들에 대한 설명으로 옳은 것은?

① 사회적 지배이론에 따르면 대규모 사회는 위계질서를 만들었으며 사람들은 이 위계질서를 정당화하는 신념을 채택하는 보편적인 성향을 갖고 있다.

② 체제정당화 이론에 따르면 노숙자들과 같은 사람들은 사회적으로 높은 지위를 가진 사람들의 도움을 받는 것이 정당하다는 것이다.

③ 상보적 고정관념이란 높은 지위, 낮은 지위의 사람들은 각각 그럴만한 자격이 있다는 것으로 사람들은 자신의 지위를 합리화한다는 것이다.

④ 상대적 박탈감이란 자신이 어느 정도 사회에서 박탈되고 있는가는 자신의 주관적 기준에 따라 달라진다는 것이다.

17 ② 어떤 집단에 부정적 고정관념을 가져다 붙이는 이유 중 하나는 왜 어떤 사람이 다른 사람보다 더 많은 수혜를 받는가를 설명하고 정당화하는 데 도움이 되기 때문이다. 노숙자에게 게으르고 위험하다는 고정관념을 붙인다면 이는 '사람이 왜 길거리에서 살게 되는가'에 대한 설명을 우리에게 제공해 줄 뿐만 아니라 동전구걸을 거절한 우리의 결정이나 그들을 돕기 위한 사회프로그램에 찬성하는 투표를 하지 않는 것을 정당화시켜 준다.

③ 모든 집단은 긍정적인 특성과 부정적인 특성을 모두 가지고 있다는 것을 의미하는데 집단이 위계질서를 유지하는데 필요한 하위 계층 사람의 지지를 얻는 한 가지 방법이다. 예를 들어, 노동자 계층이 상류 계층이 세속적이고 냉정하며 부정직하고 우울한 사람들이라고 믿는다면 앞으로도 노동자 계층에 속해 있거나 하루하루 벌어먹고 사는 것이 꼭 나쁜 것만은 아니라고 생각할 수도 있게 되는 것이다.

④ 개인은 비교가 되는 다른 집단의 상황과 자기 자신과의 조건을 비교함으로써 자신이 박탈되고 있다고 생각한다. 또한 자신이 더 유리하면, 이에 따라 상대적 만족을 갖게 되는 것으로 생각한다. 자신이 어느 정도로 박탈되고 있다고 생각하는가는 비교의 기준이 되는 범주와 집단에 의해 달라질 것이다.

정답 17 ①

18 ① 사회적 지배이론이다.
② 체제정당화 이론이다.
③ 상보적 고정관념이다.

18 사회집단의 위계에서 상대적인 박탈감에 해당하는 설명은?

① 사회적 지배이론에 따르면 인류는 노동의 분화가 이루어지고 문화적 가치를 만들게 되었고 이에 따라 지위에 가치를 부여하게 되었다.
② 체제정당화 이론에 따르면 어떤 집단에 부정적 고정 관념을 붙이는 이유는 자신의 집단에 정당화를 부여할 수 있기 때문이다.
③ 모든 집단은 긍정적인 특성과 부정적인 특성을 모두 가지고 있는데 이는 집단이 하위 계층의 지지를 얻는 하나의 방법이다.
④ 개인은 비교가 되는 다른 집단과 비교함으로 자신이 박탈되어 있다고 생각한다.

19 유기체는 도움을 주고 나면 다음에 도움을 기대하기 때문에 다른 사람을 돕는다.

19 친사회적 행동에 대한 설명으로 틀린 것은?

① 우리의 도움행동은 이후에 도움을 받을 것이라는 기대와 전혀 무관하게 일어나는 것이다.
② 유전적으로 관련이 적은 사람보다 가까운 친족을 도우려는 자연적인 선택을 친족선택이라고 한다.
③ 우리는 종종 상호성을 보이기 힘든 사람에게도 도움을 준다.
④ 친사회적 성향이 유전되며 친사회적 성향은 생물학적으로 내재되어 있는 것으로 보인다.

정답 18 ④ 19 ①

20 사회규범 차원에서 친사회적 행동의 의미를 바르게 설명한 것은?

① 우리는 타인을 도움으로써 타인으로부터 사회적 인정과 자기가치감의 증가와 같은 보상을 얻을 수 있다.

② 상호성규범과 사회적 책임규범에 따라 이타적 행위는 우리 자신에게 이득이 있기 때문에 의식적으로 하는 것이다.

③ 사람들이 도움 받는 것을 위협과 품위손상과 상관이 없으므로 자부심이 강하고 자긍심이 높은 사람들도 흔히 도움 받는 것을 기쁘게 생각한다.

④ 어려운 상황에 처한 사람들 돕는 자원봉사와 같은 행위는 이타적 행위라기보다는 사회적 책임감을 느끼는 의무감에서 오는 집단극화현상이다.

20 ② 흔히 우리는 도움행동이 우리 자신에게 이득이 있기 때문이라고 의식적으로 계산하는 것이 아니라 더욱 미묘한 형태의 자기 이해관계 때문에 타인을 돕는다. 우리가 '해야 한다'라고 말하는 우리 생활의 의무는 사회적 기대이다. 규범은 적절한 행동을 규정해 준다. 이타성을 자극하는 두 가지 사회적 동기는 상호성 규범과 사회적 책임규범이다.

③ 사람들이 도움 받는 것을 위협과 품위손상으로 느낄 수도 있다. 자부심이 강하고 자긍심이 높은 사람들은 흔히 도움 받는 것을 꺼려한다. 청하지 않은 도움을 받는 것은 자긍심의 콧대가 꺾이는 것일 수 있다.

④ 상호성을 보일 수 없는 사람들 즉 어린이, 극빈자, 고령자, 장애인들과 같은 경우 또 다른 사회규범이 우리의 도움을 자극한다. 사회적 책임규범은 사람들이 미래의 교환을 고려하지 않고 도움이 필요한 사람을 도와야 한다고 규정한다. 우리보다 약한 사람들에게 우리는 기꺼이 도움을 제공하고 자연재해를 입은 나라에 자원봉사를 가는 것과 같은 도움행동은 사회적 책임규범이 이끄는 것이다. 사람들은 개인적으로 결정할 때보다 집단적으로 결정할 때 더 극단적으로 결정하는 경향을 보인다. 이러한 현상을 집단극화라고 한다.

정답 20 ①

21 친사회적 행동의 개인차에 대한 설명으로 가장 적절하지 않은 것은?

① 긍정적 정서, 공감 및 자기효능감이 높고, 자기감찰동기가 높은 사람들은 관심을 가지고 도움을 줄 가능성도 높다.
② 이타적 행위는 공감과 상관없이 자신에게 주어질 보상과 손해에 훨씬 더 많은 영향을 받는다.
③ 긍정기분이 타인을 돕는 데 긍정적 역할을 한다.
④ 주의가 타인에게 쏠려 있는 사람, 이타성이 보상인 사람에게는 슬플 때 도움의 증가를 보인다.

21 종종 사람들은 외집단 구성원을 돕기 위해 노력을 하는데 다른 이유에서 외집단의 구성원을 돕는 경향이 있다. 우리 자신에 대해 기분 좋게 느끼거나 타인에게 좋은 인상을 남기는 것처럼 우리를 위한 뭔가가 있을 때 돕는 행동을 한다.

22 다음 설명에 해당하는 용어는?

> 우리는 누군가에게 공감을 느낄 때 우리가 얻게 될 것과 상관없이 순전히 이타적인 이유에서 그 사람을 도우려 할 것이라는 견해를 말한다.

① 공감-이타주의 가설
② 상호성(호혜성)
③ 사회적 역할
④ 리더십 상황이론

22 해당 내용은 공감-이타주의 가설에 대한 설명이다. 공감-이타주의 가설에서 사람들은 공감이 높을 때 이타적 관심에 의해 순전히 동기화되고 나에게 오는 손해와 상관없이 도움을 주며, 공감이 낮을 때는 앞으로 상대방을 볼 일이 있다고 생각할 때 더 많이 도움을 주는 것으로 나타났다.

23 방관자 개입 의사결정에서 개입을 방해받는 이유로 틀린 것은?

① 단계1 : 주의분산으로 인해 상황인식이 방해받는다.
② 단계2 : 일반인에게 긴급 상황은 달갑지 않은 것이므로 의식적으로 피한다.
③ 단계3 : 주변에 사람이 많이 있다면 개인에게 부여되는 책임감은 감소된다.
④ 단계4 : 자신의 능력이 모자랄지 모른다는 생각으로 도움행동을 하지 않는다.

23 단계2에서는 사건의 의미해석을 하는 단계이다. 적절한 의미해석이 필요하다. 단계5는 실제 도움을 주기 위해 행동하는 단계로 ②는 단계5에 더 적절하다.

정답 21 ② 22 ① 23 ②

24 이타성을 가지기 위한 방법에 대한 설명으로 틀린 것은?

① 이타성은 타고난 것이므로 보상을 통해 학습을 하여야 효과를 얻는 데 좋다.

② 이타성은 타인의 입장을 상상해 보는 것이므로 다른 사람들의 관점을 가져야 한다.

③ 자연스러운 현상인 내집단 편향을 저지하는 것이 첫 시작이다.

④ 가혹한 방식으로 양육된 아이들은 공감이나 배려를 훨씬 적게 보일 가능성이 크므로 유의해야 한다.

24 ①은 과잉정당화에 대한 설명으로 도움 행동에 보상을 받으면 사람들은 자신이 내적 이유가 아닌 외적 통제 때문에 하는 것이라 생각하여 덜 좋아하게 된다.

정답 24 ①

S D E D U

합격의
공 식
SD에듀

SD에듀와 함께, 합격을 향해 떠나는 여행

제 5 장

집단 간 역동

행운이란 100%의 노력 뒤에 남는 것이다.

- 랭스턴 콜먼 -

제 5 장 집단 간 역동

[학습목표]
사람은 집단을 형성하고 그 집단에 속하게 되면 자신에 대한 정체성조차 집단 안에서 집단이 추구하는 방향이나 목표에 따라 변하게 된다. 이번 장에서는 우리가 집단을 구성하는 이유는 무엇인지 집단 안에 속하게 되면 어떤 행동들을 하게 되고 집단은 어떤 힘을 발휘하는지에 대해 생각해 보고 사람들이 가지고 있는 고정관념, 편견, 차별에 대해 알아볼 것이다. 또한 집단행동으로 인해 발생하는 갈등과 그 갈등을 해결하는 방법들을 알아봄으로써 평화적인 관계유지를 위한 방법을 모색해 볼 것이다.

제1절 집단 간 갈등과 그 원인

1 집단 간 행위

사람들은 타인을 특정 집단의 성원으로 범주화하게 되면 그 사람을 판단하는 데 있어서 그 집단의 고정관념과 도식, 정서를 적용시키는 경향이 있다. 마찬가지로 자신을 집단의 성원으로 범주화하게 되면 그 집단의 특성을 자기에게 적용시킨다. 그리고 노사 및 여야와 같이 경쟁을 하는 집단의 경우뿐 아니라 서로 협력을 해야 하는 경우에도 집단 간 경쟁적 기류가 흐르는 경우가 많다.

(1) 사회정체감 이론

① 집단에서 개인행위

㉠ 사람들은 편이 갈리면 우리 편에서는 우호적이고 상대편에게는 차별적 양상을 보인다.

㉡ 사회심리학자 타즈펠(Henry Tajfel)은 사회적 행위를 대인 행위와 대집단 행위로 구분할 수 있다고 보았다.

- 개인 간 행위 : 개인이 자신의 개인적 속성인 이름, 성격, 태도, 지능 등을 바탕으로 다른 개인과 교류를 할 때 보이는 행위이다. 개인이 속한 집단은 중요한 의미를 가지지 않는다.
- 집단 간 행위 : 개인이 자신이 속한 사회집단의 특성인 인종, 성, 대학, 출신지, 직업 등을 바탕으로 상대방과 교류하는 행위이다. 여기서 자신이 속한 집단은 중요한 의미를 가진다.

㉢ 대인 : 대집단 행위의 영향요인

- 명확한 집단범주의 부각 : 노사교섭상황은 개인요소가 행위를 결정짓지 못하지만 교수와 학생의 술자리에서 행위는 개인요소가 결정요인이 될 수 있다.
- 집단 내 성원 간의 태도, 행동, 의견이 보이는 일치성이 크고 타 집단 간의 차이가 현저하게 부각되면 집단요소가 행위를 결정하게 된다.
- 외집단성원에 대하여 지닌 고정관념의 강도가 강하면 집단 간 요소가 부각된다.

② **최소집단상황** 기출

내외집단의 구분은 내집단에 대한 차별적 편애현상을 가져온다. 사람들은 같은 집단에 속한 사람들을 만난 적이 없고 만날 것을 기대하지 않는 상황에서도 나와 같은 집단에 속한 사람에 대해 더 우호적으로 대했으며 후에 자기 집단성원에 대해 바람직한 행동을 더 많이 회상하는 것으로 나타났다. 또한 내집단의 바람직한 행동은 기질적인 것으로 여기고 바람직하지 못한 행동은 상황 탓으로 여기는 기본적 귀인 오류를 집단에서도 보였다.

③ **사회정체성 이론** 기출

㉠ 사람들은 개인적인 자기의 모습뿐 아니라 자신의 사회적 모습에서도 자긍심을 얻고자 한다. 이것은 자신이 속한 집단을 다른 집단보다 우월하다고 여기는 데서 얻어질 수 있다.

㉡ 인간은 누구나 긍정적인 자기정체감을 지니고자 하는 욕구가 있으며 자신이 속한 집단이 다른 집단에 비해 상대적으로 우월하다는 것의 인식에서 자기정체감에 대한 자긍심을 느낀다.

㉢ 정체감을 확보하는 과정에서 **내집단 편향**이 발생한다.

㉣ 사회정체감에 따른 차별행위는 개인이 집단을 대할 때 개인정체감을 취하는 상황에서는 나타나지 않고 사회정체감을 취하는 경우에만 나타난다.

㉤ 내집단에 대한 선호적 차별행위는 실제로 성원의 자존심을 높이는 효과가 있음이 나타났다.

㉥ 자신이 속한 집단의 의견이 통일된 경우에는 집단정체를 취하고 내집단 편향이 나타나지만, 그 의견이 분열된 경우에는 개인정체를 취하며 내집단 편향이 나타나지 않는다.

㉦ 내집단의 의견이 통일된 경우에는 내집단을 지지하는 의견을 준 사람을 좋게 생각한다.

㉧ 집단의 크기가 지나치게 크거나 범위가 모호한 집단의 경우 집단정체감은 개인의 행위에 영향력이 없다. 집단정체감을 취하는 경향은 집단의 크기와 실체성에 영향을 받는다.

용어 설명

- **사회정체성**: 사회적 집단에 소속되었다는 지각에 기반한 자기개념의 일부를 의미
  사회정체성이론은 집단 간 행동을 설명하기 위해 사회정체성의 개념을 도입해 지각된 집단 간 지위의 차이, 그런 차이의 정당성과 안정성, 한 집단에서 다른 집단으로 옮겨 갈 수 있는 지각된 능력을 근거로 집단 간의 행동을 예측하는 이론이다.
- **내집단 편향**: 자신이 속한 집단에 더 유리하게 하려는 경향성

(2) 집단정체감의 위협

모든 집단이 그 집단성원들에게 긍정적 정체감을 주지는 못한다. 사회계층은 어디에나 존재하기 때문에 위계에 따라 성원들은 차별을 받기도 한다. 개인이 필요로 하는 자존심을 소속집단이 제공하지 못할 경우에 성원들은 여러 가지 대안을 취할 수 있다.

① **집단으로부터의 이탈**

㉠ 자신들의 정체감에 만족하지 못할 경우 개인적으로 자신이 속한 집단을 떠나는 방법을 택할 수 있다.

㉡ 스스로의 선택에 의해서 변경될 수 있는 경우는 직업, 거주지, 종교 등이 있다.

㉢ 인종, 출신과 같이 선택의 여지가 없는 경우에는 자기집단과 교류를 끊거나 최소화하며 심리적 거리를 최대화시키며 우월한 집단과 가까이하는 행동을 나타낸다.

㉣ 실제적인 이탈이 불가능한 경우에는 심리적 이탈을 취할 수 있다.

> **예**
>
> 여성에 대한 편견이 존재할 때 자신은 그 피해자가 아니라고 생각하며 예외적인 존재라고 여김으로써 정체감 이탈심리를 보이게 된다.

② 열등감 비교의 회피

㉠ 개인적 이탈이 불가능한 경우에 비교대상을 상위의 집단으로 잡지 않고 유사한 집단이나 하위의 집단으로 잡아 상대적 평가가 스스로에게 긍정적으로 나타나게 할 수 있다.

㉡ 백인을 비교대상으로 삼는 흑인보다 흑인을 비교대상으로 삼는 흑인의 자존감이 더욱 높다는 결과가 있다.

③ 모멸감의 회피

㉠ 사람들은 다른 사람이 자신에게 보이는 행동의 탓을 자신이 지니고 있는 특별한 특징 탓으로 여기는 경향이 크다.

㉡ 얼굴에 흉터자국을 그리고 참가한 실험대상자는 상대방과의 불편하고 어색한 대화를 흉터 탓으로 돌린다. 실제로 흉터는 이미 지워버렸고 대상자는 그 사실을 모르게 하였다.

㉢ 열등한 사회집단에 속한 사람들은 다른 사람들이 자신에게 서운한 행동을 했을 때 이를 자기집단에 대한 사회의 편견 탓으로 돌림으로써 자신의 자존감을 유지할 수 있다.

④ 우월한 비교준거의 모색

㉠ 자신의 집단이 열등하다고 평가를 받게 되면 열등감을 주는 기준의 준거를 버리고 자기집단이 상대적으로 우월한 준거에서 비교를 하며 이 준거를 중요한 특징으로 여긴다.

㉡ 정규간호사와 간호사보의 관계에서 정규간호사들은 자신들이 전문적으로 우월하다고 생각하고 간호사보들은 자신들이 환자를 더 인격적으로 잘 대한다고 여기는 것으로 나타났다.

⑤ 사회변화 및 운동

㉠ 집단정체감에 위협을 받을 때 또 하나의 방법은 기존 지배집단의 우월성을 정면으로 부정하고 사회의 변혁을 도모하는 것이다.

㉡ 근대화가 진행되고 있는 나라들에서 일어나고 있는 여권신장과 국내의 커밍아웃을 시도하고 있는 동성애 집단운동이 그 사례가 된다.

㉢ 이러한 변혁운동은 집단 차이가 부당하다는 인식이 널리 공유되고 있을 때 나타난다.

㉣ 상대적으로 박탈감을 많이 느끼는 사람들이 변혁운동에 참여할 가능성이 높다.

(3) 사회정체감 이론의 발전

① 집단정체가 개인의 삶에 미치는 영향은 문화집단마다 차이가 있을 수 있다. 백인학생들은 개인의 자긍심이 저하된 경우에 우울증세가 나타났지만 흑인학생들은 자기집단에 대해 느끼는 집단자긍심이 우울증세와 관련이 깊은 것으로 나타났다.

② 자기의 모습에서 개인적 자기와 사회적 자기를 구분한 사회정체감 이론은 자기범주화이론으로 발전·확장되었다. 자기범주화이론은 개인의 심리적인 집단소속감에 관심을 갖는다.

③ 사회정체감 이론이 가시적인 차이가 나는 집단 간 비교나 상대적인 차이가 부각되는 상황에 적용이 된다면 자기범주화이론은 부자증세를 논의하는 상황에서 자신이 인식하는 계층범주에 따라 자신의 입장을 취하게 되는 것을 말한다.

2 사회적 딜레마

갈등이 발생하는 이유를 크게 두 가지로 본다면 하나는 둘 간의 양립할 수 없는 이해의 충돌 때문이거나 다른 하나는 당사자들이 상호관계를 보는 시각이 일치하지 않거나 적절한 행위가 나오지 않을 경우이다. 전자의 경우는 갈등의 내용이 비교적 뚜렷하며, 이해의 조정, 양보, 타협, 강압 혹은 승부 등에 의하여 해소가 된다. 사회심리학에서 연구하는 대상의 대부분이 이 경우이다. 후자는 다양한 문화에서 관계의 규정이 서로 다르기 때문에 발생한다고 볼 수 있다. 즉, 집단주의 문화권에서 수직적인 관계가 아닌 수평적 관계의 가치가 확산되면서 하나의 관계를 규정하는 다양한 시각이 존재하게 되는데 이러한 시각 차이가 갈등을 불러올 수 있다.

(1) 게임이론적 접근

① 게임이론

갈등상황을 구별하는 틀은 여러 가지가 있다. 그중에서 해결의 진행과정을 이해하는 데 중요한 통찰을 제공하는 것은 서로의 이해가 양립할 수 있느냐 없느냐 하는 것이다. 합영상황은 한정된 자원에 대하여 양측의 이해가 대립되어 한쪽의 이익은 다른 한쪽의 손해가 되는 상황을 말하는 것이다. 승패가 확실한 스포츠 경기가 여기에 해당된다고 할 수 있다. 비합영상황은 양측의 갈등이 양측 모두에게 이득을 줄 수 있는 방법으로 해결될 수 있는 상황이다. 얼핏 양측은 한정된 자원을 갖고 다투고 있는 것으로 보이지만 양쪽 모두 무언가 얻을 수 있는 해결책이 존재한다.

게임이론은 경제학에서 인간의 선택행위를 예측하기 위한 수학적인 모델을 만들기 위해 개발된 이론이다. 이 접근법은 복잡한 사회상황을 극도로 단순화시켜 두 사람 간의 관계에서 각자에게 두 가지 행동의 선택을 제시하고 각자가 보이는 행동의 선택과 그 선택에 영향을 주는 상황변수의 관계를 수식으로 표현하려고 한다. 둘 사이의 관계가 상호의존적이므로 각자에게 가장 유익한 행위는 어느 일방의 선택에 달린 것이 아니라 쌍방 간의 선택에 의해 결정된다.

② **죄수의 딜레마**

검사는 두 용의자 A, B가 공범인 것을 알지만 증거가 부족한 상황이다. 그래서 검사는 사적으로 자백하도록 각 용의자에게 보상을 주는 방법을 생각하였다. 두 용의자는 서로 대화를 나눌 수 없고 각각 취조를 받는다.

- A가 자백하고 B가 자백하지 않으면 검사는 A를 풀어주고 B에게 최고형을 판결할 것이다(반대의 경우도 마찬가지이다).
- 둘 다 자백하면 각각 적절한 형벌을 받을 것이다.
- 누구도 자백하지 않으면 각각 가벼운 형을 받을 것이다.

많은 사람들이 서로 침묵하는 것이 서로 자백하는 것보다 가벼운 형벌을 받게 하는데도 불구하고 면제혜택을 받기 위해 자백할 것이라고 말한다. 이것을 실험실 상황에서 배반과 협조의 상황으로 택하게 하고 둘이 모두 배반하면 두 사람 모두 이익도 손해도 없다. 둘 모두 협조하면 각각 6점을 받는다. 한 사람이 배반하고 한 사람이 협조하면 배반한 사람이 12점, 협조한 사람이 −6점을 얻는다.

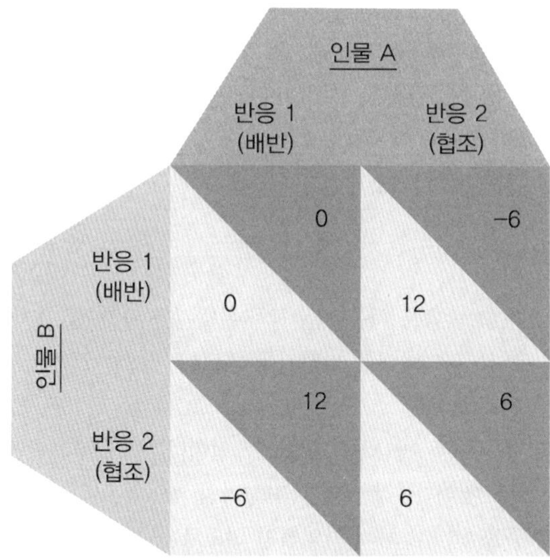

[죄수의 딜레마 실험실 버전]

이 상황에서는 어떤 선택에서도 개인은 배반이 낫다. 왜냐하면 배반의 행동이 상대의 협조를 이용하거나 또는 상대가 이용하는 것을 막을 수 있기 때문이다. 그러나 양측은 서로 협조하지 않음으로 서로 신뢰하고 공동의 이익을 얻을 때보다 더 나쁜 결과로 끝난다는 데 문제가 있다. 의사소통이 불가능하고 서로를 불신하는 것은 두 사람을 비협조적으로 만든다.

갈등은 일반적으로 보복을 가져오고 타인을 처벌하는 사람은 갈등을 증폭시키고 결과를 악화시킨다. 처벌하는 사람은 방어반응이라고 하지만 처벌을 받는 사람은 공격의 확대라고 생각한다.

③ **공유지의 비극**

'공유자원'은 공기, 물, 에너지, 자원, 식품 제공을 포함한 공유된 자원이다. 비용이 분산된다는 이유로 각 개인은 각자에게 할당된 것보다 더 많이 소비하면 비극은 발생하고 최종적인 공공자원의 붕괴를 초래한다는 것이다.

100마리의 소를 유지할 수 있는 목초지가 있고, 100명의 농부가 있다면 한 사람은 1마리의 소를 키워야 한다. 그러나 나의 생산량이 두 배가 되기를 바라는 마음과 단지 1%의 목초만 더 소비한다는 마음으로 개인이 소를 2마리 키운다면 다른 농부들도 이같이 할 것이고 결국 목초지는 망가지고 소는 굶주리게 될 것이다. 환경오염은 수많은 작은 오염들이 모인 것이다. 각 개인 오염자들이 얻는 이익은 오염을 줄임으로써 환경이 얻는 이익보다 더 크다. 그러나 장기적으로 환경오염은 우리에게 돌이킬 수 없는 재앙을 불러온다는 것을 우리는 생각하지 않는다. 우리는 사적인 공간은 청결히 하지만 기숙사 휴게실이나 공원, 동물원 등 공공장소에서는 그렇지 않다. 우리는 즉각적인 이익 때문에 결국에 돌아올 피해를 생각하지 않는 경향이 있다.

(2) 게임이론의 특징

① **기본 귀인 오류**

위의 두 게임 모두 사람들은 자신의 행동을 상황적으로 부추기고("난 상대가 착취하는 것을 방어해야 했다."), 상대의 행동은 그들의 특성이라고 설명한다("그 사람은 탐욕스럽다.", "그 사람은 믿을 수 없다."). 대부분의 사람들은 상대방도 자신을 동일한 기본 귀인 오류로 본다는 것을 전혀 생각하지 않는다. 자만심이 있고 자기중심적인 성향을 가진 사람들은 특히 다른 사람의 시각에 공감을 보이지 않는다.

② **동기의 발전**

동기는 자주 변한다. 사람들은 처음에는 쉽게 돈벌기를 바라고, 그 다음엔 손실을 줄이기를 원하고, 마지막으로 체면을 살리고 패배를 피하기를 바란다.

③ **결과가 제로섬은 아니다**

실생활 대부분의 갈등은 두 게임처럼 비합영게임이다. 즉 협력하면 양쪽 다 이길 수 있고 경쟁하면 둘 다 패배할 수 있는 것이다. 각 게임은 직접적인 개인의 이익과 집단의 복지를 맞서게 한다. 개인은 합리적으로 행동을 한다고 하며 악의적인 의도로 공공에게 피해를 주려고 계획한 것은 아니라고 하지만 피해가 나타나는 것을 보여준다. 그러나 자기기여적 행동이 모두 집단적 파멸을 이끄는 것이 아니다. 이익의 극대화를 추구하는 개인이 사회가 필요로 하는 것을 줄 수도 있다. 내가 오늘 먹는 맛있는 샌드위치는 카페주인의 선의가 아니라 그들 자신이 추구하는 이익에 대한 관심에서 나온 것이다.

(3) 사회적 딜레마의 해결

① **규제**

만일 세금이 자발적인 것이라면 얼마나 많은 사람들이 세금을 낼까? 군사, 교육, 사회복지 등 많은 부분이 자선기금에 의존하지 않는다. 우리는 공동의 재화를 지키기 위해 안전장치들을 개발한다.

어업이나 수렵 등은 오랜 기간 동안 규제를 하고 있다. 모든 어부에게 매년 허용 어획량을 보장하는 것은 경쟁과 남획이 현저히 줄어드는 방법이다.

② **작은 집단**

작은 공동체에서 사람들은 더 책임 있고 효율적이라고 느낀다. 또한 작은 집단에서 사람들은 집단의 성공에 자신을 더 동일시한다. 집단이 커지면 사람들은 자신은 변화를 가져오지 못한다고 생각한다. 집단정체성은 협력을 강화시킬 수 있다. 잠깐의 토론이나 단순히 다른 구성원과 유사성이 있다는 믿음만 가지고도 협력을 증가시킬 수 있다. 도시와 같은 큰 공동체에서는 대부분 자발적인 보존은 성공적이지 못하다. 한 사람이 만드는 피해는 다른 많은 이들에게 분산되고 각 개인은 개인적 책임을 정당화한다. 어떤 정치가나 사회심리학자들은 가능하다면 공동체를 작은 구역으로 분할해야 한다고 주장한다.

③ **의사소통**

사회적 딜레마를 해결하기 위해서 사람들은 대화를 해야 한다. 일상생활에서처럼 실험실에서도 집단의 의사소통은 이따금 위협이나 험담으로 변질된다. 하지만 의사소통은 사람들의 협력을 가능하게 한다. 딜레마에 대한 토론은 집단정체성을 만들어 내고 모든 사람의 복지에 대한 관심을 증가시킨다. 그것은 집단규범과 합의의 기대를 강구하고 구성원들이 그것을 따르도록 압력을 가한다. 특히 면대면 상황에서는 스스로 협력에 참여하게끔 한다. 다른 사람들은 협력하지 않으리라 추측하는 사람들은 의사소통이 없다면 보통 스스로 협력하기를 거부한다. 두 당사자 사이의 개방적이며 분명하고 솔직한 의사소통은 불신을 감소시키고 공동의 발전으로 이어지도록 합의를 끌어낸다.

④ **보상구조 변화시키기**

협력행위에는 보상을 증가시키고, 협력하지 않은 경우에는 보상을 감소시키면 협조행동이 증가한다. 또한 행위에 대한 혜택을 주는 것은 당면한 딜레마를 해결하는 데 도움을 준다. 자동차를 공동으로 이용하는 사람들에게 고속도로의 버스전용도로를 이용하게 해 주거나 통행료를 줄여주는 등의 보상을 제공하는 것이다.

⑤ **이타적 규범에 호소하기**

비협력의 비극적인 결과를 아는 것은 효과가 거의 없다. 환경오염과 에너지 절약을 외치지만 여전히 에너지 소비는 증가하고 자가용 이용은 줄지 않는다. 태도가 행동에 늘 영향을 주지는 못한다. 좋은 것을 아는 것이 꼭 좋은 것을 행하는 것으로 이어지지는 않는다는 것이다. 많은 사람들이 사회 책임, 호혜성, 공평성, 의무이행에 대한 규범을 가지고 있다. 중요한 것은 어떻게 그러한 감정을 일깨우는가 하는 것이다. 방법 중 하나는 지도자의 영향력을 통해 다른 이들을 협력하도록 고무시키는 것이고 다른 방법은 협력규범을 암시하는 상황을 설정하는 것이다. 시뮬레이션 참가자에게 "월스트리트 게임" 대신 "공동체 게임"이라는 이름으로 변경하여 제시하였을 때 협조율이 더 높았다. 의사소통은 이타적 규범을 이끌어낼 수 있는데 실험참가자들에게 집단의 이익과 착취, 윤리에 대해서 짧은 설교를 하였을 때 사람들은 공공의 이익에 의해 당면한 개인의 이득을 포기하였다.

3 경쟁과 갈등

(1) 경쟁과 불공정 지각

① **경쟁**

㉠ 집단이 부족한 일자리, 주택, 또는 자원을 놓고 경쟁할 때 종종 적개심이 발생한다. 이익의 충돌은 갈등을 일으킨다.

㉡ 임의의 소년들을 두 그룹으로 나누고 경쟁의 효과를 관찰한 실험에 따르면 각각 그룹의 정체성이 확립되면 경쟁이 발생하였다.

㉢ 승패의 경쟁은 심각한 갈등, 외집단의 부정적 이미지, 내집단의 강한 결속력과 자부심을 불러온다.

㉣ 집단의 양극화는 갈등을 악화시킨다.

㉤ 경쟁이 일어나는 상황에서 집단은 개인보다 더욱 경쟁적으로 행동한다.

㉥ 사람들이 돈, 일자리, 권력 같은 자원이 제한적이어서 합영의 논리(너의 이득은 나의 손실)로 생각하고 별개의 외집단을 잠재적인 경쟁자로 여길 때 갈등이 일어난다.

② **불공정 지각**

㉠ 사람들은 '정의'에 대해 형평성, 즉 개인의 기여에 합당한 보상의 분배로 지각한다.

㉡ '정의' 개념에 형평성 원칙은 동의하지만 사람들이 생각하는 관계의 동등함은 서로 다르다. 두 사람이 동료관계라면 생산의 기여도를 생각할 것이고, 둘의 관계에 나이 차이가 있다면 연령에 기초한 원칙을 생각할 것이다.

㉢ 일부 비평가들은 '형평성'이 유일하게 생각할 수 있는 '정의'의 개념이 아니라고 한다.

㉣ 불공정 지각에 의해 일어나는 갈등은 보상의 근거가 '공로, 평등, 필요' 등과 같은 개개인이 생각하는 기준이 다르기 때문에 발생된다.

③ **오해**

㉠ 많은 갈등은 커다란 오해라는 덩어리 안에 실제 불일치하는 목표의 핵을 가지고 있다.

㉡ **자기고양적 편향**은 개인과 집단을 자신들의 좋은 행위에는 신뢰, 나쁜 행위에는 책임회피를 하도록 유도한다.

㉢ 자기정당화의 경향은 자신의 악의적 행동의 잘못을 부정하도록 한다.

㉣ 기본 귀인 오류 때문에 사람들은 상대의 적대감을 그의 악의적 기질이 반영된 것으로 본다.

㉤ 사람들은 자신의 선입견에 맞춰서 정보를 걸러내고 해석한다.

㉥ 집단은 자기고양, 자기정당화, 왜곡하는 경향을 극화시킨다.

㉦ 집단사고의 한 증상으로 자신의 집단은 도덕적이고 강하고 반대세력은 비도덕적이고 약하다고 인지하는 경향이 있다.

㉧ 다루기 힘든 갈등 속에 있는 집단의 특징

- 자신의 목표만이 최고로 중요하다고 본다.
- '우리'에게는 자부심을 부여하고 '그들'의 가치는 떨어뜨린다.
- 스스로 희생되었다고 믿는다.

• 애국심, 단결, 그리고 집단의 요구에 대한 충성심을 고양시킨다.
• 자기헌신을 칭송하고 비판을 억압한다.

용어 설명

자기고양적 편향: 자신이 초래한 긍정적인 결과에 대해서는 과대평가하는 반면, 부정적인 결과에 대해서는 과소평가하는 경향으로, 유쾌한 정서와 결합되면 더욱 증가함

(2) 갈등의 특징

① 거울 이미지 지각

㉠ 갈등 속에서 오해는 서로 상호적이다. 갈등 속에 있는 사람들은 스스로에게 미덕을 귀인하고 상대에게는 반대이다. 이것은 놀라울 만큼 서로 같은 모습을 보인다.

㉡ 갈등 속에 있는 두 집단끼리는 같은 행위도 다른 집단보다 그들이 할 때 더 적대적으로 인식한다.

㉢ 두 상대의 인식이 충돌하면 최소한 둘 중 하나는 상대에 대해 오해한다.

㉣ 자신들의 이해심은 왜곡되지 않았다고 생각하는 사람들은 자신들에게 동의하지 않는 사람은 부당하고 왜곡되었다고 생각한다.

㉤ 갈등상황의 집단은 자신들은 협력을 원하지만 상대가 협조를 거부하여 자신을 방어적으로 만든다고 생각한다.

㉥ 중요한 갈등에 대한 질문에서 오직 12%만이 상대가 협력적이라고 느꼈고 74%는 자기들 스스로가 협력적이라고 지각했다.

㉦ 집단갈등은 상대의 최고 지도자는 악마이고 그의 국민은 통제되고 조종되긴 하지만 우리 편이라는 착각에 의해 힘을 얻는다. 이러한 악마 지도자-착한 국민 인식은 냉전 동안 미국인과 러시아인의 서로에 대한 인식의 특징이었다.

② 단순한 사고

㉠ 국제적 위기처럼 긴장이 고조되면 이성적인 사고를 하기가 더 어려워진다. 적에 대한 생각은 더 단순해지고 고정관념화되며 추측에 의한 판단은 더 그럴싸하게 된다. 갈등에 대한 단순한 예측만으로 사고가 굳고 창의적 문제해결이 방해받을 수 있다.

㉡ 연구자들이 분석한 주요전쟁, 불시의 군 공격, 중동분쟁, 혁명의 발단 등에 앞서 있었던 정치적 연설들을 분석했다. 거의 모든 경우에 공격하는 지도자들은 공격행위가 일어나기 이전에 '우리는 좋고 그들은 나쁘다'라는 단순화된 사고를 가지고 있었다.

③ 변화하는 지각

㉠ 오해가 갈등을 수반한다면 갈등이 증가하고 약해짐에 따라 오해도 나타나거나 사라질 것이다. 적의 이미지를 만드는 것과 동일한 과정으로 후에 적이 동맹이 되었을 때 반대의 이미지를 만든다. 2차 세계대전 당시 일본의 이미지는 '피에 굶주린, 잔인한, 믿을 수 없는, 뻐드렁니 난쟁이'였다. 그러나 북미 사람들에게 지금의 일본은 '유능한, 근면한, 자기수양이 된, 자원이 풍부한 동맹'으로 변화되었다.

㉡ 우리는 다른 나라, 다른 집단, 다른 사람과 갈등을 경험하고 있으면 우리 자신의 동기나 행위는 좋은 것으로, 다른 쪽은 마치 악마인 것처럼 잘못 이해한다. 그러나 바로 우리가 만든 이미지를 우리의 적도 똑같이 거울 이미지화하여 지각한다. 따라서 오해가 벗겨질 때까지 적과 함께 사회적 딜레마에 빠져 부족한 자원을 두고 경쟁하고 불공정을 지각하며 갈등은 계속된다.

㉢ 상대가 나의 가치나 도덕성을 공유하지 못한다고 간주하지 말고 상대는 상황을 다르게 인식할 수 있다고 간주하고 인식을 비교해 보는 것이 갈등상황에서 도움이 된다.

4 갈등을 심화시키는 심리

(1) 갈등의 접근차원

① **관계 vs 과업차원**

㉠ 갈등을 인간관계의 문제로 지각하는 사람들은 갈등이 관계에서 유발되었거나 관계에 영향을 줄 것으로 생각한다.

㉡ 갈등을 과업의 문제로 지각하는 사람들은 갈등이 금전이나 소유권 등과 같은 비인간적인 것에 의해 비롯된다고 본다.

② **감정 vs 인지차원**

㉠ 갈등을 감정적인 문제로 보는 사람들은 갈등으로 인해 시기, 증오, 분노, 좌절, 고통, 배반감 등이 증가할 것이라고 생각한다.

㉡ 갈등을 인지적 문제로 보는 사람들은 갈등에 포함된 사고나 신념, 사실 등에 관심의 초점을 둔다.

③ **승패 vs 타협차원**

㉠ 갈등을 승패의 관계로 보는 사람들은 어느 한쪽이 옳고 다른 쪽이 잘못했다는 식으로 혹은 어느 한쪽의 양보나 사과가 필요하다는 식으로 갈등상황을 파악한다.

㉡ 갈등을 타협해야 하는 것으로 보는 사람들은 갈등이 당사자 모두에 의해 야기된 것이며 갈등의 해결을 위해서는 타협이나 상호합의가 필요하다고 생각한다.

④ 전문적인 중재자는 갈등을 과업상의 문제, 인지적인 문제, 타협할 수 있는 문제로 지각하는 반면 갈등 당사자들은 갈등을 관계상의 문제, 감정적인 문제, 승패로 해결될 문제로 본다.

(2) 성공적인 협상전략

① 갈등의 현안을 갈등의 당사자들과 분리시킨다. 즉, 갈등을 적대적인 관계의 문제가 아니라 이해의 대립적 상황으로 본다는 것이다.

② 상대방의 입장을 공격하거나 스스로의 입장을 변명하려 들기보다는 현안문제, 이해의 대립에 초점을 맞춘다. 상대방의 관점을 이해하고 이를 상대방이 오해하지 않도록 상대방의 입장에서 명백히 진술한다.

③ 서로가 받아들일 수 있으며 상대방에게도 이익이 될 수 있는 제안을 모색하고 이를 실현시킬 수 있는 방법을 현실적으로 도출해낸다.

④ 타협책의 실천을 평가할 수 있는 객관적인 준거를 마련한다. 제3자가 객관적으로 평가해서 정당하다고 인정할 수 있는 준거를 마련하는 노력이 중요하다.

(3) 갈등을 심화시키는 인지요소

① **비양립성 오류**

사람은 자기중심적 사고를 하는데 자신이 중요하다고 생각하는 갈등의 측면은 상대방에게도 똑같이 중요한 것이라고 생각한다는 것이다. 그러나 자신에게는 중요하지 않지만 상대에게 중요한 것을 양보함으로써 상호이익을 얻을 수 있는 가능성을 인식하지 못한다.

② **투명성 과장오류**

자신의 목표와 동기를 상대방이 잘 알고 있으리라는 생각이다.

③ **소박한 현실론**

자신의 견해는 객관적이고 현실을 직시하고 있지만 상대방은 그렇지 않다고 여긴다. 자신은 남들보다 공평하고 정의로운 면이 많다고 생각하는 경향과 맞물려 스스로를 도덕적으로 정당화시킨다.

④ **사회적 자아중심성**

상대방이 보이는 행위는 그의 역할에서 비롯된 것이 아니라 개인적 특성에서 비롯된 것이라고 생각한다. 이것은 기본 귀인 오류 현상에 따른 것이다.

(4) 갈등상황에서의 인지통합성

중요한 사안이 걸린 갈등을 잘 해결하려면 상황에 대한 면밀한 분석과 다양한 정보의 통합적 조정이 필요하다. 통합이란 두 가지 면모를 모두 구비해야 하는데 하나는 변별과정으로 현안문제와 관련된 모든 면모와 차원을 세밀히 구별해 내는 과정이다. 다른 하나는 다양한 면모를 엮어내는 통합과정이다.

제2절 고정관념, 편견, 차별

1 고정관념의 원인

고정관념은 특정한 집단원들이 가진 것으로 여겨지는 속성에 대한 신념으로, 때로는 과장되고 부정확하고 새로운 정보에 저항을 일으키기도 한다. 어떤 집단에 붙여지는 고정관념적 특성이 모두 부정적인 것만은 아니지만 전반적으로 외집단에 대한 고정관념은 부정적이다.

(1) 인지적 요인

① 인지체계와 고정관념

㉠ 우리는 일반적으로 생각하는 것에 따라서 구분하려는 경향이 있다. 한 문화권 안에서 사람들이 일반적이라고 생각하는 것은 아주 비슷하다.

㉡ 고정관념은 인지적인 과정이기 때문에 긍정적일 수도 있고 부정적일 수도 있다.

㉢ 최소노력의 법칙에 따라 우리의 제한된 정보처리능력은 인지적인 구두쇠가 되어 다른 사람들을 이해할 때 대략적이고 어림잡아 생각하는 것이 합리적이다.

㉣ 어떤 집단에 대한 우리의 생각과 일치하는 정보는 주의를 더 끌게 되고 기억이 잘 될 것이며 결과적으로 그 정보를 더욱 강화시키게 된다.

㉤ 집단의 구성원이 우리의 기대에 따라 행동할 때마다 우리의 고정관념은 강화되고 일치하지 않는 사람을 보게 되면 그 사람은 예외적이라고 여긴다.

㉥ 고정관념이 경험에 기인하고 정확하다면 아주 효율적이지만 한 집단 속의 개인의 특성을 보지 못하는 것이라면 위험한 것이 된다.

② 착각상관

㉠ 어떤 두 가지가 상관이 있다고 기대해 버리면 우리는 실제로 상관이 없다고 해도 상관이 있다고 믿는 경향성을 가지고 있다.

㉡ '펠레의 저주', '입양을 하면 임신을 한다', '무슬림교도들은 테러집단이다'와 같이 우리 사회에는 많은 착각상관이 존재한다.

㉢ 사람들은 특이한 사건들에 민감하므로 일상적이지 않은 사건이 하나만 일어난 경우보다 특이한 두 사건들이 동시에 일어나면 특별한 주목을 받게 된다. 희귀질환을 앓고 있는 A가 살인을 저질렀다면 그 질환과 살인행위의 상관관계를 생각하게 된다. 특이한 사건들은 착각상관을 일으킨다.

③ 긍정적 고정관념

㉠ 아시아계 미국인들은 열심히 일하고, 야망이 있고 머리가 좋다고 여겨진다. 그러나 공부에 관심이 없는 사람들에게 이러한 기준은 원하지 않는 부담이 되며 각 나라별 아시아인들의 차이는 생각하지 않고 모두 하나로 인식한다.

㉡ NBA 선수 80% 이상이 흑인이므로 흑인은 운동을 잘한다고 생각하는 것은 흑인이 똑똑한 사람은 아니라는 의미를 포함할 수 있다.

④ 성에 대한 고정관념

㉠ 성별차는 과장되고 단순화되어서 같은 성별 내에서 발생하는 개인차를 무시한다. 예를 들어 '여성은 남성보다 수다스럽다'라는 고정관념이 있지만 실제 분석에 따르면 남녀 간에 말하는 단어의 수에 차이가 없었다.

㉡ 적대적 성차별 : 여성에 대한 부정적 고정관념을 말한다. 여성은 남성에 비해 머리가 좋지 않고, 능력이 떨어지며, 용감하지 않고, 수학과 과학을 어려워한다 등이다.

㉢ 자애로운 성차별 : 여성은 남성에 비해 동정심이 많고 더 친절하고 더 잘 돌봐준다 등이다.

㉣ 자애로운 성차별은 여성에 대한 적대감이 없어 편견으로 여기지 않는다고 생각하지만 이것은 여성에 대한 차별을 정당화하고 전통적인 성역할로 돌아가야 한다는 주장을 뒷받침하는 데 사용될 수 있다.

(2) 정서적 요인

① 편견의 감정적인 측면 때문에 이성적인 사람도 편견을 바꾸기가 매우 어렵다.
② 고정관념에 정서적인 것이 더해지면 특정 집단에 대한 편견은 바뀌기가 어렵다.
③ 중요한 정보를 처리할 때 사람은 완전히 객관적일 수 없고 우리의 감정과 필요, 자아개념이 섞일 수밖에 없다.
④ 우리는 일반적으로 사람들에 대한 생각이 얼마나 맞는지 확증하는 정보만을 본다.
⑤ 자신이 바꿔야 하는 태도에 대한 정보는 무시하는 경향이 있다.
⑥ 올포트(Goldon Allport)는 편견이 지적인 것을 넘어서 정서적으로 뿌리내리고 있다고 하였다.
⑦ 부정적인 감정에 깊이 뿌리박혀 있는 편견을 갖고 있는 사람은 자신의 편견이 잘못된 것이라고 알고 있다 하더라도 여전히 지속될 수 있다.
⑧ 따라서 외현적인 편견이 감소되고 있다고 하더라도 암묵적이고 무의식적인 부정적 감정도 함께 감소되고 있는지에 대해 생각해 볼 필요가 있다.
⑨ 자동적으로 작동되는 암묵적 태도는 마음속 깊이에 살아남아 있는 부정적 감정으로 나타나게 된다.

(3) 행동적 요인 : 차별

① 고정관념은 편견을 만들고 편견은 특정 집단을 불공평하게 대하도록 만드는데 이것을 차별이라고 부른다.
② 차별은 특정 집단의 일원이라는 이유만으로 그 사람에게 부당하게 행해지는 부정적이거나 적대적인 행동을 말한다.
③ 보통 사회에서 환영받지 못하는 집단은 공식적으로든 우회적으로든 차별을 경험하게 된다.
④ 오늘날 학교나 직장에서 드러나는 차별을 하는 것은 불법이다. 그러나 고정관념과 편견은 삶에 스며들어 있어 행동으로 잠재적으로 표현되고 있다.
⑤ 인종(흑인), 성(여성의 사회적 위치), 외모(날씬하고 예쁜 여성에 대한 선호), 동성애자, 다른 민족(외국인 노동자, 코피노) 등에 대한 차별이 일반적으로 존재한다.
⑥ 고용주들의 행동에 관한 연구는 사회적 거리로 측정될 수 있는 일종의 차별을 보였는데 피고용인에 대한 태도에서 어떤 집단의 사람들과 가까이하기를 꺼리는 모습을 보였다.
⑦ 미국에 살고 있는 백인, 흑인, 아시아인, 유대인, 히스패닉을 대상으로 한 설문에 따르면 각 민족집단은 다른 민족과 이웃으로 산다거나 결혼을 하는 것에 대한 강한 거부감을 가지고 있다.

2 편견의 원천

편견은 어떤 사람이 소속되어 있다고 생각되는 집단에만 오로지 근거하여 그 사람에 대해 갖는 부정적인 태도를 말한다. 즉, 어떤 집단과 그 구성원들에 대해 미리 갖고 있는 부정적 판단이 편견의 핵심이다. 편견을 일으키는 부정적 평가는 고정관념이라는 부정적 신념에 의해 지지된다. 어떤 집단에 속하는 것 자체가 편견의 대상이 될 수 있다. 예를 들면 인종, 피부색, 종교, 성별, 출신 국가, 신체특징, 장애 등 모든 것이 잠재적 편견의 대상이 될 수 있다.

(1) 사회적 원천

① 불평등한 지위

㉠ 불평등이 존재하면 편견은 부나 권력을 가진 사람들의 경제적 사회적 우월감을 유지시키는 데 일조한다.

㉡ 역사적으로 19세기 정치가들은 흑인들은 '열등하고', 여성들은 '연약한' 것으로 규정지었다.

㉢ 여성을 열등하게 생각하는 남성들은 여성을 칭찬하지만 여성들의 일자리는 마련해 주지 않는 것으로 자신들의 지위를 유지하기도 하였다.

㉣ 우리는 대체로 높은 지위에 있는 사람들의 능력은 존경하지만 낮은 지위에 있으면서 우리의 의견에 동의해 주는 사람들을 좋아한다.

㉤ 약자인 사람(장애인, 흑인, 전통적 여성 등)의 능력은 인정하지 않지만 그들의 정서적, 신체적 능력은 좋아한다.

㉥ 능력이 있거나 자기주장을 하는 사람들은 존중은 하지만 좋아하지는 않는다.

㉦ 사회적 지배경향성이 높은 사람은 자신들이 속한 집단이 더 높은 지위에 있기를 원하고 자신도 그 위계의 정점에 있기를 바란다.

㉧ 높은 지위에 있고 싶어 하는 욕구는 편견이 수반된 높은 사회적 지배성을 갖게 하고 그러한 편견을 정당화시키는 정치적 입장을 지지한다.

㉨ 사회적 불평등은 편견만이 아니라 불신을 가져오고 비협조를 보인다.

② 사회화

사회화되는 과정에서 편견이 시작될 수 있다. 아동들의 암묵적인 태도는 그들 부모의 명시적인 편견을 반영하기도 한다. 정치적인 성향, 배우자를 찾는 것, 가사노동을 나누고 누구를 믿고 말고 하는 모든 종류의 정보는 가족과 문화로 계승된다.

㉠ 권위주의적 성격

- **자민족 중심**적인 사람들은 자신이 속한 집단의 권위에 대한 복종적인 존중과 같은 경향성을 공유하고 있었다.
- 권위주의적인 사람들은 자신보다 더 힘 있는 사람들에 대하여는 복종적이 되고, 자신보다 약한 사람들에 대하여는 공격적이고 가혹한 성향을 보인다.
- 도덕적 우월감은 열등하다고 보이는 사람들에 대하여는 무자비하게 반응하게 만들었다.

예

흑인, 동성애자, 노숙자, 여성, 노인, 비만자 등에 대한 편견

- 사회적 지배경향성이 높으면서 권위주의적인 사람들은 가장 편견이 심한 사람들이다. 흔히 이들은 수단·방법을 가리지 않고 자신의 지위를 지키려 하기 때문이다. 드물지만 이들은 혐오집단의 리더가 되기 쉽다.

㉡ 종교와 편견
- 사회적 불평등으로 이익을 보는 사람들은 자신들의 현실에 대한 정당화로 신앙을 이용하기도 한다.
- 많은 나라에서 지도자들은 현재의 질서를 정당화하는 데 종교의 힘을 이용하였다.
- 올포트(Goldon Allport)는 종교는 편견을 만들기도 하고 편견을 없애기도 한다고 하였다.

㉢ 동조
- 편견이 사회적으로 받아들여지면 많은 사람들이 별다른 저항 없이 따른다.
- 연구에 따르면 사회적 규범에 동조를 많이 하는 사람일수록 더 편견을 보였고, 동조를 덜 할수록 주변의 편견을 덜 따랐다.
- 일하는 여성의 아이들은 남녀역할에 대한 고정관념이 덜하였다.

③ **사회제도와 미디어**

㉠ 사회제도들도 공적인 정책이나 수동적으로 현상유지를 강화해서 편견을 조장할 수 있다.

㉡ 학교 교재나 신문잡지에 남성이 여성보다 많이 등장했다. 이렇게 영화와 텔레비전에서 나오는 등장인물은 암묵적인 인종편견이나 직업적 편견을 만들 수 있다.

㉢ 제도적 차별
- 사회에서 적용하는 인종차별이나 성차별적 제도는 그 대상에 대한 편견을 야기한다. 만약 소수인종이나 여성이 전문직에 종사하지 못하는 제도 하에 살고 있다면 소수인종이나 여성의 선천적인 능력에 대해서 부정적인 태도를 형성하게 될 가능성이 크다.
- 또한 집단의 기대에 부응하기 위해서 집단의 의견에 따르는 경향을 보이는데 이러한 규범적 동조는 사람들이 비록 자기 자신이 편견을 가지고 있지 않다고 하더라도 사람들의 편견에 동조하거나 제도적 차별의 압력에 의해 동조할 수 있다는 것을 보여준다.

㉣ 경제적 경쟁

제한된 자원은 집단 간 분쟁을 일으키고 결과적으로 편견과 차별을 증가시킨다. 초기에 어떤 마을에 이민자들이 들어왔을 때 그들에게 큰 적대감은 없었다. 그러나 일거리가 줄어들면서 편견이 만연하게 되었다. 그 지역 사람들은 새로운 이민자들에게 적개심을 가지고 공격적으로 대하며 이민자들에 대한 고정관념과 편견을 만들어 갔다.

용어 설명

- **권위주의적 성격**: 권위에 복종하고 외집단이나 지위가 낮은 사람들에 대하여 관용을 보이지 않으려는 성격
- **자민족 중심주의**: 자기 민족과 문화가 우월하다는 생각과 이에 따라 다른 집단들을 멸시하는 신념

(2) 동기적 원천

① **좌절과 공격**

㉠ 풍요로운 시절에는 인종 간 평화를 유지하기 쉬웠다.

㉡ 1차 세계대전에서 패한 독일은 유태인을 문제의 원흉으로 보게 되었다.

ⓒ 911 테러 이후 공포와 분노는 이민자들과 중동출신자들에게 향하였다.

ⓓ 경쟁도 편견을 가져올 수 있는데, 제한된 자원을 놓고 집단들이 싸우면 편견이 생긴다고 본다. 미국에서 저소득층은 이민자들이 일자리를 빼앗아 갔다고 여기기 때문에 이민자들에 대한 편견을 만들었다.

② **사회정체성**

사람들은 자신들이 속한 집단으로 자신들을 정의한다. 우리는 자기 자신이 존중받는 것뿐 아니라 우리의 집단에 대한 자부심도 필요하다. 우리가 속한 집단이 다른 집단들보다 우월하면 더 나은 느낌을 가질 수 있다. 따라서 사회정체성이 중요하고 이것에 더 연결될수록 다른 집단으로부터 오는 위협에는 더 편견적이 된다.

㉠ 내집단 편향 : 자기가 속한 집단에게 유리하게 하려는 경향성을 내집단 편향이라고 한다. 이것은 어느 한 집단에 들어가는 경험만으로도 촉진된다. 기출

- 내집단 편향은 자신의 긍정적 자아개념을 표현하고 지지한다.
- 우리 집단이 이기면 더 강한 동일시를 할 수 있다. 또한 친구의 탁월한 수행이 자신의 정체성과 관련이 없을 경우에 반사영광을 즐긴다.
- 외부집단에 비하여 자기 집단이 작고 더 낮은 지위에 있을 때 내집단 편향의 가능성이 더 높다.
- 실험결과에 따르면 내집단 편향은 내집단에는 호의적이며 외집단에는 비호의적이었다.
- 사람들은 외집단원들과 함께 있을 때와 같이 내집단 정체성이 예민해지면 외집단 고정관념이 활성화된다.
- 다른 집단은 그르다는 생각뿐 아니라 자신의 집단은 옳다고 생각하는 데서도 발생한다.

㉡ 지위, 자애 그리고 소속의 욕구

- 어떤 편견이 주는 심리적 이익이나 어떤 신분제도로 인한 심리적 이득은 우월감이다.
- 사회・경제적으로 낮은 단계에 있거나 하락하는 사람들, 긍정적 자아 이미지가 위협받는 사람들에게서 편견이 보인다.
- 높은 자기수용감을 가진 사람들은 외집단을 긍정적으로 평가하였고 자긍심이 위협받으면 외집단을 폄하시켜서 떨어진 자긍심을 회복하려는 자기 이미지와 편견 간의 관계가 확인되었다.

③ **편견을 피하려는 동기**

㉠ 동기는 편견을 일으키게도 하지만 편견을 피하게도 한다.

㉡ 호의적이지 않은 대상에 대해 상호작용하는 상상만으로도 호감도가 올라간다.

㉢ 편견을 피하려는 동기는 사람들로 하여금 자신들의 사고와 행동을 바꿀 수 있게 할 수도 있다.

㉣ 어떻게 느끼는지와 어떻게 느껴야 마땅한지 사이의 차이를 인식하는 자기의식을 가진 사람들은 죄의식을 느끼게 되고 자신들의 편견적 반응을 억제하려고 한다.

용어 설명

사회정체성 : 우리 집단 소속감에서 나오는 '나는 누구인가'에 대한 응답의 일부

(3) 인지적 원천

고정관념적 사고와 편견적 태도는 사회적 조건화와 적대감을 다른 사람들에게 전이시키기 때문만이 아니라 정상적인 사고과정의 부산물로도 나타날 수 있다. 많은 고정관념은 나쁜 마음에서가 아니라 의식의 작동과정에서 나올 수 있다. 즉, 우리가 복잡한 세상을 단순화시켜 보려는 의식과정에서 발생한다는 것이다.

① **범주화**

범주화는 공통적인 특성으로 대상들을 집단으로 묶어 조직화하는 것이다. 이러한 과정은 우리가 대상들을 쉽게 생각할 수 있게 한다. 우리는 그 대상이 어느 집단에 속했는지 알면 최소한의 노력을 들이고 유용한 정보를 얻어낼 수 있다. 따라서 고정관념도 인지적 효율성을 보이는 과정이라고 할 수 있다.

㉠ 자연적 범주화

인종과 성별로 사람들을 나누는 것은 간편하면서도 강력한 수단이 된다. 사람들은 보통 다른 사람을 인종으로 자연스럽게 범주화하는 경향이 있다. 연구에 따르면 인종적 편견을 가진 사람들은 그렇지 않은 사람에 비해서 애매한 인종단서를 보았을 때 그 사람을 범주화하는 데 더 많은 시간이 걸렸다. 이것을 '우리'와 '그들'을 분류하는데 신중했음을 보이는 것이었다.

㉡ 유사성과 차이의 지각

- 사람들은 집단으로 나누어 놓으면 같은 집단 안의 유사성과 다른 집단들 간의 차이를 과장하기 쉽다.
- 집단을 나누기만 해도 집단원들은 '저 사람들은 모두 비슷해'라고 하는 인식인 **외집단동일성 효과**를 만든다.
- 이러한 효과는 우리와 비슷하게 보이는 사람들을 좋아하고 우리와 다르게 보이는 사람들을 싫어하는 결과로 내집단 편향성을 가져온다.
- 집단의사결정의 단순한 사실도 외부인에게는 집단의 만장일치로 과다추정하게 한다.

> **예**
>
> 보수파가 근소한 차이로 선거에서 승리했을 때 관찰자는 '유권자들이 보수 쪽으로 돌아섰다.' 라고 추정하는 것이다.

- 자기인종편향 : 사람들은 자기가 속한 인종들의 얼굴을 더 정확하게 인식하는 것으로 나타났다. 백인들은 백인의 얼굴을 흑인은 흑인의 얼굴을 더 잘 식별해 내었다.
- 사람들은 자기의 연령대와 같은 사람들을 더 잘 재인하였다. 이것은 우리가 다른 집단의 얼굴들 간의 차이를 알아차리지 못한다는 것이 아니라 다른 인종집단에 나온 얼굴을 볼 때 개인적인 특징보다 먼저 집단("저 사람은 청년이다")에 주목한다는 것이다.

② **특이성**

㉠ 내가 청일점, 홍일점으로 있는 상황은 다른 사람들과의 차이 때문에 더 주목받고 더 관심의 대상이 될 것이다.

㉡ 사람들은 상대가 가진 특징적인 행동과 특성들로 그 사람을 정의한다. 예를 들면 '아주 큰 키', '눈에 띄게 짙은 눈썹', '이구아나를 애완동물로 키운다', '취미가 빙벽 클라이밍'과 같은 것들이다.

㉢ 사람들은 자신과 다른 특이한 특성, 혹은 일상적이지 않은 특성을 가진 사람들에게 주의를 집중하는 경향이 있다.

㉣ 신체적 장애나, 외모의 특이성 등 타인과 다른 특성을 가지고 있는 사람은 상대방이 자신을 어떻게 보는지에 아주 민감한 반응을 보인다. 따라서 상대의 일반적인 반응에도 적대감을 갖는 것으로 나타났으며 부정적 태도를 예상하고 오해를 함으로써 시비를 걸기도 한다.

㉤ 자신을 보편적인 편견의 피해자로 지각하는 것의 장점은 개인적 자존심을 지켜준다는 것이다. 즉, 누군가가 기분 나쁘게 말을 한다면 그것을 나 개인에게 하는 행동이 아니라고 인식하며 사회적 정체감을 높여주고 집단적으로 사회적 행동을 하도록 준비시킨다. 단점은 상대를 위협적인 고정관념과 적개심을 가지고 보며 자신을 희생자로 여기고, 스트레스를 받고 낮은 안녕감을 갖는다.

㉥ 사람들은 생생하게 기억되는 하나의 사례로 일반화하는 오류를 범하기도 한다. 박찬호나 추신수 선수를 아는 미국인들은 한국인들이 야구를 잘하는 사람들이라고 생각할 것이다.

③ 귀인

우리는 다른 사람의 행동이 그들의 내부기질에서 비롯된 것이며 중요한 외부상황을 덜 고려한다. 이러한 오류는 우리가 그가 놓인 상황보다는 그 사람 자체에 초점을 두기 때문일 수 있다. 인간의 특성들이 고정된 기질이라고 볼수록 더 강한 **고정관념**을 가질 것이다.

㉠ 집단고양 편향

우리는 자기집단의 성원들이 보인 애매한 행동은 호의적으로 본다. 그러나 외집단원의 행동은 흔히 악의적으로 본다. 외집단원이 보인 긍정적인 행동은 자주 무시된다. 따라서 사람들은 외집단의 실패는 그 집단원의 기질 탓으로 돌려 비난하고 우리가 실패한 것은 노력하지 않은 탓이라고 여긴다. 집단중심편향의 **편견** 속에는 인지뿐 아니라 동기도 들어있음이 나타나는데 이는 피해자를 비난하면서 내집단의 우월적인 지위를 합리화할 수 있기 때문이다.

㉡ 공정한 세상 가설 기출

- 공정한 세상에 대한 가설은 사람들의 무의식 저변에 집단 간 차이를 정당한 것으로 받아들이는 심리를 이용해 체제를 정당화하는 이론이다.
- 안정된 집단관계에서 다수집단성원은 내집단 편애현상을 보이며 그런 관계를 정당하다고 여긴다.
- 소수집단성원은 불이익을 받아들이며 외집단 동경현상을 보이면서 사회체제가 정당하다고 여긴다.
- 공정한 세상으로 바라보는 사람들은 강간피해를 입은 사람들이 단정하지 못한 행동을 했고, 매 맞는 배우자들은 맞을 짓을 했고, 가난한 사람들은 잘 살 노력을 하지 않았다고 생각한다. 이러한 생각은 부자나 건강한 사람들처럼 성공한 사람들은 그럴만한 자격이 있다고 보게 한다. 또한 명백히 운이 없어서 실패한 사람들도 배척을 한다.
- 공정한 세상이라는 가정은 아무리 노력해도 실패할 수밖에 없는 통제불가능한 요인들을 외면하는 것이다.
- 개인주의 문화에 비해 집단주의 문화는 집단이 선택되기보다는 주어지고, 이탈에 대해서도 제약이 많이 따른다. 따라서 자기 집단이 상대적 열등성을 인정하는 체제정당화심리가 수용된다.

용어 설명

- **외집단 동일성 효과**: 외집단원들을 내집단의 성원들보다 더 비슷하다고 지각하는 것으로 '저들은 모두 비슷하고 우리와는 달라.'라고 생각하는 것
- **고정관념**: 특정한 집단원이 가진 것으로 여겨지는 속성에 대한 신념
- **집단고양 편향**: 자기 집단이 한 부정적인 행동원인은 성격이 아닌 상황 탓이라고 변명하면서 외집단의 긍정적 행동을 폄하하고 그들의 부정적 행동은 그들의 성격 탓으로 돌리는 것
- **편견**: 어떤 사람이 소속되어 있다고 생각되는 집단에만 오로지 근거하여 그 사람에 대해 갖는 부정적인 태도

3 편견의 결과

(1) 고정관념의 자기영속화

① 편견은 우리가 효율적으로 미래를 예측하는 판단(예단)이 되기도 한다.

② 살아가면서 예단은 불가피한 것이다. 우리는 사회적 문제들을 판단할 때 우리가 갖고 있는 고정관념들을 논리적으로 따져보고 모두 계산해서 문제를 판단하기는 어려울 것이다.

③ 편견은 자기영속적으로 우리의 해석에 영향을 준다. 한 집단의 구성원들이 기대대로 행동하면 우리는 마땅히 사실로 받아들이고 우리가 가진 이전의 생각을 확인해 준다.

④ 우리가 일단 어떤 대상을 특정한 범주에 포함시키고 나면 후에 그것을 기억할 때 그 대상의 세부 특징들을 그 범주에 좀 더 적합한 것으로 기억을 바꿀 수 있다.

예

대학생들에게 70%는 남성, 30%는 여성의 얼굴을 합성한 사진을 보여줬을 때 학생들은 이 얼굴을 남성의 얼굴로 대답하였다. 나중에 그 얼굴을 회상하게 하였을 때 학생들은 실제보다 더 남성적인 얼굴로 기억한다는 것이다.

⑤ 고정관념은 그 자체가 현실을 만들 수도 있다. 사실이 아니라고 해도 일단 고정관념이 생기면 그것은 현실이 되기도 한다.

⑥ 상대에 대한 부정적 고정관념을 가지고 있으면 그 사람의 호의적인 행동도 가식적인 것으로 판단하며 영속화시키고 상대방의 진심을 알려고 하지 않는다.

⑦ 부정적인 편견은 사람들의 수행에 지장을 주고 **차별**을 해석하는 데에 영향을 준다.

용어 설명

차별: 특정집단이나 그 집단원에 대한 불공정한 부정적인 행동

(2) 자기예언적 효과

① 만약 내가 A를 멍청하다고 생각하며 그 사람을 대한다면 A는 내 앞에서 지적인 대화를 하지 않을 가능성이 크다.

② 또한 나는 A에게 흥미 있는 이야기를 하지 않을 것이고 그의 이야기도 제대로 듣지 않을 것이다.

③ 이러한 행동은 A의 행동에 중요한 영향을 미친다. A는 자신이 가지고 있는 여러 지식들을 활용하지 않을 것이다.

④ 그러한 행동은 A가 멍청하다는 믿음을 확고하게 한다.

(3) 고정관념의 위협

① 자신이나 타인의 눈으로 봤을 때 자신의 집단에 대한 부정적인 고정관념을 확증시켜 주는 식으로 자신이 행동하게 될지도 모른다는 것에 대한 염려를 말한다.

② 사람은 부정적인 고정관념을 만나면 이에 근거하여 자신이 평가되리라는 염려를 갖고 행동하게 된다.

③ 이러한 태도는 자신이 팀에 방해가 된다는 걱정과 자신감을 잃게 만들어 수행을 낮추는 결과를 가져온다.

④ 일반적인 고정관념은 남성이 여성보다 수학을 잘한다는 것이다. 따라서 어떤 시험이 남녀 간의 수학풀이능력 차이를 보는 것이라고 알려줬을 때 여성들은 남성보다 낮은 점수를 보였다.

⑤ 고정관념의 위협은 소수자, 여성, 사회・경제적 지위가 낮은 사람들의 수학, 언어 또는 전반적 지능검사 결과를 악화시키는 것으로 나타났다.

⑥ 노인들의 기억능력, 여성의 운전능력, 인종 고정관념에 직면한 운동선수의 경기능력, 정서적 과업에 대한 남성들의 수행, 여성의 협상기술을 약화시키는 것으로 나타났다.

⑦ 고정관념 위협이 수행을 더 약화시키는 조건

㉠ 부정적인 고정관념이 그 상황에서 현저하게 나타날 때(어려운 수학과제 수행집단에서 혼자만 여성일 때)

㉡ 부정적 고정관념을 강하게 의식하거나 집단을 강하게 동일시해서 정체성이 만성적으로 나타날 때

㉢ 자신의 집단이 열등한 것으로 낙인찍힌 능력을 가지고 주어진 과업을 측정할 때

㉣ 자신의 수행이 그 과업에서 우월하다고 고정관념화된 집단과 비교될 것이라고 믿고 있을 때

㉤ 의도적으로 고정관념을 상기시킬 때

㉥ 성공하는 것에 매우 신경 쓰거나 잘하기 위해 많은 노력을 할 때 실패할 수도 있다는 위협을 느낄 때

⑧ 고정관념 상승효과

㉠ 긍정적인 고정관념을 상기시키면 수행이 향상되는 것

㉡ 이러한 고정관념도 직접적 또는 명시적으로 전달될 경우 사람들은 그러한 높은 기대에 부응해야 한다는 압박을 느낄 수도 있음

(4) 편견 줄이기

① 인지적 방법은 편견을 부인해 주는 사례를 많이 접하게 하거나 편견과 반대되는 행동을 취하도록 하여 부조화를 유도하는 것이다.

② 집단 간 접촉을 증가시키는 것이 효과적인데 이것이 성공적이 되려면 접촉은 동등한 지위에서 장기적으로 이루어져야 하며 상호협조적인 의존관계를 형성하게 되고 편견을 없애는 규범이 마련되어야 한다.

③ 집단 간 교류는 낯선 집단에 대한 불안을 감소시키며 공통된 부분을 발견하게 만들어 상대집단이 주는 상징적 위협을 감소시키므로 편견을 줄이거나 해소하는 데 효과적이다.

④ 사람들이 무리를 짓고 범주화하는 것은 자연적인 특성 때문에 이루어지는 것이 아니라 필요에 의해서 채택되는 준거가 적용되기 때문이다. 따라서 재범주화 및 다문화주의에 의한 편견・편차의 감소가 가능하다.

⑤ 탈범주화는 집단범주를 인정하지 않고 개인으로서 존재를 인정하고 교류를 하도록 하는 접근이다. 다문화주의는 집단범주를 인정하되 서로를 인정하고 존중하는 태도를 지향하는 것이다.

⑥ 재범주화는 두 집단이 공유하고 있는 다른 범주나 상위범주를 환기시켜 범주화하는 것이다. 재범주화가 효과를 거두기 위해서는 범주의 **전형성**이 유지되어야 한다. 기출

용어 설명

전형성: 어떤 범주의 한 구성원이 그 범주의 다른 구성원들을 대표하는 정도

4 한국사회의 편견과 차별

(1) 성차별주의

① 현대의 성차별주의는 노골적인 경향에서 벗어나 양가적 형태를 지니고 있다. 즉, 전통적인 남녀의 권력구조를 바탕에 깔고 여성의 가치를 인정하는 온정적 성차별주의 양상을 보인다.

② 온정적 성차별주의는 여성을 우대하는 듯 보이지만 전통적 역할을 유지하는 여성에 대해 보상하고 격려하며 친밀감을 보이는 것이다.

③ 온정적 성차별주의는 남성의 지배논리를 밑바탕에 깔고 있어 여성을 남성과 동등하게 보는 관점과는 거리가 멀다.

④ 한국의 성평등지수는 많이 개선되었고, 가시적인 차별은 많이 없어졌지만 여전히 전문직, 학술직종에 종사하는 여성의 비율은 낮은 편이다.

⑤ 지방거주자가 서울거주자보다 성차별 의식이 상대적으로 높은 것을 보인다.

⑥ 여성 개인에 대한 성차별행위는 금기시되는 양상이 높아졌지만 여전히 문화적으로는 깊게 자리하고 있다. 많은 범죄의 희생자가 여성이며, 여성이 저지른 행위들에 대해 이름을 붙여(된장녀, 김여사 등) 마치 여성들만이 그런 행위를 한다는 착각을 일으키게 된다.

(2) 지역에 대한 고정관념

① 어느 나라나 지역에 대한 고정관념은 존재한다. 우리나라는 영·호남 지역민에 대한 인식에 많은 고정관념이 작용한다.

② 영남 지역민들은 고집이 세고 성급하며, 생활력과 단결력이 강하다. 호남 지역민들에 대하여는 반항적이며, 악착같고 뒤끝이 나쁘다는 고정관념이 있다.

③ 호남인들에 대한 거부감이 타 지역민에 비해 높게 나타나는 경향이 있다.

④ 출신지역으로 인한 피해를 본 사실에 대한 조사에서 호남인들은 다른 지역에 비해 훨씬 높은 것으로 나타났다.

⑤ 영호남 지역감정을 분석한 연구들은 각 지역의 감정이 다른 심리에 기반을 두고 있음을 보였는데 호남사람의 지역감정은 그들이 받아온 정치·사회적 차별에 근거하고 있으며, 영남사람의 지역감정은 호남사람의 성격 및 행동 양식에 대한 불신에 기반을 두고 있다.

⑥ **다원적 무지**

㉠ 대구의 경우 호남인들에 대한 부정적인 태도를 갖고 있는 사람들은 실제 44%이지만 84%의 자기 지역민들이 호남인들을 싫어할 것이라고 생각한다. 반대로 광주인들 역시 실상은 35%, 인식은 73%로 나타난다.

㉡ 광주인들의 35%가 대구 지역민을 부정적으로 보고 있는데 대구인들은 광주인의 86%가 자신들을 나쁘게 생각한다고 믿고 있다. 반대로 대구인들의 44%가 광주인들을 부정적으로 보고, 광주 응답자들은 대구인들의 84%가 광주 사람들을 나쁘게 본다고 생각한다.

㉢ 이러한 과잉지각은 지역감정을 지속적으로 존속시킬 가능성을 높이는 원인으로 작용할 수 있다.

㉣ 영호남인들의 실제 태도와 인식차에 따른 과잉지각

구분	상대 지역민들에 대한 실제 비호감도		아마도 우리 지역사람들은 저들을 이렇게 생각할 것이다		아마도 저 지역 사람들은 우리를 이렇게 생각할 것이다	
지역	영남	호남	영남	호남	영남	호남
비호감도(%)	44	35	84	73	86	84

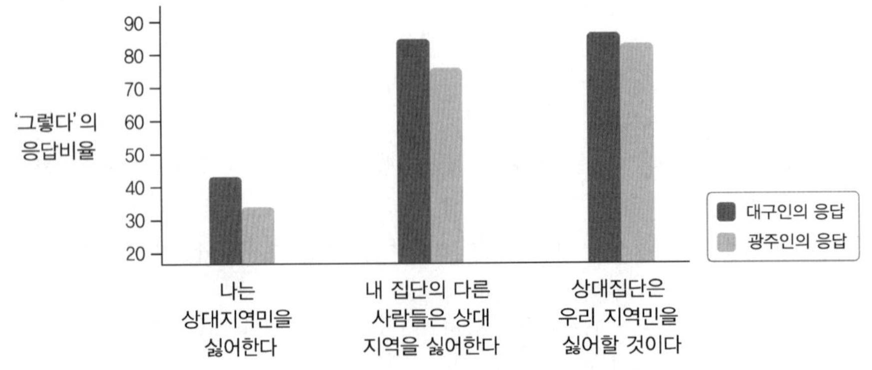

[지역감정의 다원적 무지 측면]

용어 설명

다원적 무지: 다른 사람들도 나와 같은 생각을 하고 있을 것이라고 생각하는 것이다. 즉, 수업시간에 이해가 잘 되지 않으면 다른 사람들도 그럴 것이라고 생각하는 것

(3) 소수집단에 대한 인식과 차별

① 다양한 집단에 대한 혐오도를 파악한 연구(임재형, 김재신, 2014)에서 전국 성인표본을 대상으로 여러 집단을 제시하고 가장 싫어하는 집단을 고르게 하였을 때 45%의 사람들이 종북세력, 21%가 동성애자, 10%가 뉴라이트를 꼽은 것으로 나타났다.

② 종북세력에 대한 혐오는 연령대가 높을수록, 뉴라이트에 대한 혐오는 젊을수록 높게 나타나는 경향을 보였다.

③ 동성연애자에 대한 혐오도는 나이 든 층에서 강하게 나타나고 있지만 젊은 연령대에서는 덜 나타나고 있었다.

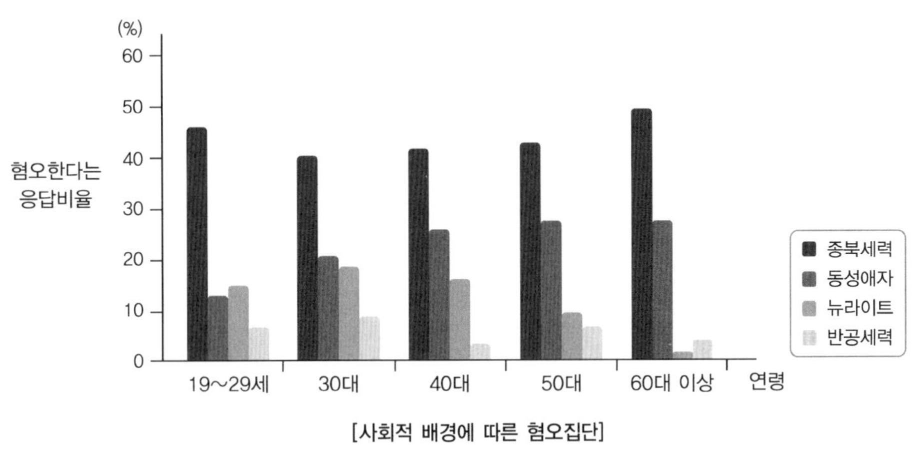

[사회적 배경에 따른 혐오집단]

(4) 외국인집단에 대한 인식

① 영호남인을 포함, 새터민, 북한사람, 이주노동자에 대한 신뢰감 조사에 따르면 내국인집단에 대하여는 신뢰할 수 있다는 쪽의 응답을 보였으나 새터민, 북한사람, 이주노동자에 대해서는 신뢰할 수 없다는 응답을 보이는 경향이 발견되었다.

② 이들 집단에 대한 거리감은 한국인으로서 정체감을 강하게 가진 사람들에게서 높게 나타났다.

③ 백인에 대하여는 긍정적인 단어와의 연상이 쉽지만 동남아인에 대하여는 부정적인 단어와의 연상이 빨리 이루어지는 차별적 현상이 나타났다.

④ 외국인집단에 대하여 갖는 이중적 차별태도에 크게 영향을 미치는 심리기제는 민족주의 경향성보다는 선진국 담론 의식(선진국은 우월하다 등)인 것으로 나타났다.

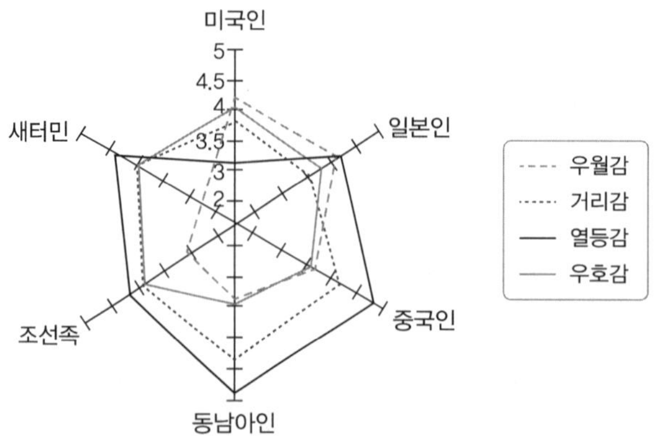

[외국인이 한국인과의 관계에서 갖고 있다는 특징의 인식]

제3절 집단 간 갈등의 해소

1 쌍방향 관심모형

갈등상황을 해소하기 위하여 사람들은 다양한 행위를 취한다. 이러한 행위가 지닌 효과 중 하나는 자신에게 돌아오는 결과에 대한 관심이고 다른 하나는 상대방에게 돌아가는 결과에 대한 관심이다. 이것을 쌍방향 관심모형이라고 한다. 자신에 대한 관심이 크다면 자신의 요구를 내세우며 쉽게 양보할 수 없다. 상대방에 대한 관심이 크다면 상대방의 요구를 긍정적으로 검토하며 양보를 어렵지 않게 할 수 있다. 두 가지 관심이 모두 높으면 쉽게 양보할 수 없고 양쪽을 만족시키는 해결책을 찾는 문제해결적 대안모색이 나타나며 두 가지 관심이 모두 낮다면 갈등을 회피하거나 관계를 단절하거나 방관하는 행위가 나타날 것이다.

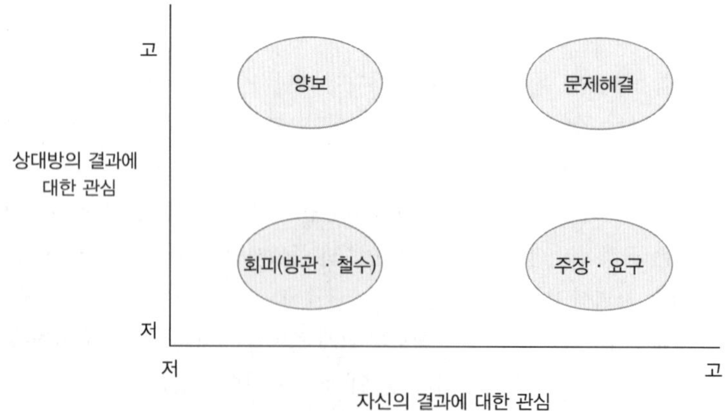

[갈등대처행위의 쌍방향 관심모형]

2 접촉

(1) 접촉과 태도의 예측

일반적으로 접촉은 관용적 태도를 예언한다. 조사에 따르면 접촉의 증가는 편견의 감소를 예측하게 한다는 것이다. 특히 다수집단의 소수집단에 대한 태도에서 그러하였다. 최근 연구에서 접촉과 긍정적 태도의 상관관계가 확인되었다.

① 남아프리카 백인과 흑인의 인종 간 접촉이 많을수록 편견을 덜 느끼고 그들의 정책태도는 다른 집단의 정책태도에 더 공감하였다(Dixon 외, 2007; Tredoux & Finchilescu, 2010).

② 백인과 흑인이 우호적으로 접촉할수록 서로에 대한 그리고 히스패닉과 같은 다른 외집단에 대한 태도가 좋아졌다(Tausch 외, 2010).

③ 이성애자들이 게이와 레즈비언과 접촉할수록 더 수용적이게 되었다(Smith 외, 2009).

④ 네덜란드 청소년들이 이슬람교도와 접촉할수록 더 이슬람교도를 수용하였다(Gonzalez 외, 2008).

⑤ 이야기를 읽거나 상상을 통해 또는 외집단 친구를 가진 친구를 통한 간접적 대리접촉 역시 편견을 감소시킨다(Cameron & Rutland, 2006; Crisp 외, 2011; Turner 외, 2007a, 2007b, 2008, 2010).

⑥ "확장된 접촉효과"라 불리는 간접접촉의 효과는 또래집단을 통해 더욱 긍정적인 태도를 퍼뜨린다(Christ 외, 2010).

(2) 차별철폐의 인종적 태도의 개선

많은 연구에 따르면 차별철폐 동안 그리고 직후에 흑인에 대한 백인의 태도가 눈에 띄게 개선되었다. 다양한 집단의 사람들에게 인종적 접촉은 편견을 감소시켰다. 사람들은 현존하는 방식을 인정하는 경향성 즉, '체제정당화'를 보이는데 인종통합이 이루어진 주택단지의 백인여성들은 인종혼합적 주거에 더 호의적이고 흑인에 대한 태도가 향상되었다고 한다. 그러나 다른 여러 연구들에서 인종적 태도는 차별폐지에 의해 거의 영향을 받지 않았다고 결론지었다. 흑인들에게 주목할 만한 차별폐지의 결과는 백인의 태도가 아니라 백인이 우세한 인종통합적 대학에 입학할 가능성이 증가한 것이고 통합된 이웃과 사는 것, 통합된 환경에서 일하는 것이었다.

(3) 인종적 태도의 개선

① 불안과 편견에 따른 인종적 태도

단순노출이 호감을 일으킬 수 있다면 다른 인종의 얼굴에 노출되는 것이 낯선 다른 인종에 대한 호감을 일으킬 수 있을 것인가? 차별금지가 실시된 학교에서 조사한 것에 따르면 백인은 백인과, 흑인은 흑인들과 관계를 맺었다. 차별이 철폐된 이웃, 카페, 식당 역시 인종통합적인 상호작용을 형성하지 못하였다. 다양한 연구들은 다양한 결과를 보여주는데 접촉이 편견감소에 도움이 되었다는 결론과, 편견이 접촉을 감소시켰다는 결론을 얻었다. 불안감과 편견은 다른 인종과의 관계에서 덜 친밀한 자기개방을 하는 것으로 나타났다. 또한 접촉을 증진시키려는 노력은 가끔 도움이 되기도 하지만 효과가 없기도 하다.

② **우정**

인종 간의 접촉에 관한 연구는 집단 간의 접촉이 초기에 일어나는 불안감을 감소시키기에 충분하다고 하였다. 다양한 인종 간의 개인접촉도 비슷한 효과가 있음을 보였다. 유학생들의 경우 그 나라 사람들과 접촉이 많을수록 그 나라 사람들에 대한 태도가 더 긍정적이었다. 외집단 구성원과 친구관계를 형성한 사람들은 외집단에 대해 더 긍정적인 태도를 발전시킨다. 편견과 갈등을 줄이기 위해 초기에는 집단의 차이를 줄이고 이후에는 그것을 인정하고 극복해야 한다.

③ **동등한 지위에서의 접촉**

많은 편견을 지닌 백인들이 구두닦이나 가사일 근로자인 흑인들과 빈번한 접촉을 가졌었다. 이러한 불평등한 접촉은 단지 불공평유지를 정당화하는 태도를 양산할 뿐이었다. 따라서 동등하지 않은 사람들 간의 관계는 그에 해당하는 태도를 낳고 동일하지 않은 지위의 사람들 간의 관계 또한 그렇다. 그러므로 편견을 줄이기 위해서는 인종 간의 접촉은 평등한 지위의 사람 사이에 이루어져야 한다.

3 협력

(1) 위기상황에서의 응집성의 형성

폭격과 같은 극단적인 위기에서 살아남은 사람들은 스스로 살아남아야 한다는 패닉보다는 협력과 결속의 정신을 보고하는 것으로 알려져 있다. 위협을 경험한 사람들 사이에서 우정은 공통적으로 일어난다. 공유된 외부의 위협은 집단구성원을 하나로 묶어주고 내집단의 민감성이 고조되며 동료의식이 급증하고 정치적인 결집효과를 일으킨다. 또한 한 집단의 멸종을 두려워하거나 상상하는 것만으로도 내집단 응집성을 강화할 수 있다. 따라서 지도자들은 집단의 단결을 자극하는 기술로 위협적인 외부의 적을 만들어내기도 한다.

(2) 상위목표의 달성과 협력

외부위협에 대하여 단결시키는 힘은 상위목표와 통합하는 힘과 밀접히 관련되어 있다. 그러한 목표는 집단을 일치시키고 협력을 요구한다. 두 집단으로 나뉘어 집단정체성이 형성되어 경쟁관계가 형성되었던 학생들 집단이 공동의 상위목표를 가지고 서로 협력하여 성공하였을 때 그들은 서로 우정이 싹트고 적개심은 사라졌다. 이러한 현상은 성인들을 대상으로 한 실험에서도 동일하게 나타났다. 공동의 적을 물리치는 상위목표는 전쟁에서 다른 국가들과 함께 연합군이라는 하나의 통합된 집단을 형성했다.
그러나 서로 갈등관계에 있는 집단들이 협동적인 노력에 실패한다면 그리고 상황이 실패에 대한 책임을 서로의 탓으로 돌리도록 허용한다면 갈등은 더 악화될 수 있다. 집단들은 이미 서로에게 적대감을 가지고 있었기 때문에 상위목표를 실패한다면 한 집단의 인색함과 이기심으로 귀인될 수 있을 것이다. 그것은 서로의 갈등을 완화시키기 보다는 오히려 한층 더 증폭할지도 모른다. 화합은 상위목표를 위한 노력과 목표달성에 의해 자라난다.

(3) 협력적인 학습

학생들이 범인종 간 협력적인 활동에 참여하는 경우 편견이 줄고 인종적 태도가 향상된 것으로 나타났다. 타 인종과 같이 놀고 일하는 학생들은 타 인종인 친구가 있고 또한 긍정적인 인종태도를 나타냈다. 성인도 역시 경쟁적이기보다는 협조적으로 일할 때 동료와 긍정적 관계를 가지며 성취 또한 높은 것으로 나타났다. 협력적인 학습은 모든 학생의 학문적 성취를 촉진하는 동시에 집단 간 관계를 향상시킨다. 또한 서로를 더 좋아하고 학교를 더 사랑하고 더 큰 자존감을 키운다.

인종관계 전문가는 인종통합을 실시하는 학교에서 인종 간 관계를 개선하는 가장 효과적인 방법은 협력적 학습이라고 하였다. 이렇게 협력적인 동등한 지위의 접촉은 초등학생부터 기업의 경영인에 이르기까지 모든 수준의 인간관계로 확장될 수 있으며 긍정적인 영향을 미친다. 분열된 우리 세계가 당면하고 있는 중대한 도전은 우리의 상위목표를 찾고 동의하며 그것을 달성하기 위해 협동적인 노력을 구축하는 것이다.

(4) 집단과 상위 정체성

일상생활에서 우리는 자주 다중적인 정체성을 조화시킨다. 우리가 다른 사람과 공유하는 다중적 정체성을 갖는 것은 사회응집성을 가능하게 한다. 다른 나라로 이민 간 2세대들은 부모 나라의 정체성을 덜 예민하게 받아들이고 새 국가에 대한 정체성이 더 강했다. 내가 속한 우리만의 집단을 좋게 보는 것은 스스로에게 좋은 느낌을 들게 한다. 긍정적인 민족정체성은 긍정적인 자긍심에 기여한다. 강한 민족정체성도 없고 강한 주류문화의 정체성도 가지지 않은 사람들은 종종 낮은 자긍심을 갖는다. 두 나라의 정체성을 모두 긍정하는 2개 문화의 사람들은 전형적으로 강한 긍정적인 자기개념을 가지고 있다. 다문화주의(차이를 즐기는 것)와 동화(가치와 풍습을 지배적 문화에 부응하는 것) 사이에는 통합 속의 다양성이 있다. 우리 사회의 모든 구성원들은 사회의 근본이라 여겨지는 기본가치와 제도를 존중하고 지지한다. 동시에 사회의 모든 집단이 그들의 독특한 하위문화(정책, 풍습, 제도 등)를 유지하는 것은 자유이다.

4 의사소통

(1) 교섭

강경한 자세와 설득적인 자세 중 어떤 것을 시작으로 하는 것이 더 좋은 결과를 이끄는 것인지 답을 하나 정하기는 어렵다. 한 실험에서 신형 스포츠카의 가격을 물어보는 것과 강한 태도를 보이며 저렴한 자동차의 가격을 요청하고 난 이후에 스포츠카의 가격을 물어 보았을 때 후자가 더 낮은 가격을 제안받았다. 강경한 거래는 상대로 하여금 더 적은 금액을 요구하도록 할 수 있다. 그러나 강경함이 때때로 반대의 결과로 끝날 수 있다. 파업이 장기화되면 노사 양측이 모두 손해(Lose-Lose 상황)를 보는 것처럼 강경하게 구는 것은 역시 양측 모두에게 손해를 주는 상황으로 갈 수 있다. 상대방이 똑같은 강경한 입장으로 반응하면 양쪽 모두 체면을 잃지 않고는 후퇴할 수 없는 상황이 만들어진다.

(2) 메디에이션

메디에이션이란 중립적인 제3자가 양쪽의 의견을 조사하고 확정한 것을 의무화하는 갈등해결방법을 의미한다. 제3의 중개자는 다투는 당사자들에게 양보하고 체면을 지킬 수 있는 제안을 한다. 만약 나의 양보가 중개자를 통해 상대로부터 똑같은 양보를 얻어낼 수 있다면 아무도 상대방의 요구에 자신이 손해를 본다고 생각하지 않을 것이다.

① Win-Win 전략으로 가기

중개자들은 건설적인 대화를 촉진시킴으로써 갈등해결에 도움을 준다. 먼저 당사자들이 갈등을 다시 생각해 보고 상대의 관심에 대한 정보를 얻도록 돕는다. 당사자들은 Win-Lose를 지향하면서 상대가 손해를 보는 것이 내가 이기는 것이라고 생각한다. 중개는 이러한 태도를 Win-Win 태도로 바꾸는 것을 목표로 한다. 양쪽이 갈등적인 요구를 미뤄놓고 상대방이 저변에 가지고 있는 욕구, 관심, 목표에 대해 생각하게 한다. 상호이익에 대한 양 당사자의 관심사를 조정하는 통합교섭은 서로가 보상을 받기 때문에 더 나은 관계로 발전할 수 있다.

② 통제된 의사소통

㉠ 대화는 자기충족적 오해를 감소시키는 데 도움이 된다.

㉡ 자신의 입장을 분명하게 하지 않고, 상대의 입장을 인정하지 않고, 쟁점을 회피한 두 사람은 실제보다 더 조화롭고 잘 합의하고 있다고 생각하며 실제 동의를 적게 하는 것이 더 동의를 하는 것이라고 믿었다.

㉢ 쟁점에 참여하고, 자신의 입장을 확실히 밝히고, 다른 사람의 시각을 고려하는 두 사람은 실제 합의를 더 얻어내고 상대의 생각에 대해 더 정확한 정보를 얻었다.

㉣ 갈등해결의 중요한 요소는 신뢰인데, 상대방이 좋은 의도를 가졌다고 믿는다면 나의 욕구와 걱정들을 더 많이 털어놓을 것이고, 신뢰가 결핍되면 내가 공개하는 것이 나를 반대하는 데 쓰일 수 있다고 생각할 것이다.

㉤ 두 상대가 서로 신뢰하지 못하고 비생산적인 의사소통을 할 때 제3의 중개자가 도움이 된다.

㉥ 두 당사자의 목표의 순위를 매기고 각자 덜 중요한 목표는 양보하고 가장 중요하게 생각하는 목표를 얻는 것을 용이하게 해 준다.

㉦ A에게 매우 중요한 것이 B에게는 큰 이득은 아니라면 B는 그것을 포기하고 반대의 상황도 마찬가지가 된다. 이것은 자신이 양보한다고 보기보다는 양측이 모두 더 중요한 것을 위해 교섭의 노력을 하는 것으로 협상을 이해할 수 있다.

㉧ 위협과 긴장되는 갈등상황에서 감정은 상대편의 관점을 이해하는 능력을 감소시킨다. 행복과 감사는 신뢰를 높이지만 분노는 신뢰를 감소시킨다.

㉨ 중개자들은 당사자들이 이해하고 또한 상대에게 이해받았다고 느끼도록 회합을 조절한다. 또한 타인의 관점을 가져보고 공감을 유도하며 고정관념을 줄이고 협조를 향상시킨다.

㉩ 중개자는 만일 상대가 제안했다면 평가절하되어 묵살될 제안이 실제로는 서로 납득할 만한 것일 수 있다는 것을 깨닫게 해 준다.

(3) 중재재판

어떤 갈등은 다루기가 어렵고 근본적인 이익이 벌어져서 상호 만족스러운 해결을 이루기가 어렵다. 이러한 경우 제3의 중개자가 갈등해결을 돕지 못할 수 있다. 이때는 타결을 의무화하는 중재재판으로 가게 된다. 협의이혼이 되지 않는 경우 가정법원에서 해결을 해야 하는 경우가 대표적이다. 일반적으로 논쟁자들은 중재재판까지 이어지는 것을 원하지 않기 때문에 문제를 해결하려는 노력을 더 하고 적대감을 적게 보이며 더 수월하게 합의에 이르게 된다. 그러나 논쟁자들이 자신들의 입장을 고수하고 중재재판에서 어떤 장점을 기대하고 있다면 중재의 두 제안 중 하나를 선택하는 양자택일방법으로 합리적인 제안을 하게 된다. 그러나 양자택일 중재재판은 합리적이지 않은데 두 상대가 모두 양자택일 중재재판에서 자신에게 승리의 기회가 더 많다고 믿으면 성공적인 중개는 어렵게 되기 때문이다.

5 화해

때때로 긴장과 의심은 너무 상승되어 대화에도 불구하고 해결은 불가능하게 된다. 당사자들은 상대방을 협박하고, 억압하고, 보복하기도 한다. 이러한 행동들은 상호적으로 갈등을 상승시키는 경향이 있다. 그러나 무조건적인 협조를 하는 것은 상대를 진정시킬 수 있지만 협조적인 사람들은 종종 이용을 당하곤 한다.

(1) Graduated and Reciprocated Initiatives in Tension Reduction(GRIT)의 이론적 과정

① GRIT는 긴장감축을 위한 점진적 상호조치로 상호적 갈등을 축소시킴으로써 논쟁의 악순환을 역전시키는 것을 목표로 한다.

② 호혜성 규범과 동기의 귀인과 같은 사회심리학적인 개념을 끌어온다.

③ 어느 한쪽에서 화해의 의도를 알린 후 약간의 갈등축소행위를 개시하는 것이 필요하다.

④ 개시자는 긴장을 줄이려는 희망의 의사를 밝히고 화해행위를 시작하기 전에 개개의 화해행위를 설명하고 적대자에게 보답할 것을 권유한다.

⑤ 그러한 발표는 적대자로 하여금 그렇지 않았다면 상대가 약하게 보이거나 속임수를 쓴다고 보일 수 있는 것에 대해 정확한 해석을 하도록 돕는 틀을 만든다.

⑥ 상대가 호혜적 규범을 따르도록 공공적 압력을 가한다.

⑦ 개시자는 발표한 대로 정확하게 몇 가지 입증 가능한 화해행위를 실행함으로써 신용과 진실성을 확립한다. 이것은 상대로 하여금 보답해야 한다는 압력을 심화시킨다.

⑧ 이 계획은 보복의 가능성을 유지함으로써 각자 자기이익을 방어하는 것이다. 처음의 회유적인 단계는 약간의 작은 위험을 수반하지만 어느 한 쪽의 안전을 위태롭게 하지는 않는다. 오히려 긴장을 점차로 낮춰 나가는 시작을 계획한다.

⑨ GRIT의 정신은 위협, 착취, 지저분한 계략에서 확고할 것, 상대가 자극하더라도 상대의 비윤리적 행동에 상응하지 말고 자신의 윤리적 원칙을 지키는 데 정당할 것, 협조를 시작하고 상호교환에 기꺼이 응한다는 의미에서 우호적일 것을 충고한다.

(2) GRIT의 실제적용

① 우리나라의 경우 김대중 정부가 북한에 대해 취했던 햇볕정책의 진행과정은 북한의 반응이 미온적이었지만 GRIT과 유사한 점을 지니고 있었다.

② 소위 케네디 실험이라 불리는 1963년 6월 10일 케네디 대통령의 '평화전략' 연설은 미・소 간 긴장을 완화시키는 계기를 마련하였다. 미국은 모든 공중 핵실험을 중단하고 다른 나라가 하지 않는 한 그것을 재개하지 않는다는 내용을 담았고, 소련의 서기장 흐루시초프는 이에 부응하여 전략적 폭격기 생산을 중지하겠다고 발표했다. 또한 미국은 러시아에 밀을 수출하는 것에 동의했고, 러시아는 두 나라 간 긴급통신선에 동의하여 두 국가는 곧 핵실험금지조약을 이룩했다.

(3) 갈등해결의 문화적 차이

① 서구권 아동들은 라틴계나 아프리카 중동계 아동들에 비해 경쟁을 많이 하는 것으로 나타났다. 한 문화에서도 도시 아이들이 시골 아이들에 비해 경쟁적이었고 중산층 아이들이 빈곤층 아이들보다 더 경쟁적이다.

② 갈등상황에서 나타나는 문화의 차이를 정리한 연구에 따르면 집단주의 문화권에서는 회피유형의 행위가 많이 나타나고 개인주의 문화권에서는 대결유형이 많이 나타난다.

③ 국내 대학생들을 대상으로 한 조사에서 가족성원과의 갈등에서는 양보, 관망, 요구수용, 협상 등의 행위를 많이 취하며, 상호토의의 대결식 방법이나 갈등을 심화시키는 행위는 덜 취하는 것으로 나타났다.

④ 개인주의 국가에서는 자신의 권익을 옹호하기 위한 행동을 취하지 않는 것은 바보스러운 행위로 간주된다. 갈등 당사자 간 주장을 제3자(판사, 배심원)에게 설명하고 상대방에게 검토할 기회를 주어 상호 간 논쟁을 통해 승패가 결정된다. 유교 문화권에서는 서로가 양보를 하거나 삼자의 조정을 통해서 타협에 이르는 것을 좋은 해결책으로 본다.

제 5 장 실전예상문제

01 내집단 편향에 대한 설명으로 옳은 것은?

① 외부집단에 비하여 자기집단이 작고 더 높은 지위에 있을 때 내집단 편향의 가능성이 더 높다.

② 친구의 탁월한 수행이 자신의 정체성과 관련이 있을 경우에 반사영광을 즐긴다.

③ 낮은 자기수용감을 가진 사람들과 높은 자기수용감을 가진 사람들의 비교에서 높은 자기수용감을 가진 사람들은 내집단에 대한 편견을 보이지 않았다.

④ 내집단 편향은 내집단에는 호의적이며 외집단에는 비호의적이다.

01 ① 외부집단에 비하여 자기집단이 작고 더 낮은 지위에 있을 때 내집단 편향의 가능성이 더 높다.
② 우리 집단이 이기면 더 강한 동일시를 할 수 있다. 또한 친구의 탁월한 수행이 자신의 정체성과 관련이 없을 경우에 반사영광을 즐긴다.
③ 높은 자기수용감을 가진 사람들은 외집단을 긍정적으로 평가하였고 자긍심이 위협받으면 외집단을 폄하시켜서 떨어진 자긍심을 회복하려는 자기 이미지와 편견 간 관계가 확인되었다.

02 갈등을 심화시키는 심리적 차원에 관한 설명으로 <u>틀린</u> 것은?

① 갈등을 인지적 문제로 보는 사람들은 갈등에 포함된 사고나 신념, 사실 등에 관심의 초점을 둔다.

② 갈등을 타협해야 하는 것으로 보는 사람들은 갈등이 당사자 모두에 의해 야기된 것이며 갈등의 해결을 위해서는 타협이나 상호합의가 필요하다고 생각한다.

③ 갈등을 인간관계의 문제로 지각하는 사람들은 갈등이 관계에서 유발되었거나 관계에 영향을 줄 것으로 생각한다.

④ 전문적인 중재자는 갈등을 관계상의 문제로 지각하는 반면 갈등 당사자들은 갈등을 과업상의 문제로 본다.

02 전문적인 중재자는 갈등을 과업상의 문제, 인지적인 문제, 타협할 수 있는 문제로 지각하는 반면 갈등 당사자들은 갈등을 관계상의 문제, 감정적인 문제, 승패로 해결된 문제로 본다.

정답 01 ④ 02 ④

03 갈등의 발생에 대한 설명으로 올바르지 않은 것은?

① 둘 사이에 양립할 수 없는 이해의 충돌로 인해 갈등이 발생하곤 한다.
② 당사자들이 상호관계를 보는 시각이 다르거나 적절한 행위가 나오지 않을 때 갈등이 발생하곤 한다.
③ 갈등의 원인 중에는 자신의 행동은 상황적으로 보고 상대의 행동은 그들의 특성으로 보는 귀인오류가 존재한다.
④ 실생활의 갈등 대부분은 둘 중 하나가 이겨야 끝이 나는 제로섬 게임이므로 점점 심화되는 모습을 보인다.

03 실생활의 갈등은 대부분 협력하면 양쪽 다 이길 수 있거나 경쟁하면 둘 다 패배할 수 있다.

04 다음 중 범주화에 대한 설명으로 틀린 것은?

① 복잡한 세상을 최대한 있는 그대로 받아들이려는 현상이다.
② 사람들은 보통 자연스럽게 인종과 성별로 범주화하는 경향이 있다.
③ 범주화를 통해 집단을 나누면 자신의 집단과 다른 집단들 간의 차이를 과장하기 쉽다.
④ 자신을 집단의 성원으로 범주화하면 그 집단의 특성을 자기에게 적용시킨다.

04 복잡한 세상을 단순화하기 위해 범주화를 하게 된다.

05 타인이 자신에게 보이는 행동의 탓을 자신이 지니고 있는 특별한 특징 탓으로 여기는 경향을 말하는 것은?

① 모멸감의 회피
② 열등감 비교의 회피
③ 집단으로부터의 이탈
④ 우월한 비교준거의 모색

05 ② 개인적 이탈이 불가능할 경우 비교 대상을 유사한 집단이나 하위의 집단으로 잡아 상대적 평가를 긍정적으로 나타나게 한다.
③ 자신이 속한 집단을 떠나는 방법을 택하는 것이다.
④ 자신의 집단이 열등하다는 평가를 받게 되면, 열등감을 주는 기준의 준거를 버리고 자기집단이 상대적으로 우월한 준거에서 비교를 하며 이 준거를 중요한 특징으로 생각하는 것이다.

정답 03 ④ 04 ① 05 ①

06 사회적 딜레마의 해결방책으로 적절하지 않은 것은?

① 과도한 남획을 막기 위해 정부에서 매년 어획량을 규제하고 있다.

② 효율성을 올리기 위해 작은 공공기관의 작은 팀들을 큰 부서로 묶는다.

③ 교통체증을 줄이기 위해 자동차 이부제를 지키는 사람들에게는 통행료를 깎아주는 보상을 제공한다.

④ 정부는 복지정책에 대한 국민의 의견을 묻기 위해 대국민토론회를 방송하기로 결정했다.

06 사람들은 작은 집단에서 더 책임 있고 효율적이라고 느낀다. 집단이 커지면 책임감은 분산되며 사람들은 자신의 힘으로 변화를 가져오지 못한다고 생각하게 된다.

07 다음 설명에 해당하는 용어는?

> 사람들은 개인의 기여에 합당한 보상의 분배로 정의를 지각한다. 여기서 사람들이 생각하는 형평성은 일반적인 개념의 형평성과는 다른데, 이는 보상의 근거를 공로, 평등, 필요 등 개개인이 모두 다르게 생각하기 때문이다.

① 불공정 지각 ② 경쟁

③ 오해 ④ 고정관념

07 ② 여러 집단이 부족한 자원을 놓고 경쟁할 때 발생할 수 있는 적개심으로 인하여 일어나는 갈등의 일환이다.

③ 자기고양적 편향, 기본 귀인 오류 등의 인지적 왜곡을 바탕으로 일어나는 집단사고의 한 증상으로 볼 수 있다.

④ 특정한 집단성원이 가지고 있다고 여겨지는 속성에 대한 신념으로 과장되고 부정확하며 일반적으로 부정적인 특징이 있다.

08 갈등의 특징으로 옳지 않은 것은?

① 갈등 속에 있는 사람들은 스스로에게는 미덕을 귀인하고 상대에게는 반대로 적용한다.

② 전쟁이 일어날지도 모르는 상황 같은 극도의 긴장상태에서는 이성적인 판단이나 생각이 점차 단순해지게 된다.

③ 지각은 불변이므로 예전의 적이 동맹이 되어도 이전의 악한 이미지는 쉽게 사라지지 않는다.

④ 사람들은 상대방이 자신의 목표와 동기를 잘 알고 있으리라는 생각을 갖는다.

08 지각은 변화한다. 오해가 갈등을 가져오듯 갈등이 줄어들면 오해도 사라진다.

① 거울 이미지 지각이다.

② 극도로 긴장이 고조되면 이성적인 사고는 더 단순해지고 고정관념화되고 추측에 의한 판단에 의지하게 된다.

④ 투명성 과장오류이다.

정답 06 ② 07 ① 08 ③

09 갈등을 심화시키는 인지요소들에 대한 설명으로 옳지 않은 것은?

① 사람들은 자신이 중요하다고 생각하는 갈등의 측면은 상대방에게도 똑같이 중요한 것이라고 생각한다.
② 자신의 목표 및 동기를 다른 사람이 알지 못한다고 생각한다.
③ 상대방은 자신의 견해는 객관적이고 현실을 직시하지만 상대는 그렇지 않다고 여긴다.
④ 상대방의 행위는 그의 역할에서 비롯된 것이 아니라 개인적 특성에서 비롯된 것이라 생각한다.

09 자신의 목표와 동기를 상대방이 잘 알고 있으리라는 투명성 과장오류로 인하여 갈등이 심화된다.
① 비양립성 오류에 대한 설명이다.
③ 소박한 현실론에 대한 설명이다.
④ 사회적 자아중심성에 대한 설명이다.

10 고정관념에 대한 인지적 접근과 관련된 설명으로 옳지 않은 것은?

① 우리의 제한된 정보처리능력은 다른 사람들을 이해할 때 대략적이고 어림잡아 생각하는 것이 합리적이라는 것이다.
② 고정관념은 특정한 집단원들이 가진 것으로 여겨지는 속성에 대한 부정적 신념이다.
③ 고정관념이 한 집단 속의 개인의 특성을 보지 못하는 것이라면 위험한 것이 된다.
④ 어떤 집단에 대한 우리의 생각과 일치하는 정보는 그 정보를 더욱 강화시키게 된다.

10 고정관념은 인지적인 과정이기 때문에 긍정적일 수도 있고 부정적일 수도 있다.

11 고정관념에 대한 정서적 요인과 관련된 설명으로 옳지 않은 것은?

① 외현적인 편견을 줄이면 암묵적인 부정적 감정이 감소되므로 편견을 줄일 수 있다.
② 올포트는 편견은 지적인 것을 넘어서 정서적으로 뿌리 내리고 있다는 주장을 하였다.
③ 고정관념에 정서적인 것이 더해지면 특정집단에 대한 편견은 바뀌기가 어렵다.
④ 편견의 감정적인 측면 때문에 이성적인 사람도 편견을 바꾸기가 매우 어렵다.

11 부정적인 감정에 깊이 뿌리박혀 있는 편견을 갖고 있는 사람은 자신의 편견이 잘못된 것이라고 알고 있다 하더라도 여전히 지속될 수 있다.

정답 09 ② 10 ② 11 ①

12 **어떤 사람이 소속되어 있다고 생각되는 집단에만 오로지 근거하여 그 사람에 대해 갖는 부정적인 태도를 무엇이라고 하는가?**

① 고정관념
② 차별
③ 편견
④ 내집단 편향

13 **다음 중 고정관념인 것을 모두 찾은 것은?**

ㄱ. 동양인은 무술에 뛰어날 것이다.
ㄴ. 여자는 힘이 필요한 직종에 종사해서는 안 된다.
ㄷ. 무슬림들은 폭력적이다.
ㄹ. 눈물을 흘리는 남자는 나약하다.
ㅁ. 비정규직 근무자들은 구내식당을 이용할 때 한쪽 구석으로 가야한다.

① ㄱ, ㄹ　② ㄴ, ㄷ
③ ㄷ, ㅁ　④ ㅁ, ㄹ

14 **다음 내용에 해당하는 용어는?**

우리는 자기 집단성원들이 보인 애매한 행동은 호의적으로 보지만 다른 집단성원들의 행동은 악의적으로 바라본다. 그들의 긍정적 행동을 폄하하고 부정적 행동은 그들의 성격 탓으로 돌리기까지 한다.

① 공정한 세상 가설
② 공유지의 비극
③ 집단고양 편향
④ 집단극화

12 ① 특정한 집단원들이 가진 것으로 여겨지는 속성에 대한 신념으로 고정관념은 때로는 과장되고 부정확하고 새로운 정보에 저항을 일으키기도 한다.
② 특정 집단의 일원이라는 이유만으로 그 사람에게 부당하게 행해지는 부정적이거나 적대적인 행동을 말한다.
④ 자신이 속한 내집단에 더 유리한 평가를 내리는 경향을 말한다.

13 • ㄴ, ㅁ은 차별이다.
• ㄷ은 편견이다.

14 해당 내용은 집단고양 편향에 대한 설명으로, 타 집단을 비난하면서 내집단의 우월성을 합리화할 수 있기 때문에 일어나는 것으로 보인다.

정답 12 ③　13 ①　14 ③

15 비용이 분산된다는 이유로 각 개인이 할당된 것보다 많이 소비하면서 발생하게 되는 비극인 공유지의 비극에 대한 사례이다.

15 다음 사례에 해당하는 용어는?

- 농부들이 개인 이익만을 생각해 개방목초지에 소를 마구 풀어놓는다.
- 이산화탄소 양을 줄이기 위해 탄소배출권을 만들었다.
- 공공화장실의 휴지는 가정에서보다 훨씬 빨리 떨어진다.

① 공정한 세상 가정
② 공유지의 비극
③ 집단고양 편향
④ 집단극화

16 사람들의 무의식 저변에 집단 간 차이를 정당한 것으로 받아들이는 심리를 이용해 체제를 정당화하는 이론이다.

16 다음 내용에 대한 설명으로 틀린 것은?

- 부자들은 그에 걸맞은 자격을 가진다.
- 강간 피해자들은 단정치 못한 옷차림과 행동거지를 보이기 때문이다.
- 가난은 별다른 노력 없이 살아왔기 때문이다.

① 공정한 세상 가설에 대한 예시이다.
② 사람들이 의식적으로 집단 간 차별을 정당하게 받아들이는 심리를 이용해 체제를 정당화하는 이론이다.
③ 안정된 집단관계에서 다수집단성원은 내집단 편애현상을 보이며 그런 관계를 정당하다고 여긴다.
④ 아무리 노력해도 실패할 수밖에 없는 통제 불가능한 요인을 외면한다.

정답 15 ② 16 ②

17 **우리의 사고과정에서 일어나는 고정관념과 편견의 발생 원인에 대한 설명으로 틀린 것은?**

① 집단의 구분은 외집단 동일성 효과를 만들어 편견을 줄일 수 있다.
② 범주화는 대상을 쉽게 생각할 수 있게 한다. 그러나 사람들은 집단으로 나누어 놓으면 같은 집단 안의 유사성과 다른 집단들 간의 차이를 과장하기 쉽다.
③ 집단의 범주화는 우리와 비슷하게 보이는 사람들을 좋아하고 우리와 다르게 보이는 사람들을 싫어하는 결과로 내집단 편향성을 가져온다.
④ 인간의 특성들이 고정된 기질이라고 볼수록 더 강한 고정관념을 가진다.

17 외집단 동일성 효과는 외집단원들을 내집단의 성원들보다 더 비슷하다고 지각하는 것이다. '저들은 모두 비슷하고 우리와는 달라.'라고 생각하는 것으로 결국 편견을 심화시키는 역할을 한다.

18 **편견이 만들어 내는 결과로 옳지 않은 것은?**

① 편견은 자기충족적 효과를 만든다.
② 자아존중감으로 인해 사람은 부정적인 고정관념을 만나면 이를 극복하기 위하여 노력하게 된다.
③ 편견은 자신감을 잃게 만들어 수행을 낮추는 결과를 가져온다.
④ 긍정적인 고정관념을 상기시키면 수행이 향상될 수도 있다.

18 사람은 부정적인 고정관념을 만나면 이에 근거하여 자신이 평가되리라는 염려를 갖고 행동하게 된다.

19 **내가 이해가 되지 않는 부분은 다른 사람도 그럴 것이라고 생각하는 현상은?**

① 편견
② 집단사고
③ 다원적 무지
④ 편향적 사고

19 ① 어떤 사람이 소속되어 있다고 생각되는 집단에만 오로지 근거하여 그 사람에 대해 갖는 부정적인 태도
② 주로 집단응집성이 강할 때 나타날 수 있으며 의사결정에서 만장일치에 도달하려는 집단의 착각현상
④ 증거에 대한 선택적인 주의접근으로 반대의 정보는 무시하면서 나타나는 사고

정답 17 ① 18 ② 19 ③

20 접촉이라는 용어로 설명되는 내용에 대한 사례이다.

20 다음 내용에서 밑줄 친 이것에 해당하는 용어는?

- 남아프리카 백인과 흑인의 인종 간 이것이 많을수록 편견을 덜 느꼈다.
- 이성애자들이 게이와 레즈비언과 이것을 할수록 더 수용하게 되었다.
- 네덜란드 청소년들이 이슬람교도와 이것을 할수록 더욱 이슬람교도를 수용하였다.

① 접촉
② 친밀감
③ 매력
④ 유사성

21 갈등관계에 있는 두 집단에서 공동의 상위목표를 통해 우정이 싹트고 적개심이 사라진다.

21 협력에 대한 설명으로 옳지 않은 것은?

① 여러 인종이 협력적인 활동에 참여하는 경우, 편견이 줄고 긍정적인 인종태도가 향상된 것으로 나타났다.
② 공유된 외부의 위협은 집단 구성원을 하나로 묶고 동료의식을 급증시키며 정치적 결집효과를 일으킨다.
③ 지도자들은 집단의 단결을 자극하기 위해 위협적인 외부의 적을 만들어내기도 한다.
④ 이미 갈등관계에 있는 두 집단에서는 먼저 우정관계를 만들고 적개심을 없애야 공동의 상위목표를 향해 협력할 수 있다.

정답 20 ① 21 ④

22 **다음 의사소통의 예시에 대한 설명으로 틀린 것은?**

> (A) 교섭에 임하는 자세로는 보통 강경한 자세와 설득적인 자세가 있다.
> (B) 건설적인 대화를 통해 당사자들의 태도를 바꾸는 것은 상호이익을 얻을 수 있는 좋은 방법이다.

① (A)의 강경한 자세는 상대방이 똑같이 강경하게 반응한다면 양측 모두 손해를 보게 된다.
② 양쪽의 손해를 최소화하기 위해 양편에서 내세운 대리인들이 중재에 나서는 방법도 있다.
③ (B)에서 말하는 상호이익을 얻을 수 있는 태도는 Win-Win 태도이다.
④ (B)를 통해 상호이익을 받기 때문에 차후 더 나은 관계로 발전할 수 있다.

22 어느 한쪽에 치우침 없는 중립적인 제3자가 중재자가 되어야 불만을 최소화할 수 있다.

23 **다음 중 화해의 특징에 대한 설명으로 틀린 것은?**

① 무조건적인 협조를 전제한다.
② 대화 중 긴장과 의심이 고조되어 화해를 통한 갈등해소가 불가능한 경우도 발생한다.
③ 점진적으로 상호갈등을 축소시켜 해결을 모색하는 GRIT이라는 전략이 있다.
④ 집단주의 문화권에서는 회피형, 개인주의 문화권에서는 토론형으로 많이 나타난다.

23 무조건적인 협조는 상대를 진정시킬 수는 있지만 진정한 갈등해결방법이 아니다.

정답 22 ② 23 ①

SD에듀와 함께, 합격을 향해 떠나는 여행

부록

최종모의고사

또 실패했는가? 괜찮다. 다시 실행하라. 그리고 더 나은 실패를 하라!

– 사뮈엘 베케트 –

제1회 최종모의고사 | 사회심리학

제한시간 : 50분 | 시작 ___시 ___분 – 종료 ___시 ___분

정답 및 해설 281p

01 현대 사회심리학의 특징에 대한 설명으로 틀린 것은?

① 환경문제가 사회적 행동에 미치는 영향 등에 관심이 증가하였다.

② 레빈은 인간의 이해를 위해서 개인적인 요소뿐 아니라 사회적 영향요인을 연구해야 한다고 주장하였다.

③ 법이나 환경 등 실제 문제에 사회심리학 지식의 응용이 증가하였다.

④ 인지과정에 초점을 맞춘 정보의 습득, 분석이 꾸준히 증가하고 있다.

02 사회심리학의 연구방법에 대한 설명으로 옳은 것은?

① 설문 조사 시 모집단의 대표성을 높이기 위해 비확률 표집을 한다.

② 실험에서 외적 타당도를 높이려면 현장연구가 유리하다.

③ 선행연구들의 결과만을 가지고 그 평균값을 구하는 통계적 분석기법을 회귀분석이라고 한다.

④ 실험 연구에서 참가자의 의도가 실험결과에 영향을 미치는 것을 실험자편향이라고 한다.

03 다음 중 용어의 설명이 옳지 않은 것은?

① 실험에서 나온 결과를 일상에 적용시킬 수 있는 정도를 외적 타당도라고 한다.

② 변인들 간의 관계를 밝혀내 서로 다른 유형의 사회행동을 예측하는 방법을 상관연구라고 한다.

③ 참가자에게 연구의 방법과 목적을 다르게 제공함으로써 발생하는 연구의 효과를 기만이라고 한다.

④ 연구의 어떤 개념이 가진 의미를 정의하는 것으로 추상적 구성개념을 측정가능한 상태로 정의하는 것을 개념적 정의라고 한다.

04 자기개념에 대한 설명으로 틀린 것은?

① 자기개념은 사람만이 가진 것으로 밝혀졌다.

② 인간의 경우 보통 생후 약 18~24개월경에 자기개념이 발달하기 시작한다.

③ 아이들은 자신을 설명할 때 신체적인 특징을 강조한다.

④ 사람은 성장하면서 자신을 설명할 때 마음상태나 타인이 보는 나를 강조한다.

05 **히긴스의 자기차이이론에 따라 자기에 대하여 성찰을 하는 자기의 모습이 아닌 것은?**

① 경험자기
② 현실자기
③ 이상자기
④ 의무자기

06 **인간이 가진 심리적 욕구가 아닌 것은?**

① 유능감
② 자존감
③ 관계성
④ 자율성

07 **다음 내용에 해당하는 이론은?**

> 사람은 자신의 태도나 느낌이 불확실하거나 모호할 때 자신의 행동 및 행동이 벌어지는 상황에 대한 관찰을 통해 태도나 느낌의 상태를 추론한다.

① 인지부조화이론
② 자기결정이론
③ 계획행동이론
④ 자기지각이론

08 **귀인에 대한 설명으로 옳지 않은 것은?**

① 성공과 실패와 같은 결과에 따른 감정은 귀인에 영향을 미친다.
② 귀인은 통제(인과) 소재에 따라 통제 가능과 통제 불가능으로 구분한다.
③ 능력귀인을 차원에 따라 구분하면 내적 소재, 안정성, 통제 불가능으로 볼 수 있다.
④ 사람들은 행동을 판단할 때 상황보다는 행위자의 성향을 원인으로 보는 경우가 많다.

09 **사람들이 자신이 속한 사회를 이해하는 방식에 대한 설명으로 거리가 먼 것은?**

① 사회를 인지하는 유형은 크게 자동적 사고와 통제된 사고로 구분할 수 있다.
② 우리가 지닌 신념은 한번 형성되면 그에 반하는 정보에 별로 영향을 받지 않는다.
③ 사람은 기대가 있을 때 그것을 확인하기 위해 그에 반대되는 정보를 수집하려는 경향이 있다.
④ 판단을 위한 정보를 수집할 때 편파적인 자료가 수집된다는 것을 사람들은 잘 인식하지 못한다.

10 **관계맺음의 유형에 따른 설명으로 적절하지 않은 것은?**

① 권위적 서열관계는 조직 간 관계에서 자신의 기여가 지닌 가치에 대한 협상을 통해 상호 만족스러운 수준에서 관계를 유지한다.
② 공동체적 공유관계는 가족관계가 전형적인 형태이다.
③ 대등적 상응관계에는 동료, 친구관계가 있다.
④ 시장적 가치관계는 옳고 그름의 판단에 대한 목적달성의 효율성을 지향하는 준거에 대한 당사자들의 합의에 따라 이루어진다.

11 **우리가 가지고 있는 자기에 대한 지식을 설명한 것으로 틀린 것은?**

① 우리의 정서상태에 대한 이해는 생리적 각성의 경험과 그러한 각성의 이유를 파악하는 과정이다.
② 사람은 자신의 행동에 대한 예측에서 과제 완수 기간을 실제보다 더 길게 예측한다.
③ 사람은 충격적인 사건은 실제보다 더 오래 갈 것이라고 생각한다.
④ 생리적 각성상태의 정체는 그 자체만으로 파악하기 힘들다.

12 **다음 내용에 해당하는 용어는?**

> 어린아이의 얼굴모습을 가진 사람들은 어린아이와 비슷한 성격을 지녔다고 생각하며, 이와 대조적으로 작은 눈, 좁은 이마, 각진 턱을 지닌 사람은 강하고 지배적인 성격을 지닌 것으로 여기는 경향이 있다. 어떤 사람을 도움이 될 만한 사람으로 지각하면 그 사람을 성실한 사람으로 지각하기도 하고 현실적인 사람은 신중한 사람으로 지각하기도 한다.

① 칵테일파티 효과
② 암묵적 성격이론
③ 현저성 효과
④ 지각적 돌출성

13 **문화에 따른 귀인오류의 차이에 대한 설명으로 가장 거리가 먼 것은?**

① 개인주의 문화권에서 자란 사람들은 기질성 귀인을 선호한다.
② 귀인요소의 통제성 차원에서 능력은 통제가 불가능하고 노력은 통제가 가능하다.
③ 아시아인의 귀인은 미국인에 비해서 상대적으로 내귀인 경향이 많이 나타난다.
④ 아시아 사람들은 능력보다 노력귀인을 상대적으로 많이 하는 것으로 나타났다.

14 긍정심리학에 대한 설명으로 옳지 않은 것은?

① 긍정심리학이 추구하는 목표는 인간의 행복과 안녕이다.
② 긍정정서의 이점은 사고를 확장시키고 개방적이 되게 한다는 것이다.
③ 긍정심리학은 정신장애를 간과한다는 비판을 받는다.
④ 셀리그만은 즐겁고 몰입하며 의미 있는 삶을 행복이라고 하였다.

15 사회심리학의 연구방법에 관한 설명으로 옳지 않은 것은?

① 상관연구는 변인들 간의 인과관계를 밝히는 연구이다.
② 설문조사의 장점은 직접적으로 관찰하기 힘든 변인들 간의 관계를 판단할 수 있게 해 준다는 것이다.
③ 인과관계를 결정하고 이론을 검증하고자 하는 경우에 선호하는 방법이 실험연구이다.
④ 동일한 문제를 여러 차례 연구하더라도 동일한 결과가 확보되지 않을 수 있다.

16 애착에 대한 설명으로 옳지 않은 것은?

① 애착관계에 기초해서 타인과의 관계를 발달시키는 기대를 애착양식이라고 한다.
② 안정애착을 형성한 성인은 성숙하고 지속적인 관계를 발달시키기 쉽다.
③ 회피형 애착형은 가까운 관계를 형성하는 것에 어려움을 겪는다.
④ 양가형 애착의 사람은 헌신의 수준이 가장 낮다.

17 사람이 가지는 정보의 오류에 대한 설명으로 틀린 것은?

① 사람은 기대나 가설이 있을 때 그에 맞는 정보를 수집하려는 경향이 있다.
② 자료의 판독은 선입견의 작용 없이 이루어진 것이라고 믿지만 실제로는 선입견을 적용시킨다.
③ 판단에 미치는 영향력은 하나의 사례정보보다 통계자료를 제시할 때 더 크다.
④ 판단을 위한 정보를 수집할 때 편파적인 자료가 수집된다는 것을 사람들은 잘 인식하지 못한다.

18 매력의 유발요인에 해당하지 않는 것은?

① 근접성
② 유사성
③ 기초성
④ 호감성

19 **아인스워스(Ainsworth)는 실험을 통하여 유아와 양육자 간 애착유형의 관계를 확인하였다. 연구 초반에 분류된 유형이 아닌 것은?**

① 안정애착
② 회피형 불안정애착
③ 양가형 불안정애착
④ 혼란애착

20 **귀인과 관련된 설명으로 옳지 않은 것은?**

① 공평한 세상이라는 가설은 나쁜 일은 자신에게 일어나지 않을 것이라고 생각한다는 것이다.
② 우리의 수행이 좋지 못한 이유는 내적 요인 때문이라고 말함으로써 변명 만들기를 한다.
③ 자신보다 다른 사람들이 귀인편파에 빠질 가능성이 더 크다고 생각한다.
④ 강간을 당한 피해 여성을 두고 강간을 당할 짓을 했다고 믿는 것은 일종의 귀인오류이다.

21 **개인의 태도에 영향을 미치는 사회적 힘에 대한 설명으로 옳지 않은 것은?**

① 동조현상은 자살과 같은 극단적 선택을 하게 만들 수도 있다.
② 타인의 말이나 행동을 믿지 않아도 동조할 수 있다.
③ 상황이 불확실하거나 위기일 때 타인에 대한 의존은 약화된다.
④ 사람은 타인이 본 것을 가지고 자신의 기억인양 허위로 보고하는 경향이 있다.

22 **집단 내에서 개인의 행동을 설명하는 용어로 알맞지 않은 것은?**

① 사회적 태만
② 사회적 발달
③ 몰개성화
④ 책임감 분산

23 **동조를 하는 이유로 알맞지 않은 설명은 무엇인가?**

① 상황이 불확실할 때
② 상황이 위기일 때
③ 다른 사람이 전문가일 때
④ 자기효능감이 낮아졌을 때

24 **집단 속에서 개인의 행동에 대한 설명으로 옳지 않은 것은?**

① 대인관계에 기인한 집단 응집력은 집단사고의 발생을 낮춘다.
② 사회적 규범은 우리의 행동을 결정하는 강력한 요인이다.
③ 사회적 역할이란 집단 내에서 사람들이 어떻게 행동해야 하는지에 대한 공통의 기대를 말한다.
④ 집단 응집력이 강한 집단에서는 비판적 사고를 억압하기 쉽다.

25 남녀의 사랑 차이에 대한 설명으로 옳은 것은?

① 남자들은 여자보다 순수한 사랑, 이상적인 사랑의 가능성을 높이 보는 경향이 있다.
② 첫눈에 빠질 사랑의 가능성도 남자보다 여자가 높게 나타난다.
③ 여자들은 남자들의 행위에 대해 과잉지각하는 양상을 보이는 것으로 나타났다.
④ 남자들은 여자의 행위를 성적인 것으로 여기지 않는 양상을 보인다.

26 사회심리학의 동기적 접근에 관한 설명으로 옳은 것은?

① 행동주의 심리학의 영향으로 사회적 행동은 경험을 통해 학습된다고 주장한다.
② 개인이 현재 당면한 사회상황을 주관적으로 어떻게 이해하고 해석하는가에 따라 사회행동이 달라진다.
③ 개인의 사회행동을 두 사람 이상의 관계에서 설명하는 접근이다.
④ 사람은 선천적으로 가지고 태어나는 생물학적 본능으로 사회행동을 한다고 설명한다.

27 집단의 위계에 대한 설명으로 옳지 <u>않은</u> 것은?

① 위대한 리더는 특정한 성격과 특정한 리더십을 가지고 있다.
② 변혁적 리더의 특징은 장기목표에 집중할 수 있도록 팔로워들을 고무시킨다는 것이다.
③ 체제 정당화 이론은 특정 집단이 가진 부정적 고정관념에 이유를 설명해 준다.
④ 권력자는 고정관념에 의존해 낮은 지위의 사람들에 대한 인상을 형성하기가 쉽다.

28 서양의 문화특징에 대한 설명으로 바르지 <u>않은</u> 것은?

① 서양인은 종합적 사고를 하는 경향이 있다.
② 서양의 언어는 맥락보다 대상에 초점을 맞춘다.
③ 서양인은 범주를 이용한 귀납적 추리를 더 많이 사용한다.
④ 서양인은 동양인에 비해 사물을 범주화하려는 경향이 더 강하다.

29 집단극화의 원인에 대한 적절한 설명이 <u>아닌</u> 것은?

① 내가 모르는 것을 다른 사람이 알고 있다고 믿기 때문에 타인의 행동이나 태도에 동조할 때 일어난다.
② 집단의 가치를 지지하는 것처럼 보이고자 할 때 일어난다.
③ 인터넷의 확산으로 사람들이 모이는 기회가 줄어들기 때문에 집단극화가 줄어들고 있다.
④ 같은 생각을 지닌 사람들 간 상호작용은 이미 공유한 태도를 강화시킨다.

30 **친사회적 행동에 영향을 주는 요인에 대한 설명으로 옳지 않은 것은?**

① 문화에 따라서 친사회적 행동은 차이가 있다.
② 슬픈 기분에서 이타적 행동이 늘어난다.
③ 혼자 있을 때보다 여럿이 있을 때 도움행동을 많이 한다.
④ 중요한 과제의 경우는 친한 친구보다 낯선 사람을 더 돕는 경향이 있다.

31 **자가용 사용은 편리함을 주지만 대기오염을 점점 증가시킨다. 지금의 편안함이 결국은 모두에게 피해로 돌아온다. 이처럼 개인은 이기적인 행동에서 이득을 얻고 전체 조직은 손해를 보는 상황을 뜻하는 용어는 무엇인가?**

① 착각상관
② 집단고양 편향
③ 사회적 딜레마
④ 다원적 무지

32 **위기상황에서 도움행동을 제공하는 친사회적 행동이 나타나는 단계를 순서대로 연결한 것은?**

가. 사건의 의미해석 단계
나. 책임감 인식 단계
다. 상황을 인식하는 단계
라. 도움실행 단계
마. 어떤 도움을 제공할지 아는 단계

① 다-가-나-마-라
② 나-가-마-다-라
③ 가-나-다-마-라
④ 가-다-나-마-라

33 **갈등을 심화시키는 인지요인에 대한 설명으로 옳지 않은 것은?**

① 사람들은 상대가 자신의 목표와 동기를 잘 알고 있으리라고 생각한다.
② 기본귀인 오류는 갈등을 심화시킨다.
③ 내가 중요하게 생각하는 것이 상대에게는 중요하지 않다고 생각하는 것은 비양립성 오류이다.
④ 자신은 남들보다 공평하고 정의로운 면이 많다고 생각한다.

34 **자신이 초래한 긍정적인 결과에 대해서는 과대평가하는 반면, 부정적인 결과에 대해서는 과소평가하는 경향을 무엇이라고 하는가?**

① 사회적 딜레마
② 불공정 지각
③ 자기고양적 편향
④ 비양립성 오류

35 **다음 중 편견에 영향을 미치는 접촉에 대한 설명으로 가장 적절하지 않은 것은?**

① 접촉의 효과는 직접적일 때만 효과적이다.
② 일반적으로 접촉은 관용적 태도를 예언한다.
③ 접촉이 편견 감소에 도움이 되었으며, 또한 편견이 접촉을 감소시키기도 한다.
④ 인종 간의 접촉은 평등한 지위의 사람 사이에 이루어져야 한다.

36 다음 설명 중 옳지 않은 것은?

① 편견은 우리가 효율적으로 미래를 예측하는 판단이 되기도 한다.
② 재범주화는 편견을 줄일 수 있는 방법이다.
③ 고정관념을 상기시키면 수행은 저조해진다.
④ 편견은 자기예언적 효과를 지닌다.

37 공격성에 대한 설명으로 옳지 않은 것은?

① 공격성이 진화되어 온 이유는 생존가치가 있기 때문이다.
② 공격성은 본능이라기보다는 사회적 변화가 경쟁을 유발했기 때문에 생겨난 것이다.
③ 자존감이 높은 사람은 공격성이 높은 것으로 나타났다.
④ 주요 영양요소의 결핍이 충동성을 일으키는 요인이 되기도 한다.

38 한국사회의 세대별 특징에 대한 설명으로 바르지 않은 것은?

① 베이비부머는 1955년부터 1963년 사이에 출생한 사람들을 지칭한다.
② '386세대'라는 용어는 1990년대 중반에 등장한 386 컴퓨터에서 딴 것이다.
③ N세대는 New Generation의 줄임말로 2000년대에 태어난 세대를 지칭한다.
④ 한국의 베이비부머들은 아동기의 굶주림과 경제성장의 혜택, IMF로 인한 실직을 경험했다.

39 사회심리학과 인접학문에 대한 설명으로 옳은 것은?

① 사회심리학의 주된 관심사는 사회에 민감하게 반응하는 사람들의 심리적 측면이다.
② 사회심리학자들의 목적은 사회의 영향을 받는 특수한 속성을 밝히는 데 있다.
③ 사회학의 관심은 사회적 행위를 설명하기 위한 개인의 행동이다.
④ 문화인류학은 특정 집단의 통계치들을 구하여 사회변혁과 운동을 연구한다.

40 사람들이 판단을 신속하고 효율적으로 내리기 위한 일종의 자동적 사고를 무엇이라고 하는가?

① 휴리스틱
② 도식
③ 점화
④ 확증편향

제2회 최종모의고사 | 사회심리학

제한시간 : 50분 | 시작 ___시 ___분 - 종료 ___시 ___분

정답 및 해설 286p

01 사회심리학에 대한 설명으로 옳지 않은 것은?

① 최초의 사회심리학 실험은 분트의 실험실에서 진행되었다.

② 분트는 최초로 실험실을 만들어 과학적인 연구를 수행하였다.

③ 레빈은 인간의 심리를 이해하기 위해 사회적 영향을 연구해야 한다고 주장했다.

④ 사회심리학 대부분의 연구는 미국문화를 중심으로 이루어져 있다.

02 사회심리학의 이론적 접근방식 중 의사결정접근에 관한 내용으로 틀린 것은?

① 사람들은 보상을 얻고 손실을 피하려는 경향이 있다.

② 직면한 상황에서 취할 수 있는 여러 행동들 중에서 가장 이득이 큰 행동을 선택한다.

③ 사람의 의사결정은 합리적 추론을 거쳐 이루어지며 이는 후속연구를 통해 타당성을 지지받고 있다.

④ 기대가치이론에서는 기대와 가치라는 두 요인을 곱한 값을 통해 가장 큰 행동이 선택된다고 주장한다.

03 자기상의 인식에 대한 설명으로 틀린 것은?

① 자기는 개인의 내면과 사회를 연결해 주는 가장 중요한 매개체인 것이다.

② 상향적 사회비교를 할 경우에 사람들은 좋은 기분을 느낀다.

③ 사회생활에서 만나는 다른 사람들이 나를 어떻게 생각하는지는 자기의 구성에 중요한 영향을 미친다.

④ 사람들은 자신을 객관적으로 판단하기 위해 자신을 관찰한다.

04 자기에 대한 설명으로 옳지 않은 것은?

① 자기복합성이 높은 사람들은 자아가 확립되지 않아 실패의 충격을 많이 받는다.

② 사람들은 자신을 구성해 가는 과정에서 자신과 유사한 사람들을 준거로 삼고 비교한다.

③ 자기란 외부상황이나 감정에 영향을 받지 않으면서 일관되고 지속적으로 나의 행위에 영향을 미치는 참된 나를 의미한다.

④ 자기란 자신과 관련된 정보를 효율적으로 처리하는 도식의 특성을 지닌다.

05 다음 내용에 해당하는 이론은?

> 애연가들은 흡연이 폐암을 유발한다는 사실 자체를 인정하려 하지 않는데 이것이 부조화의 의미를 감소시키는 것이다. 이때 건강에 대한 대안책을 마련하는 사람들도 있지만 가장 흔히 나타나는 방법이 흡연이라는 행동에 맞게 기존 신념을 변화시키는 것이다. 비흡연가가 흡연을 하면서 담배를 예찬하거나 흡연가가 금연에 성공한 후 흡연을 어리석은 행동으로 여기게 되는 것이 이에 해당된다.

① 기대이론
② 자기결정이론
③ 귀인이론
④ 인지부조화이론

06 사회심리학의 특징을 설명한 것으로 바르지 않은 것은?

① 사회심리학은 개인의 사회적 행위와 사회적 환경으로부터 받은 영향력에 관해 연구한다.
② 사회심리학은 개인보다 사회단위, 조직, 계층과 같이 집단을 대상으로 연구하는 학문이다.
③ 사회심리학의 연구주제에는 타인에 대한 공격성이 어디서 비롯되는지와 같은 것들이 있다.
④ 사회심리학은 사람들 간 관계에 관심을 두고 있다.

07 태도의 형성에 대한 설명으로 옳지 않은 것은?

① 칭찬을 받으면 행동이 반복되는 것은 대리강화 효과이다.
② 행동의 결과의 득실을 따져보고 태도가 결정되는 것은 기대가치 이론의 원리에 따른 것이다.
③ 화장품 광고에서 미녀배우를 모델로 쓰는 것은 고전적 조건형성의 원리이다.
④ 일반적으로 서양인들은 자신을 평가할 때 비교 대상을 자신이 선택한다면, 한국인은 비교의 대상이 타인에 의해 정해진다.

08 설득에 관한 설명으로 가장 적절하지 않은 것은?

① 또래의 압력은 그 행동을 하거나 태도를 유지하게 만든다.
② 내용이 약하고 짜임새가 없을 때 반복은 부정적인 효과를 가져온다.
③ 설득이 어려운 행동에 대해서는 강한 금지가 효과적이다.
④ PPL 광고는 누군가 우리의 태도와 행동에 영향을 미친다는 것을 깨닫지 못하기 때문에 행동에 영향을 미친다.

09 귀인에 대한 설명과 가장 거리가 먼 것은?

① 잘한 일에 대해 사람들은 일반적으로 상대를 평가할 때는 내적 귀인을, 자신을 평가할 때는 외적 귀인을 한다.
② 어떤 사람의 행동의 원인을 그 사람의 기질이나 성격에 대응시키는 경향성을 대응추론이라고 한다.
③ 어떤 사람이 행동원인을 그 사람이 처한 상황의 특징에 있다고 가정하는 추론방식을 외적 귀인이라고 한다.
④ 어떤 사람이 행동원인을 그 사람의 성격적 특징에 있다고 가정하는 추론방식을 내적 귀인이라고 한다.

10 다음 설명 중 옳지 않은 것은?

① 얼굴 표정만으로 정서를 읽어내기 힘든 이유 중 하나는 문화마다 정서표명규칙이 다르기 때문이다.
② 상대를 파악하는 데 지속적으로 영향을 미치는 것은 의식 없이 처리되는 무의식적 정보들이다.
③ 현저하게 부각되는 면에 의지해서 인상을 형성하는 것을 초두효과라고 한다.
④ 상대를 파악할 때 나이가 먹어감에 따라 비언어적 정보에 의존하는 비율이 높아진다.

11 행동의 원인을 추론하는 과정에서 나타나는 오류가 아닌 것은?

① 기본귀인 오류는 대부분의 문화에서 나타나는 특징이다.
② 행위 당사자는 주로 상황귀인을 하고 관찰자는 성향귀인을 한다.
③ 자기가 잘 한 일에 대해서는 주로 내적 귀인을 한다.
④ 나쁜 일은 못난 사람들에게 일어난다고 생각하는 것은 일종의 편파맹점으로 '공정한 세상 가설'이라고 한다.

12 어떤 사건이 벌어진 후 사람들이 '그때 이렇게 했었더라면…'이라고 생각하는 것을 뜻하는 용어는 무엇인가?

① 사후가정사고
② 자동적 사고
③ 통제된 사고
④ 미래예측사고

13 스턴버그의 사랑하는 관계에서 작용하는 세 가지 요소 중 사랑의 정서적 혹은 따뜻한 측면을 말하는 것으로, 생기려면 어느 정도 시간과 깊은 대화가 필요한 이것은 무엇인가?

① 열정
② 친밀감
③ 헌신
④ 결심

14 **사회인지를 위한 정보처리에 대한 설명으로 옳지 않은 것은?**

① 도식은 소유자가 느끼는 인지적 측면을 의미하며, 정서를 포함하지는 않는다.
② 도식에 부합하는 정보는 처리가 빠른 반면, 도식에 부합하지 않는 정보는 처리가 느리다.
③ 판단의 중요성이 크면 도식과 불일치하는 정보에 신경을 쓰게 된다.
④ 최근의 경험은 도식의 접근성을 일시적으로 높게 할 수 있다.

15 **가정폭력을 당하는 여성이 다시 가정으로 돌아가는 이유를 설명할 수 있는 이론은 무엇인가?**

① 사회교환이론
② 공정성이론
③ 투자모델이론
④ 기대이론

16 **자기참조효과에 대한 설명으로 옳은 것은?**

① 어떤 정보에 대하여 주의를 하고 그 정보를 어떻게 파악할 것인지 선택하는 것이다.
② 자기를 판단의 준거로 삼을 때 정보처리가 잘 된다는 것이다.
③ 자신의 태도나 느낌이 불확실하거나 모호할 때 자신의 행동 및 행동이 벌어지는 상황에 대한 관찰을 통해 태도나 느낌의 상태를 추론한다는 것이다.
④ 행동의 원인을 파악할 때 자신이 만든 기준을 참고한다는 것이다.

17 **행복에 영향을 주는 요인에 대한 설명으로 옳지 않은 것은?**

① 문화는 행복에 영향을 미친다.
② 행복은 유전에도 영향을 받는다.
③ 수입은 행복에 영향을 미치지 않는다.
④ 주관적 안녕감은 결과가 아닌 과정 속에 존재한다.

18 **대인 매력의 유발요인이 아닌 것은?**

① 근접성
② 유사성
③ 상호 호감
④ 헌신성

19 **다음 내용에 해당하는 용어는?**

> 실험상황에서 실험자가 보이는 행동, 말투, 외모, 성 등은 참가자에게 영향을 줄 수 있다.

① 상관 편향
② 관찰자 간 편향
③ 참가자 편향
④ 실험자 편향

20 상대에게 매력을 느끼는 요인들에 대한 설명으로 가장 거리가 먼 것은?

① 호감을 느끼도록 할 수 있는 수많은 특성들 가운데 가장 중요한 요인은 신체적 매력이다.
② 얼굴의 대칭성은 문화와 상관없이 얼굴에 대한 매력을 구성하는 요인이다.
③ 근접성, 유사성, 상호 호감이 대인매력의 유발요인이 된다.
④ 사람들은 자신의 얼굴과 가장 닮지 않은 얼굴을 선호하는 것으로 나타났다.

21 공격성을 감소시키는 방법으로 적절하지 않은 것은?

① 좌절이나 분노를 조절하는 것을 배움으로써 덜 공격적이게 된다.
② 공감훈련은 타인의 관점을 이해하게 하여 공격행위를 줄여준다.
③ 모방 폭력을 줄이기 위해 대중매체를 통제하는 것이 가장 현실적 방법이다.
④ 타인을 수용하는 방법을 가르치는 것은 학교가 해야 할 중요한 폭력 예방법이다.

22 동양인의 문화적 특성에 대한 설명으로 적절하지 않은 것은?

① 주변상황에 맞추어 행동하며, 다른 사람들의 태도나 행동에 많은 주의를 기울인다.
② 종합적 사고방식을 바탕으로 사회는 사회적 관계로 맺어진 유기체라고 생각한다.
③ 성격이 바뀌지 않는다는 반응을 주로 보인다.
④ 스스로를 환경에 맞추려고 하며 누군가와 함께 한다는 일체감을 중요시한다.

23 고정관념이 가지고 오는 결과로 적절하지 않은 것은?

① 고정관념은 논리적 사고과정을 통한 것으로 우리의 판단에 긍정적으로 작용할 수 있다.
② 자기영속적으로 우리의 해석에 영향을 준다.
③ 그 자체가 현실을 만들 수도 있다.
④ 상대에 대한 부정적 고정관념은 상대방의 행동을 의심하고 진심을 알려고 하지 않는다.

24 사회적 영향에 대한 설명으로 옳지 않은 것은?

① 집단의 의견이 옳지 않고, 올바른 답이 명확할 때도 사회적 규범을 따르는 경향이 있다.
② 집단주의 문화에서 동조는 더 가치 있는 것으로 여겨진다.
③ 소수의견이 일관되고 확신 있고 융통성 있게 주장되면 다수의 행동을 바꿀 수 있다.
④ 중요하고 어려운 과제일수록 동조를 하는 비율이 낮다.

25 **갈등을 심화시키는 인지요소가 아닌 것은?**

① 자신이 중요하다고 생각하는 갈등의 측면은 상대방에게도 똑같이 중요한 것이라고 생각한다.
② 자신의 목표와 동기를 상대방이 잘 알고 있으리라 생각한다.
③ 자신의 견해는 객관적이고 현실을 직시하고 있지만 상대방은 그렇지 않다고 여긴다.
④ 상대방의 보이는 행위는 개인적 특성이 아니라 그의 역할에서 비롯된 것이라고 생각한다.

26 **공감-이타주의 가설에 대한 설명으로 틀린 것은?**

① 다른 사람의 입장에서 공감을 느낄 때 순수한 이타주의가 작동하기 쉽다.
② 진정 이타적으로 보이는 행동이 자기이익에 의해 동기화되기도 한다.
③ 공감이 높을 때는 앞으로 상대방을 볼 일이 있다고 생각할 때 더 많은 도움을 준다.
④ 공감이 낮을 때 자신에 대한 비용과 이익에 기초해서 도움행동이 나타난다.

27 **집단 속에서 개인의 행동에 대한 설명으로 옳지 않은 것은?**

① 사회적 촉진과 사회적 태만을 일으키는 공통 요인은 타인의 존재이다.
② 사람들이 개인적으로 결정할 때보다 집단적으로 결정할 때 더 극단적인 결정을 하는 것을 집단극화라고 한다.
③ 인터넷에서 일어나는 집단상호작용은 집단극화를 감소시키는 역할을 한다.
④ 집단사고가 위험한 이유는 효율적 의사결정 과정을 저해하기 때문이다.

28 **자신이 속한 집단에 더 유리하게 하려는 경향성을 의미하는 표현은 무엇인가?**

① 사회정체감
② 내집단 편향
③ 집단극화
④ 탈개인화

29 **사회집단에서 발생하는 위계질서에 대해 다음 내용이 설명하는 용어는 무엇인가?**

> 한 사회의 문화적 가치에 따라서 이들 집단의 사람 중 일부는 더 높은 지위를 갖게 되고 그들의 활동은 낮은 지위를 차지한 집단의 사람에 비해 더 가치가 있는 것으로 여겨진다.

① 사회적 지배이론
② 체제정당화이론
③ 상보적 고정관념
④ 상대적 박탈감

30 **다음 중 친사회적 행동에 대한 설명으로 옳지 않은 것은?**

① 이타적 집단이 비이타적 집단에 비해 생존확률이 높았기 때문에 다음세대로 전파된 것이다.
② 누군가를 돕는 것은 도움을 주는 사람에게도 이로운 것이다.
③ 이타성을 자극하는 동기는 상호성 규범과 사회적 책임규범이다.
④ 자신에게 손해가 될 때 사람들의 친사회적 행동이 나타나지 않는다.

31 **다음 설명이 의미하는 용어는 무엇인가?**

> 주위 사람들이 하는 것을 자발적으로 따라하는 행위를 말하는 것으로, 집단의 압력이 있을 때 집단이 기대하는 바대로 개인의 생각이나 행동을 바꾸는 것을 의미한다.

① 동조
② 집단극화
③ 집단응집성
④ 사회적 승인

32 **다음은 정교화 가능성 이론에 대한 설명이다. 옳지 않은 것은?**

① 중심경로에 의한 정보처리로 나타나는 태도의 변화는 지속성을 지닌다.
② 중심경로를 통해 형성된 태도는 시간적으로 오래 지속된다.
③ 듣는 사람의 관심사가 아닐 경우 메시지를 길게 하고 많은 내용을 제시하는 것이 태도변화를 크게 유발한다.
④ 논점이 부각되어 논쟁이 전개될 때는 무조건 전문가의 의견을 따른다.

33 **집단 간 행위에 대한 설명으로 옳지 않은 것은?**

① 집단 간 행위란 개인이 자신이 속한 사회집단을 바탕으로 상대방과 교류하는 것을 의미한다.
② 외집단성원에 대하여 지닌 고정관념의 강도가 강하면 집단 간 요소가 부각된다.
③ 사회정체성이란 사회적 집단에 소속되었다는 지각에 기반한 자기개념의 일부이다.
④ 정체감을 확보하는 과정에서 외집단 편향이 발생한다.

34 **다음 내용을 설명하는 이론은 무엇인가?**

> 금주를 결심하고 술을 마시거나, 다이어트 중에 야식을 먹은 마음을 가볍게 하기 위해 운동을 하는 것으로 불편한 마음을 털어내는 것 등이 해당된다.

① 자기감찰이론
② 계획된 행동이론
③ 자기가치확인이론
④ 사회정체성이론

35 설득에 관한 예일 태도변화 접근법에서 본질적으로 사람들이 의사소통에 가장 영향을 많이 받는 조건으로 제시된 것은 무엇인가?

① 화자가 신체적 · 성격적으로 매력적이거나 호감을 줄 때 잘 설득한다.
② 사람들은 그들에게 영향을 줄 것 같은 메시지에 더 잘 설득된다.
③ 수용자의 태도와 반대되는 것일 때는 유익한 점을 강조하는 것이 효과적이다.
④ 설득의사소통 동안에 집중하는 청중이 더 잘 설득된다.

36 고정관념에 대한 설명으로 바르지 않은 것은?

① 착각상관이란 실제 상관이 없는 일에 상관이 있다고 믿는 경향성을 말한다.
② 고정관념은 어떤 대상에 대한 부정적인 생각을 의미한다.
③ 고정관념은 편견을 만들고 편견은 차별로 이어진다.
④ 사람은 자신이 바꿔야 하는 태도에 대한 정보는 무시하는 경향이 있다.

37 집단의 갈등 해소에 대한 설명으로 옳지 않은 것은?

① 불평등한 접촉은 불공평함을 유지하게 한다.
② 단순노출만으로도 호감을 일으켜 차별을 없앨 수 있다.
③ 학생들이 범인종 간 협력적인 활동에 참여할 때 인종에 대한 태도가 향상되었다.
④ 지도자들은 집단의 단결을 자극하는 기술로 위협적인 외부의 적을 만들어내기도 한다.

38 태도가 형성되는 방법에 대한 설명으로 틀린 것은?

① 예쁜 연예인이 화장품 광고에 등장하는 것은 학습에 의한 태도형성의 예이다.
② 보상이 따르는 행동은 점점 반복된다.
③ 인지요소가 긍정적인 것이 많다면 정서적인 평가도 긍정적이게 된다.
④ 어떤 활동이 자신에게 미치는 결과의 득실은 태도형성에 큰 영향을 미치지 않는다.

39 와이너가 제안한 귀인의 세 차원에 속하지 않는 것은?

① 안정성 차원
② 통제성 차원
③ 효율성 차원
④ 내외 차원

40 후광효과에 대한 설명으로 옳지 않은 것은?

① 상대방의 하나의 모습을 보고 상대의 인상 전체를 긍정적으로 혹은 부정적으로 형성하는 것이다.
② 일종의 고정관념이다.
③ 매력적인 사람은 못생긴 사람에 비해 많은 부분에서 유리한 평가를 받는다.
④ 첫인상을 처리하는 과정은 고도의 정신활동이다.

제1회 정답 및 해설 | 사회심리학

01	02	03	04	05	06	07	08	09	10	11	12	13	14	15	16	17	18	19	20
②	②	④	①	①	②	④	②	③	①	②	②	③	③	①	④	③	③	④	②
21	22	23	24	25	26	27	28	29	30	31	32	33	34	35	36	37	38	39	40
③	②	④	①	①	④	①	①	③	③	③	①	③	③	①	③	③	③	①	①

01 정답 ②

장이론에 대한 설명으로 1940년대의 사회심리학 상황으로 볼 수 있다.

02 정답 ②

① 설문 조사 시 모집단의 대표성을 높이기 위해 확률 표집(무선표집)을 한다.

③ 선행연구들의 결과만을 가지고 그 평균값을 구하는 통계적 분석기법을 메타분석이라고 한다.

④ 실험 연구에서 참가자의 의도가 실험결과에 영향을 미치는 것을 참가자편향이라고 한다.

03 정답 ④

주어진 연구의 맥락에서 그 개념이 무엇을 의미하는지 정의하는 것, 추상적 구성개념을 측정가능한 상태로 정의하는 것을 조작적 정의라고 한다. 개념적 정의란 어떤 단어가 가지고 있는 개념 그 자체의 정의로 사전적 정의를 의미한다.

04 정답 ①

고등영장류와 그 외 일부 동물들이 자기개념을 가졌다는 것을 암시하는 연구결과가 있다.

05 정답 ①

② 현실의 모습이라고 여기는 자기모습으로 이상자기와 의무자기에 비교하면서 각기 다른 정서와 동기를 경험한다.

③ 스스로가 되고 싶은 이상적 자기의 모습으로 이러한 자기에 의식의 초점을 맞추면 향상, 변화, 성취 등에 관심을 갖는다.

④ 자신 및 주위 사람들이 부과하는 의무, 책임처럼 자신이 맞추어 가겠다고 여기는 자기모습이다.

06 정답 ②

인간의 심리적 욕구는 자율성, 유능감, 관계성이다.

07 정답 ④

① 인지부조화이론 – 사람들이 기존의 태도에 반대되는 행동을 취하는 경우에 이 행동을 상황 탓으로 돌릴 수 없게 된다면 부조화라는 불편감을 경험하며, 이에서 벗어나고자 태도를 행동에 맞추어 변화시키게 된다.

② 자기결정이론 – 사람은 내적 동기가 있을 때 실행력이 높아지며, 내적 동기는 자율성이 주어졌을 때 높아질 수 있다.

③ 계획행동이론 – 사람들이 어떻게 행동할지 심사숙고할 시간을 가질 때 그 행동을 예측하는 것은 사람들의 의도이다.

08 정답 ②

통제(인과) 소재에 따라 내귀인과 외귀인으로 나누며, 사태의 원인에 대한 행위자의 통제가능성에 따라 통제 가능과 통제 불가능으로 구분한다.

09 정답 ③

사람은 기대나 가설이 있을 때 그에 맞는 정보를 수집하려는 경향이 있는데, 이를 확증적 정보탐색(확증편향)이라고 한다. 확증적인 정보를 수집하려는 경향은 사전가설이 얼마나 신뢰할 만한 것인가 혹은 사전가설이 맞을 가능성과 무관하다.

10 정답 ①

시장적 가치관계에 대한 설명이다. 권위적 서열관계는 집단 내에서 신분과 서열에 의해 역할이 구분되고 관계가 맺어지는 형태로 군대, 관료조직, 기업조직같이 조직의 목표를 달성하기 위한 효율성을 추구한다.

11 정답 ②

사람들은 자신의 행동을 예측할 때 계획오류를 범한다. 이는 행동예측에서 범하는 공통적인 오류로, 과제를 완수하는 데 걸리는 시간을 과소평가한다는 것이다.

12 정답 ②

① 칵테일파티 효과는 많은 사람이 모인 장소에서도 나에 대한 이야기는 놓치지 않고 들을 수 있다는 것인데, 나에 대한 정보는 무의식적으로 처리되기 때문이다.

③ 현저성은 어떤 자극(대상이나 속성)이 다른 것과 비교해서 두드러지게 보이는 것을 말하며, 두드러진 특징이 인상형성에 큰 몫을 차지하는 심리현상을 현저성 효과라고 한다.

④ 지각적 돌출성은 관찰하는 대상에 있어서 관찰자 주위의 초점이 놓인 곳의 정보가 두드러져 보이는 경향으로, 사람지각에 중요한 돌출성 정보는 뒷모습이 아닌 얼굴에 있다.

13 정답 ③

아시아인의 귀인은 미국인에 비해서 상대적으로 외귀인 경향이 많이 나타난다.

14 정답 ③

긍정심리학은 기존 심리학이 정신장애에 초점을 맞추는 것에서 벗어나 우리 인생의 행복과 의미있는 삶을 만드는 것에 관심을 갖자고 한 것이다. 그렇다고 긍정심리학이 정신장애를 간과한 것은 아니다.

15 정답 ①

상관연구법은 두 변인이 서로 관련되어 있거나 관련되어 있지 않다는 사실을 알려주는 것으로, 인과관계를 밝히는 방법은 아니다.

16 정답 ④

회피형 애착의 사람은 정서적 거리를 유지하고 세 유형 중 관계에 가장 낮은 수준의 헌신을 보인다. 양가형 애착의 사람은 성인기에 파트너와 친밀하기를 원하지만 파트너가 그들의 애정을 돌려주지 못할까봐 걱정한다.

17 정답 ③

하나의 사례는 다양한 사례 중의 하나일 뿐이며, 통계정보는 여러 사례를 가지고 경향성을 분석한 것이다. 그럼에도 같은 내용의 두 가지 정보가 모두 있을 때 사람들에게 더 영향력을 가지는 것은 사례정보이다.

18 정답 ③

매력의 유발요인

- 근접성(Proximity)
- 유사성(Similarity)
- 상호 호감(Reciprocity)

19 정답 ④

아인스워스는 애착을 안정애착, 회피형 불안정애착, 양가형 불안정애착 세 유형으로 분류하였다. 메인과 솔로몬(Main & Solomon, 1990)은 어디에도 들어가지 않는 아기들이 어떤 공통점을 보인다는 것을 발견하고 '혼란(Disorganized 또는 Disoriented)'이라는 이름을 붙였다. 이 아기들의 행동은 회피형과 양가형 특성을 같이 나타내 모순을 보인다. 엄마가 돌아오면 엄마가 온 것을 분명히 알아챘는데도 전혀 반응을 보이지 않거나, 엄마에게 다가가다가 곧 화를 내고 밀치기도 하고, 엄마가 돌아온 것이 이상하다는 듯 어리둥절해 하는 등의 반응을 보인다.

20 정답 ②

우리의 수행이 좋지 못한 이유는 외적 요인 때문이라고 말함으로써 변명 만들기를 한다.

21 정답 ③

상황이 불확실하거나 위기일 때 무엇을 해야 할지 모르고 시간적 여유가 없기 때문에 다른 사람들의 반응을 보고 따라하게 된다.

22 정답 ②

① 타인과 같이 일을 하는 경우에 동기가 위축되어 개인의 수행이 떨어지는 현상
③ 집단으로 행동하는 상황에서 구성원 개개인의 정체성과 책임감이 약화되어 집단행위에 민감해지는 현상
④ 타인의 존재에 대한 인식이 각 개인이 상황에 대하여 느끼는 책임감을 희석시키기도 하는데 이는 방관자 효과로 불림

23 정답 ④

우리가 타인에게 동조하는 경우는 상황이 불확실할 때, 위기상황에서 어떠한 행동을 취해야 할지 모를 때, 전문적인 지식이 있는 사람이 가이드 역할을 할 때이다. 자기효능감과는 상관이 없다.

24 정답 ①

구성원들 사이의 개인적 관계가 아닌 과제에 대한 성실성에 기인한 응집성은 집단사고를 덜 유발하며, 대인 간 관계에 기인한 응집력은 집단사고의 발생 가능성을 더 높인다.

25 정답 ①

② 첫눈에 빠질 사랑의 가능성도 여자보다 남자가 높게 나타난다.
③ 남자들은 여자들의 행위에 대해 과잉지각하는 양상을 보이는 것으로 나타났다.
④ 여자들은 남자의 행위를 성적인 것으로 여기지 않는 양상을 보인다.

26 정답 ④

① 학습이론접근은 행동주의 심리학의 영향으로 사회적 행동은 경험을 통해 학습된다고 주장한다.

② 인지접근은 개인이 현재 당면한 사회상황을 주관적으로 어떻게 이해하고 해석하는가에 따라 사회행동이 달라진다고 본다.

③ 상호의존접근에 관한 설명이다.

27 정답 ①

위대한 리더들은 특정 성격을 가지지는 않지만 특정한 리더십 스타일은 가지는 것으로 보인다.

28 정답 ①

동양인은 종합적 사고를, 서양인은 분석적 사고를 하는 경향이 있다.

29 정답 ③

인터넷상의 수많은 가상집단은 관심사가 같은 사람끼리 모여 자신들의 관심, 흥미, 의혹을 서로서로 지지한다. 따라서 인터넷이 광역화됨에 따라 인터넷을 타고 퍼지는 극화는 증가할 것이다.

30 정답 ③

사람들이 홀로 있을 때보다 주위에 사람이 많이 있을 때 도움을 필요로 하는 사람에게 도움을 줄 가능성이 더 적어지는데, 이를 방관자 효과라고 한다.

31 정답 ③

① 어떤 두 가지가 상관이 있다고 기대해 버리면 우리는 실제로 상관이 없다고 해도 상관이 있다고 믿는 경향성

② 자기집단의 성원들이 보인 행동은 호의적으로 보고 외집단원의 행동은 흔히 악의적으로 보는 경향성

④ 다른 사람들도 나와 같은 생각을 하고 있을 것이라고 생각하는 것

32 정답 ①

위기상황에서 도움행동을 제공하기 위한 5단계

- 단계 1 : 상황을 인식하는 단계
- 단계 2 : 사건의 의미해석 단계
- 단계 3 : 책임감 인식 단계
- 단계 4 : 어떤 도움을 제공할지 아는 단계
- 단계 5 : 도움실행 단계

33 정답 ③

사람은 자기중심적 사고를 하는데 자신이 중요하다고 생각하는 갈등의 측면은 상대방에게도 똑같이 중요한 것이라고 생각하는데 이것을 비양립성 오류라고 한다.

34 정답 ③

① 개인은 이기적인 행동에서 이득을 얻고 전체 조직은 손해를 보는 상황

② 사람들은 '정의'에 대해 형평성, 즉 개인의 기여에 합당한 보상의 분배로 지각함

④ 사람은 자기중심적 사고를 하는데 자신이 중요하다고 생각하는 갈등의 측면은 상대방에게도 똑같이 중요한 것이라고 생각한다는 것

35 정답 ①

'확장된 접촉효과'라 불리는 간접접촉의 효과는 또래집단을 통해 더욱 긍정적인 태도를 퍼뜨린다.

36 정답 ③

긍정적인 고정관념을 상기시키면 수행이 향상되는 것을 고정관념 상승효과라고 한다.

37 정답 ③

자기애성향이 강한 사람들이 나쁜 평을 받았을 때 높은 공격적 행위를 드러냈다. 그러나 자존감의 높고 낮음은 공격성에 아무 영향을 미치지 못했다.

38 정답 ③

'N세대'는 '인터넷 제너레이션(Internet Generation)'의 줄임말로, 베이비부머의 자녀세대로 1980년대에 태어난 사람들을 말한다.

39 정답 ①

② 사회심리학자들의 목적은 사회계층이나 문화에 관계없이, 사람이라면 누구나 사회의 영향을 받을 수밖에 없는 보편적 속성을 밝혀내는 데 있다.
③ 사회학의 관심대상은 개인보다는 사회단위, 조직, 계층, 집단, 국가 등과 같은 집단이다.
④ 문화인류학은 문화 속에 내재한 심층적인 규칙이나 질서를 이해하고 파악한다.

40 정답 ①

② 도식은 정보를 통합하고 조직화하는 인지적 개념 또는 틀을 의미한다.
④ 확증편향은 자신의 믿음에 부합하는 증거를 확보하려는 경향성을 의미한다.

제2회 정답 및 해설 | 사회심리학

01	02	03	04	05	06	07	08	09	10	11	12	13	14	15	16	17	18	19	20
①	③	②	①	④	②	①	③	①	③	④	①	②	①	③	②	③	④	④	④
21	22	23	24	25	26	27	28	29	30	31	32	33	34	35	36	37	38	39	40
③	③	①	④	④	③	③	②	①	④	①	④	④	③	①	②	②	④	③	④

01 정답 ①

최초의 사회심리학 실험은 노먼 트리플랫(Norman Triplett)이 수행한 낚싯줄감기 실험이었다. 이 실험이 뚜렷한 이론적인 틀 속에서 행해진 것은 아니지만 즉각적인 상황이 인간의 행동에 미치는 영향을 실험적으로 분석한 최초의 연구라는 점에서 역사적 의의가 있다.

02 정답 ③

사람의 의사결정이 합리적 추론을 거쳐 이루어진다고 보는데, 인간의 추론과정이 비합리적인 경우가 많다는 후속연구에 의해 타당성의 제한을 받고 있다.

03 정답 ②

하향적 사회비교를 할 경우에 사람들은 좋은 기분을 느낀다.

04 정답 ①

자기복합성이 높은 사람에게는 복합자기를 구성하는 하위요인들 간 상호완충역할이 나타난다. 즉, 어떤 영역에서 실패를 경험해도 다른 생활의 영역에서 잘하는 자신의 모습이 있다면 실패의 경험에 충격을 덜 받는다.

05 정답 ④

① 브룸(Victor H. Vroom)이 주장한 이론으로, 어떤 행동을 할 때 개인은 자신의 노력의 정도에 따른 결과를 기대하게 되며 그 기대를 실현하기 위하여 어떤 행동을 결정한다는 동기이론이다. 기대이론은 유인가(Valence), 수단(Instrumentality), 기대(Expectancy)의 세 요인으로 구성된다.

② 사람들의 행동은 외부의 영향과 간섭 없이 스스로 선택하는 것에 대한 동기부여와 관련되어 있는 것이라고 보는 이론으로 개인의 행동이 스스로 동기가 부여되고 스스로 결정된다는 것에 초점을 둔다.

③ 자신이나 다른 사람들의 행동의 원인을 찾아내기 위해 추론하는 과정을 설명하는 이론을 말한다.

06 정답 ②

사회학은 개인보다는 사회단위, 조직, 계층, 집단, 국가와 같이 집단을 연구대상으로 하며, 사회심리학은 사회구성원 개개인의 내적 과정에 더 큰 관심을 두고 있다.

07 정답 ①

대리강화는 타인의 행동이 좋은 결과를 만들고 거기에 따른 보상이 주어지는 것을 간접적으로 경험함으로써 강화된다는 의미로, 사회인지이론에서 주장하는 것이다.

08 정답 ③

저항이론에 따르면 사람들은 그들이 자유를 위협받는다고 느끼게 될 때 저항이라는 불쾌한 상태가 유발되고 사람들은 오히려 금지하는 행위를 수행함으로써 그 저항감을 감소시킨다.

09 정답 ①

잘한 일에 대해 사람들은 일반적으로 상대를 평가할 때는 외적 귀인을, 자신을 평가할 때는 내적 귀인을 한다.

10 정답 ③

현저성 효과에 대한 설명이다. 현저성은 어떤 자극(대상이나 속성)이 다른 것과 비교해서 두드러지게 보이는 것을 말하며 현저성을 높이는 속성으로 색, 방향, 운동 등이 있다. 두드러진 특징이 인상형성에 큰 몫을 차지하는 심리현상을 의미한다.

11 정답 ④

나쁜 일은 못난 사람들에게 일어난다고 생각하는 것은 방어귀인으로, 자신은 바보 같지도 않고 행동을 함부로 하지 않았기 때문에 그런 일은 일어나지 않는다고 생각하는 것이다. '공정한 세상 가설' 또는 '피해자 꾸짖기'라고 한다.

12 정답 ①

② 자동적 사고는 무의식적으로, 의도하지 않아도 노력 없이 빠르게 전개되므로 직관적 사고라고도 한다.

③ 통제된 사고는 의식적 · 의도적이며 자발적이고 노력을 요구하므로 논리적 사고라고도 한다.

13 정답 ②

① 낭만, 신체적 매력, 성적인 면을 말하는데 사랑의 동기적 혹은 뜨거운 측면(성적 욕망)을 의미한다.

③ · ④ 어떤 사람을 사랑하기로 결심하는 것, 그리고 그 사랑을 지속하겠다는 헌신을 의미하는 것으로 사랑의 선택적, 혹은 행동적 측면(사랑을 지속하려는 의지)를 대변하는 것이다. 책임감이라고 말할 수 있다.

14 정답 ①

도식은 소유자가 느끼는 정서를 포함하고 있어 대상자극들의 처리 시 정서적 느낌도 수반한다. 내가 '김철수'라는 이름의 사람에게 매우 부정적인 느낌을 갖고 있는데 만일 내가 내일 소개받을 사람의 이름이 '김철수'라고 한다면 그 사람에 대한 감정이 부정적으로 나타날 것이다.

15 정답 ③

투자모델이론은 관계에 대한 보상, 비용, 비교수준이 관계에 대한 만족도와 대안에 대한 비교수준뿐만 아니라 관계를 떠나면 잃게 될 관계에 대한 투자량에 따라 달라진다는 이론이다. 개인이 관계에 투자한 것이 크면 만족도가 낮고 다른 대안이 확실할 때조차 결별할 가능성은 적다.

① 함께 있는 사람이 우리에게 제공하는 사회적 보상이 클수록 그 사람을 더 많이 좋아하게 된다. 달리 말하면 제공받는 것보다 지불하는 것이 더 많으면 관계가 지속되지 않을 가능성이 있다는 것이다.
② 사람은 관계가 공평하다고 느낄 때 만족할 것이고, 불공평하다고 느끼면 관계에 불만을 가진다.
④ 브룸(Victor H. Vroom)이 주장한 이론으로, 어떤 행동을 할 때 개인은 자신의 노력의 정도에 따른 결과를 기대하게 되며 그 기대를 실현하기 위하여 어떤 행동을 결정한다는 동기이론이다. 기대이론은 유인가(Valence), 수단(Instrumentality), 기대(Expectancy)의 세 요인으로 구성된다.

16 정답 ②
① 자기도식
③ 자기지각이론

17 정답 ③
주관적 웰빙은 어느 정도의 부와 상관이 있다. 행복을 증진시키는 데 있어서 수입이 낮을 때는 돈이 영향을 미치게 되며, 수입이 높은 사람들은 수입이 증가함에 따라 행복이 줄어든다.

18 정답 ④
대인 매력의 유발요인
• 근접성
• 유사성
• 상호 호감

19 정답 ④
③의 참가자 편향이란 참가자의 특성이나 의도가 반영되어 실험결과에 영향을 주는 것을 말한다.

20 정답 ④
사람들은 자신의 얼굴과 가장 닮은 얼굴을 선호하는 것으로 나타났는데, 대인매력을 설명하는 중요한 변인은 실제로 친숙성일 수 있다.

21 정답 ③
모방적 폭행을 줄이기 위해서는 그러한 공격적 행위의 모델이 대중매체에 나타나지 않도록 통제하는 것도 한 방법이다. 하지만 이것은 실행 불가능한 것이다.

22 정답 ③
성격의 변화가능성에 대한 연구에서 한국인들은 성격이 바뀔 수도 있다는 반응을 주로 보였다.

23 정답 ①
고정관념은 일종의 자동화 사고로 우리가 효율적으로 미래를 예측하는 판단(예단)이 되기도 한다. 우리가 살아가면서 예단은 불가피한 것이기 때문에 우리는 사회적 문제들을 판단할 때 우리가 갖고 있는 고정관념들을 논리적으로 따져보고 모두 계산해서 문제를 판단하기는 어려울 것이다.

24 정답 ④
중요하고 어려운 과제일수록 동조하는 비율이 높고, 중요하고 쉬운 과제일수록 동조하는 비율이 낮다.

25 정답 ④
상대방의 보이는 행위는 그의 역할에서 비롯된 것이 아니라 개인적 특성에서 비롯된 것이라고 생각한다.

26 정답 ③
공감이 낮을 때는 앞으로 상대방을 볼 일이 있다고 생각할 때 더 많이 도움을 주는 것으로 나타났다.

27 정답 ③
전자메일과 인터넷 채팅도 같은 생각을 지닌 사람을 알게 해 주고 사회적 분열과 극화를 증가시키며 집단상호작용을 유발하는 잠재적으로 새로운 매체이다. 인터넷상의 수많은 가상집단은 관심사가 같은 사람끼리 모여 자신들의 관심, 흥미, 의혹을 서로서로 지지하기 때문이다.

28 정답 ②
① 사회적 집단에 소속되었다는 지각에 기반한 자기개념
③ 개인적으로 결정할 때보다 집단적으로 결정할 때 더 극단적으로 결정하는 경향
④ 집단으로 행동하는 상황에서 구성원 개개인의 정체성과 책임감이 약화되어 집단행위에 민감해지는 현상

29 정답 ①
② 어떤 집단에 부정적 고정관념을 가져다 붙이는 이유 중 하나로 왜 어떤 사람이 다른 사람보다 더 많은 수혜를 받는가를 설명하고 정당화하게 한다.
③ 모든 집단은 긍정적인 특성과 부정적인 특성을 모두 가지고 있다는 것이다.
④ 개인은 비교가 되는 다른 집단의 상황과 자기 자신의 조건을 비교함으로써 자신이 박탈되고 있다고 생각한다.

30 정답 ④
공감이 높을 때 이타적 관심에 의해 순전히 동기화되고 나에게 오는 손해와 상관없이 도움을 주며, 공감이 낮을 때는 앞으로 상대방을 볼 일이 있다고 생각할 때 더 많이 도움을 주는 것으로 나타났다.
• 상호성 규범 – 사람들이 자신을 도와주는 사람을 해치지 않고 도와줄 것이라는 이 규범은 범세계적인 도덕률이다.
• 사회적 책임규범 – 상호성을 보일 수 없는 사람들 즉 어린이, 극빈자, 고령자, 장애인들과 같은 경우 또 다른 사회규범이 우리의 도움을 자극한다. 사회적 책임규범은 사람들이 미래의 교환을 고려하지 않고 도움이 필요한 사람을 도와야 한다고 규정하는 것이다.

31 정답 ①
② 사람들이 개인적으로 결정할 때보다 집단적으로 결정할 때 더 극단적으로 결정하는 경향을 보인다는 것이다.
③ 집단 구성원들이 집단에 남아 있도록 하는 모든 힘의 합 또는 구성원들이 느끼는 집단의 매력을 의미한다.

32 정답 ④
논점이 부각되어 논쟁이 전개될 때 무조건 전문가의 의견을 따르지 않는다.

정교화 가능성 이론
설득의사소통이 두 방향으로 발생한다고 설명하는 모형으로 사람들이 의사소통에서 논쟁에 대한 동기와 주의를 주는 능력을 지닌 경우 중

심적으로, 그리고 사람들이 논쟁에 주의를 주지 않지만 대신 표면적 특성에 흔들리는 경우 주변적으로 의사소통 내용을 처리한다는 것이다.

33 정답 ④

내집단 편향은 자신이 속한 집단에 더 유리하게 하려는 경향성으로, 정체감을 확보하는 과정에서 내집단 편향이 발생한다.

34 정답 ③

① 사람은 아무도 강제하지 않지만 위험을 피할 목적 또는 타인의 감정이 상하지 않게 할 목적으로 자기 자신의 표현을 스스로 검열하는 행위를 한다는 것이다.
② 사람의 의도는 그들의 의도적 행동의 최상의 예견자이며 행동태도, 주관적 규준, 지각된 행동통제에 대한 태도로 결정된다.
④ 지각된 집단 간 지위의 차이, 그런 차이의 지각된 정당성과 안정성, 한 집단에서 다른 집단으로 옮겨 갈 수 있는 지각된 능력을 근거로 집단 간 행동을 예측하는 이론이다.

35 정답 ①

② 사람들은 그들에게 영향을 주지 않을 것 같은 메시지에 더 잘 설득된다.
③ 수용자의 태도와 반대되는 것일 때는 해로운 점과 유익한 점 모두 제시(양방향)하는 것이 효과적이다.
④ 설득의사소통 동안에 산만한 청중이 그렇지 않은 청중보다 더 잘 설득된다.

36 정답 ②

고정관념은 인지적인 과정이기 때문에 긍정적일 수도 있고 부정적일 수도 있다.

37 정답 ②

단순노출만으로 상호작용이 증진되지 않는다는 연구 결과가 존재한다. 차별금지가 실시된 학교에서 조사한 것에 따르면 백인은 백인과, 흑인은 흑인들과 관계를 맺었다.

38 정답 ④

기대-가치이론에 따르면 사람은 어떤 활동이 자신에게 미치는 결과(가치)와 그 결과가 발생할 확률의 득실을 따져서 자신의 태도를 결정한다.

39 정답 ③

귀인의 세 차원

- 안정성(Stability) : 어떠한 일의 원인이 시간의 경과나 특정한 과제에 따라 변화하는가의 여부에 따라 안정과 불안정으로 분류
- 통제가능성(Controllability) : 그 원인이 학생의 의지에 의해 통제될 수 있느냐의 여부에 따라 통제가능과 통제불가능으로 분류
- 원인의 소재(Locus of Control) : 어떤 일의 성공이나 실패에 대한 책임을 내적인 요인에 두어야 하는지, 외적인 요인에 두어야 하는지에 대한 것

40 정답 ④

첫인상에 대한 처리는 고도의 정신활동이 아니라 원시적인 뇌 영역의 소관이며, 통제할 수 없는 자동적인 처리기제로 작용하는 것이다.

컴퓨터용 사인펜만 사용

독학학위제 2단계 전공기초과정인정시험 답안지(객관식)

★ 수험생은 수험번호와 응시과목 코드번호를 표기(마킹)한 후 일치여부를 반드시 확인할 것.

전공분야	
성 명	

수 험 번 호												
(1)	2	–			–			–				
(2)	① ● ③ ④	–	①②③④⑤⑥⑦⑧⑨⓪	①②③④⑤⑥⑦⑧⑨⓪	–	①②③④⑤⑥⑦⑧⑨⓪	①②③④⑤⑥⑦⑧⑨⓪	–	①②③④⑤⑥⑦⑧⑨⓪	①②③④⑤⑥⑦⑧⑨⓪	①②③④⑤⑥⑦⑧⑨⓪	①②③④⑤⑥⑦⑧⑨⓪

과목코드				
①②③④⑤⑥⑦⑧⑨⓪	①②③④⑤⑥⑦⑧⑨⓪	①②③④⑤⑥⑦⑧⑨⓪	①②③④⑤⑥⑦⑧⑨⓪	①②③④⑤⑥⑦⑧⑨⓪

교시코드
① ② ③ ④

응시과목	
1 ① ② ③ ④	21 ① ② ③ ④
2 ① ② ③ ④	22 ① ② ③ ④
3 ① ② ③ ④	23 ① ② ③ ④
4 ① ② ③ ④	24 ① ② ③ ④
5 ① ② ③ ④	25 ① ② ③ ④
6 ① ② ③ ④	26 ① ② ③ ④
7 ① ② ③ ④	27 ① ② ③ ④
8 ① ② ③ ④	28 ① ② ③ ④
9 ① ② ③ ④	29 ① ② ③ ④
10 ① ② ③ ④	30 ① ② ③ ④
11 ① ② ③ ④	31 ① ② ③ ④
12 ① ② ③ ④	32 ① ② ③ ④
13 ① ② ③ ④	33 ① ② ③ ④
14 ① ② ③ ④	34 ① ② ③ ④
15 ① ② ③ ④	35 ① ② ③ ④
16 ① ② ③ ④	36 ① ② ③ ④
17 ① ② ③ ④	37 ① ② ③ ④
18 ① ② ③ ④	38 ① ② ③ ④
19 ① ② ③ ④	39 ① ② ③ ④
20 ① ② ③ ④	40 ① ② ③ ④

과목코드				
①②③④⑤⑥⑦⑧⑨⓪	①②③④⑤⑥⑦⑧⑨⓪	①②③④⑤⑥⑦⑧⑨⓪	①②③④⑤⑥⑦⑧⑨⓪	①②③④⑤⑥⑦⑧⑨⓪

교시코드
① ② ③ ④

응시과목	
1 ① ② ③ ④	21 ① ② ③ ④
2 ① ② ③ ④	22 ① ② ③ ④
3 ① ② ③ ④	23 ① ② ③ ④
4 ① ② ③ ④	24 ① ② ③ ④
5 ① ② ③ ④	25 ① ② ③ ④
6 ① ② ③ ④	26 ① ② ③ ④
7 ① ② ③ ④	27 ① ② ③ ④
8 ① ② ③ ④	28 ① ② ③ ④
9 ① ② ③ ④	29 ① ② ③ ④
10 ① ② ③ ④	30 ① ② ③ ④
11 ① ② ③ ④	31 ① ② ③ ④
12 ① ② ③ ④	32 ① ② ③ ④
13 ① ② ③ ④	33 ① ② ③ ④
14 ① ② ③ ④	34 ① ② ③ ④
15 ① ② ③ ④	35 ① ② ③ ④
16 ① ② ③ ④	36 ① ② ③ ④
17 ① ② ③ ④	37 ① ② ③ ④
18 ① ② ③ ④	38 ① ② ③ ④
19 ① ② ③ ④	39 ① ② ③ ④
20 ① ② ③ ④	40 ① ② ③ ④

※ 감독관 확인란
인

관 리 번 호
(연번) / (응시자수)

답안지 작성시 유의사항

1. 답안지는 반드시 **컴퓨터용 사인펜을 사용**하여 다음 보기와 같이 표기할 것.
   보기 잘 된 표기: ● 잘못된 표기: ⓥ ⊗ ◑ ⊙ ◕ ○ ■
2. 수험번호 (1)에는 아라비아 숫자로 쓰고, (2)에는 "●"와 같이 표기할 것.
3. 과목코드는 뒷면 "과목코드번호"를 보고 해당과목의 코드번호를 찾아 표기하고, 응시과목란에는 응시과목명을 한글로 기재할 것.
4. 교시코드는 문제지 전면의 교시를 해당란에 "●"와 같이 표기할 것.
5. 한번 표기한 답은 긁거나 수정액 및 스티커 등 어떠한 방법으로도 고쳐서는 아니되고, 고친 문항은 "0"점 처리함.

[이 답안지는 마킹연습용 모의답안지입니다.]

절취선

컴퓨터용 사인펜만 사용

독학학위제 2단계 전공기초과정인정시험 답안지(객관식)

★ 수험생은 수험번호와 응시과목 코드번호를 표기(마킹)한 후 일치여부를 반드시 확인할 것.

전공분야	

성 명	

수 험 번 호													
(1)	2	–			–			–					
(2)	① ● ③ ④	–	①②③④⑤⑥⑦⑧⑨⓪	①②③④⑤⑥⑦⑧⑨⓪	–	①②③④⑤⑥⑦⑧⑨⓪	①②③④⑤⑥⑦⑧⑨⓪	–	①②③④⑤⑥⑦⑧⑨⓪	①②③④⑤⑥⑦⑧⑨⓪	①②③④⑤⑥⑦⑧⑨⓪	①②③④⑤⑥⑦⑧⑨⓪	①②③④⑤⑥⑦⑧⑨⓪

과목코드				
①②③④⑤⑥⑦⑧⑨⓪	①②③④⑤⑥⑦⑧⑨⓪	①②③④⑤⑥⑦⑧⑨⓪	①②③④⑤⑥⑦⑧⑨⓪	①②③④⑤⑥⑦⑧⑨⓪

교시코드
① ② ③ ④

응시과목			
1	① ② ③ ④	21	① ② ③ ④
2	① ② ③ ④	22	① ② ③ ④
3	① ② ③ ④	23	① ② ③ ④
4	① ② ③ ④	24	① ② ③ ④
5	① ② ③ ④	25	① ② ③ ④
6	① ② ③ ④	26	① ② ③ ④
7	① ② ③ ④	27	① ② ③ ④
8	① ② ③ ④	28	① ② ③ ④
9	① ② ③ ④	29	① ② ③ ④
10	① ② ③ ④	30	① ② ③ ④
11	① ② ③ ④	31	① ② ③ ④
12	① ② ③ ④	32	① ② ③ ④
13	① ② ③ ④	33	① ② ③ ④
14	① ② ③ ④	34	① ② ③ ④
15	① ② ③ ④	35	① ② ③ ④
16	① ② ③ ④	36	① ② ③ ④
17	① ② ③ ④	37	① ② ③ ④
18	① ② ③ ④	38	① ② ③ ④
19	① ② ③ ④	39	① ② ③ ④
20	① ② ③ ④	40	① ② ③ ④

과목코드				
①②③④⑤⑥⑦⑧⑨⓪	①②③④⑤⑥⑦⑧⑨⓪	①②③④⑤⑥⑦⑧⑨⓪	①②③④⑤⑥⑦⑧⑨⓪	①②③④⑤⑥⑦⑧⑨⓪

교시코드
① ② ③ ④

응시과목			
1	① ② ③ ④	21	① ② ③ ④
2	① ② ③ ④	22	① ② ③ ④
3	① ② ③ ④	23	① ② ③ ④
4	① ② ③ ④	24	① ② ③ ④
5	① ② ③ ④	25	① ② ③ ④
6	① ② ③ ④	26	① ② ③ ④
7	① ② ③ ④	27	① ② ③ ④
8	① ② ③ ④	28	① ② ③ ④
9	① ② ③ ④	29	① ② ③ ④
10	① ② ③ ④	30	① ② ③ ④
11	① ② ③ ④	31	① ② ③ ④
12	① ② ③ ④	32	① ② ③ ④
13	① ② ③ ④	33	① ② ③ ④
14	① ② ③ ④	34	① ② ③ ④
15	① ② ③ ④	35	① ② ③ ④
16	① ② ③ ④	36	① ② ③ ④
17	① ② ③ ④	37	① ② ③ ④
18	① ② ③ ④	38	① ② ③ ④
19	① ② ③ ④	39	① ② ③ ④
20	① ② ③ ④	40	① ② ③ ④

※ 감독관 확인란
㊞

관 리 번 호
(연번) (응시자수)

답안지 작성시 유의사항

1. 답안지는 반드시 **컴퓨터용 사인펜을 사용**하여 다음 보기와 같이 표기할 것.
   보기 잘 된 표기: ● 잘못된 표기: ⓥ ⓧ ◑ ⊙ ◕ ○ ▩
2. 수험번호 (1)에는 아라비아 숫자로 쓰고, (2)에는 "●"와 같이 표기할 것.
3. 과목코드는 뒷면 "과목코드번호"를 보고 해당과목의 코드번호를 찾아 표기하고, 응시과목란에는 응시과목명을 한글로 기재할 것.
4. 교시코드는 문제지 전면의 교시를 해당란에 "●"와 같이 표기할 것.
5. 한번 표기한 답은 긁거나 수정액 및 스티커 등 어떠한 방법으로도 고쳐서는 아니되고, 고친 문항은 "0"점 처리함.

[이 답안지는 마킹연습용 모의답안지입니다.]

✂ 절취선

독학학위제 2단계 전공기초과정인정시험 답안지(객관식)

컴퓨터용 사인펜만 사용

★ 수험생은 수험번호와 응시과목 코드번호를 표기(마킹)한 후 일치여부를 반드시 확인할 것.

전공분야	
성 명	

수 험 번 호														
(1)	2	–			–			–						
(2)	① ● ③ ④	–	①②③④⑤⑥⑦⑧⑨⓪	①②③④⑤⑥⑦⑧⑨⓪	–	①②③④⑤⑥⑦⑧⑨⓪	①②③④⑤⑥⑦⑧⑨⓪	–	①②③④⑤⑥⑦⑧⑨⓪	①②③④⑤⑥⑦⑧⑨⓪	①②③④⑤⑥⑦⑧⑨⓪	①②③④⑤⑥⑦⑧⑨⓪	①②③④⑤⑥⑦⑧⑨⓪	

과목코드				
①②③④⑤⑥⑦⑧⑨⓪	①②③④⑤⑥⑦⑧⑨⓪	①②③④⑤⑥⑦⑧⑨⓪	①②③④⑤⑥⑦⑧⑨⓪	①②③④⑤⑥⑦⑧⑨⓪

교시코드
① ② ③ ④

응시과목			
1	① ② ③ ④	21	① ② ③ ④
2	① ② ③ ④	22	① ② ③ ④
3	① ② ③ ④	23	① ② ③ ④
4	① ② ③ ④	24	① ② ③ ④
5	① ② ③ ④	25	① ② ③ ④
6	① ② ③ ④	26	① ② ③ ④
7	① ② ③ ④	27	① ② ③ ④
8	① ② ③ ④	28	① ② ③ ④
9	① ② ③ ④	29	① ② ③ ④
10	① ② ③ ④	30	① ② ③ ④
11	① ② ③ ④	31	① ② ③ ④
12	① ② ③ ④	32	① ② ③ ④
13	① ② ③ ④	33	① ② ③ ④
14	① ② ③ ④	34	① ② ③ ④
15	① ② ③ ④	35	① ② ③ ④
16	① ② ③ ④	36	① ② ③ ④
17	① ② ③ ④	37	① ② ③ ④
18	① ② ③ ④	38	① ② ③ ④
19	① ② ③ ④	39	① ② ③ ④
20	① ② ③ ④	40	① ② ③ ④

과목코드				
①②③④⑤⑥⑦⑧⑨⓪	①②③④⑤⑥⑦⑧⑨⓪	①②③④⑤⑥⑦⑧⑨⓪	①②③④⑤⑥⑦⑧⑨⓪	①②③④⑤⑥⑦⑧⑨⓪

교시코드
① ② ③ ④

응시과목			
1	① ② ③ ④	21	① ② ③ ④
2	① ② ③ ④	22	① ② ③ ④
3	① ② ③ ④	23	① ② ③ ④
4	① ② ③ ④	24	① ② ③ ④
5	① ② ③ ④	25	① ② ③ ④
6	① ② ③ ④	26	① ② ③ ④
7	① ② ③ ④	27	① ② ③ ④
8	① ② ③ ④	28	① ② ③ ④
9	① ② ③ ④	29	① ② ③ ④
10	① ② ③ ④	30	① ② ③ ④
11	① ② ③ ④	31	① ② ③ ④
12	① ② ③ ④	32	① ② ③ ④
13	① ② ③ ④	33	① ② ③ ④
14	① ② ③ ④	34	① ② ③ ④
15	① ② ③ ④	35	① ② ③ ④
16	① ② ③ ④	36	① ② ③ ④
17	① ② ③ ④	37	① ② ③ ④
18	① ② ③ ④	38	① ② ③ ④
19	① ② ③ ④	39	① ② ③ ④
20	① ② ③ ④	40	① ② ③ ④

※ 감독관 확인란
㊞

관 리 번 호
(연번) / (응시자수)

답안지 작성시 유의사항

1. 답안지는 반드시 **컴퓨터용 사인펜을 사용**하여 다음 보기와 같이 표기할 것.
   보기 잘 된 표기: ● 잘못된 표기: ⓥ ⊗ ◐ ⊙ ◕ ○ ▣
2. 수험번호 (1)에는 아라비아 숫자로 쓰고, (2)에는 "●"와 같이 표기할 것.
3. 과목코드는 뒷면 "과목코드번호"를 보고 해당과목의 코드번호를 찾아 표기하고, 응시과목란에는 응시과목명을 한글로 기재할 것.
4. 교시코드는 문제지 전면의 교시를 해당란에 "●"와 같이 표기할 것.
5. 한번 표기한 답은 긁거나 수정액 및 스티커 등 어떠한 방법으로도 고쳐서는 아니되고, 고친 문항은 "0"점 처리함.

[이 답안지는 마킹연습용 모의답안지입니다.]

절취선

컴퓨터용 사인펜만 사용

독학학위제 2단계 전공기초과정인정시험 답안지(객관식)

★ 수험생은 수험번호와 응시과목 코드번호를 표기(마킹)한 후 일치여부를 반드시 확인할 것.

전공분야	
성 명	

수 험 번 호	
(1)	2 – □□ – □□ – □□□□□
(2)	①●③④ – ①②③④⑤⑥⑦⑧⑨⓪ (각 자리)

과목코드	응시과목	
①②③④⑤⑥⑦⑧⑨⓪ (5자리)	1 ① ② ③ ④	21 ① ② ③ ④
	2 ① ② ③ ④	22 ① ② ③ ④
	3 ① ② ③ ④	23 ① ② ③ ④
	4 ① ② ③ ④	24 ① ② ③ ④
	5 ① ② ③ ④	25 ① ② ③ ④
	6 ① ② ③ ④	26 ① ② ③ ④
	7 ① ② ③ ④	27 ① ② ③ ④
	8 ① ② ③ ④	28 ① ② ③ ④
	9 ① ② ③ ④	29 ① ② ③ ④
	10 ① ② ③ ④	30 ① ② ③ ④
교시코드	11 ① ② ③ ④	31 ① ② ③ ④
① ② ③ ④	12 ① ② ③ ④	32 ① ② ③ ④
	13 ① ② ③ ④	33 ① ② ③ ④
	14 ① ② ③ ④	34 ① ② ③ ④
	15 ① ② ③ ④	35 ① ② ③ ④
	16 ① ② ③ ④	36 ① ② ③ ④
	17 ① ② ③ ④	37 ① ② ③ ④
	18 ① ② ③ ④	38 ① ② ③ ④
	19 ① ② ③ ④	39 ① ② ③ ④
	20 ① ② ③ ④	40 ① ② ③ ④

과목코드	응시과목	
①②③④⑤⑥⑦⑧⑨⓪ (5자리)	1 ① ② ③ ④	21 ① ② ③ ④
	2 ① ② ③ ④	22 ① ② ③ ④
	3 ① ② ③ ④	23 ① ② ③ ④
	4 ① ② ③ ④	24 ① ② ③ ④
	5 ① ② ③ ④	25 ① ② ③ ④
	6 ① ② ③ ④	26 ① ② ③ ④
	7 ① ② ③ ④	27 ① ② ③ ④
	8 ① ② ③ ④	28 ① ② ③ ④
	9 ① ② ③ ④	29 ① ② ③ ④
	10 ① ② ③ ④	30 ① ② ③ ④
교시코드	11 ① ② ③ ④	31 ① ② ③ ④
① ② ③ ④	12 ① ② ③ ④	32 ① ② ③ ④
	13 ① ② ③ ④	33 ① ② ③ ④
	14 ① ② ③ ④	34 ① ② ③ ④
	15 ① ② ③ ④	35 ① ② ③ ④
	16 ① ② ③ ④	36 ① ② ③ ④
	17 ① ② ③ ④	37 ① ② ③ ④
	18 ① ② ③ ④	38 ① ② ③ ④
	19 ① ② ③ ④	39 ① ② ③ ④
	20 ① ② ③ ④	40 ① ② ③ ④

※ 감독관 확인란

㊞

관 리 번 호
(연번) / (응시자수)

답안지 작성시 유의사항

1. 답안지는 반드시 **컴퓨터용 사인펜을 사용**하여 다음 보기와 같이 표기할 것.
   보기 잘 된 표기: ● 잘못된 표기: ⓥ ⊗ ◑ ⊙ ◕ ○ ▩
2. 수험번호 (1)에는 아라비아 숫자로 쓰고, (2)에는 "●"와 같이 표기할 것.
3. 과목코드는 뒷면 "과목코드번호"를 보고 해당과목의 코드번호를 찾아 표기하고, 응시과목란에는 응시과목명을 한글로 기재할 것.
4. 교시코드는 문제지 전면의 교시를 해당란에 "●"와 같이 표기할 것.
5. 한번 표기한 답은 긁거나 수정액 및 스티커 등 어떠한 방법으로도 고쳐서는 아니되고, 고친 문항은 "0"점 처리함.

[이 답안지는 마킹연습용 모의답안지입니다.]

절취선

SD에듀 독학사 심리학과 2단계 사회심리학

개정4판1쇄 발행	2024년 02월 07일 (인쇄 2023년 12월 13일)
초 판 발 행	2018년 06월 05일 (인쇄 2018년 04월 19일)
발 행 인	박영일
책 임 편 집	이해욱
편 저	류소형
편 집 진 행	송영진 · 양희정
표지디자인	박종우
편집디자인	차성미 · 윤준호
발 행 처	(주)시대고시기획
출 판 등 록	제10-1521호
주 소	서울시 마포구 큰우물로 75 [도화동 538 성지 B/D] 9F
전 화	1600-3600
팩 스	02-701-8823
홈 페 이 지	www.sdedu.co.kr
I S B N	979-11-383-4777-8 (13180)
정 가	28,000원